Reicheneder · Investment Banking

Thomas Reicheneder

Investment Banking

Mergers & Acquisitions · Buyouts
Junk Bonds · Going Public

GABLER

Die Deutsche Bibliothek – CIP-Einheitsaufnahme

Reicheneder, Thomas:
Investment banking: Mergers & Acquisitions, Buyouts, Junk Bonds, Going Public / Thomas Reichender. – Wiesbaden: Gabler, 1992
ISBN 3-409-14134-0

Der Gabler Verlag ist ein Unternehmen der Verlagsgruppe Bertelsmann International.

Lektorat: Karlheinz Müssig

Höchste inhaltliche und technische Qualität unserer Produkte ist unser Ziel. Bei der Produktion und Verbreitung unserer Bücher wollen wir die Umwelt schonen: Dieses Buch ist auf säurefreiem und chlorarm gebleichtem Papier gedruckt. Die Einschweißfolie besteht aus Polyäthylen und damit aus organischen Grundstoffen, die weder bei der Herstellung noch bei der Verbrennung Schadstoffe freisetzen.

Druck und Bindung: Lengericher Handelsdruckerei, Lengerich/Westf.
Printed in Germany

ISBN 3-409-14134-0

*To the entrepreneur,
without whom takeovers
would not exist.*

Inhaltsverzeichnis

1. Einführung

Dieses Kapitel soll den Leser in die faszinierende Welt des Investment Banking einführen: Wer sind die Akteure? Was sind deren Aufgaben und Ziele? Wie beeinflussen wirtschaftliche, politische und rechtliche Rahmenbedingungen die Tätigkeit der Investment Banker? Welche Institutionen dominieren und wie ist deren Struktur?

Obwohl nun viel über Investment Banker geschrieben wurde, ist man weit davon entfernt, Einigung über den Begriff Investment Banking zu erzielen. Zudem stellt »die Anglisierung des internationalen Investment Banking eine vollkommene Eroberung der Usancen, Termini und Standards der weltweiten Financial Community dar. Für einen Kulturkampf wider die Überfremdung der Begriffe ist schon deshalb keine Lanze zu brechen, weil dieser Kampf tatsächlich längst verloren ist.«[1] Von einer weiteren, den bisherigen Dschungel an Uneinheitlichkeit erweiternden Definition möchte ich daher Abstand nehmen. So ist denn auch die Aufgabe dieses Kapitels, welches sich mit folgenden Aspekten des Investment Banking des näheren auseinandersetzt, wenig beschreibender Natur:

- ◊ Geschäftstätigkeiten der Investment Banker
- ◊ Geschichte der Investmentbanken
- ◊ Organisatorische Grösse und Struktur von Investmentbanken

1.1. Geschäftstätigkeiten der Investment Banker

Manche meinen, eine genaue Begriffsbestimmung erleichtere die Kommunikation; andere behaupten, Definitionen seien der Wahrheitsfindung hinderlich, da oftmals wichtige Aspekte ausgeklammert werden. Schliesslich definiert der Fortgeschrittene um zu kommunizieren, nicht um Wahrheiten zu erforschen. Auf der Suche nach der Wahrheit, gerät man denn auch auf Irrwege: Investment Banking Is What Investment Bankers Do. Was tun Investment Banker? Die Finanzwelt nennt viele Geschäftstätigkeiten; ausnahmslos werden als Schwerpunkte Mergers & Acquisitions, das Emissionsgeschäft sowie das Investment Management und der Wertpapierhandel genannt.

Während Merger die Fusion von Gesellschaften umfasst, bedeutet Acquisition die Eingliederung eines gekauften Unternehmens als Tochtergesellschaft. Reine Mergers - wie etwa die schwedisch-schweizerische ASEA/BBC-Fusion im Jahre 1987 - sind jedoch eher selten, so dass »Merger sein Dasein lediglich als verbal dekorativer Kommanditist von Acquisition als Unternehmensübernahme in Form von Kauf bzw. Verkauf fristet«.[2] Überhaupt ist die Begriffsdifferenzierung nur in rechtlicher Hinsicht von Belang, zumal bei einer Fusion die übernommene Gesellschaft ihre rechtliche Selbständigkeit verliert, eine Akquisition hingegen die Rechtsform der Gesellschaft unberührt lässt.[3] Heute steht M & A in der Literatur und in der Finanzwelt vorherrschend als Synonym[4] für Strategien, die den Übergang von Unternehmensanteilen und damit den Kauf und Verkauf von Unternehmen(sbeteiligungen) zum Inhalt haben. Diese Strategien beziehen sich vor allem auf Firmenfusionen, Firmenübernahmen, Sanierungen und Liquidationen sowie Spin-offs, Leveraged Buyouts, Management Buyouts und Management Buyins.

Das Emissions- und Placierungsgeschäft bildet eine weitere zentrale Aufgabe der Investment Banker. Vor allem in den USA verbindet man die Tätigkeit der Finanzierung durch Wertpapieremissionen im wesentlichen mit Investmentbanken. Von besonderem Interesse sind die aktientechnische Bewertung und das Underwriting, also die Übernahme von Placierungsrisken. Die Geschäftsbereiche Emissionsgeschäft sowie Mergers & Acquisitions werden gelegentlich fälschlich dem Terminus Corporate Finance gleichgestellt, was ex definitione einen Widerspruch darstellt, da Unternehmensfinanzierung Beratung in allen finanziellen Belangen bedeutet.[5]

Als dritter Geschäftsbereich des Investment Banking ist das Investment Management oder Asset Management zu nennen, wozu das Fondsmanagement, die Vermögensberatung von institutionellen und privaten Investoren und im weitesten Sinne die Depotverwaltung und der Wertpapierhandel zählen.[6]

Die verbleibenden Seiten dieses Kapitels sollen die Entwicklung der Investmentbanken in ihrem Ursprungsland, den Vereinigten Staaten, zeigen (Welche Auswirkungen hatte die Depression der 30er Jahre und der Wirtschaftsaufschwung der Sechziger?); informieren, warum die Revolution im Bereich der elektronischen Datenverarbeitung, die zunehmende Deregulierung der Finanzmärkte und die immer grösser werdende Zahl an Finanzinnovationen die Investmentbanken von heute einem Wandel unterwerfen, wie diese ihn in ihrer bisherigen Geschichte nicht kannten und schliesslich Auskunft über die organisatorische Grösse und Struktur von Investmentbanken geben.

1.2. Geschichte der Investmentbanken

Auslösendes Moment für einen dramatischen Turnaround von Investmentbanken war der Wall Street Crash im Oktober 1929 und die darauf folgende Depression der 30er Jahre, welche drei sichtbare Zeichen hatte. Das erste waren die unaufhaltsame Preisdeflation und die dazugehörenden Insolvenzen; das zweite war die Arbeitslosigkeit; das dritte war die Not, die die Depression über besonders gefährdete Gesellschaftsgruppen brachte. Doch die Ökonomen klassischer Provenienz blieben untätig. So versicherte zum Beispiel Joseph Schumpeter, damals Ökonom in Harvard: »Unsere Analyse lässt uns glauben, dass die Erholung überhaupt nur eine echte ist, wenn sie von allein eintritt.«[7] Während der restlichen Amtszeit des Republikaners Herbert Hoover folgte die Wirtschaftspolitik der Vereinigten Staaten diesem klassischen Schema.

Endlich kam mit Franklin Delano Roosevelt die Politik des New Deal. Der Glass-Steagall Act vom 16.6.1933 war dann auch die Antwort der Demokraten auf das im März 1928 an der New York Stock Exchange einsetzende Spekulationsfieber. In den späten 20er Jahren nämlich hatten einerseits US-Banken mit Spareinlagen - oftmals ohne Wissen der Anleger - Aktientransaktionen getätigt, andererseits Kunden den Kreditapparat verstärkt für Wertpapierspekulationen beansprucht. Nach dem Crash konnten dann einzelne Engagements nicht mehr durch ein Deckungsgeschäft ausgeglichen werden; infolge meldeten zwischen 1929 und 1933 mindestens 4000 Institute den Konkurs an. Roosevelts Trennbankensystem verlangte daher eine Aufteilung der bisherigen Geschäftsfelder: Commercial Banks sollten fortan ausschliesslich für das Einlagen- bzw. Kreditwesen, Investmentbanken für das Wertpapiergeschäft zuständig sein. Der Glass-Steagall Act sowie das geringe Geschäftsvolumen der 30er

Jahre führten nun zu reduzierten Gewinnmargen der Investmentbanken, was intensive Firmenfusionen in der Branche zur Folge hatte.

Die nachhaltige Konzentration der Zwischenkriegszeit sollte in der Nachkriegszeit bis in die späten sechziger Jahre von einer Gegenbewegung abgelöst werden. Zudem verursachte der relativ hohe Cash Flow der amerikanischen Unternehmen einen Geschäftsrückgang der Investmentbanken. »Specialization was the name of the game.«[8] Traditionelle New Yorker Investmentbanken überliessen daraufhin das Sekundärmarktgeschäft mehrheitlich jungen, emporstrebenden Gesellschaften.

Diese Tendenz schliesslich führte in der Mitte der siebziger Jahre zu verstärktem Wettbewerb. Die Folge war ein substantieller Umbruch in der Investment-Banking-Branche. Zudem veranlasste die Securities and Exchange Commission (SEC), amerikanische Wertpapier- und Börsenaufsichtsbehörde, am 1. Mai 1975 (May Day) die US-Investmentbanken, die anfallenden Gebühren des Wertpapierhandels dem Zusammenwirken von Angebot und Nachfrage freizugeben, worauf die Erträge aus diesem Geschäftsfeld anfangs um die Hälfte zurückgingen. So wurden die Handelskommissionen auf ein Niveau reduziert, das den »Investmentbanken in Einzelfällen das Übernehmen von Positionen auf eigene Rechnung als Marktmacher im Verhältnis zum eingegangen Risiko«[9] nicht mehr gestattete. Das Ende der fixen Gebühren leitete dann zwei Bewegungen ein, die bis zum heutigen Tage bestehen bleiben sollten: die Ära der Discount Brokerage Firms, also jene Gesellschaften, welche Kauf- bzw. Verkaufsaufträge für Wertpapiere zu relativ niedrigen Spesen ausführen und auch keine oder nur geringfügige Beratungsleistung zur Verfügung stellen sowie der Trend zu ausgedehnten Diversifikationsbestrebungen in neue Finanzmarktprodukte (z. B. die erste Emission von Nullkoupon-Anleihen der Pepsi & Co. im Jahre 1982) und zu fortschrittlichen Kommunikationssystemen.[10]

Zu Beginn der 80er Jahre führte dann einerseits die Revolution im Bereich der elektronischen Medien zu rascher Verfügbarkeit von Daten und erlaubte den Investmentbanken eine Ausweitung ihres Transaktionsvolumens, was viele Investmentgesellschaften veranlasste, ihre Rechtstruktur von einer Personengesellschaft in eine Aktiengesellschaft zu wandeln; andererseits induzierte der seit Jahren stattfindende Prozess der Aufweichung der Bestimmungen des Glass-Steagall Act 1933 eine zunehmende Erosion der traditionellen Rollen von Investmentbanken und Commercial Banks:

◊ Über die Gründung von Bankholdinggesellschaften mit Nichtbanken als Tochtergesellschaften kann nunmehr auch der Wertpapierhandel von Kreditbanken betrieben werden. Darüber hinaus betreuen diese in der Regel ein weltweites Kundennetz und verfügen somit über den strategischen Vorteil der Marktnähe.[11]
◊ Wenngleich auch infolge des Glass-Steagall Act 1933 der Tätigkeitsbereich einer Investmentbank streng von einer Kreditbank zu trennen ist, findet man Commercial Banks oftmals in der Rolle eines Konsortialführers bei der Emission von Industrieanleihen sowie Kommunalschuldverschreibungen (bei beiden Wertpapieren handelt es sich steuertechnisch um abzugsfähige Aufwendungen). Nachdem der Glass-Steagall Act den Kreditbanken lediglich die Emission nicht steuerabzugsfähiger Wertpapiere verbietet, aber die Emission eines beträchtlichen Teils der steuerbegünstigten Wertpapiere gestattet, finden Kreditbanken oftmals Gesetzeslücken, um die Bestimmungen zu umgehen.
◊ Zusammenfassend, dennoch nicht abschliessend, muss bezweifelt werden, ob die Aufweichung des Glass-Steagall Act der richtige Weg ist, um der amerikanischen Finanzindustrie die Kraft nach den turbulenten 80er Jahren wieder zurückzugeben: Einerseits sind die Kommissionen für Aktien- und Obligationengeschäfte sehr niedrig, andererseits - wie das Beispiel der Savings & Loans zeigt - ist die Erweiterung des Tätigkeitsfeldes auch kein Allheilmittel, da neue Geschäftsfelder von den bestehenden Problemen ablenken und diese oftmals unkontrolliert weiter wachsen lassen.

Die damit eingeleitete Deregulierung bewirkte eine Globalisierung und Internationalisierung der Finanzmärkte ungeahnten Ausmasses. Die verstärkte Kapitalnachfrage an den grossen interdependenten Börsenplätzen New York, London und Tokyo führte wiederum zu einem intensiven Konkurrenzkampf und zu verstärktem Ringen um Marktanteile und Profite. Um die bereits akkumulierten Marktanteile halten zu können, wurden und werden stetig neue Finanzprodukte am Markt lanciert.[12] Überhaupt unterliegt »die Praxis des heutigen Bankgeschäftes einem ähnlich dramatischen Evolutionsprozess wie ihn zuletzt das verarbeitende Gewerbe im 19. Jahrhundert während der grossen Industrialisierungswelle erlebte. War es damals der Einsatz der Dampfmaschine und der Beginn des grenzüberschreitenden Warenverkehrs, so ist es heute der Einsatz elektronischer Medien, die weltweite Deregulierung und die Securitization, welche national und international die Anbieter von Finanzdienstleistungen vor neue Herausforderungen stellt.«[13]

1.3. Grösse und Struktur von Investmentbanken

Untersucht wurden das Gesamtvermögen von Investmentbanken, Mitarbeiterkennzahlen, Marktanteilsdaten über das Emissionsgeschäft, Grösse von Investmentbanken und deren Organisationsstruktur.

1.3.1. Gesamtvermögen

Eine Studie der Securities and Exchange Commission ergab, dass 1981 von den untersuchten 2473 Investmentbanken mit einem kumulierten Vermögenswert von 129,8 Mrd. $, die grössten 21 Investmentbanken kumulierte Aktiva von 94 Mrd. $ aufwiesen. Weniger als ein Prozent der untersuchten Investmentbanken besitzen somit über 70 Prozent der Vermögenswerte.[14] Zur Untersuchungsmethode sei anzumerken, dass die SEC Daten von 5700 Unternehmen einholte, jedoch Nicht-Börsenmitglieder exkludierte.

Betrachtet man das Gesamtvermögen der grössten Investmentbanken der USA für 1986, so ergibt sich folgende Zusammensetzung:

Abb. 1-01: Gesamtvermögen der grössten amerikanischen Investmentbanken im Jahre 1986 (in Mio. $)[15]

Salomon Brothers	3209
Shearson Lehman	3122
Merrill Lynch	2942
Goldman Sachs	1951
Drexel Burnham Lambert	1626
First Boston	1051
Morgan Stanley	901

Laut einer Studie von Salomon Brothers[16] hatte sich das Gesamtvermögen einzelner Investmentbanken von 1984 bis 1986 mehr als verdreifacht. So betrug zum Beispiel die Summe der Aktiva von Drexel Burnham Lambert im Jahre 1984 504 Mio. $, im Jahre 1985 bereits 929 Mio. $ und 1986 schliesslich 1626 Mio. $. Goldman und Sachs verdoppelte seine Aktiva von 859 Mio. $ (1984) auf 1951 Mio. $ (1986). Einzelne Investmentbanken erhöhten ihr Gesamtvermögen, indem sie zusätzliches Kapital an der Börse aufnahmen oder ihre Rechtsform - wie bereits diskutiert - von einer Personengesellschaft in eine Kapitalgesellschaft wandelten, um sodann Aktien an die Börse zu bringen. So ging z. B. Morgan Stanley im März 1986 an die Börse. Andere fusionierten oder waren Übernahmeopfer und erhielten somit zusätzliches Kapital.[17] Nach dem Konkurs von Drexel Burnham Lambert ist im Jahre 1990 nur mehr eine der grossen Investmentbanken noch eine Personengesellschaft, nämlich Goldman Sachs. Abb. 1-02 zeigt denn auch die - mit Ausnahme des erwähnten Konkurses - relativ stabilen Verhältnisse in der amerikanischen Investment-Szene:

Abb. 1-02: Gesamtvermögen der grössten amerikanischen Investmentbanken im Jahre 1990 (in Mio. $)[18]

Merrill Lynch	9567
Shearson Lehman	7499
Salomon Brothers	7162
Goldman Sachs	4700
Morgan Stanley	3380
First Boston	1612
Prudential Securities	1585
Paine Webber	1553
Dean Witter	1405
Bear Stearns	1388

1.3.2. Mitarbeiter

Abb. 1-03: Mitarbeiterzahl der grössten amerikanischen Investmentbanken im Jahre 1986[19]

Merrill Lynch	47900
Shearson Lehman	26300
Drexel Burnham Lambert	10172
Goldman Sachs	6049
Salomon Brothers	6000
Morgan Stanley	5322
First Boston	4500

Abb. 1-04: Mitarbeiterzahl der grössten amerikanischen Investmentbanken im Jahre 1990[20]

Merrill Lynch	41000
Shearson Lehman	35500
Prudential Securities	18000
Dean Witter	17500
Paine Webber	13000
Morgan Stanley	6600
Goldman Sachs	6500
Bear Stearns	6000
Salomon Brothers	4500
First Boston	4000

Die Zahl der Mitarbeiter verdoppelte sich nahezu bei allen der oben angeführten Investmentbanken zwischen 1983 und 1986. Lediglich Merrill Lynch erhöhte trotz Verdoppelung seiner Vermögenswerte seinen Mitarbeiterstand von 44200 im Jahre 1983 nur auf 47900 im Jahre 1986 (Abb. 1-03). Einen jähen Einbruch im Personalbereich verursachte der 19. Oktober 1987, der Schwarze Montag. So sah sich Salomon Brothers gezwungen, 10 % seiner Mitarbeiter zu entlassen. Die Auswirkungen des Crash of ´87 beschränkten sich aber nicht nur auf den Platz New York: Allein in der letzten Oktoberwoche des Jahres 1987 wurden in der Londoner City über 1000 Kündigungen ausgesprochen. Unangefochten an der Spitze rangieren im Jahre 1990 weiterhin Merrill Lynch und Shearson Lehman, wobei Prudential mit seiner Investment-Tochter den Platz von Drexel Burnham Lambert einnehmen konnte.

1.3.3. Marktanteile im Emissionsgeschäft

Die Globalisierung der Finanzmärkte und die damit verbundene verstärkte Nachfrage an den grossen Börsenplätzen führte - nicht nur aus kompetitiven Gründen[21] - zu einem stetigen Prozess der Entwicklung von Finanzinnovationen. Underwriting, die Übernahme von Placierungsrisken, wurde nun zu einem immer dominanteren Faktor im Investment Banking.

Abb. 1-05: Ranking der grössten amerikanischen Investmentbanken im Jahre 1985 (Corporate Issues)[22]

Manager	Emissionsvolumen in Mrd. $	Rang
Salomon Brothers	26,4	1
First Boston	20,3	2
Merrill Lynch	16,6	3
Goldman Sachs	15,7	4
Drexel Burnham Lambert	11,5	5
Morgan Stanley	10,0	6
Shearson Lehman	9,9	7

Durch die starke Aufsplitterung der Marktanteile herrscht beträchtlicher Wettbewerb, der - von bestimmten Geschäftsfeldern abgesehen - keine dominante Stellung einer einzelnen Investmentbank zulässt.

Abb. 1-06: Marktanteile der grössten amerikanischen Investmentbanken im Jahre 1990 (All Domestic Issues)[23]

Manager	Emissions-volumen in Mio. $	Rang	Marktanteil in %	Anzahl der Emissionen
Merrill Lynch	55754,3	1	17,6	726
Goldman Sachs	40743,2	2	12,8	474
First Boston	33051,4	3	10,4	524
Salomon Brothers	32667,1	4	10,3	375
Morgan Stanley	31272,4	5	9,9	325
Kidder Peabody	22066,0	6	7,0	672
Shearson Lehman	20331,9	7	6,4	444
Bear Stearns	20010,0	8	6,3	538
Prudential Securities	13449,5	9	4,2	335
Donaldson, Lufkin & Jenrette	6172,7	10	1,9	294

Abb. 1-07 bis Abb. 1-09 zeigen die Aufteilung des gesamten Emissionsvolumens für 1990 (317,21 Mrd. $) nach den einzelnen Wertpapierkategorien bzw. welche Investmentbanken die grössten Marktanteile in den Kategorien Mortgage-backed Securities sowie Investment-grade Debt halten (die letztgenannten Wertpapierklassen repräsentieren 77,89 % des gesamten Emissionsvolumens). Nach eigenen Berechnungen gestaltete sich die Verteilung wie folgt: Mortgage-backed Securities (MBS) 139,6 Mrd. $ (44,01 %), Investment-grade Securities 107,4 Mrd. $ (33,88 %), Asset-backed Securities (ABS) 40,4 Mrd. $ (12,72 %), Common Stock 19,2 Mrd. $ (6,04 %), Convertible Debt 4,7 Mrd. $ (1,50 %), Preferred Stock 4,6 Mrd. $ (1,44 %) sowie Junk Bonds 1,3 Mrd. $ (0,41 %).

Abb. 1-07: Aufteilung des Emissionsvolumens 1990 nach Wertpapierkategorien

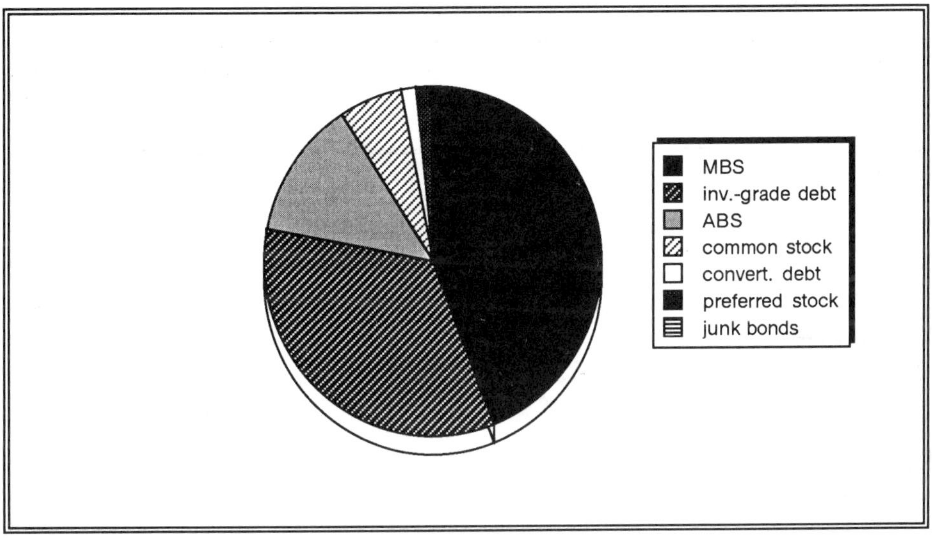

Abb. 1-08: Marktanteile der grössten amerikanischen Investmentbanken im Jahre 1990 (Mortgage-backed Securities)[24]

Manager	Emissions-volumen in Mio. $	Rang	Marktanteil in %	Anzahl der Emissionen
Kidder Peabody	18783,4	1	13,5	639
Bear Stearns	17375,1	2	12,4	516
Goldman Sachs	14691,5	3	10,5	320
First Boston	12466,0	4	8,9	418
Prudential Securities	12221,5	5	8,8	313
Salomon Brothers	11963,3	6	8,6	266
Merrill Lynch	11047,7	7	7,9	392
Shearson Lehman	10571,1	8	7,6	365
Morgan Stanley	5331,8	9	3,8	150
Donaldson, Lufkin & Jenrette	5202,1	10	3,7	278

Abb. 1-09: Marktanteile der grössten amerikanischen Investmentbanken im Jahre 1990 (Investment-grade Debt)[25]

Manager	Emissions-volumen in Mio. $	Rang	Marktanteil in %	Anzahl der Emissionen
Merrill Lynch	28711,7	1	26,7	242
Morgan Stanley	22663,3	2	21,1	148
Goldman Sachs	16625,9	3	15,5	105
Salomon Brothers	13390,6	4	12,5	65
First Boston	9818,9	5	9,1	61
Shearson Lehman	6868,0	6	6,4	44
Kidder Peabody	2397,4	7	2,2	16
Bear Stearns	1257,9	8	1,2	14
Paine Webber	1046,6	9	1,0	15
Donaldson, Lufkin & Jenrette	511,3	10	0,5	10

1.3.4. Grösse und Organisationsstruktur

Nun kann aber aus dem bisher dargestellten Datenmaterial auf keinen Fall ein Trend zu organisatorisch grossen Investmentbanken abgeleitet werden. Im Gegenteil: Organisatorisch kleine Investmentbanken (in den USA Investment Banking Boutiques genannt) spezialisieren sich auf Geschäfte, die grosse Investmentbanken, wie z. B. Merrill Lynch, aufgrund der zu hohen Fixkostenbelastung vernachlässigen. »The success of these newcomers seems rooted in the small-is-beautiful philosophy. As the big firm get larger and more beaurocratic, they are less and less able to provide the kind of flexible servicing of clients that they could in the past, when they were smaller ... The typical complaint is that even important clients cannot get the senior investment bankers′ attention more than twice a year.«[26]

In Beratungssituationen, in denen grosse Investmentbanken eine Schar von Mitarbeitern und Datenverarbeitungstechnologien einsetzen, bietet eine Investment Banking Boutique persönlichen, nicht programmierten Beratungsservice. Dennoch, jeder Glaubenskampf benötigt eine ausreichende Zahl an Gegnern. Es darf deshalb nicht wundern, dass Mitarbeiter der grossen Investmentbanken zahlreiche Nachteile, die mit Boutiquen verbunden sind, anführen: So meinen viele, dass man die heutige Interdependenz und Vielfalt der einzelnen Geschäftsbereiche nicht mehr mit denen früherer Jahre vergleichen kann, wo ein talentierter Investment Banker einen Kunden bei der Emission von Aktien oder Anleihen betreute. Grosse Investmentgesellschaften - so meinen die Gegner vielmehr - bieten den Vorteil, Spezialisten für eine einzelne detaillierte Beratungssituation zur Verfügung stellen zu können.

Trotz der Konkurrenz durch die Mega-Investmentbanken und der Tatsache, dass grosse Industrieunternehmen ihre eigenen Investmentabteilungen führen, kann die Tendenz zu Investment Banking Boutiquen nicht negiert werden. So kontaktierte z. B. Levi Strauss/San Francisco, als das Unternehmen im Jahre 1985 mit 1,8 Mrd. $ an die Börse ging, nicht seine »Hausbank« Salomon Brothers, sondern eine kleine, lokale Investment Banking Boutique, Hellman and Friedman, die zwei Jahre zuvor gegründet wurde.

Auch die Organisationsstruktur ist ein geschäftsstrategisches Problem, das verschiedenartig gelöst werden kann:[27] Auf den Interessenkonflikt zwischen unternehmensinterner Investment-Banking-Abteilung und Kreditabteilung wird später noch näher eingegangen. Die Investment-Banking-Abteilung organisiert als projekt- bzw. produktorientierter Bereich im Rahmen einer Matrixorganisation birgt die Gefahr einer ständigen Verletzung des Grundsatzes der Einheit der Auftragserteilung. Die Etablierung einer ausgegliederten Tochtergesellschaft erscheint deshalb die ideale Organisationsstruktur. Dennoch betrieben in der BRD 1985 von 126 untersuchten Universalbanken nur 4 % eine derartige Tochtergesellschaft.[28]

2. Der internationale Unternehmenskauf

»M & A als Gedanke und Verfahren bezweckt weder die Auslieferung des Unternehmens und seiner Mitarbeiter an Bürokraten noch an finanzakrobatische Technokraten. Wenn die Gewässer, in denen die Wirtschaft künftig zu manövrieren haben wird, so bewegt und so dicht befahren sein werden wie zu vermuten ist, dann können weder Aktionäre noch Mitarbeiter das geringste Interesse an einem plumpen, instabilen Fahrzeug, noch an desinteressierten, unprofessionellen Lotsen haben. Mag die Konjunktur jeden Verlauf nehmen, der ihr beliebt: an Strukturreformen durch Wettbewerb um die Kontrolle von innovations- und rationalisierungsfähigen Unternehmen führt in den nächsten Jahren nichts mehr vorbei.«

2.1. Geschichte des internationalen Unternehmenskaufes

Vergleicht man den bereits dargestellten Konjunkturwandel der Investmentbanken mit der ebenso bewegenden wie gestaltenden Geschichte der M & A-Wellen, so ist eine signifikante Ähnlichkeit beider Konjunkturzyklen deutlich erkennbar. Da die bisher stattgefundenen M & A-Wellen dramatische Auswirkungen auf die Existenz, die Tätigkeitsbereiche und das Verhalten der Investmentbanken hatten, will ich nun die Geschichte des internationalen Unternehmenskaufes kurz charakterisieren. Im Anschluss daran soll eine detaillicrte Datenanalyse Auskunft über gegenwärtige M & A-Situation in den USA, Grossbritannien, Deutschland und der Schweiz geben.

2.1.1. Von 1870 bis 1930[29]

Viele Historiker bezeichnen die letzten 20 Jahre des 19. Jahrhunderts als Epoche der grossen Monopole. Ausgelöst wurde dieser Konzentrationsprozess durch jene Krise, die in der englischen Wirtschaftsgeschichte als The Great Depression of 1872 bezeichnet wird. Die Industrie- und Bankunternehmen, geschwächt durch den Konkurrenzkampf der Industrialisierungswellen, tendierten zur Zusammenarbeit mit ihren Mitbewerbern.

Horizontale Integrationen[30] ermöglichten eine Senkung der Produktionskosten, Preisabsprachen und eine geordnete Aufteilung der Marktanteile. Der Zusammenschluss in Deutschland erfolgte durch Kartelle, damals formlose Preis-, Produktions- und Vertriebsabsprachen zwischen Unternehmen desselben Produktionszweiges.

In den USA entstanden Trusts wie Standard Oil Company, American Tobacco, US Steel Corporation, General Electric und Du Pont.[31] Aufsehen erregte der Fall der Standard Oil Gesellschaft. Nicht nur brachte die Gesellschaft im Jahre 1879 eine weitgehende Konsolidierung bisheriger Konkurrenten zuwege, sie hatte auch keine Hemmungen, die Petroleumpreise zu senken und teilweise Verluste in Kauf zu nehmen, um regionale Aussenseiterunternehmen zu vernichten. Waren diese beseitigt, erhöhte sie die Preise, um frühere Verluste wettzumachen. So vereinigte Rockefeller in seinem Standard-Oil-Trust bis zur Antimonopolkampagne fast die gesamte amerikanische Erdölwirtschaft: 85 % des Beleuchtungsöls, das in den USA gekauft wurde, stammte in dieser Zeit aus Ölquellen und Raffinerien, die Standard Oil gehörten. Carnegie hingegen erzeugte im Jahre 1901, als er seine Gesellschaft an J. P. Morgans gewaltige Organisation, die United States Steel Corporation verkaufte, mehr Stahl als ganz England.[32]

Auch der Trend der Banken zum Zusammenschluss war deutlich erkennbar. Hatte es zum Beispiel in England zu Beginn der 1820er Jahre 600 Banken gegeben, so waren es um 1914 nur noch 55. In Deutschland wurden die Finanzgeschäfte mehrheitlich von vier Banken getätigt: der Dresdner Bank (gegründet 1872), der Stuttgarter Disconto Gesellschaft (1851) sowie der Deutschen Bank und der Darmstädter Bank (beide 1870).

In den USA verabschiedete der Kongress - als Reaktion auf die Macht der immer grösser werdenden Trusts - den Sherman Act 1890, um die wildesten Auswüchse der Monopolisierung zu verhindern. Jedoch verhinderte dieses Gesetz in seinem Anfangsstadium die Fusionstätigkeiten amerikanischer Unternehmen kaum, da die Intentionen des Gesetzgebers äusserst ungenau formuliert waren. So lautet § 1: »Every contract, combination in the form of trust or otherwise, or conspiracy, in restraint of trade or commerce amoung the several States, or with foreign nations, is declared to be illegal.« § 2 präzisiert: »Every person who shall monopolize, or attempt to monopolize, or combine or conspire with any other person or persons, to monopolize any part of the trade or commerce among the several States, or with foreign nations, shall be deemed guilty of a felony.« Die fehlende Definition der Schlüsselwörter Combination, Restraint of Trade oder Monopolize bedurfte schliesslich der mühevollen Interpretation der Gerichtsbarkeit, so dass es erst unter dem Republikaner Theodore Roosevelt ab 1904 zu einem signifikanten Rückgang horizontaler Unternehmenszusammenschlüsse kam.[33] Im Jahre 1911 erklärte der Supreme Court die American Tobacco Company und Standard Oil für gesetzeswidrig und veranlasste die Auflösung der Konzerne in kleinere Teilgesellschaften.

Die Epoche der ersten Robber Barons, wie John D. Rockefeller oder Andrew Carnegie, wurde somit abgelöst durch eine neue Generation von innovativen Unternehmern, wie Henry Ford I. Grosse Industrieunternehmen fokusierten ihre Integrationsstrategie auf vertikale Unternehmenszusammenschlüsse, um die Kontrolle auf den gesamten Produktionszyklus ausdehnen zu können. Diese Form des Wettbewerbs endete dramatisch durch den Crash of 1929.

2.1.2. Von 1930 bis 1970

Wie bereits anlässlich der Geschichte der Investmentbanken im Einführungskapitel ausgeführt, verursachte der Oktober-Crash 1929 und die darauf folgende Depression der 30er Jahre einen dramatischen Turnaround in der Unternehmenslandschaft. Das geringe Geschäftsvolumen führte zu Rationalisierungsmassnahmen erfolgsgewohnter Entrepreneurs. Diese sahen sich nunmehr gezwungen, sich von Geschäftsanteilen zu trennen bzw. ganze Unternehmen zu verkaufen oder zu schliessen, was wiederum intensive Konzentrationsprozesse zur Folge hatte (Defensive Merger).[34]

Zwischen 1955 und 1970 beobachtete man erste feindliche Übernahmen als Konsequenz wachsender lateraler Diversifizierungsmassnahmen. ITT (die europäischen Telekommunikations-Bereiche von ITT und CGE schlossen sich am 1.1.1987 zu Alcatel zusammen) und Sears sind nicht mehr existente bzw. noch bestehende amerikanische Beispiele dieser

Strategie. Internationalisierung grosser Industriekonzerne ermöglichte diesen ihr Produktionsvolumen signifikant zu erhöhen, um dadurch Konkurrenzvorteile durch Kostendegression zu schaffen (Economies of Scale). So konnte z. B. Harold Geneen, »das amerikanische Management-Idol der 60er und 70er Jahre«,[35] die International Telephone and Telegraph Company (ITT) von einem konkursreifen Unternehmen zu einem grosszügig diversifizierten Konglomeratskonzern mit einem Umsatz von 22 Mrd. $ (eine Steigerung von 2772 % in 17 Jahren) und 375000 Beschäftigten, die in vier Kontinenten mit 250 Profit Centers agierten, aufbauen.

Aber auch in dieser Zeit versäumten parlamentarische Volksvertreter nicht, neue gesetzliche Restriktionen zu schaffen, um monopolartige Riesenkonzerne zu bändigen. So wurde der bereits 1914 in den USA erlassene Clayton Act zur Verhinderung wettbewerbsfeindlicher Fusionen im Jahre 1950 verschärft. »The amendment of 1950 corrected a glaring defect of the Clayton Act which originally prohibited mergers where the effect would be to lessen competition between the acquiring corporation and the target corporation. The new and obviously sounder standard prohibits mergers where the effect would be to substantially lessen competition generally, and not just competition between the two firms. The amendment also plugged another loophole in the original statute by making section 7 of the Clayton Act apply to corporate acquisition effected through purchase of the assets of the target corporation. Before the amendment, section 7 had only prohibited anticompetitive mergers accomplished through purchase by one corporation of another's stock.«[36] Ebenso ermöglichte der britische Monopolies and Mergers Act 1965 Fusionen zu untersuchen und Monopole aufzulösen. So berichtete denn auch der Board of Trade jene Fälle an die Monopolies and Restrictive Practices Commission, in denen ein Drittel des Marktanteiles in den Händen eines Unternehmens oder vieler miteinander verbundener Unternehmen war.[37]

Dass diese Regelungen jedoch keine ausreichende Handhabe gegenüber durch laterale Diversifizierungsmassnahmen gewachsenen Konzerne bot, kann man aufgrund des steigenden Anteils lateraler Firmenfusionen an den gesamten Fusionen erkennen: So stieg dieser Anteil zum Beispiel in den USA von etwa 50 % im Jahre 1955 auf annähernd 90 % im Jahre

1969. Hingegen machte der Anteil lateraler Akquisitionen im selben Zeitraum in der BRD nur 20 % aller Fusionen aus.[38]

2.1.3. Von 1970 bis heute

Die oben dargestellten M & A-Wellen sollen dem Leser zeigen, dass Firmenfusionen und Unternehmensübernahmen kein Phänomen der vergangenen fünfzehn bis zwanzig Jahre ist, wenngleich ich betonen will, dass die Entwicklung in dieser Zeit in geradezu exponentiellem Ausmass vorangetrieben wurde. Über viele Fragenkomplexe der Mergers und Acquisitions wird noch zu sprechen sein. Vorweg jedoch Daten und Schlussfolgerungen über

- ◊ den Grad der Unternehmenskonzentration,
- ◊ M & A-Entwicklungstendenzen in Grossbritannien und den USA von 1970 bis 1984,
- ◊ M & A-Entwicklungstendenzen in den USA nach 1984,
- ◊ M & A-Entwicklungstendenzen in Deutschland sowie
- ◊ länderübergreifende M & A-Transaktionen.

2.1.3.1. Grad der Unternehmenskonzentration

Die folgende Abbildung zeigt die Unternehmenskonzentration der Industrie in den USA, Grossbritannien und der Bundesrepublik Deutschland:

Abb. 2-01: Industriebeschäftigte in Grossunternehmen (in Mio.)[39]

	Industriebeschäftigte (Industriesektoren ohne Eisen und Stahl)	Grossunternehmen (Unternehmen mit mehr als 40000 Mitarbeitern)	
USA	18,93	8,05	43 %
GB	7,78	2,67	34 %
BRD	10,53	1,59	15 %

Wie der Leser nun feststellen kann, arbeiteten zu Beginn der siebziger Jahre in den USA 43 % der in der Industrie Beschäftigten in Unternehmen mit mehr als 40000 Mitarbeitern, hingegen in der Bundesrepublik Deutschland 15 %. Diese Verhältniszahlen sind allerdings nur bedingt aussagefähig, da bei der Festlegung, ob bei dem untersuchten Unternehmen mehr als 40000 Mitarbeiter beschäftigt sind, auch die Mutter- und Tochtergesellschaften im Ausland berücksichtigt wurden. Die Kennzahlen sollen aber ein erster Hinweis auf Konzentrationspotential bzw. -sättigung sein. Dazu Peter Bernhardt, Vice President bei Booz Allen & Hamilton/München: »Einerseits ist festzustellen, dass die Unternehmenskonzentration deutlich zunimmt, andererseits aber innerhalb der grossen Konzernstrukturen dezentrale Führungsformen immer häufiger werden. So wird zum Beispiel Daimler-Benz als Gruppe immer mächtiger, die einzelnen Glieder dieser Struktur aber immer selbständiger.«[40]

Eine repräsentative Kennzahl zur Messung der Unternehmenskonzentration ist die Concentration Ratio. Four-firm Concentration Ratio (CR4) ist der prozentuelle Marktanteil, der den vier grössten Unternehmen der jeweiligen Branche zugerechnet werden kann. Für die USA betrug diese Kennzahl 1977 bei einem Fünftel der Industrie über 60 %.[41] Nachfolgende Abbildung zeigt den CR4-Index für ausgewählte Industriezweige der USA:

Abb. 2-02: Concentration Ratio of the Top Four Firms in the US (Marktanteile der vier grössten bzw. der vier nächstgrössten Unternehmen in Prozenten)[42]

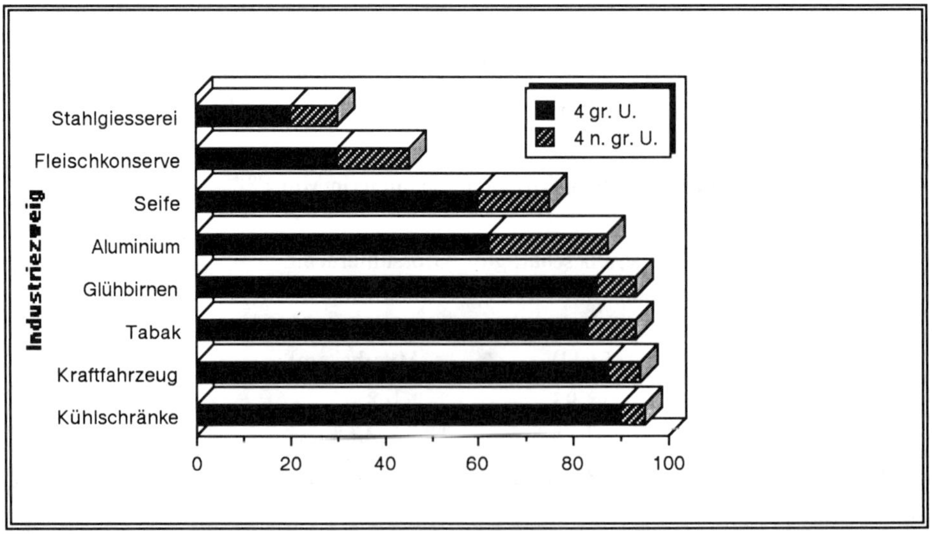

Concentration Ratio of the Top Five Firms ermittelt auch die jeweils fünf grössten britischen Unternehmen (CR5).[43] So hatten im Jahre 1972 in 15

aus 158 Industriesektoren die grössten fünf Unternehmen mehr als 90 % des Gesamtsektorumsatzes auf sich vereint. Diese hohe Konzentration findet man vor allem in der Automobil- und Chemiebranche, im Bergbauwesen, in der Erdölindustrie sowie im Nahrungsmittelsektor.

Zeigen die Kennzahlen für viele Industriesektoren ein ausserordentlich hohes Ausmass an Konzentration, so steht dieser Entwicklung der tertiäre Sektor nicht nach. Beispielgebend soll hier der Lebensmitteleinzelhandel im Jahre 1985 angeführt werden:[44] Unternehmen mit einem Anteil von 2, 5, 10 bzw. 20 % an der Gesamtzahl der Handelsfirmen erreichten in den USA einen Anteil am Gesamtumsatz von 23, 43, 65 bzw. 85 %, in Grossbritannien 49, 66, 77 bzw. 84 %, in der BRD 26, 40, 54 bzw. 71 % und in der Schweiz einen Anteil am Gesamtumsatz von 26, 42, 57, 73 %.

2.1.3.2. M & A in Grossbritannien und den USA von 1970 bis 1984

Der Grad der Unternehmenskonzentration ist für das Wachstum von M & A deshalb von hoher Bedeutung, da er den Humus - wie die Geschichte zeigt - für den Kauf und Verkauf von Unternehmen(sbeteiligungen) bildet. Wie aber entwickelte sich der M & A-Markt in den letzten beiden Jahrzehnten? Die nachfolgenden Abbildungen sollen darüber Auskunft geben:

Abb. 2-03: Mergers & Acquisitions in Grossbritannien von 1970 bis 1984[45]

Jahr	Anzahl	Änderung in % des Vorjahres	Wert (in Mio. £)	Änderung in % des Vorjahres
1970	793		1122	
1971	884	+ 11,5	911	- 18,8
1972	1210	+ 36,9	2532	+178,0
1973	1205	- 0,4	1304	- 48,5
1974	504	- 58,2	508	- 61,0
1975	315	- 37,5	291	- 42,7
1976	353	+ 12,1	448	+ 54,0
1977	481	+ 36,3	824	+ 83,9
1978	567	+ 17,9	1140	+ 38,3
1979	534	- 5,8	1656	+ 45,3
1980	469	- 12,2	1475	- 10,9
1981	452	- 3,6	1144	- 22,4
1982	463	+ 2,4	2206	+ 92,8
1983	447	- 3,5	2343	+ 6,2
1984	507	+ 13,4	5243	+ 123,8

Abb. 2-03 zeigt die Entwicklung der Mergers & Acquisitions in der britischen Industrie von 1970-1984. Wichtige Schlussfolgerungen können aus dieser Tabelle abgeleitet werden: Vergleicht man nämlich die Anzahl der im Jahre 1975 erworbenen Unternehmen von 315 und den Gesamtwert von 291 Mio. £ mit den im Jahre 1984 507 gekauften Unternehmen und dem Gesamtwert von 5,2 Mrd. £, so kann man die gesteigerten Volumina einer einzelnen Transaktion feststellen: Betrug der Durchschnittswert einer Verkaufstransaktion demnach im Jahre 1975 920000 £, so erhöhte sich dieser 1984 um mehr als das Zehnfache auf 10,34 Mio. £. Jedoch sei anzumerken, dass die Wertangaben nicht inflationsbereinigt sind. Darüber hinaus konnte trotz der galoppierenden Inflation in Grossbritannien der Gesamtwert der Transaktionen des Jahres 1972 von 2,5 Mrd. £ bis Ende 1983 nicht überboten werden, obwohl 1983 von den durchgeführten Unternehmensverkäufen mit einem Gesamtwert von 2,3 Mrd. £ alleine 1,6 Mrd. £ auf zwei einzelne Transaktionen zurückzuführen waren. Die Anzahl der Transaktionen jedoch fiel von 1210 im Jahre 1975 auf 447 im Jahre 1983.

Die Entwicklung in den USA[46] zeigt ein ähnliches Bild. Auch hier sind die in Grossbritannien aufgezählten Entwicklungen erkennbar - wenn auch in grösseren Dimensionen: So betrug 1984 (1975) die Anzahl der

Übernahmen 2543 (2297). Bei 1084 (848) Transaktionen wurde der Kaufpreis bekanntgegeben: Über 122 (annähernd 12) Mrd. $ wurden dafür aufgewendet. Somit betrug der Durchschnittswert pro Transaktion ca. 113 (14) Mio $. Obwohl der Gesamtwert der durchgeführten Unternehmenskäufe - anders als in Grossbritannien - jährlich stieg, fiel die Anzahl der Transaktionen im Zeitraum 1972 (4801) bis 1983 (2533) kontinuierlich. Der Höchstand des Jahres 1972 konnte somit im Beobachtungszeitraum nicht überboten werden.

Abb. 2-04 fasst die M & A-Entwicklungen von 1970 bis 1984 in Grossbritannien und in den USA zusammen:

Abb. 2-04: M & A-Entwicklung in Grossbritannien und den USA von 1970 bis 1984

Durch-schnittswert:	1975		1984	
GB	0,92 Mio. £	100 %	10,34 Mio. £	+ 1024 %
USA	14,00 Mio. $	100 %	113,00 Mio. $	+ 707 %
Anzahl der Übernahmen:	1972		1983	
GB	1210	100 %	447	- 63 %
USA	4801	100 %	2533	- 47 %

Einen absoluten Höchststand erreichten somit in beiden Ländern die Durchschnittswerte der einzelnen Transaktionen im Jahre 1984 und die Anzahl der Übernahmen im Jahre 1972.

2.1.3.3. M & A in den USA nach 1984

Zwischen 1985 und 1988 verging wohl kaum ein Tag, an dem auf der Titelseite des Wall Street Journal noch anderes als Meldungen über Mergers & Acquisitions zu lesen war. Hier waren es vor allem die Megadeals, die die Aufmerksamkeit der sensationslüsternden Reporter und Berichterstatter erregten. So verdoppelte sich die Anzahl der Übernahmen mit einem Transaktionswert von über 1 Mrd. $ von 27 im Jahre 1985 auf 51 im Jahre 1988. Nachfolgende Abbildung gibt eine Übersicht über die Anzahl der Megadeals in den USA:

Abb. 2-05: Anzahl der Megadeals in den USA von 1985 bis 1988[47]

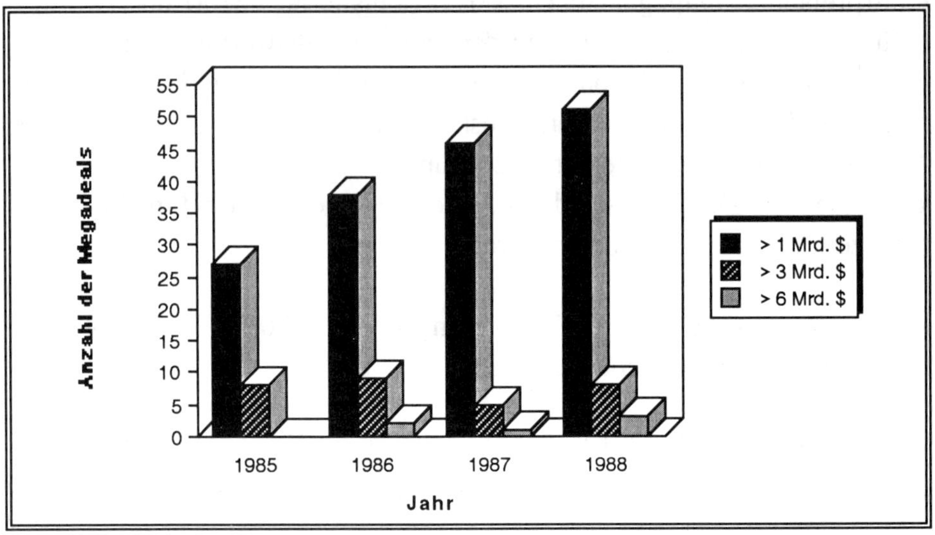

Eine Auswahl der grössten Transaktionen in den genannten Jahren demonstriert nachstehende Übersicht:

◊ 1985 erwarb Philip Morris um 5,6 Mrd. $ General Foods, General Motors um 5 Mrd. $ Hughes Aircraft und R. J. Reynolds um 4,9 Mrd. $ Nabisco Brands.
◊ 1986 erfolgte die Übernahme von RCA durch General Electric mit einem Transaktionswert von 6,4 Mrd. $ sowie die Übernahme von Beatrice im Wert von 6,2 Mrd. $ durch KKR (Kohlberg Kravis Roberts) mit Hilfe eines Leveraged Buyout.
◊ 1987 kaufte British Petroleum die Standard Oil of Ohio mit einem Transaktionswert von 7,6 Mrd. $.
◊ 1988 erfolgten die Übernahme von RJR Nabisco durch KKR (25 Mrd. $), die Akquisition von Kraft durch Philip Morris (12,9 Mrd. $) und der Erwerb von Federated Department Stores durch Campeau[48] (6,5 Mrd. $).

Abb. 2-06 zeigt den Gesamtwert der Transaktionen über 1 Mio. $ sowie über 1 Mrd. $. Ein absoluter Höhepunkt konnte im Jahre 1988 verzeichnet werden: Der kumulierte Wert der Transaktionen über 1 Mrd. $ (137,0 Mrd. $) erreichte somit 55 % des Gesamtwertes der Transaktionen über 1 Mio. $ (249,0 Mrd. $).

Abb. 2-06: Wert der Megadeals in den USA von 1985 bis 1988 (in Mrd. $)[49]

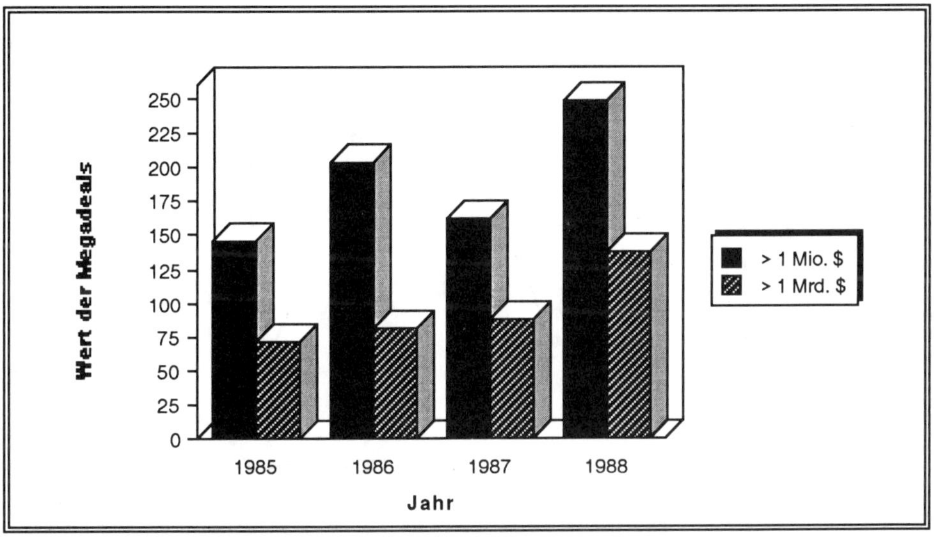

Nachfolgende Abbildungen zeigen die Anzahl bzw. den Wert sämtlicher Transaktionen in den USA sowie eine Liste grösserer abgeschlossener Deals:

Abb. 2-07: Anzahl sämtlicher Transaktionen in den USA von 1985 bis 1990[50]

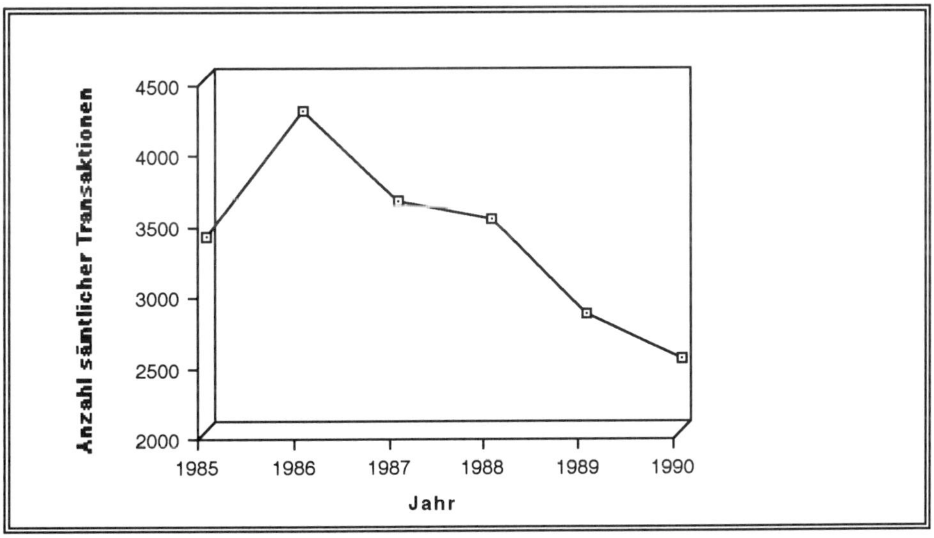

Abb. 2-08: Wert sämtlicher Transaktionen in den USA von 1985 bis 1990 (in Mrd. $)[51]

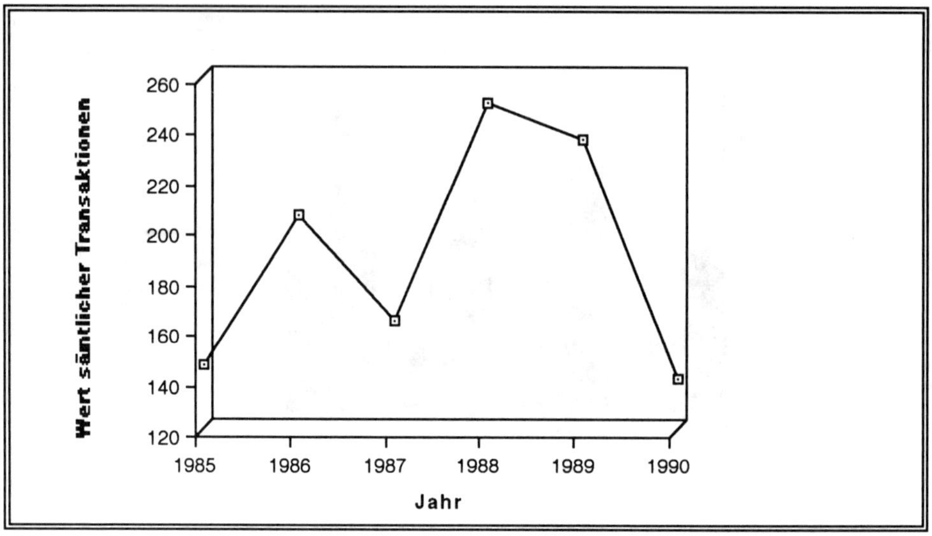

Abb. 2-09: Fusionen und Akquisitionen in den USA (von 25 Mrd. $ bis 5 Mrd. $)

Target	Branche	Käufer	Betrag in Mrd. $	Jahr
RJR Nabisco	Nahrungsmittel, Tabakwaren	Kohlberg, Kravis, Roberts	25,0	1988
Warner Communications	Unterhaltungsindustrie	Time Inc.	14,0	1989
Gulf Oil	Erdöl	Chevron	13,3	1984
Kraft	Nahrungsmittel	Philip Morris	12,9	1988
Squibb	Pharmazeutika	Bristol Myers	12,5	1989
Getty Oil	Erdöl	Texaco	10,1	1984
Conoco	Öl, Kohle	Du Pont	8,0	1981
Standard Oil	Erdöl	British Petroleum	7,6	1987
NCR	Computer	AT&T	7,4	1991
Marathon Oil	Erdöl	USX	6,6	1981
Federated Department Stores	Einzelhandel	Campeau	6,5	1988
RCA	Elektronik	General Electric	6,4	1986
Beatrice	Nahrungsmittel, Konsumgüter	Kohlberg, Kravis, Roberts	6,2	1986
Pillsbury	Nahrungsmittel	Grand Metropolitan	5,8	1988
Shell Oil	Erdöl	Royal Dutch-Shell	5,7	1987
Safeway Stores	Einzelhandel	Kohlberg, Kravis, Roberts	5,7	1986
Superior Oil	Erdöl	Mobil	5,7	1984
General Foods	Nahrungsmittel	Philip Morris	5,6	1985
Shell Oil	Erdöl	Royal Dutch	5,5	1984
Farmers Group	Versicherungen	BAT Industries	5,2	1988
Sterling Drug	Pharma, Haushaltswaren	Eastman Kodak	5,1	1988
Hughes Aircraft	Militär. Elektronik	General Motors	5,0	1985

Abb. 2-10: Fusionen und Akquisitionen in den USA (von 4,9 Mrd. $ bis 0,9 Mrd. $)

Target	Branche	Käufer	Betrag in Mrd. $	Jahr
Nabisco Brands	Nahrungsmittel	R. J. Reynolds	4,9	1985
Signal	Mischkonzern	Allied Corp.	4,9	1985
Sperry	Computer	Burroughs	4,8	1986
Texaco Can.	Erdöl	Imperial Oil	4,2	1989
Allied Stores	Einzelhandel	Campeau	4,2	1987
Hospital Corp. of America	Gesundheitswesen	HCA-Hospital Corporation	3,9	1989
Marion Labs.	Pharmazeutika	Dow Chemical	3,8	1989
Northwest-Airlines	Fluglinie	Wings Holdings	3,7	1989
R. H. Macy	Einzelhandel	Management	3,7	1986
Columbia Pictures	Unterhaltungsindustrie	Sony	3,4	1989
Cheseborough-Pond´s	Konsumgüter	Unilever	3,1	1987
Carnation	Milchprodukte	Nestlé	2,9	1985
Celanese	Chemie	Hoechst	2,7	1987
Firestone Tire Rubber	Reifen	Bridgestone	2,6	1988
Inter-Continental	Hotel	Seibu Saison	2,3	1988
CBS Records	Unterhaltungsindustrie	Sony	2,0	1988
Southern Pacific Transport Corp.	Verkehr	Rio Grande Industries	1,8	1988
Irving Bank Corp.	Geldwesen	The Bank of New York	1,5	1988
General Tire	Reifen	Continental	1,1	1987
Inmont	Farben	BASF	1,0	1985
Doubleday, RCA Records	Verlag, Unterhaltungsindustrie	Bertelsmann	0,9	1986

2.1.3.4. M & A-Entwicklungstendenzen in Deutschland

Mit einer etwas geringeren Dynamik waren auch in der BRD wachsende M & A-Aktivitäten zu erkennen: So stieg die Anzahl der dem Bundeskartellamt nach § 23 GWB (Gesetz gegen Wettbewerbsbeschränkungen) angezeigten Transaktionen zwischen 1979 und 1990 von 602 auf 1548 per anno. Dem Bundeskartellamt angezeigt werden müssen einerseits Transaktionen, bei denen die Unternehmen durch Zusammenschluss einen Marktanteil von 20 % erreichen oder bei denen eines der beteiligten Unternehmen bereits vor dem Zusammenschluss einen Marktanteil von 20 % hatte und andererseits Transaktionen, bei denen die sich zusammenschliessenden Unternehmen gemeinsam entweder 10000 Beschäftigte, 500 Mio. DM Umsatz oder 1 Mrd. Bilanzsumme innerhalb der letzten 12 Monate vor dem Zusammenschluss hatten.

Abb. 2-11: Anzahl der Transaktionen in der BRD[52]

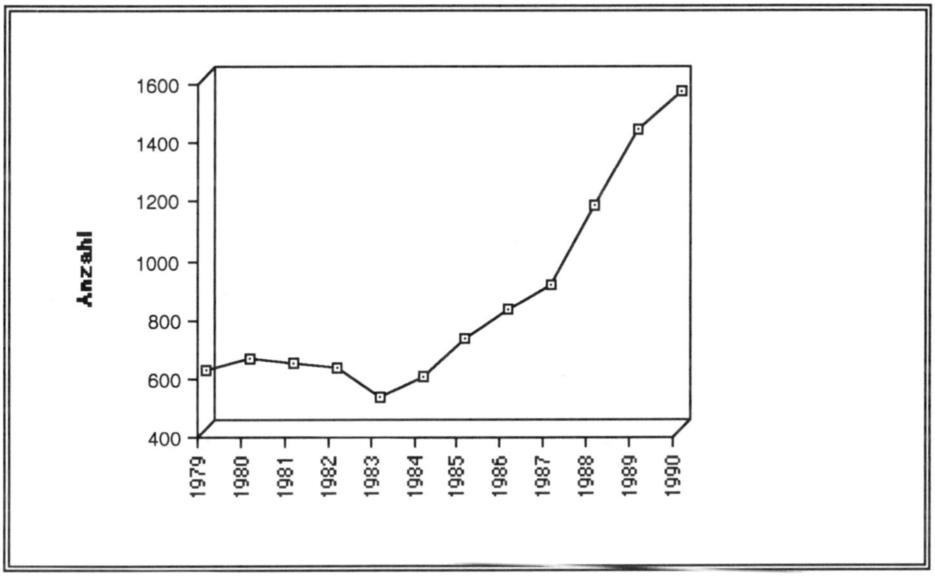

Abb. 2-12 zeigt eine Auswahl abgeschlossener Fusionen sowie Übernahmen in der BRD:

Abb. 2-12: Grössere Transaktionen in der BRD[53]

Target	Branche	Käufer	Betrag in Mio. $	Jahr
Feldmühle Nobel AG	Papier, Karton, Keramik	Stora	2240	1990
Salzgitter-Konzern	Berbau, Metall, Energietechnik	Preussag	1400	1989
Deutsche Texaco	Erdöl	RWE	1220	1988
Bank f. Gemein-wirtschaft	Banken	Aachener, Münchener	1030	1987
MBB	Luft- und Raumfahrt	Daimler-Benz	1000	1989
AEG	Elektronik	Daimler-Benz	900	1986
Volksfürsorge	Versicherungen	Aachener, Münchener	850	1988
Dynamit Nobel	Chemie, Plastik	Hüls	520	1987
Fichtel & Sachs	Kfz-Teile	Mannesmann	450	1987
Blendax	Toilettenartikel	Procter & Gamble	400	1987
Schaper	Einzelhandel	Asko	375	1987-1988
Massa	Einzelhandel	Asko	290	1987-1988
Rowenta	Haushaltsgeräte	SEB	255	1988
MTU	Triebwerke, Dieselmotoren	Daimler-Benz	190	1985
Dornier	Luft- und Raum fahrt	Daimler-Benz	130	1985

2.1.3.5. Länderübergreifende M & A-Transaktionen

Vor allem ausländische Investitionen in den USA zeichneten für den massiven Anstieg der Firmenübernahmen verantwortlich. So betrug 1986 der Anteil ausländischen Eigentums in den USA 1330 Mrd. $, verglichen mit dem Vorjahreswert von 1060 Mrd. $ ein Anstieg von über 25 Prozent. Bereits im Jahre 1987 warnte Lawrence Brainard, Ökonom der Bankers Trust, New York: »By the end of this century, the US may have the most modern manufactoring sector in the world, but it will not own it.«[54] Auch die amerikanische Anwaltskanzlei Shearman & Sterling[55] erwartet eine weitere Welle ausländischer Investitionen in der US-Industrie. Laut Shearman & Sterling betrug schon 1988 der Anteil ausländischen Kapitals in den USA 1500 Mrd. $, ein Anstieg gegenüber 1985 also um über 41 %.

Ebenso rapide wie die Zunahme ausländischen Eigentums in den USA war das Engagement ausländischer Unternehmen am US-amerikanischen M & A-Markt:[56] 1984 war in 151 Fällen ausländisches Kapital in M & A-Transaktionen involviert, davon 49 britische, 7 Schweizer und 4 westdeutsche Kapitalgeber. Zwischen 1985 und 1988 nahm die Anzahl der Übernahmen ausländischer Unternehmen in den USA um nahezu 110 % zu, wobei sich die prozentuelle Verteilung zwischen Grossbritannien, der Schweiz und der BRD nicht signifikant änderte.

Den grössten Akquisitionsanteil im westlichen Europa zog Grossbritannien auf sich. Wurden 1989 insgesamt 52 Mrd. $ für Unternehmenskäufe in Europa ausgegeben, entfielen davon 23 Mrd. $ auf das Inselreich. Auf Grossbritannien konzentrierten sich vor allem die USA mit 11,1 Mrd. $. Grösste Transaktionen waren dabei der Kauf von Jaguar durch Ford um 2,27 Mrd. $ sowie Pepsicos Erwerb von Smiths und Walkers (zwei konkurrierende britische Lebensmittelunternehmen) um 1,34 Mrd. $. Mit einem Transaktionsvolumen von 6,4 Mrd. $ stand die BRD an zweiter Stelle als Zielland in Europa. Europäische wie aussereuropäische Unternehmen akquirierten in Deutschland 215 Unternehmen, um sich vor einem Europa 1992 innerhalb dessen Festung eine Position sichern zu können.

Überhaupt war Europa 1989 ein Schlachtfeld für finanzkräftige Akquisiteure. Spitzenreiter waren die USA mit 182 Übernahmen und einem Gesamtwert von 15,2 Mrd. $. »Ein weiteres Ansteigen dieser Summen ist zu erwarten, da viele amerikanische Unternehmen Furcht vor eventuellen Handelsbarrieren für Firmen aus Nicht-EG-Ländern haben. Dass US-Firmen langfristig planen ... beweist der Umstand, dass Akquisitionen auch durch den Kursverfall des Dollars nicht gebremst wurden.«[57] Interesse zeigten die USA 1989 vor allem an europäischen Kfz-Zulieferfirmen, Lebensmittelunternehmen sowie Handelskonzernen im allgemeinen. Darüber hinaus flossen aus der BRD 7,3 Mrd. $ ins europäische Ausland (128 Transaktionen), während britische Firmen 6,1 Mrd. $ für Übernahmen am Kontinent aufwendeten (281 Transaktionen). Schweizer Unternehmer investierten bei 83 Transaktionen 1,1

Mrd. $.[58] Für das Jahr 1990 konnte ein neuer Höchstwert von 55,7 Mrd. $ (+ 7,12 %) verzeichnet werden. Im Mittelpunkt des Interesses standen vor allem Unternehmen der Automobilindustrie, der Computer- und Telekommunikationsbranche sowie der Papier- und Verpackungsindustrie.

2.2. Strategische Motive für den Unternehmenskauf

Investment Banker sind Strategen. Dass ihnen diese Fähigkeit auch eigen ist, beweisen sie durch eine Vielzahl an in der Praxis erprobter Strategiekonzepten. Sucht man also nach Motiven, die zum Kauf eines Unternehmens führen, so ist es ratsam, diese anhand der Konzepte der Investment Banker näher zu analysieren.

Jedoch lassen sich strategische Motive - und das liegt bei Motiven in der Natur der Sache - nicht taxativ aufzählen. Typische und immer wiederkehrende Beweggründe für Unternehmenskäufe findet man dennoch:

- ◊ Marktanteile und Wachstum
- ◊ Synergien
- ◊ Unterbewertungen
- ◊ Personal
- ◊ Steuerrechtliche Motive

2.2.1. Marktanteile und Wachstum

Investment Banker unterscheiden im wesentlichen drei Formen der Akquisition, nämlich die horizontale, die vertikale und die laterale Akquisition.[59]

2.2.1.1. Horizontale Akquisition

Wie die englische Wirtschaftsgeschichte zeigt, nutzte man schon nach der Grossen Depression 1872 den Vorteil der horizontalen Akquisition: Einerseits kann es für den Erwerber eines Unternehmens günstiger sein dieses zu kaufen, als in schwerer Arbeit ein Unternehmen vom Grundstein auf zu schaffen. Andererseits wird der ungeliebte Konkurrent durch horizontale Akquisition buchstäblich ausgeschaltet. Angelsächsisches Beispiel hiefür ist der Erwerb von 7-up durch PepsiCo.[60]

Rationalisierungsmassnahmen lassen sich sodann in dreifacher Hinsicht verwirklichen:[61] Erzielung von Economies of Scale in Bereichen der Produktion und des Vertriebes; Verminderung von Doppelspurigkeiten in Verwaltung, Produktion, Absatz und R & D sowie Erhöhung der Gewinnspannen durch Beseitung eines Konkurrenten. Da ich den ausführlichen Diskussionen über Rationalisierungsmassnahmen nichts vorwegnehmen möchte, sei hier nur stellvertretend ein Beispiel für die gemeinsame Nutzung von Ressourcen erwähnt: So kann nämlich insbesondere im Vertriebsbereich eine gut geplante Produktdifferenzierung zu einem erhöhten Umsatzvolumen führen, da eine Erweiterung der Produkte bzw. Dienstleistungen des durch horizontale Akquisition gewachsenen Konzerns »den Zugang zum Abnehmer verbessert und ihn in die Lage versetzt, Gesamtlösungen aus einer Hand anzubieten«.[62] In der Tat sind jedoch die gewonnenen Vorteile rasch egalisiert, wenn zum Beispiel die Aussendienstmitarbeiter das neue Produktangebot nur ungenügend lancieren.[63]

Nachteile der horizontalen Akquisition ergeben sich in der Regel durch die erhöhte Aufmerksamkeit von Kartellbehörden. In den USA hatten mit dem Amtsantritt der Regierung Reagan Fusionskontrollen aber merklich nachgelassen.[64] So wurden vertikale und laterale Akquisitionen (siehe unten) weitgehend aus der Fusionskontrolle ausgegliedert und lediglich horizontale Unternehmenskäufe einer genaueren Betrachtung unterzogen.[65]

Wie Unternehmen auch in nahezu gesättigten Märkten durch horizontale Akquisition wachsen, zeigt das Beispiel des weltweit grössten Nahrungsmittelkonzerns Nestlé. So erwirtschaftete der aus dem 1905 durchgeführten Zusammenschluss von Nestlé und Anglo-Swiss Condensed Milk Co. entstandene Konzern im Jahre 1946 einen Umsatz von 3 Mrd. SFR,[66] wohingegen der Umsatz 1990 mehr als das Fünfzehnfache davon, nämlich über 46,37 Mrd. SFR betrug. Da Nestlé 95,9 % seines Umsatzes im finalen Nahrungsmittelsektor erzielt, wäre diese beträchtliche Umsatzsteigerung ohne externes Wachstum nicht annähernd erzielt worden. Eine Auswahl erworbener Unternehmen zeigt Abb. 2-13:

Abb. 2-13: Wachstum auf Helvetisch[67]

Übernahmen	Branche	Jahr
Alimentana	Gewürze	1947
Crosse & Blackwell	Suppen	1960
Findus	Tiefkühlprodukte	1962
Libby	Konserven	1970
Stouffer	Tiefkühlprodukte	1973
Chambourcy	Tiefkühlprodukte	1978
Ward Johnston	Schokolade	1984
Carnation	Milchprodukte	1985
Hills Brothers	Bohnenkaffee	1985
Herta	Wurstwaren	1986
Pasta & Cheese	Frischteigwaren	1987
Buitoni	Kulinarische Produkte	1988
Rowntree	Süsswaren	1988
Savoy	Schokolade	1989
Arnott Harper	Haustiernahrung	1989
Curtiss Brands	Schokolade	1990

Demnach gestaltete sich auch 1990 die Umsatzverteilung nach den einzelnen Produktgruppen wie folgt:

Abb. 2-14: Der Nahrungsmittelsektor als Nestlés Stammgeschäft[68]

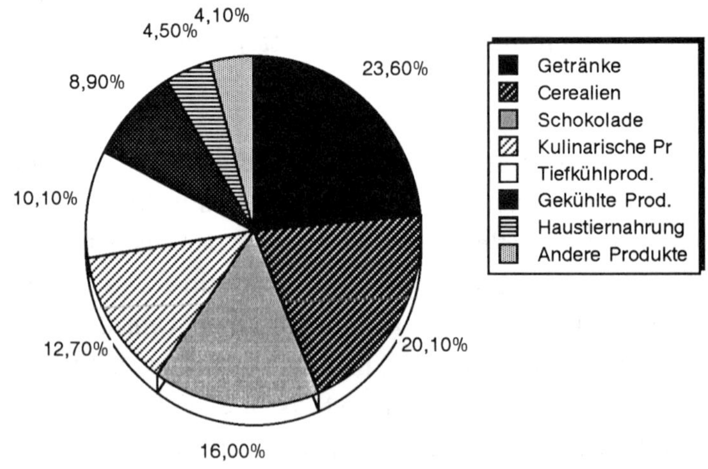

Deutlich erkennbar ist Nestlés Fokus auf das Stammgeschäft, den Nahrungsmittelbereich, der im Jahre 1990 95,9 % (1989 96,1 %) des gesamten Umsatzvolumens betrug.

Naturgemäss bestehen - von wenigen Ausnahmen abgesehen - für Beweggründe ein Unternehmen zu kaufen keine Grenzen. Eine von Ernst Wunderbaldinger im Rahmen eines M & A-Seminars präsentierte Wifo-Umfrage, in der Führungskräfte nach Motiven bei Firmenübernahmen befragt wurden, nennt folgende Schwerpunkte:

Abb. 2-15: Welche Gründe spielen ihrer Meinung nach bei Firmenübernahmen in Ihrer Branche eine besonders wichtige Rolle?[69]

	sehr wichtig	weniger wichtig	unwichtig
Horizontale Integration	43 %	36 %	21 %
Ausschaltung von Konkurrenz	61 %	34 %	5 %
Verteidigung einer bestehenden Marktposition	62 %	31 %	7 %

2.2.1.2. Vertikale Akquisition

Strategische Vorteile aber resultieren auch aus einer vertikalen Akquisition: Der Übernehmer integriert einen Absatz- bzw. Lieferantenkanal. Dies wird besonders bei intensiven Abhängigkeiten der Marktkontrahenten der Fall sein. Im allgemeinen jedoch subsumiert die betriebswirtschaftliche Literatur auch den Unternehmenskauf vorgelagerter oder nachgelagerter Wirtschaftsstufen - unabhängig von Geschäftsbeziehungen zwischen den Marktteilnehmern - dem Begriff der vertikalen Akquisition (Forward and Backward Vertical Integration). Der Erwerber wird diese Strategie vor allem bei Vorliegen eines unvollkommenen Marktes[70] nutzen, wenn z. B. mangelnde Transparenz über das Angebot seiner Inputressourcen sowie die daraus resultierende Unmöglichkeit einer effektiven Beeinflussung des Lieferanten den Erwerber veranlasst, Kontrolle durch Kauf des Zulieferers zu erlangen.

Der Crash von 1929 zeigte aber, dass die Rückbesinnung auf das Core Business das Überleben in der Grossen Depression am ehesten sicherte. Zahllose Studien, die diesen Trend auch für spätere Jahre beweisen bzw. rechtfertigen, wurden schon geschrieben. In der Tat würde es den Rahmen dieser Arbeit sprengen, ginge ich auf die unterschiedlichen Interpretationen ein. Beispielhaft sei daher geschrieben: »the further you go from what you know, the fewer successes you will have« oder »businesses competing in similar environments outperform those competing in dissimilar environments«.[71] Überhaupt beurteilen Caytas und Mahari vertikale Akquisitionen äusserst kritisch: »Die Zeiten, in denen dieses Verfahren als Patentrezept galt, sind vorbei. Erstens lassen sich dabei die Leistungen der einzelnen Unternehmensabteilungen nicht zuverlässig beurteilen, da sie auf die Verrechnungspreise keinen Einfluss haben und vergleichbare Marktpreise selten existieren oder wenig aussagen. Fallende Rohstoffpreise haben zudem den Sinn der vertikalen Integration in Frage gestellt haben, weil man nun, da andere notgedrungen unter Kosten liefern, die teuren Eigenleistungen verwerten muss.«[72]

Abb. 2-16 zeigt das Ergebnis der oben erwähnten Wifo-Umfrage im Hinblick auf vertikale Akquisitionen:

Abb. 2-16: Welche Gründe spielen Ihrer Meinung nach bei Firmenübernahmen in ihrer Branche eine besonders wichtige Rolle?[73]

	sehr wichtig	weniger wichtig	unwichtig
Vertikale Integration	34 %	44 %	22 %
Erschliessung neuer Märkte	70 %	20 %	10 %

2.2.1.3. Laterale Akquisition

Die dritte Form der Erlangung zusätzlicher Marktanteile nennt man in der deutschsprachigen Managementliteratur laterale Diversifikation und in der Sprache der angelsächsischen Investment Banker Conglomerate Acquisition: Der Käufer beabsichtigt mit dem erworbenen Unternehmen einer unterschiedlichen Branche eine breite Risikostreuung zu erreichen.

Die Federal Trade Commission (FTC), welche im Rahmen der umfangreichen Antimonopolgesetzgebung des Jahres 1914 ins Leben gerufen wurde, berichtete, dass laut ihren Erhebungen zwischen 1965 und 1975 in den USA 80 % der Akquisitionen als konglomerate Übernahmen zu kategorisieren sind.[74] Gegenwärtig befinden sich jedoch nicht wenige durch laterale Akquisition gewachsene US-Konglomeratskonzerne der Nachkriegszeit auf der Suche nach ihrem Stammgeschäft; Colgate Palmolive, ITT (verkaufte z. B. seine finanzträchtige Tochtergesellschaft Hartford), Litton Industries (verkaufte den defizitären Frankfurter Schreibmaschinenproduzenten Triumph-Adler an Volkswagen), LTV (über diesen 1986 in Konkurs gegangenen Stahlkonzern wird später noch zu berichten sein) sowie Eastman Kodak und General Motors sind nur einige Beispiele. Dieser Trend ist auch nicht unberechtigt, lag doch die Kapitalproduktivität (Return on Equity) von 36 Fortune-500-Konglomeraten mindestens 20 % unter dem Durchschnitt sämtlicher in dieser Liste geführten Unternehmen.[75] Zur angesprochenen Problematik meinte Paul Achleitner, Executive Director von Goldman Sachs, anlässlich eines Vortrages über Internationale Mergers und Acquisitions:[76] »Investment Banker verdienten in den 80er Jahren bei der Auflösung von Konglomeratsstrukturen, die sie zwanzig Jahre zuvor aufgebaut hatten.«

2.2.1.4. Grenzen des Wachstums

Neben den bereits angeführten Nachteilen der einzelnen Akquisitionen besteht eine grosse Gefahr, die allen bisher erwähnten Akquisitionsformen eigen ist: die Nichtberücksichtigung der Opportunitätskosten. So wird bei einem Unternehmenserwerb oftmals jener Umstand vernachlässigt, dass die für die Transaktion benötigten Ressourcen, wie die Arbeitszeit der an der Transaktion beschäftigten Mitarbeiter sowie deren technische Ausrüstung, auch für unternehmensinternes Wachstum Verwendung finden könnte.

Die Wahl der richtigen Akquisitionsstrategie und die Vermeidung von Opportunitätskosten sind jedoch nicht - wie der Leser noch erfahren wird - die einzigen Garantien für eine erfolgreich durchgeführte Transaktion. Es besteht - empirisch nachgewiesen durch eine Vielzahl an Studien[77] - keine zwingend positive Korrelation zwischen Marktwachstum und Rentabilität. Ein eindrucksvolles Beispiel hiefür ist die Obstsaftindustrie in Grossbritannien: Die in der Hochkonjunktur der britischen Obstsaftindustrie erwirtschafteten attraktiven Gewinne lockte immer mehr Unternehmer, Produktionsbetriebe dieser Wachstumsbranche zu erwerben, um die Güter der Marktführer zu imitieren oder geringfügig zu modifizieren. Das stark steigende Angebot übertraf jedoch bei weitem die Nachfrage nach Obstsäften. Die Folge war eine massive Verdrängung der zuletzt in den Markt eingestiegenen Produzenten und eine signifikante Senkung der Branchendurchschnittsrentabilität.

2.2.2. Synergien

»Have you ever seen people jump up at a football game to gain a better view? They usually find that, once everybody is standing up, the view has not improved at all.«[78] Die schon seit mehr als zweitausend Jahren alte Auseinandersetzung, ob das Ganze mehr, weniger oder gleich der Summe seiner Teile sei, kann auch hier und jetzt nicht entschieden werden. Synergie würde demnach - vertraute ich der Annahme, dass das Ganze mehr wert wäre als die Summe seiner Teile - bedeuten, dass zwei Unternehmen gemeinschaftlich erfolgreicher sind, als dies der Fall wäre, würden sie getrennt um Marktanteile kämpfen. Oder wie die Amerikaner zu sagen pflegen: 2 + 2 = 5: »Synergy exists when the strength of two companies more than offset their joint weaknesses ... The combined resources of two companies, if properly integrated, can create a stronger operation than stand-alone firms.«[79]

Vor allem im Falle der horizontalen Akquisition sind Synergien denkmöglich, soferne die fusionierenden Unternehmen vor der Transaktion noch über beachtliche Kapazitätsreserven verfügen und somit von einer Fixkosten- und Stückkostendegression profitieren können. Durch die Einverleibung eines Konkurrenten ist der marktbeherrschende Wettbewerber nun in der Lage, die Preisgestaltung für seine Produkte ohne grösseren Konkurrenzdruck durchzuführen. Nach einer vertikalen Akquisition hingegen können Synergien durch die verbesserten Kommunikationsbeziehungen zu Lieferant oder Abnehmer erzielt werden.[80] Conglomerate Acquisition oder laterale Diversifikation - die dritte Form der strategischen Unternehmensexpansion - begünstigt vor allem finanzielle Synergieeffekte, da aufgrund der unterschiedlichen Branchenaktivitäten die Insolvenzgefahr reduziert wird.[81]

In der Mehrzahl der Fälle werden Synergieeffekte wirksam, wenn die zur Diskussion stehenden Unternehmen vor der Transaktion nicht an ihrer Kapazitätsobergrenze operieren. Denn nur so können durch die Fusion Economies of Scale (Details siehe unten) erzielt werden. Das Erreichen der Kapazitätsobergrenzen der Unternehmen wird in dem Masse beschleunigt, in dem immer mehr von einem bestimmten Produkt gefertigt wird. Das von der Boston Consulting Group mitentwickelte Modell der Erfahrungskurve besagt, dass mit jeder Verdoppelung der kumulierten Menge eines Produktes die Stückkosten um 25 % sinken.[82] Lerneffekte entstehen insbesondere dann, wenn durch Akquisition eines Produktionsbetriebes (in Abb. 2-17 repräsentiert durch ein Quadrat) die Kapazität des Unternehmens erhöht werden kann und dieses sodann in der Lage ist, technologisch fortgeschrittene Produktionsprozesse zu implementieren. Pioniere, die - wie in Abb. 2-17 am rechten Ende der Erfahrungskurve X Stück in 9 Betrieben mit modernster Technologie produzieren, sind unerreichbare Preisführer und somit Kostenführer. Beispielgebend dafür sind General Motors Corp. und Chrysler Corp., die die Gründung des ersten Joint Ventures zweier US-Autoproduzenten am 6.2.1990 in Detroit verlautbarten. Die neue Gesellschaft wird den Namen New Venture Gear Inc. tragen und in der Getriebeherstellung tätig werden, wobei General Motors eine bereits bestehende Fertigungsstätte mit 1100 und Chrysler eine Fabrikationsstätte mit 2200 Mitarbeitern einbringt. GM kann bei dieser 36 %-Beteiligung beträchtliche Synergieeffekte erzielen, da seine Fertigungsstätte in Muncie, Indiana, derzeit zu lediglich 40 % ausgelastet ist.

Abb. 2-17: Erfahrungskurve für Produkt X[83]

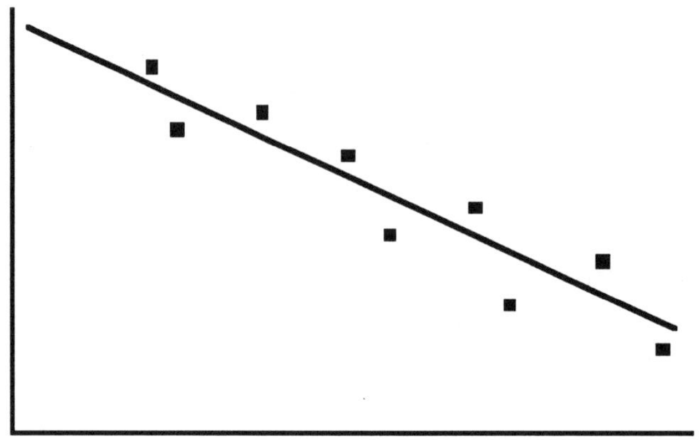

Mit aller Deutlichkeit sei in diesem Zusammenhang noch einmal auf den bereits ausführlich diskutierten Grad der Unternehmenskonzentration verwiesen. In einer bahnbrechenden Studie an der Harvard Business School zeigten die Autoren Scherer, Beckenstein, Kaufer und Murphy den Zusammenhang zwischen Synergieeffekten und Marktkonzentration auf:

Abb. 2-18: Economies of Scale und Unternehmenskonzentration[84]

Industriezweig	US-Marktanteil je Unternehmen, um Economies of Scale ausnützen zu können (in %)	Marktanteil der drei grössten US-Unternehmen: CR3 (in %)
Brauereien	10-14	13
Zigaretten	6-12	23
Glasflaschen	4- 6	22
Zement	2	7
Kühlschränke	14-20	21
Raffinerien	4- 6	8

Als Gründe für Economies of Large-scale Operations gaben US-Führungskräfte an: Notwendigkeit der Schaffung eines nationalen Markenzeichens und der Koordination von Investitionen (Brauereien), nationale Werbung und Produktdifferenzierung (Zigarettenindustrie), Notwendigkeit des Einsatzes eines zentralen Konstruktions- und Designstabes (Glasflaschenindustrie), Risikostreuung und Kapitalbeschaffung (Zementindustrie), Absatzerfordernisse und Laufzeit von Produktionsserien (Kühlschränkeindustrie) sowie Notwendigkeit der Risikostreuung im Rohölbereich und der Koordination von Ersatzinvestitionen (Raffinerien).

Über Economies of Scale in Bereichen der Produktion und des Vertriebes im Rahmen horizontaler Akquisitionen wurde schon gesprochen. Die Betriebswirtschaftslehre unterscheidet im allgemeinen drei Formen der Kostendegression:[85] Capital Economies werden durch eine Erhöhung des Umsatzes im Verhältnis zu den Aktiva eines Unternehmens erzielt, Overhead Economies erreicht das Unternehmen durch eine Senkung der Verwaltungsgemeinkosten im Verhältnis zum Umsatz und Contribution Economies werden durch eine Verbesserung des Verhältnisses zwischen direkten Kosten und Umsatz erzielt. Dazu nun im Detail. Capital Economies of Scale kann der potentielle Unternehmenskäufer erreichen, indem er sich auf Übernahmeobjekte mit ungenutzten Kapazitäten des Anlagevermögens fokusiert. So kann schon ein gut ausgebautes, aber wenig frequentiertes Verteilernetz zu einer Verbesserung dieser Kennzahl führen. Aber auch nicht effektiv genutzte F & E-Abteilungen und schlecht vermarktete Markennamen bieten die Basis für eine profitable Akquisition. Overhead Economies of Scale werden erzielt, wenn der Gewinn durch eine beträchtliche Senkung der Verwaltungsgemeinkosten im Verhältnis zum Umsatz erhöht werden kann. Kostendegression darf hier nicht nur als Reduzierung der Gemeinkosten in den Instanzen der allgemeinen Verwaltung gesehen werden, sondern vor allem in forschungsintensiven Unternehmen, die bei einer Fusion ihre kapitalintensiven R & D-Abteilungen effizienter nutzen können. Contribution Economies of Scale werden erzielt, wenn der Unternehmenserwerber den Gewinn erhöhen kann, indem er die direkten Kosten senkt oder die Verkaufspreise erhöht. So kann im Falle einer Übernahme die verstärkte Verhandlungsmacht gegenüber den Lieferanten zu einer Senkung der Einkaufspreise führen.

An dieser Stelle sei die bereits dargestellte Umfrage über Motive für einen Unternehmenskauf erwähnt: Auf die Frage »Welche Gründe spielen Ihrer Meinung nach bei Firmenübernahmen in Ihrer Branche eine besonders wichtige Rolle« meinten 52 % der Befragten, dass Synergieeffekte durch Kosteneinsparung sehr wichtig wären, 39 % waren der Ansicht, Synergieeffekte wären weniger wichtig und 9 % massen derartigen Kosteneinsparungseffekten keine Bedeutung bei.[86] Interessant in diesem Zusammenhang erscheint Möllers repräsentative Studie über den Erreichungsgrad synergetischer Effekte in verschiedenen funktionalen Unternehmensbereichen. Seine Umfrage brachte folgende Daten zutage:

Abb. 2-19: Synergieerreichungsgrad funktionaler Unternehmensbereiche[87]

Synergieart	Synergie voll erreicht	Synergie 50 % erreicht	Synergie nicht erreicht
Einkauf	100 %		
Produktion	76 %	12 %	12 %
F & E	79 %	13 %	8 %
Verwaltung	80 %	10 %	10 %
Vertrieb	71 %	23 %	6 %

2.2.2.1. Negative Synergien

Natürlich können durch eine Fusion, bei der die Unternehmenskultur der Unternehmen inkonsistent ist, auch negative Synergien auftreten: 2 + 2 = 3. »In most mergers, at least one and possible more of the factors can be negative.«[88] Negative Synergien können zum Beispiel eintreten, wenn ein Markenartikel produzierendes Unternehmen einen Diskonter kauft.[89] Auf diese Weise verlieren beide Unternehmen Marktanteile: der Markenartikelproduzent, wenn Kunden mit minderer Qualität konfrontiert werden, und der Diskonter, wenn mit einer Prämienpreispolitik die falsche Zielgruppe angesprochen wird.

Negative Synergien können auch durch Unternehmensdezentralisierung entstehen. Durch den zunehmenden Wettbewerb versuchen Konzernleitungen Profit Centers zu gründen, um das ergebnisbezogene Handeln wieder in den Mittelpunkt ihrer Überlegungen zu stellen.[90] »So wird zum Beispiel Daimler-Benz als Gruppe immer mächtiger, die einzelnen Glieder dieser Struktur aber immer selbständiger.«[91] Da manche Profit Centers die gemeinsamen Unternehmensziele oftmals rasch vergessen und lediglich die Vorgaben ihres eigenen Geschäftsbereiches zu erreichen versuchen, sind negative Synergien die unabwendbare Folge. »Auf einem

Know-How-Transfer zwischen den strategischen Geschäftsfeldern wird verzichtet, Aktivitäten werden nicht gemeinsam wahrgenommen und die Möglichkeiten, die nur durch eine Kooperation unterschiedlicher Organisationseinheiten möglich wären, werden gar nicht erst wahrgenommen.«[92]

Dass die Summe der Teile grösser sein kann, als das Ganze, zeigt auch das Beispiel des Schweizer Fernmeldekonzerns Ascom Holding AG. Der grösste Vertreter der schweizerischen Telekommunikationsindustrie ist 1987 aus dem Zusammenschluss der ehemaligen Kontrahenten Hasler und Autophon entstanden. Inzwischen tritt die Gruppe auf den Märkten unter einem einheitlichen Erscheinungsbild auf, wenngleich intern immer noch intensive Bemühungen zur Verschmelzung der früheren Firmenkulturen nötig sind. Da im Jahre 1990 AT&T, Siemens, Alcatel-Alsthom oder NEC Jahresumsätze von 37,29 Mrd. $, 35,38 Mrd. $, 23,43 Mrd. $ bzw. 21,80 Mrd. $ erzielten, kann es nun nicht das Ziel von Ascom (Umsatz 1990: 1,95 Mrd. $) sein, sich gegen die Branchenführer durchzusetzen.[93] In spezifischen Nischen jedoch konnten sich die Berner bislang nur ungenügend behaupten. Seit geraumer Zeit ist Ascom denn auch damit beschäftigt, dem Konzern neue und zeitgemässe Strukturen zu verleihen. Dies ist auch nötig, steht doch die Liberalisierung der Telekommunikationsmärkte in Europa noch bevor. Der dann verstärkt einsetzende Wettbewerb wird es nicht jedem Anbieter erlauben, am Markt bestehen zu können. Um zu überleben, benötigt Ascom jedoch bessere Rentabilitätskennziffern, als der Konzern derzeit vorzulegen imstande ist (siehe Abb. 2-20). Denn ohne eine intakte Ertragskraft lassen sich die enormen Entwicklungskosten in dieser Branche nicht mehr bestreiten.

Abb. 2-20: Rentabilitätskennziffern von Ascom[94]

Kennziffern	1990	1989
Umsatzrentabilität	1,76 %	1,91 %
Cash Flow in % des Umsatzes	8,41 %	9,36 %
Return on Equity	5,26 %	5,21 %
ROI	1,84 %	1,84 %

Wesentliches Hindernis bei der Erreichung von Synergieeffekten ist auch die mangelnde Implementierung der dafür erforderlichen Umstrukturierungsmassnahmen, da sich ein Synergieeffekt nicht automatisch durch die Fusion von Unternehmen ergibt. Da aber nur eine von allen Mitarbeitern akzeptierte Strategie eine gute Strategie ist, ist die Identifizierung des Managements beider Unternehmen mit der Fusion vonnöten. Zu Akzeptanzprobleme kann es vor allem dann kommen, wenn wirtschaftlich ungleiche Partner fusionieren. Daraus ergibt sich beim starken Partner die Tendenz, den schwachen herablassend zu behandeln.[95] Damit ist eine effektive Implementierung der Synergiestrategien akut gefährdet.

2.2.3. Unterbewertungen

Wie bereits ausgeführt, kann es für den Erwerber eines Unternehmens günstiger sein dieses zu kaufen, als es in schwerer Arbeit vom Grundstein auf zu schaffen. Der neue Eigentümer erfreut sich bestenfalls nicht nur grosser Kapazitätsreserven, die zu nutzen schon besprochen wurde, sondern auch unterbewerteter Aktiva, welche seinen Gewinn gleich mehrfach erhöhen sollen.

Aus vielen makroökonomischen Gesichtspunkten kann sich nun eine Evaluation eines gesamten Wirtschaftszweiges ergeben, die in keiner Weise den wahren Wert des kumulierten Gesamtvermögens einer Branche spiegelt. Unterbewertete Unternehmen der amerikanischen Öl-, Stahl- und Schiffahrtsindustrie[96] sind stetig das Opfer potentieller Unternehmenskäufer. Laut Ivo Caytas, Advokat im Corporate-Finance-Bereich in New York, bildete sich in den USA eine Faustregel, nach der - aufgrund der hohen Kosten einer Übernahme - Unternehmenskäufe erst bei einer Unterbewertung von ca. 30 % vorgenommen werden. Beispiele für unterbewertete Gesellschaften der amerikanischen Ölbranche zeigen die beiden folgenden Abbildungen:

Abb. 2-21: Unterbewertete Ölaktien in den USA[97]

Gesellschaft	Marktkurs je Aktie in $	Innerer Wert je Aktie in $
Getty Oil	72	250
Marathon Oil	68	210
Standard Oil of Indiana	60	205
Standard Oil/California	40	172
Arco	50	170
Cities Services	56	130
Phillips	45	130
Sun Company	40	130

Abb. 2-22: Unterbewertete Ölgesellschaften in den USA[98]

Gesellschaft	Kapitalisierung in Mrd. $	Wert der Ölreserven in Mrd. $
Exxon	33,5	41,7
Arco	11,5	23,4
Standard Oil of Indiana	15,2	30,4
Sun Company	5,2	8,4

Besonders in den Jahren 1981 bis 1984 war die Ölindustrie ein klassisches Beispiel für unterbewertete Branchen. In diesem Zeitraum hatte sie einen Anteil von 26,2 % am gesamten US-amerikanischen M & A-Transaktionsvolumen.[99] »Das Kernargument für die meisten ›Überfälle‹ auf Ölgesellschaften ist beispielsweise, dass sie ihr Vermögen (die Geldzuflüsse aus früheren Ölfunden) mit der kostspieligen Exploration neuer Lagerstätten verschleuderten, anstatt dieses Geld ihren Aktionären als Kapitalertrag zukommen zu lassen.«[100] Obwohl die Börse - wie wir in den obigen Abbildungen gesehen haben - dieser Argumentation weitestgehend zustimmte, beharrten die Ölmanager weiterhin auf die Fortführung der kostenintensiven Explorationen. Die Raider entschieden dann, wer recht hatte. Erst 1987 fiel die Ölbranche auf Platz 6 zurück,[101] was beweist, dass auf kurze Sicht die Wirtschaftslage eines Industriezweiges oder die Qualität einzelner Unternehmen einen geringen Einfluss auf die tägliche Börsenkotierung und somit auf den Kaufpreis eines Unternehmens haben kann; signifikante Abweichungen von den zugrundeliegenden Fundamentaldaten können sich somit langfristig kaum behaupten.

Abb. 2-23 zeigt die Unterbewertung britischer Gesellschaften. Von den 15 untersuchten Gesellschaften gehörten 47 % der Immobilienbranche, 27 % dem Geld- und Finanzwesen sowie 26 % der Versicherungsbranche, der Getränke- bzw. Stahlindustrie sowie dem Bauwesen an. Der durchschnittliche Abschlag vom Buchwert betrug in der Versicherungsbranche 72 %, in der Getränkeindustrie 65 %, in der Immobilienbranche 31 %, im Geld- und Finanzwesen 26 %, in der Stahlindustrie 20 % und in der Bauindustrie 15 %.

Abb. 2-23: Unterbewertete Gesellschaften in Grossbritannien[102]

Gesellschaft	Marktkurs je Aktie in $	Buchwert je Aktie in $	Abschlag vom Buchwert in %
Sun Alliance	4,86	17,37	72
Mt. Charlotte	1,48	4,40	66
Vaux Group	4,87	13,84	65
National Westminster	5,09	12,44	59
British & Commonwealth	2,75	5,25	48
Land Securities	9,85	13,94	29
British Land	6,34	8,66	27
British Steel	2,23	2,80	20
MEPC	9,75	11,85	18
TSB Group	1,71	2,09	18
Queens Moat	1,83	2,20	17
Taylor Woodrow	5,35	6,26	15
Midland Bank	5,57	6,44	13
Great Portland	6,73	7,76	13
Royal Bank of Scotland Group	6,35	7,18	12

Im Zusammenhang mit Unterbewertungen ist die Diskussion der Q-ratio unerlässlich. Q-ratio oder Tobin's Q bezeichnen M & A-Experten und Ökonomen das Verhältnis der Marktkapitalisierung eines Unternehmens zu den Wiederbeschaffungskosten der gesamten Aktiva dieses Unternehmens. Der angebotsseitige Inflationsschock der siebziger Jahre induzierte eine beträchtliche Erhöhung der Wiederbeschaffungskosten über die historischen Anschaffungskosten,[103] was eine Senkung der Q-ratio zur Folge hatte (siehe Abb. 2-24). In den Jahren nach dem Zweiten Weltkrieg war z. B. in den USA die Inflation - abgesehen von dem kurzfristigen Preisschub, den der Koreakrieg auslöste - überhaupt kein Problem. Bis

1966 stieg der Verbraucherpreisindex jährlich um nur einen oder zwei Prozentpunkte. Nach 1966 jedoch begann die Inflationsrate zu steigen. Im Jahre 1970 stieg sie um 5,8 Prozentpunkte, 1973 um 6, 1974 um 10,8 und schliesslich 1980 um 12,8 Prozentpunkte. Darüber hinaus lag z. B. der Dow-Jones-Industrial-Index[104] - nach dem Überschreiten der 1000-Punkt-Grenze im Jahre 1973 - in den Jahren 1974 bis 1980 zwischen 600 und 750, was eine weitere Reduzierung der Q-ratio nach sich zog:

Abb. 2-24: Wie man Unterbewertungen erkennt[105]

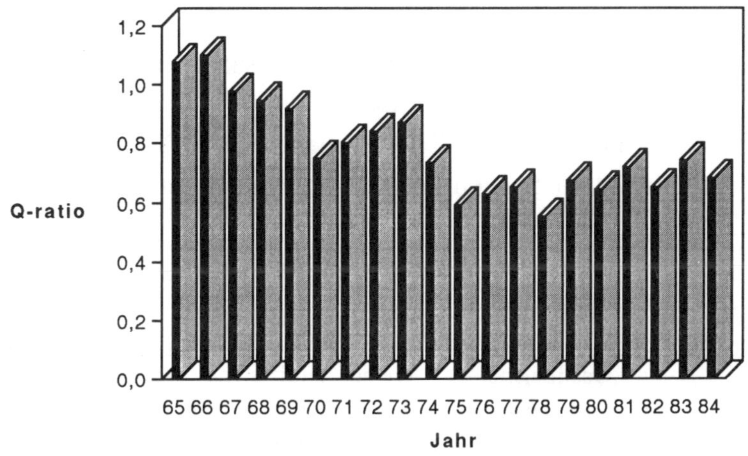

In der Mitte der achtziger Jahre lag diese Kennzahl in den USA zwischen 0,5 und 0,6, was bedeutet, dass der Kauf eines Unternehmens etwa die Hälfte der aktuellen Anschaffungskosten beträgt.[106]

2.2.4. Personal

Die Unternehmensübernahme aufgrund einer weitreichenden Personalentscheidung ist im Lichte des akuten Knappheitsproblems am Arbeitmarkt zu sehen. Zwei mögliche Varianten will ich beleuchten: Einerseits kann es dem Management des Übernahmeobjektes an ausreichender Qualifikation mangeln, um am Markt gegenüber der Konkurrenz erfolgreich bestehen zu können. Der Käufer kann nun sein Know-How zur effizienten Nutzung der Kapazitäten einsetzen. Die Fähigkeit zur Erzielung höherer Gewinne durch das neue Management versetzt dieses auch in die Lage, »den

Altaktionären höhere Preise als jeder andere zu bieten«.[107] Andererseits ist der Unternehmensgründer als Entrepreneuer gezwungen, seinen Bedarf an Human Resources gänzlich am Arbeitsmarkt zu decken. Über welche Vorteile der Unternehmenskäufer hingegen verfügt, wenn sein Target bereits ausreichendes Potential an - und das sei vorausgesetzt - qualifizierten Personal mitbringt, darf als Motiv keinesfalls ausser acht gelassen werden. »Der kritische Engpass ist dabei die Tatsache, dass qualifizierte Mitarbeiter in der notwendigen Anzahl nicht vorhanden und auch in der erforderlichen Zeit nicht zu gewinnen sind, um die Erfordernisse des Marktes durch eigenen Aufbau allein bewerkstelligen zu können.«[108]

Abb. 2-25 zeigt mögliche Vorgangsweisen beim Zusammenspiel zwischen den Mitarbeitern des Übernahmeobjektes und der strategischen Position des Unternehmens am Markt. Qualifizierte Mitarbeiter in Verbindung mit der oben behandelten strategischen Position am Markt (Grad der Risikostreuung und Synergie) ergeben folgende Matrix:

Abb. 2-25: Mitarbeiter-Geschäftsfeld-Matrix[109]

	Qualifizierte Mitarbeiter	Wenig qualifizierte Mitarbeiter, hoher Kaufpreis	Wenig qualifizierte Mitarbeiter, geringer Kaufpreis
Risikostreuung nicht möglich	Kein Kauf	Kein Kauf	Asset strip
Risikostreuung möglich, hoher Kaufpreis	Kein Kauf	Kein Kauf	Turnaround
Risikostreuung möglich, geringer Kaufpreis	Investition	Turnaround	Turnaround
Synergie möglich, hoher Kaufpreis	Kein Kauf	Kein Kauf	Takeover
Synergie möglich, geringer Kaufpreis	Merger	Takeover	Takeover

2.2.5. Steuerrechtliche Motive

Schon aus steuerrechtlichen Gründen kann eine Unternehmensakquisition von Vorteil sein. Beträchtliche Verluste des Übernahmeobjektes sind, abhängig von der landesweiten Rechtssprechung, oftmals eine willkommene Gelegenheit, die unternehmenseigene Ertragssteuerbelastung zu minimieren. Besonders aber bei fremdfinanzierten Übernahmen garantieren beträchtliche Aufwandsposten für Zinszahlungen eine geringere Steuerlast. Auch Asset Stripper können Steuervorteile bei der Umbewertung und Liquidation von Anlage- und Finanzvermögen des Targets erzielen.

Steuerrechtliche Vorteile können ebenso bei internationalen Unternehmenskäufen erzielt werden. So wird der Akquisiteur landesverschiedene Ertragsteuersätze nutzen oder durch gut geplante Verrechnungspreise - deren Beurteilungsproblem wurde bereits erwähnt - zwischen den einzelnen Unternehmensteilen die Steuerbelastung minimieren.[110]

2.2.6. Motive des Verkäufers

Abschliessend sei zu erwähnen, dass die bisher behandelten Motive jene des potentiellen Käufers waren. Da ich bei meinen Ausführungen strategische Gesichtspunkte hervorheben wollte, erachte ich es als legitim, die Motive des Unternehmensverkäufers besonders kurz zu behandeln; denn es kann ja nicht Strategie eines Entrepreneurs sein, sein Lebenswerk zu veräussern. Geht es jedoch um den Verkauf eines Unternehmensteiles, so gilt das bisher Geschriebene.[111]

Zu Wort kommen lassen will ich an dieser Stelle Experten, die es wissen müssen, wie man Unternehmen verkauft. Nicht ohne Ironie ist just in den Tagen des Verkaufes von Morgan Grenfell an die Deutsche Bank eine Anleitung zum Unternehmensverkauf am deutschen Buchmarkt erschienen - verfasst von den Geschäftsführern der Frankfurter Niederlassung der Morgan Grenfell & Co. Limited: »Zu den häufigsten Motiven des Verkäufers gehören Probleme, einen geeigneten Nachfolger zu finden und die Erkenntnis, dass das eigene Unternehmen in der gegenwärtigen Form nicht den Zukunftsanforderungen des Marktes standhalten kann. ... Nicht selten steht auch einfach der Wunsch im Vordergrund, den

Veräusserungsgewinn zu vereinnahmen und sich anderen Interessen zu widmen.«[112] In der Tat rangiert auch nach den Studien von Rolf Behrens und Reiner Merkel das Problem, über keine zufriedenstellende Nachfolgeregelung zu verfügen als Motiv für einen Unternehmensverkauf an erster Stelle, gefolgt vom Desinteresse des Unternehmers an der Fortführung des Betriebes.[113]

Der Leser hat nun erfahren, welche Bedeutung strategische Planung - mit oder ohne Unterstützung des Investment Bankers - für den potentiellen Unternehmenskäufer hat. Welche Rolle der Investment Banker und sonstige professionelle externe Berater im weiteren Verlauf des Kaufprozesses spielen können, soll im folgenden erläutert werden.

2.3. Die Rolle der Berater im weiteren Verlauf des Kaufprozesses

Schon der Vater der klassischen Ökonomie Adam Smith erkannte in der Epoche der amerikanischen Unabhängigkeit die Bedeutung der Arbeitsteilung. In seinem bahnbrechenden Werk An Inquiry into the Nature and Causes of the Wealth of Nations beschreibt Smith die Arbeit einer Stecknadelfabrik, wahrscheinlich die berühmteste Fabrik in der Geschichte der Ökonomie überhaupt. Was Smiths Aufmerksamkeit fesselte, war die Art und Weise, wie eine Tätigkeit aufgegliedert wurde, so dass jedermann zum Spezialisten für seinen Anteil am gesamten Arbeitsvorgang werden konnte.[114] Da auch der Unternehmenskauf nicht zum eigentlichen Geschäft des Erwerbers zählt, trifft die Notwendigkeit der Arbeitsteilung im M & A-Bereich des ausklingenden 20. Jahrhunderts besonders zu.

2.3.1. Investment Banker

Welche Bedeutung haben Universal- bzw. Investmentbanken im hart umkämpften M & A-Geschäft? Was ist deren Honorar? Welche Bedeutung hat der Internationalisierungsgrad der Banken? Fragen, deren Beantwortung dem Leser helfen soll, die Rolle des Investment Bankers im M & A-Geschäft kritisch betrachten zu können.

2.3.1.1. Nachteile der Universalbanken

»Auch wenn der Beizug von Experten anderswo bereits stark übertrieben wird, in dieser Beziehung stehen wir auf dem Kontinent noch mitten im Paläolithikum.« Wohl entspricht diese Aussage nicht gänzlich der Realität, Universalbanker und sonstige professionelle Berater in Deutschland wissen dennoch um deren Wahrheitsgehalt. Wenn auch - wie im Einführungskapitel bereits erwähnt - der Kampf gegen die Anglisierung des internationalen Investment Banking längst verloren ist, so verteidigen kontinentale Banker heftig das Universalbankensystem. Bedauerlicherweise scheint diese Diskussion mehrheitlich schon dogmatischen Charakter anzunehmen. Nachteile der Universalbanken gibt es dennoch, vor allem den der Interessenkollision: So treten Zielkonflikte insbesondere dann auf, wenn Banken aufgrund langjähriger Geschäftsbeziehungen zu einem Kunden sein offensichtlich unverkäufliches Unternehmen (Dead Dog)[115] veräussern sollen. Auch muss der kritische Leser das Insider Trading als potentielles Problem des Kontinentalbankwesens gelten lassen. Zu viele Beispiele von Insider Trading in amerikanischen Investmentbanken[116] und britischen Merchant Banks konnte man in den letzten Jahren auf den Titelseiten der Wirtschaftsnachrichten finden, als dass man glauben könnte, dass Universalbanken von diesem Trend verschont bleiben würden. Die Tatsache, dass in Europa bis dato nennenswerte Insidergeschäfte kaum publizistisch und schon gar nicht strafrechtlich verfolgt wurden, lässt auf keinen Fall den Schluss zu, dass diese nicht stattfinden. Last but Not Least, beunruhigt die auffallende Tatsache, dass die Eigenkapitalquoten angelsächsischer Länder die Eigenmittelquoten jener Staaten, die von Universalbanken dominiert werden, bei weitem übertreffen (siehe Abb. 2-26 sowie die diesbezüglichen Ausführungen in Kapitel »Going Public«). »Since banks can effectively exercise control, they are willing to extend credit beyond levels observed in market-oriented financial systems« (zum Beispiel in den USA oder Grossbritannien). »In fact, commercial banks actively utilize high gearing debt-equity ratios to initiate financial distress as a means of reorganizing problem firms. This claim is consistent with the observation that creditor reorganization is relatively more common and takeovers not as frequent in bank-oriented financial systems« (zum Beispiel in Deutschland).[117]

Abb. 2-26: Eigenkapitalquoten im Vergleich[118]

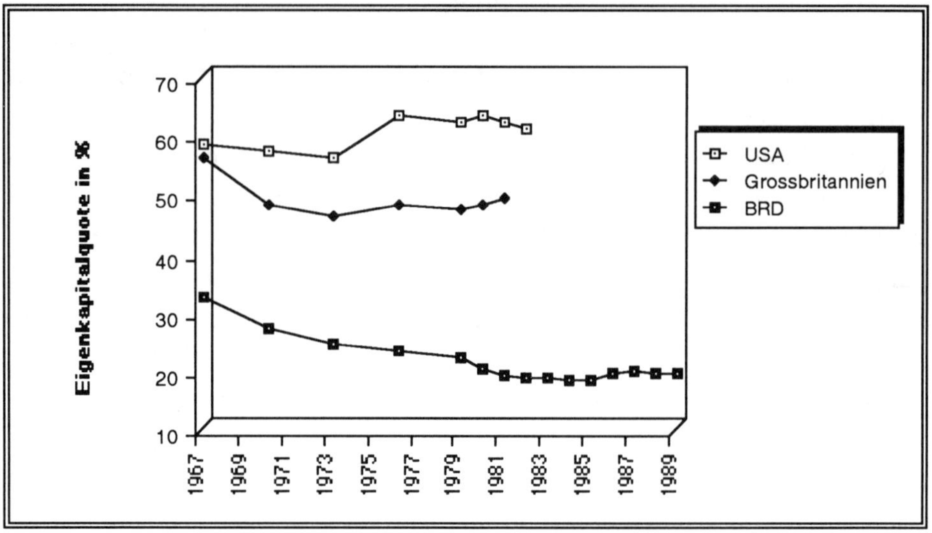

Als Vorteile von Universalbanken werden vor allem die Möglichkeit der Kreditfinanzierung und der rasche Zugriff auf bereits existente Kundendaten genannt.[119] Ungerechtfertigt erachten Banker den Vorwurf des allzu leichtfertigen Datentransfers zwischen Kreditabteilung und M & A-Experten desselben Hauses: »Wir haben intern auch ein Abkommen, dass wir hier nie Kreditakte zur Verfügung gestellt bekommen. Lediglich die ausdrückliche Bewilligung des Kunden gestattet uns eine Einsicht in dessen Akten. Überhaupt besteht die Gefahr dieses Interessenskonfliktes auch für jede andere Bankenstruktur, da die Grenzen nicht formal gezogen, sondern vielmehr materiell beachtet oder nicht beachtet werden.«[120]

2.3.1.2. Grad der Einflussnahme des Investment Bankers

Stellvertretend für eine weitere Begründung, warum eine Transaktion nicht ohne die Zuhilfenahme eines erfahrenen Investment Bankers erfolgen soll, lasse ich nun Albert Olenzak, Vice President bei Sun Co./Pennsylvania, zu Wort kommen: »The investment banker should be thoroughly involved in all aspects of the acquisition. Aside from advice on acquisition strategy selection and on tactics during implementation, the investment banker can provide a high-level approach to target management, fairness opinions, deal structuring, and financial advice.«[121]

Wenn sich auch in den letzten Jahren grosse Anwaltskanzleien und Kreditbanken verstärkt im M & A-Bereich spezialisiert haben, so darf die Tatsache nicht übersehen werden, dass Investmentbanken das bei weitem breiteste Angebot offerieren. Wer sonst, wenn nicht der Investment Banker, kann dem potentiellen Unternehmenskäufer mit teurem Rat und guter Tat zur Seite stehen: Identifizierung des Kaufobjektes, detaillierte Unternehmensbewertungen sowie bilanztechnische und steuerrechtliche Beratungsdienste sind nur einige erwähnenswerte Beispiele.

Darüber hinaus übernimmt der Investment Banker auch eine Reihe von Risken, die sich nur - aus Gründen der Effizienz und der Effektivität - teilweise versichern lassen. Dazu zählen im besonderen das Placierungsrisiko im Falle eines Going Public (Gefahr, dass ein Teil des Emissionsvolumens nicht placiert werden kann), das Haftpflichtrisiko (Risiko nachträglicher Anfechtungsprozesse), das Länderrisiko (Möglichkeit politisch-wirtschaftlicher Störungen bei internationaler Vertragsabwicklung) und das Bonitätsrisiko.[122]

2.3.1.3. Honorar des Investment Bankers

Investment Banker in den USA werden des öfteren nach der Lehman-Formel oder auch 5-4-3-2-1-Formel bezaht. Für eine abgeschlossene Transaktion erhalten sie dann 5 Prozent für die erste Million Dollar des Kaufpreises, 4 Prozent für die zweite Million, 3 Prozent für die dritte Million, 2 Prozent für die vierte Million und 1 Prozent für alle darüber liegenden Beträge.[123] Mit der Zunahme von Investment Banking Boutiquen verliert diese Formel immer mehr an Bedeutung, da mit diesen geringen Prozentsätzen deren Kosten nicht mehr gedeckt werden können. Somit geht der Trend auch bei Megadeals zu fixen Prozentsätzen zwischen 5 % und 10 % der Kaufsumme;[124] zu etwas moderateren Fees von 5,5 % bis 6 % des Transaktionsvolumens kommt eine Studie des Business Council.[125] Diesen relativ hohen Prozentsätzen widerspricht jedenfalls meine Analyse der Honorare bei amerikanischen Megadeals. Erfasst wurden 70 % aller Transaktionen von 3,4 Mrd. $ bis 25,0 Mrd. $ in den Jahren 1988 und 1989. In diesem Zeitraum belief sich das Honorar nach meinen Recherchen auf durchschnittlich 1 % des Transaktionsvolumens (zum Fortgang der Untersuchung siehe unten).

Agiert der Investment Banker als Makler oder Finder, führt er also Parteien zusammen und überlässt die Verhandlung den Parteien selbst, so wird ein Honorar in der Regel nur im Erfolgsfall bezahlt (Finders Fee). Begibt sich der Investment Banker hingegen auf aktive Suche nach Akquisitionsobjekten, beteiligt er sich an Strategieentwicklungen und Marktanalysen oder berät er doch zumindest von der Kontaktanknüpfung bis zum Vertragsabschluss, erhält der Investment Banker einen Aufwandsersatz oder Retainer,[126] also eine Vorauszahlung, die nicht zurückbezahlt werden muss, wenn der Abschluss nicht zustande kommt. Ausnahmen von dieser Regel gibt es dennoch. So operiert Goldman Sachs in Europa ausschliesslich auf Basis von Success Fees. Anrechenbare Retainers werden auch dann nicht verlangt, wenn für die Investmentbank erfolgsunabhängige Fixkosten anfallen und Transaktionen nicht zustande kommen.[127]

In den USA können die Honorare folgende Struktur aufweisen (die Beispiele sind lediglich demonstrativer Natur und können auch einander widersprechen bzw. Gemeinsamkeiten aufweisen): eine Commitment Fee für die Bank bzw. für die Investoren basierend auf dem Volumen der Finanzierungszusage (0,5 % bzw. 0,35 % bis 0,40 %); eine Dealer oder Manager Fee für die im Eigenkapitalfonds der Sponsoren zur Verfügung gestellten Mittel (1,5 %); eine Acquisitions oder Take-down Fee im Falle, dass die Übernahme zustande kommt und der Finanzierungsrahmen tatsächlich beansprucht wird; Transaction Fees für die tatsächliche Abwicklung des Turnarounds (0,75 % bis 1,5 %); eine Participation Fee für den Fall, dass die Transaktion scheitert und Gewinne aus dem Verkauf von Aktienpaketen des Targets realisiert wurden; Funding Fees für die Finanzierung von Überbrückungskrediten (1 % bei Zusage und 1 % bei effektiver Inanspruchnahme) und schliesslich Break-up oder Topping Fees für diejenigen Investoren, welche von Mitbewerbern überboten wurden.[128]

Selten stehen in den USA die geforderten Vermittlungshonorare in einem angemessenen Verhältnis zu dem dafür getätigten Aufwand. Auch sind in manchen Staaten der USA Vermittlungsentgelte nur dann zu bezahlen, wenn diese schriftlich oder sogar durch Notariatsakt[129] vereinbart wurden. Abb. 2-27 und Abb. 2-28 zeigen die bezahlten Honorare an ausgewählte Investment Banker für einzelne Transaktionen der Jahre 1988 bzw. 1989. Doch sei der Leser vor Euphorie gewarnt; wie schnell erwirtschaftete Erträge durch ausserordentliche Aufwände wieder egalisiert werden, zeigt die Tatsache, dass First Boston eine Wertberichtigung der Campeau-Schulden von 257 Mio. $ vornehmen musste.

Abb. 2-27: Honorare an Investment Banker (1988)[130]

Käufer/Target	Investmentbank (Kunde)	Honorar in Mio. $ (Summe)	Transaktionsvolumen in Mrd. $
Kohlberg, Kravis, Roberts/ RJR Nabisco	KKR	75,0	25,0
	Drexel Burnham	25,0	
	Merrill Lynch	25,0	
	Morgan Stanley	25,0	
	Wasserstein Perella	25,0	
	(Kohlberg, Kravis, Roberts)	(175,0)	
	Dillon Read	14,0	
	Lazard Frères	14,0	
	(RJR Nabisco)	(28,0)	
Campeau Corp./ Federated Department Stores	First Boston	49,0	6,5
	Wasserstein, Perella	10,0	
	(Campeau Corp.)	(59,0)	
	Shearson Lehman	19,8	
	Goldman Sachs	17,8	
	Hellman/Friedman	16,3	
	(Federated Department Stores)	(53,9)	
Grand Metropolitan/ Pillsbury	Morgan Stanley	14,2	5,8
	S. G. Warburg	7,1	
	(Grand Metropolitan)	(21,3)	
	Drexel Burnham	10,0	
	First Boston	10,0	
	Kleinwort Benson	1,0	
	Shearson Lehman	10,0	
	Wasserstein Perella	10,0	
	(Pillsbury)	(41,0)	

Abb. 2-28: Honorare an Investment Banker (1989)[131]

Käufer/Target	Investmentbank (Kunde)	Honorar in Mio. $ (Summe)	Transaktions-volumen in Mrd. $
Time Inc./ Warner Comm.	Merrill Lynch	1,5	14,0
	Shearson Lehman	16,0	
	Wasserstein Perella	16,0	
	(Time Inc.)	(33,5)	
	Alpine Cap. Group	6,0	
	Goldman Sachs	1,0	
	Lazard Frères	20,0	
	Merrill Lynch	1,0	
	(Warner Comm.)	(28,0)	
Bristol Myers/ Squibb	Goldman Sachs	25,0	12,5
	Shearson Lehman	3,5	
	(Bristol Myers)	(28,5)	
	Morgan Stanley (Squibb)	23,9	
HCA Hospital Corp./ Hospital Corporation of America	Morgan G. Trust (HCA Hosp. Corp.)	50,0	3,9
	Morgan Stanley (Hospital Corp. of America)	8,0	
Dow Chemical/ Marion Laboratories	Morgan Stanley (Dow Chemical)	16,0	3,8
	Shearson Lehman (Marion Laboratories)	17,0	
Wings Holdings/ Northwest-Airlines	Bankers Trust	10,0	3,7
	Smith Barney	2,9	
	Wasserstein Perella	10,0	
	(Wings Holdings)	(22,9)	
	First Boston (NWA)	14,1	
Sony/ Columbia Pictures	Blackstone Group (Sony)	9,9	3,4
	Allen & Co. (Columbia Pictures)	30,0	

Somit betrug das gesamte Honorar in Prozenten der Transaktionssumme 1,74 % (Campeau Corporation/Federated Department Stores), 1,49 % (HCA Hospital Corporation/Hospital Corporation of America), 1,17 % (Sony/Columbia Pictures), 1,07 % (Grand Metropolitan/Pillsbury), 1,00 % (Wings Holdings/Northwest-Airlines), 0,87 % (Dow Chemical/Marion Laboratories), 0,81 % (KKR, RJR Nabisco), 0,44 % (Time/Warner) sowie 0, 42 % (Bristol Myers/Squibb); das Honorar bei Megadeals in den Jahren 1988 und 1989 belief sich daher auf durchschnittlich 1 % des Transaktionsvolumens.

2.3.1.4. Internationalisierungsgrad der Banken

Wie wichtig Internationalisierung im Investment Banking ist, zeigen die nachfolgenden Abbildungen, die den Internationalisierungsgrad der Investment- bzw. Merchantbanken deutlich machen:

Abb. 2-29: Verhältnis der Anzahl internationalen Deals zur Gesamtanzahl[132]

Bank	Anzahl der Deals	International	Heimat-markt	%
Baring Bros./ Halkerston	24	15	9	63
Hill Samuel	100	45	55	45
Baring Brothers	22	9	13	41
Schroder Group	106	39	67	37
S. G. Warburg	47	17	30	36
Samuel Montagu	50	18	32	36
Rothschild	30	8	22	27
Merrill Lynch	92	22	70	24
Credit Suisse/ First Boston	145	34	111	23
Lazard Frères	77	17	60	22

Abb. 2-30: Verhältnis der Volumina internationaler Deals zum Gesamtvolumen[133]

Bank	Volumen in Mio. $	International	Heimatmarkt	%
Hill Samuel	4171	3146	1025	75
Wood Gundy	6597	3438	3159	52
Rothschild	3207	1351	1856	42
Samuel Montagu	1614	649	965	40
Salomon Bros.	23413	7594	15819	32
S. G. Warburg	4379	1033	3345	24
Kidder Peabody	14900	3467	11433	23
Baring Brothers	1477	307	1170	21
Schroder Group	4651	892	3759	19
Morgan Stanley	49900	8900	41000	18

Zwei wichtige Schlussfolgerungen können aus dem Grad der Internationalisierung gezogen werden: Einerseits dürfen etablierte Investment Banken in Europa sowie in Nordamerika mit zunehmender Konkurrenz inländischer sowie ausländischer Investment Banking Boutiquen rechnen. Betrachtet man den internationalen Beratermarkt, so sind relativ kleine - gemessen an Anzahl und Transaktionsvolumen - Institute zu einem beträchtlich höheren Prozentsatz international tätig, als die grossen Investmentbanken. Andererseits ist es für den potentiellen Unternehmenskäufer von hochrangiger Bedeutung, welche Investmentbank er als Berater heranzieht. Mit zunehmender Konkurrenz amerikanischer Investmentbanken in Europa steht der Investor nicht nur vor der Frage »Spezialbank oder Universalbank«, sondern auch - soferne er sich für eine Investment- bzw. Merchantbank entscheidet - vor der Frage, welche »Spezialbank« er nun wählen soll: »Während die europäischen Universalbanken das Unternehmen gewissermassen von der Wiege bis zur Bahre mit einem eigentlichen Full-Service begleiten«,[134] sind amerikanische Investmentbanken stark auf Branchen, Regionen oder Geschäftssparten spezialisiert.

Renommierte Universalbanken im deutschsprachigen Wirtschaftsraum als Vordenker und Erneuerer findet man in der BRD und der Schweiz: So kaufte die Deutsche Bank die britische Merchantbank Morgan Grenfell (Kaufpreis 2,68 Mrd. DM) und die Schweizerische Kreditanstalt ging ein

Joint Venture mit der amerikanischen Investmentbank First Boston ein (SCFB).

Wachstumspotential bietet im besonderen der europäische Markt im Zuge der Liberalisierung der Finanzmärkte. Je nach dem Geltungsbereich der Reziprozitätsregeln werden Banken aus Drittstaaten in allen EG-Ländern ihre Geschäftstätigkeit aufnehmen dürfen, die die Bonität für einen Geschäftssitz in einem EG-Land nachweisen können.[135] Ursprünglich wollte die EG-Kommission ausschliesslich jenen Banken aus Drittstaaten die Geschäftstätigkeit erlauben, deren Mutterländer in reziproker Anerkennung auch den Banken aus EG-Staaten die Geschäftstätigkeit erlauben würden. So lautet die zweite EG-Richtlinie zur Koordinierung der Rechts- und Verwaltungsvorschriften über die Aufnahme der Kreditinstitute vom 15.12.1989 Titel III Art 9 Abs 4: »Stellt die Kommission ... fest, dass Kreditinstitute der Gemeinschaft in einem Drittland keine Inländerbehandlung erfahren, ihnen also nicht die gleichen Wettbewerbsmöglichkeiten geboten werden wie inländischen Kreditinstituten, und dass die Bedingungen für einen effektiven Marktzugang nicht gegeben sind, so kann die Kommission Verhandlungen zur Beseitigung der Diskriminierung aufnehmen.« Dies führte zu Protesten aus den USA, da dort weder die Vorschriften für Kreditinstitute bundeseinheitlich geregelt sind noch kennen die USA - wie bereits mehrfach diskutiert - das in Europa bekannte Prinzip universeller Banken.

2.3.2. Treuhänder und Steuerberater

Obwohl in keiner anderen Konstellation grössere Synergieeffekte erzielbar sind, als in der Konzentration aller Funktionen in der Hand einer einzigen Investmentbank, darf man nicht über bereits bestehende langfristige Verbindungen zwischen dem Unternehmenskäufer und seiner Bücherexperten hinwegsehen, die dann zur Auftragserteilung an diese führen.

Vor allem bei Fragen der Bewertung eines Unternehmens und bei Fragen der Vollständigkeit und Sicherheit des Zahlenmaterials werden Treuhandgesellschaften und Steuerberater oftmals herangezogen. Dazu Hans Kräutli, Schweizer M & A-Experte bei Hankra Unternehmensberatung AG/Zürich: »In meiner Tätigkeit als Unternehmensvermittler habe ich die Treuhandgesellschaften vor allem als Ergänzung und nicht in Konkurrenz kennen und schätzen gelernt.«[136]

Unkritisch darf der Leser den beiden Aufgabenbereichen Bewertung und Bilanzierung jedoch nicht gegenüberstehen:[137] Bedenke man nur eine Situation, in der der zu Rate gezogene Wirtschaftsprüfer zugleich Abschlussprüfer des Verkaufsobjektes war. Das hier gewachsene Vertrauensverhältnis zwischen Treuhänder und Eigentümer birgt ein hochrangiges Objektivitätsproblem in sich. Anerkennt man das Faktum, dass Wirtschaftsprüfungsgesellschaften häufig beschönigende Berichte erstellen, so ist bei der Unternehmensbewertung im Falle des Verkaufes nicht davon auszugehen, dass der Treuhänder eine Situation, die er jahrelang positiv schilderte, nunmehr objektiv und somit gegenteilig darstellen wird.

Aber auch das Verhältnis zwischen einem Wirtschaftsprüfer und einem potentiellen Akquisiteur kann zu Problemen führen, wenn der Treuhänder das Kaufobjekt deshalb beschönigend bewertet, um die Wahrscheinlichkeit einer Übernahme und somit die Erlangung des Kontrollstellenmandats über das gekaufte Unternehmen zu erhöhen.

2.3.3. Anwälte

Da es in der Regel nicht das Alltagsgeschäft eines Entrepreneurs ist, Unternehmen am Markt einzukaufen und der Verkauf eines Unternehmens meistens ein einmaliges Ereignis für den Eigentümer darstellt, lohnt es sich kaum, die Kosten eines Rechtsanwaltes zu sparen.

Die Zuhilfenahme eines Anwaltes ist schon deshalb unumgänglich, da der Kaufvertrag immer nur ein Kompromiss zwischen den Kontrahenten sein kann. Übliche Aufgaben des Anwaltsbüros umfassen daher Grundsatzvereinbarungen über Verhandlungsführung, Auslegungsgrundsätze und Datenaustausch; die Prüfung und Verhandlung von Statuten, möglicher Haftpflicht- und Anfechtungsprozesse; die Prüfung der Verträge auf Übereinstimmung mit Verhandlungsergebnissen, Fairnessregeln und Sorgfaltspflichten (Due Diligence), womit spätere Klagen vermieden werden sollen sowie die Erwirkung behördlicher, gesetzlich und statutarisch vorgeschriebener Bewilligungen.[138]

Die Darstellung der einzelnen Tätigkeiten würde den Rahmen bei weitem sprengen. Von besonderem Interesse jedoch sind Massnahmen zur Vermeidung von späteren Klagen und damit Folgeaufwendungen, also jene Aufwendungen, die dem Erwerber nach der Übernahme entstehen können.[139] Dazu zählen inbesondere dem Käufer verheimlichte Prozesse (etwa Rechtsstreitigkeiten über Marken- oder Patentrechte), verheimlichte Sicherheitsleistungen (zum Beispiel Zessionen oder Wechsel), potentielle Schadenersatzleistungen (z. B. im Rahmen der Produkthaftpflicht oder rigoroser Umweltschutzbestimmungen) sowie Falschbuchungen und Falschbezeichnungen in der Bilanz (etwa Wertpapiere mit Beteiligungscharakter im Umlaufvermögen). Die Anwaltshonorare zur Aufdeckung dieser versteckten Mängel sind vergleichsweise geringer als die Kosten des Prozessweges, der erforderlich ist, um den entdeckten Schaden nach Vertragsabschluss vom Verkäufer ersetzen zu lassen.

Wenn auch gut geschulte Investment Banker, Wirtschaftstreuhänder und Anwälte für die M & A-Spezialistenarbeit unerlässlich sind, so bleibt es dem Akquisiteur selbst nicht erspart, sich Gedanken über die Eingliederung des Kaufobjektes zu machen. Welche betriebswirtschaftlichen Instrumente dem Käufer hiefür zur Verfügung stehen soll im nächsten Abschnitt erläutert werden.

2.4. Strategische Suche nach einem geeigneten Übernahmeobjekt

Oftmals - so scheint mir - verwechseln Unternehmenskäufer die Suche nach einem geeigneten Objekt am Markt mit einer Einkaufstour im Supermarkt. Wer widersteht schon einem günstigen Gelegenheitskauf, auch wenn es sich bei diesem um ein ganzes Unternehmen handelt. Wie der Käufer im Supermarkt seine Einkaufsliste vorbereitet, so ist es auch für den Unternehmenserwerber unerlässlich, pragmatisch an seine potentiellen Opfer heranzugehen. John Kitching, engagierter amerikanischer M & A-Autor konstatiert, »that two thirds of the battle is won - by making the right strategic choices - before the purchase contract is signed«.[140] Auch andere Feldforschungen bestätigen die Notwendigkeit der systematischen Suche nach dem Target sowie die daraus resultierende bessere Gesamtperfomance des neu entstandenen Konzerns.[141] »Companies that merely react to opportunities to purchase are less successful in their acquisitions than those with an overall strategy which includes an acquisition program. The more successful companies will often actively solicit the sale of companies which they wish to purchase.«[142] In der Regel besteht jedoch kein vollkommener Überblick, welche Unternehmen nun zum Verkauf angeboten werden. Zudem wird die Informationsbeschaffung durch das Diskretionsbedürfnis stark eingeschränkt. Investment Banker können daher bei der Suche nach geeigneten Verkäufern Unterstützung leisten, weil sie das Angebot unter Wahrung der Diskretion übermitteln.

Da aber der Unternehmensmarkt durch ein relativ hohes Angebot an problembeladenen und eine relativ hohe Nachfrage nach äusserst rentablen Unternehmen gekennzeichnet ist, müssen sich Käufer und Investment Banker auf aktive Partnersuche begeben. Das Erstellen eines adäquaten Anforderungsprofils - wie das Target beschaffen sein soll - ist dabei unerlässlich (siehe Abb. 2-31).[143] »Successful companies formulate a set of acquisition criteria which are consistent with the overall strategy, and then rigorously apply them. This is hard to do in the atmosphere of secrecy and emotion which surrounds negotiation, but experienced acquirers have nonetheless evolved valuable techniques for cool appraisal.«[144]

Abb. 2-31: Anforderungsprofil

1. Marktanteile des Targets
2. Vorherrschendes Kundensegment
3. Konkurrenzsituation
4. Rentabilität
5. Kostenstruktur
6. Umsatz- und Wertschöpfungsaspekte
7. Aktiva, Passiva und Kapitalbedarf
8. Produktionskapazität und -flexibilität
9. Beschäftigung, Managementkapazitäten
10. Betriebliche Organisationsstruktur
11. Diversifikation , Qualität und Preis von Produkten
12. Innovationsfähigkeit
13. Art und Struktur der Branche
14. Standort
15. Rechtliche Anforderungen

Als Knock-Out-Kriterien könnten folgende Parameter dienen:[145] ein Eigenkapitalvolumen von mehr als X Mio. DM; ein Umsatzvolumen von weniger als X Mio. DM; die unattraktiven strategischen Geschäftsfelder betragen mehr als Y % des Umsatzes; Erzielung von weniger als Y % des Umsatzes im Ausland; das Target befindet sich in Fusionsverhandlungen oder im Konkurs bzw. wehrt einen etwaigen Akquisitionsversuch ab; der ROI des Targets liegt unter dem Branchendurchschnitt; das Target hat ein überdurchschnittlich hohes KGV bzw. erhöht den Gewinn je Aktie des neu entstandenen Konzerns nur unwesentlich (zu dieser Problematik siehe einen späteren Abschnitt); das Target hat nur schwer und umständlich zu liquidierende Aktiva; das Top Management des Targets wandert nach der Transaktion ab. Die genannten Parameter sind - bis auf zwei Ausnahmen - verständlich, offenkundig und daher kaum diskussionswürdig. Das überdurchschnittliche KGV wird - wie oben erwähnt - später noch Grundlage für eine hinreichende Diskussion bieten; bleibt somit ein Knock-Out-Kriterium, das zu erwähnen sich lohnt: der unterdurchschnittliche Return on Investment. Liegt nämlich der ROI des Targets unter dem Branchendurchschnitt, so heisst das ja nichts anderes, als dass die Akquisition kaum je zu einer Wertsteigerung des diversifizierten Konzerns führen kann, da die so erwirtschafteten Renditen keine über den Kapitalkosten liegenden Erträge zulassen.[146] Aus diesem Grunde und beruhend auf der Tatsache, dass »die auf lange Sicht erzielbare Rentabilität von der einer Branche zugrundeliegenden Struktur bedingt wird«,[147] sollte sich das Target in einem äusserst attraktiven Wirtschaftssektor befinden.

Einerseits können Investment Banker nun alle jene Unternehmen analysieren, die zum Verkauf angeboten werden (Broker Method), andererseits können sie sich auf die dem Anforderungsprofil entsprechenden Unternehmen beschränken, gleichgültig ob diese Unternehmen zum Verkauf angeboten werden oder nicht (Research Method).[148] Dazu Mike Allen und Robert Hodgkinson zuversichtlich: »Some people simply do not get round to thinking properly about selling their business unless they are approached by a potential buyer.« Eine exklusive Auswahl an Informationsquellen, die dem Investment Banker anlässlich der beschriebenen Methoden zur Verfügung stehen, zeigt folgende Abbildung:

Abb. 2-32: US-Informationsquellen[149]

Securities Data Corporation 62 William Street New York, NY 10005 Tel. (212) 6680940	Data Resources, Inc. 25 Broadway New York, NY 10004 Tel. (212) 2081200
Standard & Poor´s Compustat Services, Inc. 7400 S. Alton Court Englewood, CO 80112 Tel. (303) 7716510	INTERMAC - International Association of Merger and Acquisition Consultants 9575 West Higgins Road Rosemont, Illinois 60018 Tel. (312) 6964330
M & A Data Base 229 South 18th Street Rittenhouse Square Philadelphia, PA 19103 Tel. (215) 8752631	Value Line Data Services 711 Third Avenue New York, NY 10017 Tel. (212) 6873965

Hat der potentielle Unternehmenskäufer ein Anforderungsprofil erstellt, ist es für ihn ratsam zu erfahren, ob der zu erwerbende Geschäftsbereich in sein Portfolio passt oder nicht. Die Kenntnis über Markt- und Unternehmensdaten trägt dabei wesentlich zur Entscheidungsfindung bei. Einen Vergleich der eigenen Unternehmenskennzahlen mit denen möglicher Übernahmeopfer bietet das US-amerikanische Strategic Planning Institute, das seit 1975 über 300 Unternehmen mit mehr als 3000 strategischen Geschäftseinheiten untersucht. Die in den Analysen erhobenen und in der PIMS-Datenbank gespeicherten Kennzahlen beziehen sich deshalb auf Geschäftsfelder, weil sich bestimmte Unternehmenssparten sehr oft von anderen Konzernbereichen durch Produkte, Kunden, Konkurrenten oder verwendeten Ressourcen unterscheiden.[150] Da die Datenauswertung anonym erfolgt, ist PIMS (Profit Impact of Market Strategy) die »einzige weltweite strategische Datenbank, in der unverfälschte Mitbewerberinformationen vorhanden sind«.[151] Die Statistiker in Massachusetts versuchen nun, die Controllingdaten der Mitgliedsunternehmen auszuwerten, mit dem Ziel, Einflussfaktoren auf den Return on Investment (ROI) eines strategischen Geschäftsfeldes zu identifizieren. Die sechs wichtigsten Faktoren, die es zu beachten gilt, sind die Investitionsrate, die Produktivität, Marktanteil und Marktwachstum, die Produktqualität sowie Innovationsbzw. Produktdifferenzierungspotential. Abb. 2-33 beschreibt die genannten Einflussfaktoren des ROI im einzelnen:

Abb. 2-33: Six Major Strategic Influences on ROI (Placed in Descending Order of Importance)[152]

1.	Investment intensity: this shows how much fixed and working capital is required to produce a pound of sales or value added in the business. The intensity has a negative impact on profitability, so that highly mechanized businesses requiring high levels of stocks generally have lower returns on investment.
2.	Productivity: business with high value added per employee tend to be more profitable. Value added is the contribution the firm makes to increase the market value of its raw materials.
3.	Market position: the share of the market by the business, in both absolute and relative terms to its three largest competitors, is an important factor in determining profitability.
4.	Growth of the market: this usually has a positive impact on pounds of profit and virtually no impact on percentage measures of profit.
5.	Quality of the products/services offered: defined as the evaluation by the customer of the package offered by the firm relative to its competitors.
6.	Innovation/differentiation: if a company develops and introduces new products and makes a strong effort with both marketing and R & D, then it will have a favourable impact, provided it has a strong market position to begin with, otherwise it will have an unfavourable impact reflecting the high cost of building market share.

Abb. 2-34 zeigt, wie Unternehmensakquisiteure ihr operatives und strategisches Potential einer Matrix zuordnen können, um sodann den Erfolg oder Misserfolg der Übernahme erstmals zu prognostizieren.

Abb. 2-34: Strategische Zuordnungsmatrix[153]

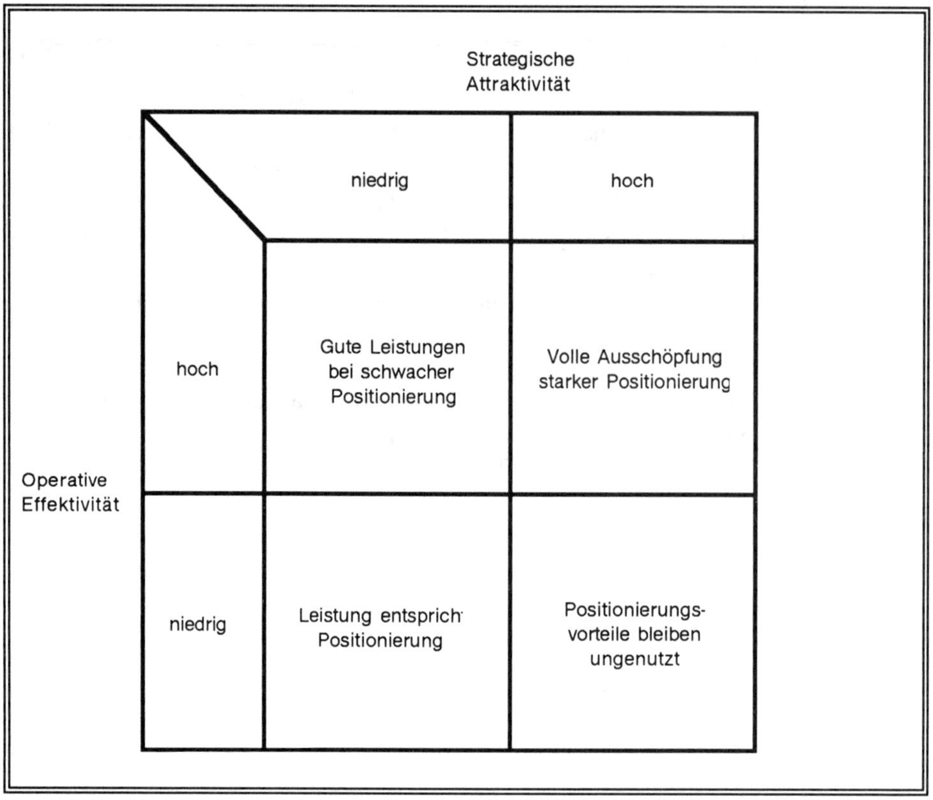

Die PIMS-Datenbank erleichtet - wie oben erwähnt - den Einblick in den Zusammenhang zwischen ROI, der die operative Grösse repräsentieren soll, und strategischem Geschäftsfeld. Die operative Effektivität, dargestellt an Investitionsrate, Produktivität, Marktanteil und Marktwachstum, Produktqualität sowie Innovations- bzw. Produktdifferenzierungspotential, zeigt die Geschäftseinheit in ihrer Ausgangssituation. Für den Unternehmenskäufer sei nun festgehalten, dass die operative Effektivität leichter und schneller zu ändern ist als die strategische Attraktivität, was bedeutet, dass vertikale Bewegungen in der Matrix häufiger vorkommen und schneller zu realisieren sind als horizontale Bewegungen. Fazit: ein Unternehmen, dessen Geschäftseinheiten rechts oben gruppiert sind, sollte sich demnach auf Übernahmekandidaten konzentrieren, die in der Mitte und rechts unten angesiedelt sind.

Nachdem Unternehmensdaten über mögliche Kaufobjekte ausgewertet wurden, muss der Unternehmenserwerber aber auch jedes Target in seinem strategischen Geschäftsfeld-Portfolio richtig positionieren. Das von der Boston Consulting Group enwickelte Portfolio zur Identifizierung strategischer Geschäftsfelder ist ein Ansatz zur Bewältigung dieses Problems: »Durch Portfolio-Management werden ... Finanzmittel von Einheiten abgezogen, die einen Cash-Flow-Überschuss aufweisen, und Geschäftseinheiten mit hohem Wachstumspotential und grossem Finanzmittelbedarf zur Verfügung gestellt.«[154]

Abb. 2-35: Boston Consulting Group Matrix[155]

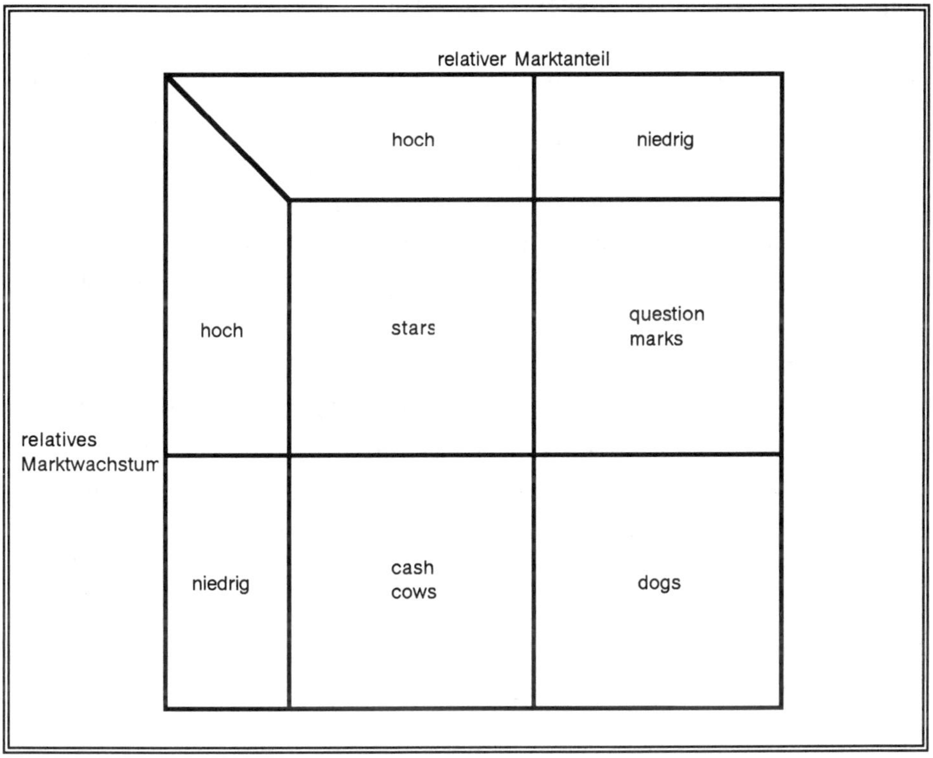

Befindet sich das zu erwerbende Unternehmen bzw. dessen Produkte nun im I. Quadranten, also jenem strategischen Geschäftsfeld mit niedrigem Marktanteil jedoch hohem Marktwachstum (Question Marks), so sollte die Übernahmetransaktion nur stattfinden, wenn der Akquisiteur über genügend liquide Mittel verfügt, um eine kostenintensive Marktpenetration der erworbenen Produkte finanzieren zu können. Unternehmen im II. Quadranten (Stars) garantieren ein hohes Marktwachstum. Jedoch sei der potentielle Käufer darauf verwiesen, dass er eine effiziente Expansionsstrategie nur verfolgen kann, wenn der zu erwartende hohe Cash Flow nicht durch die Verteidigung der schwer erkämpften Marktanteile kompensiert wird. Durch eine effiziente Stückkostendegression - wie die Erfahrungskurve demonstriert - kann der Unternehmer versuchen, die Produkte seines Targets im III. Quadranten (Cash Cows) zu repositionieren. Der III. Quadrant ist jener, in dem der Erwerber die hohen Marktanteile und geringen Investitionskosten seines Übernahmeobjektes nutzt, um den dadurch generierten Kapitalfluss seinem Unternehmen zuzuführen. Diese Form der Risikostreuung erhöht - im Gegensatz zum Geschäftsfeld Question Marks - ohne weitere Verzögerung und Investition den Cash Flow des Akquisiteurs. Die freien, zusätzlichen Finanzmittel werden nun vorzugsweise dafür verwendet, Produkte des I. Quadranten im II. Quadranten zu repositionieren, also Question Marks zu Stars werden zu lassen.[156] »Dieser Vorgangsweise liegt die strategische Logik zugrunde, dass die höchsten Renditen realisiert werden können, wenn dominante Marktpositionen vorliegen. Da dominante Marktpositionen am leichtesten während der Wachstumsphase aufgebaut werden können, da die Wettbewerbspositionen und Absatzmarktbeziehungen noch nicht fest etabliert sind, ist eine ausgeprägte Investition in Question Marks angezeigt, um sie in Stars überzuführen, die bei rückläufigem Marktwachstum« - wie oben schon angedeutet - »als Cash Cows die Rentabilität und Liquidität sichern.«[157] Allerdings kann die offensichtliche Ausbeutung des erworbenen Übernahmeobjekts die Mitarbeiter weitestgehend demoralisieren, so dass diese nicht mehr bereit sein werden, dem Unternehmen auf Gedeih und Verderb die Treue zu erweisen. Über das dann knappe Potential an qualifiziertem Personal wird noch zu sprechen sein. Unternehmen im IV. Quadranten (Dogs) mit niedrigem Wachstum und Marktanteil sollten nicht die Beachtung des potentiellen Käufers finden, da sich das zu erwerbende Unternehmensobjekt ohnedies bereits in der Sättigungsphase der Unternehmenslebenskurve befindet und nur durch einen kostenintensiven Relaunch am Leben erhalten werden könnte.

Der Akquisiteur wird nun das Target in jenem strategischen Geschäftsfeld (Quadranten) wählen, das zur Ausgeglichenheit seines Unternehmensportfolios beiträgt. Aber gerade bei dieser Entscheidung begehen Entrepreneure die entscheidenden Fehler. John Kitching schlägt daher vor, dass Unternehmenskäufer Übernahmeobjekte in Wachstumsbranchen (Stars) dann erwerben sollen, wenn die bisherigen Geschäftsfelder mehrheitlich geringe Wachstumsraten aufweisen (Cash Cows und Dogs) und - mit der

Zunahme der Risiken im Stammgeschäft - Targets in branchenfremden Geschäftsfeldern akquirieren sollen (zu den damit verbundenen Problemen siehe im folgenden). Darüber hinaus sollen Akquisiteure nur jene Kaufobjekte erwerben, die über mindestens 5 % Marktanteil verfügen.[158] Die der Aussage zugrundeliegende Logik erscheint zwingend, wenn man bedenkt, dass - wie nun schon mehrfach gezeigt - Unternehmen erst ab einem bestimmten Umsatzvolumen in den Genuss der Fixkostendegression kommen können. Diese Kostenführerschaft gestattet wiederum die Akkumulation von Fixed Assets effizienter Grösse.[159] »The clearest recommendation from this study is the need for large-scale entry. I believe that the way to improve the odds and build the portfolio is to commit substantial resources to each venture and to defer immediate financial perfomance in favour of market position.«[160]

Die strategische Wahl des Geschäftsfeldes kann ebenso im Hinblick auf den Unternehmenslebenszyklus gesehen werden. Ähnlich dem betriebswirtschaftlichen Produktlebenszyklus mit seinen Phasen der Produkteinführung, des Produktwachstums, der Reifephase und der Sättigungsphase kann auch der Unternehmenslebenszyklus derart betrachtet werden. Das dazu von Vernon[161] entwickelte Modell erklärt, zu welchem Zeitpunkt Unternehmen Produktionsstätten im Ausland kaufen sollen. Wenn z. B. ein Unternehmen in Deutschland ein Produkt einführt, wird bei steigender Nachfrage der Break-Even-Point rasch erreicht. Das ständig modifizierte und standardisierte Produkt lockt bereits in der Wachstumsphase die Konkurrenz zur Nachahmung an. Da der deutsche Heimatmarkt bei zunehmender Anzahl an Wettbewerbern rasch gesättigt sein kann, wird der Produktinnovator bereits vor Erreichen der Reifephase Produktionsstätten im Ausland kaufen, um dort nunmehr zusätzliche Nachfrage nach seinem Erzeugnis zu suchen. Diese grenzüberschreitenden M & A-Aktivitäten können mittels Unternehmenslebenszyklus - zumindest im Rahmen einer theoretischen ex-ante Analyse - annähernd zeitlich geplant werden.

Trotz Verwendung modernster betriebswirtschaftlicher Strategien kapitulieren Unternehmenskäufer immer wieder bei dem Versuch, Wertzuwachs in den neuen strategischen Geschäftsfeldern zu kreieren. Eines der dringlichsten Probleme dabei ist die Unfähigkeit der Konzernleitung, im branchenfremden strategischen Geschäftsfeld das Unternehmen erfolgreich zu führen. Die Gründe dafür mögen vielfältig sein und unterscheiden sich oft kaum von den Ursachen für die Unfähigkeit im Core Business. Malcom Salter, Professor für Betriebswirtschaft an der Harvard Business School, präsentierte umfangreiche Studien über die Risikoreduzierung durch Akquisition. Das Ergebnis kann aufgrund des bisher Gesagten nicht überraschen: Keinesfalls ist eine laterale Akquisition die Garantie für eine effektive Risikostreuung.[162] Zu viele Unternehmenserwerber waren schon bereit, einen unangemessen hohen Preis für das Target zu bezahlen, ohne dabei durch Risikostreuung die Produktivität des neu geschaffenen Konglomeratskonzerns zu erhöhen. Eine nicht zu vernachlässigende Ursache für dieses Dilemma ist der Umstand, dass die traditionellen, unproduktiven Organisations- und Managementpraktiken des diversifizierenden Konzerns nach der Übernahme eines wirtschaftlich schwächeren Unternehmens in den seltensten Fällen nur geändert werden.[163] Damit kann auch den Aktionären durch die Diversifikation kein zusätzlicher Kapitalfluss und langfristiger Wertzuwachs garantiert werden. Nach Meinung vieler Finanztheoretiker leiden insbesondere Aktionäre und sonstige Anteilseigner an den ungenügend geplanten, risikomindernden Akquisitionsstrategien der Unternehmensleitung. William Sharpe,[164] zum Beispiel, warnt Unternehmenskäufer vor risikomindernden Diversifikationsstrategien, bei denen die Aktionäre unsichere Kapitalflüsse vermuten, wenn dieselben Anteilseigner durch geschickte Portfoliostrategie ihr Anlagerisiko ebenso reduzieren können. »Diversifikation durch die Bildung eines Wertpapierportfolios kann durch die Aktionäre selbst leicht erzielt werden, indem sie in Titeln, die ihren Präferenzen in bezug auf die Rendite/Risikokombination entsprechen, investieren, ohne die Akquisitionsprämien zahlen zu müssen, die bei Diversifikation auf Unternehmensebene anfallen.«[165]

2.5. Unternehmensbewertung

Die Feststellung eines Unternehmenswertes ist in den seltensten Fällen eine objektive Unternehmensanalyse. Schon der Wert per se drückt eine Vorstellung über das Wünschenswerte aus. So ist das Ergebnis einer Bewertung oftmals mehr eine Preisvorstellung als eine objektive Unternehmenskennzahl. Auch die unterschiedlichen Motive und gegensätzlichen Interessenlagen der am Kauf beteiligten Parteien erlauben keine objektive

Unternehmensbewertung: Der Käufer wäre wohl an einem objektiven Wert interessiert, will aber ebenso in der Zukunft liegende Risken in den Kaufpreis miteinbezogen wissen. Der Verkäufer hingegen fordert - sofern vorhanden - die Berücksichtigung des Goodwill sowie die Qualität des bisherigen Managements.

Die Unternehmensbewertung ist kein schematisiertes Bewertungsverfahren, sondern der Versuch, »durch die Selektion der zahlreichen Unsicherheitsfaktoren und durch gegenseitiges Abwägen dieser Faktoren einen möglichst realistischen Wert des Unternehmens herauszuarbeiten«.[166] Dem Investment Banker nützen aus den genannten Gründen profunde Kenntnisse der Bewertungstechniken nur in der Selektionsphase. Überhaupt vertreten exzellent ausgebildete Investment Banker die These Doing the Right Thing Is Better Than Doing a Thing Right, womit sie wohl meinen, dass es sinnvoller wäre, das knappe Zeitbudget für die Suche nach dem richtigen Unternehmen zu verwenden, anstatt kostenintensive und zeitraubende Unternehmensbewertungen vorzunehmen.

Auch das Bewertungsergebnis ist nur soviel wert, wie die Qualität der im Bewertungsprozess verwendeten Daten. Die folgende Diskussion der Bewertungsmethoden ist daher ihrer Bedeutung quantitativ angepasst.

2.5.1. Ertragswertmethode

Der Ertrag als Grundlage für die Bewertung setzt die Fortführung des Unternehmens voraus. Dic Annahme der Fortführung nach der Akquisition ist schon deshalb zwingend, da der Ertragswert des Unternehmens aus den künftig anfallenden Gewinnen, Einnahmeüberschüssen oder Ausschüttungen abgeleitet wird. Um diese Grössen möglichst präzise schätzen zu können, wird der Investment Banker Unternehmenskennzahlen wie Rendite, Jahresergebnisse und Entwicklungspotentiale des Unternehmens analysieren.[167] Voraussetzung dafür aber ist, dass die Ertragslage transparent und die Ertragsaussichten voraussehbar sind. Darüber hinaus müssen die besonderen Verhältnisse der Branche und die Entwicklung des Kalkulationszinsfusses für die Zukunft zutreffend beurteilt werden.

Trotz dieser zwei niemals zufriedenstellend erfüllten Postulate wenden sich Gesetzgebung und Rechtsprechung sowie die Bewertungspraxis heute fast ausnahmslos hin zur Ertragswertmethode, weil »der Wert eines Unternehmens ... durch seine Eigenschaft bestimmt wird, Einnahmeüberschüsse zu erwirtschaften«.[168]

Bei der Ertragswertberechnung müssen nun ausgehend von den buchmässigen Jahresergebnissen der letzten fünf Jahre - bei einem kürzeren Analysezeitraum muss in hohem Ausmass mit zufälligen Ergebnissen gerechnet werden - diese um betriebs- und periodenfremde Aufwendungen und Erträge bereinigt werden. So sind z. B. ausserordentliche Aufwendungen durch einmalige Schadensfälle ebenso zu erfassen wie der ausserordentliche Ertrag durch den Verkauf eines Grundstückes.[169]

Der Unternehmenswert als Summe der auf einen bestimmten Stichtag diskontierten zukünftigen Ertragsüberschüsse bedarf der Bemessung eines adäquaten Kalkulationszinsfusses, welcher nicht nur durch die Erwartungen des Käufers und die durch den Käufer geplante Unternehmensakquisition bestimmt wird, sondern besonders durch den Kapitalmarktzinssatz fest verzinslicher Anleihen von Schuldnern erster Bonität. Als Anhaltspunkt für die Ermittlung der aus diesen Anleihen fliessenden Zinserträge kann die Sekundärmarktrendite herangezogen werden, wobei grundsätzlich der zum Bewertungsstichtag geltende Zinssatz massgeblich sein wird. Der so errechnete Kalkulationszinsfuss sollte mit den Ertragsaussichten des zu bewertenden Unternehmens äquivalent sein (vgl. Abb. 2-36 sowie Abb. 2-37).[170]

Die Berücksichtigung des allgemeinen Unternehmerrisikos erfolgt durch einen Zuschlag zum Kapitalmarktzinssatz. So kann z. B. eine nicht im Ertragswert enthaltene Sperrminorität durch einen prozentuellen Aufschlag erfolgen. Die Berücksichtigung der Geldentwertung im Kalkulationszinsfuss ist in der betriebswirtschaftlichen Literatur heftig umstritten.[171] Die Diskussion ist jedoch - wie mir scheint - mehr methodischer Natur und in Anbetracht der beträchtlichen sonstigen Schätzungenauigkeiten nur geringfügig ergebnisverändernd. »Im Hinblick auf die aktuelle niedrige Geldentwertungsrate wird derzeit nur ein geringer Abschlag von 0,5 % bis 1 % als Geldentwertungsprämie vorzunehmen sein, dies auch unter der Berücksichtigung, dass Inflationsanpassungen nicht immer durchsetzbar sind und bei einem späteren Konjunkturrückgang allgemein mit einem härteren Wettbewerb zu rechnen sein wird.«[172]

Zusammenfassend ist der zukünftige Erfolg auf die folgende Formel zu bringen:[173]

Abb. 2-36: Kalkulation des nachhaltigen Jahresertrages und Berechnung des Kalkulationszinsfusses

Durchschnittsertrag der letzten 5 Jahre
± einmalige und ausserordentliche Aufwendungen/Erträge

= Nachhaltiger Jahresertrag

Kapitalmarktzinssatz
+ Zuschlag für das allgemeine Unternehmerrisiko
- Geldentwertungsprämie

= Kalkulationszinsfuss

Der Barwert künftiger Erfolgsüberschüsse des betriebsnotwendigen Vermögens errechnet sich somit:

Abb. 2-37: Barwertberechnung ohne Einbeziehung des mit erheblichen Unsicherheiten verbundenen Liquidationswertes

Barwert einer ewigen Rente:

$$\text{Barwert} = \frac{\text{Nachhaltiger Jahresertrag}}{\text{Kalkulationszinsfuss in \%}}$$

Barwert einer endlichen Rente:

$$\text{Barwert} = \frac{\text{Gleichbleibende/unterschiedliche Jahreserfolge}}{(1 + \text{Kalkulationszinsfuss in \%})^{n}}$$

n = Anzahl der Jahre

Bei einem nachhaltigen Ertrag von 10 Mio. DM und einem Kalkulationszinsfuss von 5 % beträgt der Unternehmenswert daher 200 Mio. DM. Der resultierende Quotient ist der Barwert einer ewigen Rente, womit ich unterstelle, dass der Jahreserfolg unbegrenzt anfallen wird. Beim Barwert einer endlichen Rente hingegen werden gleichbleibende oder unterschiedliche Jahreserfolge über einen bestimmten Zeitraum abgezinst. Überhaupt sind angelsächsische Investment Banker[174] der Meinung, dass eine Bewertungsanalyse nur jenen Betrachtungszeitraum umfassen soll, in dem der Kalkulationszinsfuss gleich alternativer Kapitalverwendungsmöglichkeiten (z. B. gleich dem Kapitalmarktzinssatz) ist. Diese Argumentation ist deshalb von hoher Bedeutung, da die Aktionäre der Acquiring Company nur dann der Akquisition indifferent gegenüberstehen werden, wenn der erwartete Geldfluss des gekauften Unternehmens mindestens gleich einer Verzinsung sein wird, den die Acquiring Company erzielte, würde sie in alternative Anlageobjekte zum Kapitalmarktzinssatz investieren.

Abschliessend sei noch einmal die Wichtigkeit der Schätzgenauigkeit zu betonen. So wirkt sich eine Ungenauigkeit in der Schätzung des Zukunftsertrages nicht nur mit ihrem Nominalwert, sondern mit einem Mehrfachen dieses Betrages auf den Unternehmenswert aus. Bei einem Kalkulationszinsfuss von 5 % bewirkt eine Schätzungenauigkeit von lediglich 50000 DM eine Abweichung von 1 Mio. DM im Barwert.

2.5.2. Substanzwertmethode

Als Substanzwert bezeichnen Investment Banker den Betrag, der eingesetzt werden müsste, um das Unternehmen in der am Bewertungsstichtag bestehenden Qualität zu rekonstruieren.[175] Obwohl der Umfang des Substanzwertes in der betriebswirtschaftlichen Literatur heftig umstritten ist, verwenden die bedeutendsten Bewertungstheoretiker den weitesten Substanzbegriff, der die Einbeziehung aller materiellen und immateriellen Wirtschaftsgüter, sofern sie einzelbewertungsfähig sind, verlangt.[176] Der Substanzwert ist nach dieser Auffassung gleich den Wiederbeschaffungskosten des betriebsnotwendigen einzelbewertungsfähigen Vermögens plus Einzelveräusserungspreisen des nicht betriebsnotwendigen Vermögens minus Schulden.

Ausgegangen wird bei der Berechnung von den Bilanzansätzen der Aktivseite, welche um die stillen Reserven (Differenz zwischen Wiederbeschaffungskosten minus Abschreibung und Buchwert laut Bilanz) erweitert werden. Da bei der bilanziellen Berücksichtigung der stillen Reserven die Gewinne steigen und dadurch zusätzliche, latente Steuern anfallen würden, sind diese bei der Ermittlung des Substanzwertes wieder in Abzug zu bringen.

Der Substanzwert lässt sich im Gegensatz zum Ertragswert ohne signifikante Unsicherheiten bestimmen, was nicht besagt, dass der mittels der Substanzwertmethode ermittelte Betrag mit dem tatsächlichen Unternehmenswert auch nur annähernd ident ist. Schon die Einbeziehung immaterieller Wirtschaftsgüter bereitet - wie oben angedeutet - dem Investment Banker grosse Sorge. Im allgemeinen werden immaterielle Wirtschaftsgüter bei der Ermittlung des Substanzwertes denn auch nur soweit berücksichtigt, als sie selbständig bewertbar sind, also es sich zum Beispiel um Patente oder Lizenzen handelt. Darüber hinaus lässt die noch zu besprechende Firmenwertproblematik erhebliche Zweifel am Einsatz der Substanzwertmethode aufkommen. Dazu Maximilian Gruber, CA Investment Banking AG: »Den reinen Materialwert als Kalkulationsgrösse zu verwenden kann schon deshalb nicht zielführend sein, da das Unternehmen meist mehr wert ist als die Summe seiner Teile. Darüber hinaus finden im Substanzwert auch immaterielle Werte wie Geschäftsverbindungen und Markennamen keinen Niederschlag, womit die Verwendung des Substanzwertbegriffes in diesem Zusammenhang mehr als bedenklich erscheint.«[177] Tatsächlich zeigt der Substanzwert lediglich an, wieviel Kapital im Unternehmen investiert ist, ohne auf die finanziellen Rückflüsse der durch den Unternehmenskäufer investierten Kapitalsumme Rücksicht zu nehmen.

Anders als bei der Ertragswertmethode, bei der die Fortführung des Unternehmens nach der Akquisition eine Voraussetzung ist, ist der Substanzwert eine unentbehrliche Hilfsfunktion bei jedem Unternehmenskauf. So kann der Substanzwert eine Preisobergrenze im Falle der Unternehmensfortführung darstellen, die der Käufer nicht überschreiten wird, da er für den Kauf eines Unternehmens nicht mehr zu bezahlen gewillt ist, als er für dessen Aufbau aufzuwenden hätte.

Im Falle der Liquidation dient der Substanzwert als Preisuntergrenze. Financiers gehen dabei von der Annahme aus, dass das Unternehmen nicht mehr als Ganzes, sondern nur noch in einzelnen Teilen veräussert werden kann. Wenn demnach der Liquidationswert (Summe der Veräusserungswerte aller Aktiven abzüglich der Verpflichtungen gegenüber Dritten abzüglich der Liquidationskosten und Steuerlasten) höher ist, als der Barwert künftiger Einnahmeüberschüsse, dann ist auch der Unternehmenseinheit ein geringerer Wert beizumessen als der Kombination seiner Bestandteile: Synergie im Todesfall. Die oben beschriebene Sicherheit der Substanzwertmethode trifft im Liquidationsfall jedoch nicht zu, da es massgeblich auf die Rahmenbedingungen ankommt, in der Konkursverwalter und Gläubiger tätig sind.

Ist der Kaufpreis eines Unternehmens grösser als der ermittelte Substanzwert, stellt dieser Differenzbetrag den Firmenwert oder Goodwill dar. Firmenwertfaktoren, die das Ergebnis der Geschäftstätigkeit beeinflussen, sind zum Beispiel personenbezogen (das erfahrene Management, das geschulte Personal, langjährige Geschäftsverbindungen) oder sachbezogen (die effektive Organisationsstruktur, das attraktive Fertigungsprogramm, effiziente Vertriebskanäle, das kundenanziehende Sortiment, der günstige Standort).[178] Welche Bedeutung der Goodwill tatsächlich hat, zeigt die Übernahme von Kraft Inc. durch Philip Morris im Jahre 1988. So hatte Kraft Aktiva in der Höhe von 1,3 Mrd. $, wohingegen der Kaufpreis 12,9 Mrd. $ betrug. Philip Morris bezahlte demnach für den Firmenwert 11,6 Mrd. $, also 90 % der Kaufsumme. Mit diesem Deal konnte Philip Morris nicht nur seinen eigenen Goodwill von 3,4 Mrd. $ auf 15 Mrd. $ erhöhen,[179] sondern auch mitansehen, wie ernährungsbewusste amerikanische Hausfrauen nunmehr auch aus dem Hause Philip Morris mit Velveeta Cheese und Chiffon Margarine beglückt werden. Da die Übernahme mittels Anwendung der Purchase Method erfolgte, wird der Goodwill der konsolidierten Bilanz zugerechnet. Accounting Principles Board, Opinion No. 16, gibt Auskunft über die Grundsätze dieser Konsolidierungsmethode:

◇ Cost in a purchase business combination is measured by the cash disbursed or the fair value of property given up or securities issued.
◇ Direct costs of acquisition: Direct costs of registering and issuing securities are charges against additional paid-in capital. Other direct costs of combining are included in the cost of the acquired company.
◇ Recording assets acquired and liabilities assumed: First, fair values are assigned to all identifiable assets aquired and liabilities assumed. If cost is greater than fair value of identifiable net assets acquired, the excess is goodwill. If fair value is greater than cost, the excess fair value is negative goodwill.
◇ Negative goodwill is applied to reduce noncurrent assets other than marketable equity securities.
◇ If negative goodwill remains after all noncurrent assets have been reduced to zero, the remaining amount is a deferred credit to be amortized over a maximum of 40 years.
◇ Financial reporting: The retained earnings is that of the surviving company up to the date of combination plus combined income after combination. Income is the income of the surviving company up to the date of combination plus combined income after combination.

Demzufolge lautet der dazugehörige Buchungssatz für die Konsolidierung: Assets, Goodwill (Debit); Liabilities, Cash (Credit).[180] Angesichts der Tatsache, dass der aus dem Goodwill resultierende jährliche Abschreibungsaufwand 290 Mio. $ (11,6 Mrd. $ ÷ 40) beträgt, bleibt die Frage, ob es betriebswirtschaftlich sinnvoll ist, dass Philip Morris den von Kraft durch Jahrzehnte aufgebauten Firmenwert nun innerhalb der nächsten 40 Jahre bis auf null abschreiben wird müssen? Unverständlich erscheint es daher, dass in den USA die Übernahme mittels Anwendung der Pooling-of-interest Method (Verschmelzung) bei weitem seltener zu finden ist. Bei Aktionären sowie Unternehmenskäufern hoch angesehen ist diese Konsolidierungsmethode auch deshalb, da bei Anwendung der Purchase Method - wie wir bei Philip Morris/Kraft gesehen haben - vor allem im Falle eines grosszügig kalkulierten Firmenwerts die zukünftigen Gewinne durch jährliche Abschreibungen signifikant gedrückt werden können. Pooling-of-interest Method kann allerdings nur bei Vorliegen sämtlicher folgender Rahmenbedingungen angewandt werden:[181]

- The two companies must have been autonomous for at least two years prior to the pooling and one must not have owned more than 10 % of the stock of the other.
- The combination must be consummated either in a single transaction or in accordance with a specific plan within one year after the plan is initiated; no contingend payments are permitted.
- The acquiring company must issue its regular common stock in exchange for 90 % or more of the common stock of the other company.
- The surviving corporation must not later retire or reacquire common stock issued in the combination, must not enter into an agreement for the benefit of former stockholders, and must not dispose of a significant portion of the assets of the combining companies for at least two years.

2.5.3. Börsenwert

Der aggregierte Börsenkurswert stellt für Aktionäre eine sinnvolle Bewertungsmethode dar, da schon der Börsenkurs des vom Investor akquirierten Unternehmens auf etwaige alternative Verwertungsmöglichkeiten schliessen lässt. Es wurde jedoch schon darauf hingewiesen, dass die Kaufverhandlungen in Informationen an die Öffentlichkeit resultieren, die ihrerseits zu einem Kursanstieg führen. Somit wird der Markt die Aktie neuerlich evaluieren, was zu einem Auseinanderklaffen zwischen Substanzwert und Börsenkapitalisierung führen kann. Wie signifikant diese Oszillationen sein können zeigt folgende Abbildung:

Abb. 2-38: Verhältnis zwischen Börsenwert (BW) und Substanzwert (SW)[182]

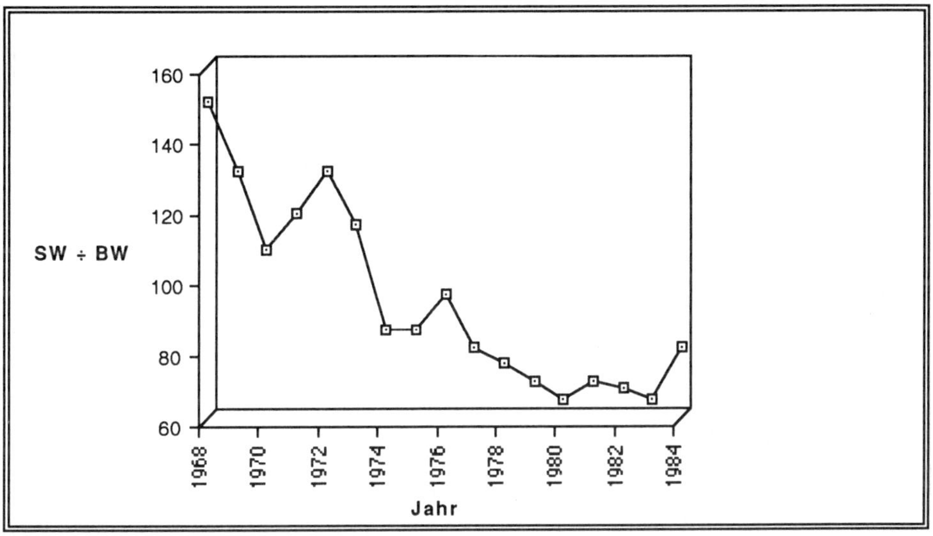

Ausschlaggebend für den Unternehmenskäufer ist letztendlich die Tatsache, dass dieser - im Falle des Zustandekommen eines Geschäftsabschlusses - den bisherigen Aktionären mindestens den Preis, also den Börsenkurs zu bezahlen hat, zuzüglich eines Aufschlages für erwartete Kursgewinnsteigerungen.[183]

2.5.3.1. Bewertung mittels KGV

Das KGV[184] oder Price/Earning-ratio repräsentiert den Kurs einer Aktie im Verhältnis zum Gewinn je Aktie. Wenn nun der Erwerb eines Unternehmens mit höheren Risken verbunden ist, dann wird der Investor beträchtliche Rückflüsse, also Gewinntransfers, erwarten und somit das KGV niedriger sein; eine simple Idee, wenn man bedenkt, dass Finanzierungsparameter wie der ROI schon seit jeher als eine lineare Funktion des Gewinnwachstums interpretiert wurden. Huge Profits, High ROI, Low P/E - diesen Zusammenhang soll die folgende Abbildung verdeutlichen:

Abb. 2-39: Das KGV im Rahmen der Unternehmensbewertung[185]

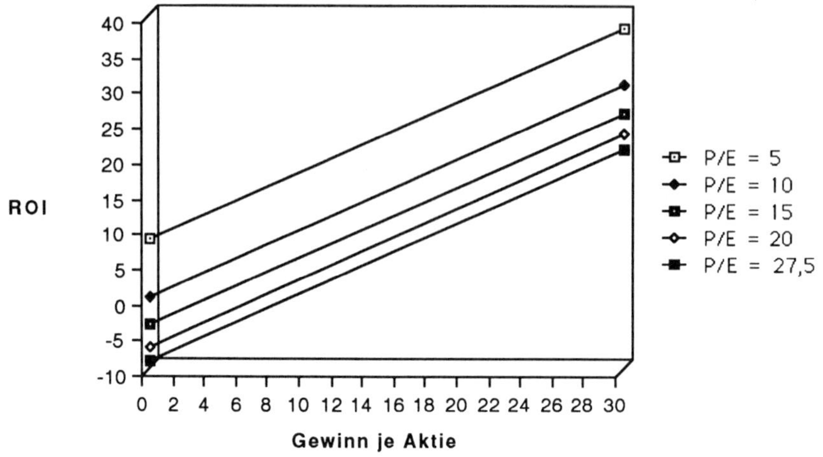

Nehmen wir also an, Unternehmen TEUER, das ein hohes Kurs/Gewinn-Verhältnis erreicht hat, erwirbt Unternehmen BILLIG mit niedriger Price/Earning-ratio mittels 100 % Aktientausch. Der Kaufpreis basiert auf den aktuellen Börsenwerten der beiden Unternehmen. Die Ausgangsdaten beider Unternehmen sind die folgenden:

Abb. 2-40: Unternehmensdaten vor Übernahme

	Unternehmen TEUER	Unternehmen BILLIG
Ausgeschütteter Gewinn	1 Mio.	0,5 Mio.
Umlaufende Aktien	10000	5000
Gewinn je Aktie	100	100
Aktienkurs	1200	800
KGV	12	8
Börsenkapitalisierung	12 Mio.	4 Mio.

Da BILLIG 5000 Aktien mit einem Aktienkurs von 800 DM im Umlauf hat, beträgt die Marktkapitalisation 4 Mio. DM. Daher erhalten die BILLIG-Aktionäre 4 Mio. DM in Aktien zu einem Kurs von 1200 DM, was einer Anzahl von 3333 Aktien des Unternehmens TEUER entspricht.

Um das Beispiel übersichtlich fortsetzen zu können, müssen zwei vereinfachende Annahmen getroffen werden: einerseits wird der Kauf exakt zum Börsenwert erfolgen und eine darüberliegende Prämie nicht bezahlt werden müssen, andererseits wird der Markt annehmen, dass das Unternehmen TEUER die Potentiale von BILLIG effizient nützt und somit das hohe KGV von TEUER auf BILLIG übertragen wird. Die Unternehmensdaten des Post-Takeover-Konzerns sind demnach:

Abb. 2-41: Unternehmensdaten nach Übernahme

	Unternehmen (TEUER + BILLIG)
Aggregierter Gewinn	1,5 Mio.
Umlaufende Aktien	13333
Neuer Gewinn je Aktie	112,5
Neuer Aktienkurs	1350
KGV (gleich wie zuvor)	12
Neue Börsenkapitalisierung	18 Mio.

Der neue Gewinn je Aktie beträgt somit 1,5 Mio. DM ÷ 13333 Aktien = 112,5 DM. Wenn also das Unternehmen (TEUER + BILLIG) mit einer P/E-Ratio von 12 bewertet wird, so beträgt der neue Aktienkurs 112,5 DM x 12 = 1350 DM, was einen Gewinn von 150 DM für den Aktionär von TEUER darstellt. Was aber ist das Ergebnis für den Aktionär von BILLIG? Da das Aktienaustauschverhältnis 800/1200 = 0,67 betrug, ist somit der neue Aktienkurs für BILLIG 1350 DM x 0,67 = 905 DM, der nun einen Gewinn von 105 DM realisiert.

So wird durch dieses vereinfachende Bewertungsverfahren offensichtlich, wie Aktionäre - zumindest kurzfristig - von einer Akquisition profitieren, bei der das Target ein wesentlich niedrigeres KGV aufweist als der Käufer. Investment Banker definieren derartige Transaktionen (wenn also Unternehmen in der Reife- bzw. Sättigungsphase versuchen, Targets zu akquirieren, deren strategischen Geschäftsfelder von Wachstumsprodukten oder doch zumindest von Stars dominiert werden) als Bootstrap Mergers.[186] In der Tat soll nach diesem Deal »im Markt der Eindruck eines permanenten Gewinnwachstums des aufnehmenden Konglomerats entstehen«,[187] zumal TEUER - wie schon erwähnt - davon ausgehen kann, dass sein hohes KGV auf BILLIG übertragen und sich seine Börsenkapitalisierung erhöhen wird; dies schon alleine deshalb, da das fusionierte Unternehmen (TEUER + BILLIG) mit gleichen Gewinnwachstum je Aktie rechnen kann.[188] Um den Investor jedoch weiterhin mit hohen Wachstumsraten befriedigen zu können, wird TEUER sich gezwungen sehen, nach weiteren Targets mit niedrigem KGV Ausschau zu halten.[189] Nun besteht jedoch die Gefahr, dass durch wiederholte Akquisitionen ohne begleitende Ertragskonsolidierung und Restrukturierungsmassnahmen der Zusammenbruch des Konzern unabwendbar sein wird.

In der Tat sind diese Überlegungen bei weitem nicht nur akademischer Natur, wie uns der Aufstieg und Fall der britischen Werbeagentur Saatchi & Saatchi zeigt. Die Begründung für diesen Tiefgang ist allzu offensichtlich. Wie sollten denn auch die anfangs so erfolgreichen wie populären britischen Entrepreneure mit den zugekauften Geschäftsfeldern, welche mit Saatchi & Saatchis Stammgeschäft so gar nichts gemeinsam hatten, in diesen heterogenen neuen Märkten bestehen; konfrontiert mit Management-Aufgaben, die sie bislang nicht bewältigen mussten. Investoren, nicht gerade glücklich über das ungenügende Ertragswachstum des grosszügig diversifizierten Konzerns, begnügten sich vorerst noch mit einem Conglomerate Discount,[190] also eines Abschlags vom Aktienpreis, zumal niedrig verzinste Aktiva in lahmen, bürokratischen Hierarchien schon seit Max Weber nicht honoriert werden. Wie die tragische Geschichte des Konzerns endete, will der Autor dem Leser ersparen.

2.6. Finanzierungsaspekte beim internationalen Unternehmenskauf

Nachdem das Kaufobjekt einer gründlichen - jedoch nicht notwendigerweise objektiven - Bewertung unterzogen wurde, stellt sich für alle an der Transaktion beteiligten die Frage, wie die Mittel für den Kauf aufgebracht werden und welcher Finanzierungsinstrumente man sich bedienen wird. Selbstverständlich ist es im Interesse beider Vertragspartner, jenes Finanzierungsinstrumentarium als Vertragsbestandteil niederschreiben zu können, bei dem der Verkäufer einen Gegenwert bekommt, der rasch liquidiert werden kann und der Käufer in der Lage ist, die Finanzierung kosteneffizient zu gestalten. So scheint aber dennoch der kleinste gemeinsame Nenner für eine adäquate Finanzierungsform rasch gefunden zu sein, wie die nachfolgende Untersuchung bestätigt:

Abb. 2-42: M & A-Finanzierungsformen[191]

Finanzierungsform	Anzahl	In %
100 % bar	691	57
100 % Aktien	248	21
Aktien plus bar und/oder Schulden	196	16
Obligationen bzw. Obligationen und bar	69	6

Wie schon der Abschnitt »Unternehmensbewertung« zeigte, darf die Investitionssumme jedoch nicht isoliert betrachtet werden. So müssen die Rückflüsse aus dem gekauften Unternehmen im Finanzplan ebenso berücksichtigt werden, wie die oftmals beträchtlich hohen Folgeinvestitionen. Die Folgekosten kapitalintensiver Unternehmensübernahmen in den 80er Jahren bedrohen jedoch mittlerweile die Leistungsfähigkeit mancher amerikanischer Unternehmen. Studien[192] zeigen, dass aufgrund der Kosteneinsparungen und im Zusammenhang mit Unternehmenszusammenschlüssen und fremdfinanzierten Firmenkäufen die F & E-Investitionen 1990 mit der Inflation nicht Schritt halten konnten. Obwohl Investitionen für Forschung und Entwicklung von 65,2 Mrd. $ auf 69,7 Mrd. $ gestiegen sind, beträgt die reale Veränderung nach Berücksichtigung der Inflation minus 1,6 %.

Dass der Barkauf dem Kauf mittels Aktien in den USA vorgezogen wird, bestätigt auch eine Studie von Merrill Lynch, Chicago:

Abb. 2-43: Zahlungstrends in den USA[193]

Jahr	Barkauf	%	Kauf mit Aktie	%	Bar plus Aktie	%	Schulden	%
1970	1023	29	1834	52	575	16	91	3
1971	961	32	1441	49	514	17	47	2
1972	1120	34	1696	51	475	14	37	1
1973	1113	41	1172	44	365	14	37	1
1974	805	48	555	33	259	16	53	3
1975	585	48	325	27	285	23	30	2
1976	656	52	327	26	250	20	22	2
1977	663	54	322	26	224	18	29	2
1978	539	46	353	30	273	23	17	1
1979	654	53	323	26	247	20	9	1
1980	522	47	345	31	237	21	17	1
1981	542	42	448	34	301	23	18	1
1982	405	37	317	29	338	31	23	2
1983	350	32	387	35	362	33	9	-
1984	465	43	281	26	320	30	13	1
1985	742	51	344	23	377	26	5	-
1986	545	42	411	32	345	26	2	-
1987	298	41	248	34	176	24	2	1
1988	437	56	166	21	170	22	4	1
1989	307	46	199	30	153	23	5	1
1990	260	40	207	31	186	28	4	1

Dennoch ist der 1988 einsetzende kontinuierliche Rückgang der reinen Bartransaktionen zugunsten des Kaufs mit Aktie gerechtfertigt, zumal in Zeiten einer hohen Börsenkapitalisierung der Kauf mit Aktie zumindest aus der Sicht des Erwerbers das effizienteste Finanzierungsmittel darstellt. Darüber hinaus ist »in den USA bei Bargeldtransaktionen die Differenz zwischen Steuerbasis und Verkaufserlös steuerpflichtig, seit dem 1.1.1987 sogar mit dem normalen Einkommensteuersatz. Bei einem Aktientausch unterstellt die amerikanische Steuerbehörde bei Erfüllung anderer Voraussetzungen eine kontinuierliche Anteilseignerschaft, so dass der Aktientausch steuerfrei bleibt. Bei festverzinslichen Wertpapieren ist das üblicherweise nicht der Fall.«[194] In Deutschland und in der Schweiz werden Akquisitionen mehrheitlich zu 100 % in bar bezahlt, wie von zahlreichen Finanzierungsexperten einstimmig bestätigt wurde (aufgrund der juristischen Komplexität dieser Materie werde ich die nun folgende

Darstellung der einzelnen Finanzierungsformen auch auf die beiden letztgenannten Länder eingrenzen).[195]

Die Summe der verschiedenen Austauschverhältnisse zwischen Käufer und Verkäufer zeigt die folgende Abbildung:

Abb. 2-44: Austauschrelationen zwischen Käufer und Verkäufer im Finanzierungsprozess[196]

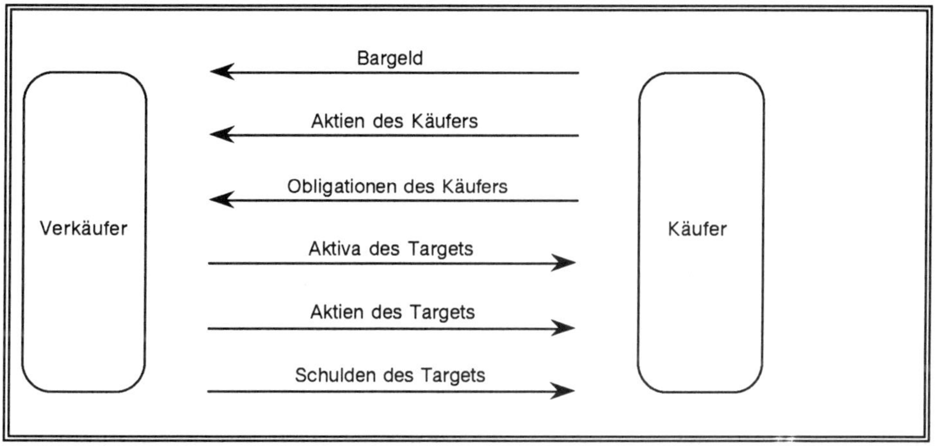

Wie aus den beiden obigen Abbildungen ersichtlich ist, stehen dem Unternehmenskäufer drei Hauptformen der Finanzierung zur Verfügung: Die Bezahlung des Kaufpreises in bar, mittels verbrieften Eigenkapitals und durch Schuldpapiere.

2.6.1. Finanzierungsaspekte beim Barkauf

Schon aufgrund der höheren Flexibilität und der Tatsache, dass der wahre Wert des Kaufpreises bei Vertragsabschluss auch tatsächlich feststeht, erklärt die Beliebtheit des Barkaufes: What You See Is What You Get. Selbst im Falle mehrerer sich konkurrierender Anbote wird der potentielle Verkäufer in der Lage sein, die vorliegenden Offerte auf ihre Vorteilhaftigkeit zu überprüfen. Als Beispiel sei hier die Übernahme der Versicherungsgesellschaft La Suisse durch die Schweizerische Lebensversicherung- und Rentenanstalt erwähnt.[197] In der Tat bedarf es allerdings einer starken Verhandlungsposition des Verkäufers, der auch gewillt sein muss, als Gegenleistung einen »Skontoabzug« zu gewähren. Auch der

Käufer reduziert sein Risiko beträchtlich, schaltet er doch jede zukünftige Kontrolle der Geschäftsgebarung durch den Verkäufer aus, was - wie wir noch sehen werden - grosse Unstimmigkeiten verursachen kann.

In Deutschland vorherrschend ist der Barkauf jedenfalls,[198] weshalb auch dessen Quellen sorgfältig untersucht werden sollen:

2.6.1.1. Betriebsinterne Liquiditätsressourcen

Fliessen dem erwerbenden Unternehmen Finanzierungsmittel im Rahmen des betrieblichen Leistungs- bzw. Umsatzprozesses zu, kann bisher gebundenes Kapital freigesetzt und in Barmittel für den Unternehmenskauf umgewandelt werden.[199]

So kann der Akquisiteur Geldmittel aufbringen, indem er auf die Ausschüttung von erzielten Gewinnen an die Anteilseigner verzichtet. Der Vorteil dieser Finanzierungsform besteht u. a. darin, dass der dadurch einbehaltene Gewinn nicht erst anlässlich der bilanziellen Gewinnermittlung und Gewinnverwendungsentscheidung investiert werden kann.[200] Finanzierungsexperten bezeichnen diese Methode einheitlich als Selbstfinanzierung.[201] Offensichtlich, d. h. in der Bilanz durch ein Anwachsen der Rücklagenkonten sichtbar, ist allerdings nur die offene Selbstfinanzierung. Die stille Selbstfinanzierung hingegen erfolgt durch die Bildung stiller Reserven aus unversteuerten Gewinnen, was durch Unterbewertung von Aktiven (z. B. durch Über- bzw. Sofortabschreibungen) und durch Überbewertung von Passiven (z. B. durch überhöhte Rückstellungen) geschehen kann.

Eine weitere unternehmensinterne Liquiditätsquelle steht dem Akquisiteur durch die Veräusserung von Vermögensteilen des Targets zur Verfügung. Diese besondere Form der Vermögensumschichtung ermöglicht die Freisetzung von oftmals nicht unbeträchtlichen finanziellen Mitteln durch den Verkauf von beispielsweise ungenutzten Liegenschaften, Baulandreserven sowie ganzer Unternehmensteile und Tochtergesellschaften. Natürlich können auch z. B. Liegenschaften und überdimensionierte Rohstoffvorräte des Targets veräussert werden.[202] In diesem Fall übernimmt der Erwerber lediglich die betriebsnotwendigen Aktiva und kann so - die

Zustimmung des Veräusserers vorausgesetzt - den Kaufpreis oftmals beträchtlich reduzieren.

2.6.1.2. Betriebsinterne Liquiditätsressourcen und deren Kosten

Nach Richard Brealey/London Business School und Stewart Myers/MIT berechnet man die Kosten beim Barkauf nach folgender Formel:[203]

Abb. 2-45: Kostenkalkulation beim Barkauf

$$\text{Kosten} = (\text{Kaufpreis} - MWT_{oF}) + (MWT_{mF} - IWT)$$

MWT_{oF} = Marktwert des Targets ohne Fusion
MWT_{mF} = Marktwert des Targets mit Fusion
IWT = Innerer Wert des Targets

Somit errechnen sich die Kosten aus dem Aufgeld, das über den Marktwert des Akquisitionsobjektes bezahlt wurde, plus der Differenz zwischen Marktwert und innerer Wert des Targets. Wie bedeutend die Unterscheidung zwischen Marktwert und innerer Wert sein kann, zeigt folgendes Beispiel:

Abb. 2-46: Unternehmensdaten anlässlich eines Barkaufes

	Käufer A	Target B
Kurswert	75	15
Aktien in Umlauf	100000	60000
Börsenkapitalisierung	7,5 Mio.	0,9 Mio.

Wenn nun ein Kaufpreis von 1,2 Mio. DM in bar vereinbart wurde, so betragen - vorausgesetzt der Marktwert von B entspricht seinem inneren Wert - die Kosten der Transaktion 1,2 Mio. DM - 0,9 Mio. DM = 0,3 Mio. DM. Erhöht sich jedoch der Aktienkurs von B vor dem Kauf aufgrund zum Beispiel optimistischer Presseberichte auf 17 DM, beträgt die Differenz zwischen dem Marktwert und innerer Wert von B (17 DM x 60000) - 0,9 Mio. DM = 0,12 Mio. DM. Damit erhöhen sich die Kosten für den Akquisiteur auf 0,3 Mio. DM + 0,12 Mio. DM = 0,42 Mio. DM.

Ist der Marktwert hingegen niedriger als der innere Wert des Kaufobjektes, entstehen für den Erwerber negative Kosten: Aufgrund einer pessimistischen Berichterstattung sinkt der Aktienkurs von 15 DM auf 9 DM, womit die Differenz zwischen Marktwert und innerer Wert (9 DM x 60000) - 0,9 Mio. = - 0,36 Mio. DM beträgt. Die Kosten für den Unternehmenskäufer A werden daher bei einem Kaufpreis von 1,2 Mio. DM negativ.

2.6.2. Finanzierungsaspekte beim Kauf mittels verbrieften Eigenkapitals

Die Zuführung neuer Geldmittel im Rahmen einer effektiven Beteiligungsfinanzierung[204] kann als ordentliche Kapitalerhöhung, welche die Ausgabe junger Aktien nach sich zieht, erfolgen. Entsprechend ihrem Anteil am bisherigen Grundkapital steht den Aktionären des neu entstandenen Unternehmens ein Bezugsrecht auf die jungen Aktien zu, das jedoch im Falle der Fusion ausgeschlossen werden kann.[205] Bei einer bedingten Kapitalerhöhung hingegen ist die Fusion insofern gesichert, als das Bezugsrecht der Aktionäre überhaupt nicht besteht, jedoch darf in der BRD die Kapitalerhöhung 50 % des bisherigen Grundkapitals nicht überschreiten. Eine weitere Massnahme der Kapitalbeschaffung stellt das genehmigte Kapital dar. Dabei handelt es sich eine vereinfachende Form der ordentlichten Kapitalerhöhung. Deren Schwerfälligkeit wird überwunden, indem deutsche Vorstandsmitglieder für längstens fünf Jahre ermächtigt sind, das Grundkapital bis höchstens zur Hälfte des bisherigen Grundkapitals durch Ausgabe junger Aktien zu erhöhen. Somit kann der Vorstand eine günstige Akquisitionsmöglichkeit am Kapitalmarkt abwarten (zum Ausschluss des Bezugsrechts siehe ordentliche Kapitalerhöhung). In der schweizerischen M & A-Szene[206] würde eine Finanzierung mittels Kapitalerhöhung lediglich anlässlich einer freundlichen Übernahme bzw. Fusion durchgeführt werden, zumal in diesem Falle die Wahrscheinlichkeit ungleich höher ist, dass anlässlich der ausserordentlichen Generalversammlung einerseits die Aktionäre der übernehmenden Gesellschaft unter Ausschluss des Bezugsrechts der Kapitalerhöhung zustimmen und andererseits genügend Aktionäre des Targets zum Aktientausch bereit sind. Schon die Fusion Ciba-Geigy im Jahre 1970 zeigte, dass in einer einzigen ausserordentlichen Generalversammlung die zur Finanzierung der Fusion notwendige Kapitalerhöhung beschlossen werden konnte. Bei einer unfreundlichen Übernahme jedoch, missfiele den Beteiligten nicht nur die kostspielige Einberufung der ausserordentlichen Generalversammlungen sondern auch die bereits erwähnte Abhängigkeit vom Zustandekommen der Kapitalerhöhung.

Die Finanzierung einer Übernahme durch Kapitalerhöhung verdient schon deshalb Berechtigung, da der Käufer dem Target eine Kapitalinfusion zur Genesung verordnet, die er ohnehin früher oder später finanzieren müsste. Anstatt also Altaktionäre auszukaufen, diese Mittel würden somit aus den Kontrollbereich des Käufers verloren gehen, verzichten diese für einmal auf ihr Bezugsrecht. Für den Fall der Unausschliessbarkeit des Bezugsrechts kann die Zustimmung der Altaktionäre - vor allem aufgrund der drohenden Verdünnung ihrer Kapitaleinsätze und ihres Einflusses - schwer zu erlangen sein, es sei denn, der Kurswert ihrer Aktien befindet sich zur Zeit der Übernahme ohnedies an einem Tiefstand.[207]

In der Tat erschöpft sich das Spektrum innovativer Instrumente der Beteiligungsfinanzierung anlässlich einer M & A-Transaktion mit den bisher genannten noch lange nicht. Beispielgebend sei noch die Beschaffung von Beteiligungskapital durch Genussscheine bzw. Partizipationsscheine erwähnt, welche inhaltlich den stimmrechtslosen Vorzugsaktien nahe stehen. Genussscheine stellen eine Hybridform zwischen Eigen- und Fremdkapital dar, verbriefen ein Anrecht auf Gewinn, sind jedoch nicht Bestandteil des Grundkapitals. Der Inhaber eines Genussscheines hat somit Gläubigerstellung und besitzt keinerlei Mitspracherecht. Der Schweizer Chemiekonzern Hoffmann-La Roche zeigt, wie mit Genussscheinen ein Unternehmen mit relativ wenig Kapital beherrscht wird. So halten die Nachkommen der Gründer mit nur 25000 SFR die Hälfte des gesamten Grundkapitals. Das übrige Eigenkapital wird in Form von Genussscheinen an den Schweizer Börsen gehandelt.[208] Im allgemeinen nimmt die schweizerische Praxis jedoch von diesen stimmrechtslosen Hybridformen als adäquates Finanzierungsmittel für eine M & A-Transaktion kaum Notiz, obwohl laut derzeitiger Gesetzeslage die Verwaltungsräte - nach erfolgter Autorisierung durch die Generalversammlung - zur Ausgabe von Partizipationsscheinen ermächtigt sind. Die Rolle von Hybridformen wie Genuss- und Partizipationsscheine ist zudem auch dadurch ins Wanken geraten, da im Jahre 1987 »die Aktionärsversammlung der Schweizerischen Aluminium AG ohne Mitwirkung der

Partizipationsscheininhaber die Herabsetzung des Partizipationsschein-kapitals« durch einen Entscheid des Bundesgerichtes »gültig beschliessen konnte«.[209]

2.6.2.1. Aktientausch

Die Bezahlung des Kaufpreises mittels Aktien hängt eng mit den Börsenindizes zusammen. So besteht eine positive Korrelation zwischen dem Aktientausch als vorherrschende Zahlungsbedingung bei M & A-Transaktionen und der Kursentwicklung.[210] Wenn Aktienkurse und Kurs/Gewinn-Verhältnisse hoch sind, können Unternehmenskäufer eine geringere Aktienanzahl emittieren und eine Kapitalverwässerung minimieren. Doch soll sich der moderne Leser nicht mit dem Faktum alleine begnügen:

2.6.2.2. Verwässerung zu Ungunsten der Aktionäre

Müssen die Aktionäre im Zuge der Neuemission auf ihr Bezugsrecht verzichten, sinkt ihre prozentuelle Beteiligung am neu entstandenen Unternehmen. Eine Verwässerung zu Ungunsten der Aktionäre erfolgt zudem noch in einer Situation, in der - nunmehr gegensätzlich zum Bewertungsbeispiel - das KGV des Käufers niedriger ist als die Price/Earning-ratio des Übernahmeobjektes, zumal dann die prozentuelle Gewinnzunahme durch die Akquisition geringer ausfällt als die prozentuelle Erhöhung der Aktien:

Nehmen wir daher an, Unternehmen BILLIG, das ein niedriges KGV erreicht hat, erwirbt Unternehmen TEUER mit hoher Price/Earning-ratio mittels Aktientausch. Der Kauf erfolgt wiederum exakt zum Börsenwert. Die Unternehmensdaten sind die folgenden:

Abb. 2-47: Vor der Übernahme

	Unternehmen BILLIG	Unternehmen TEUER
Ausgeschütteter Gewinn	0,5 Mio.	1 Mio.
Umlaufende Aktien	5000	10000
Gewinn je Aktie	100	100
Aktienkurs	800	1200
KGV	8	12
Börsenkapitalisierung	4 Mio.	12 Mio.

Da TEUER 10000 Aktien mit einem Aktienkurs von 1200 DM im Umlauf hat, beträgt die Marktkapitalisation 12 Mio. DM. Daher erhalten die Aktionäre von TEUER 12 Mio. DM in Aktien zu einem Kurs von 800 DM, was einer Anzahl von 15000 Aktien des Unternehmens BILLIG entspricht. Der Markt wird jedoch annehmen, dass BILLIG die Potentiale von TEUER nicht effizient nützt und somit das niedrige KGV von BILLIG auf TEUER übertragen wird. Die Unternehmensdaten des Post-Takeover-Konzerns sind demnach:

Abb. 2-48: Nach der Übernahme

	Unternehmen (BILLIG + TEUER)
Aggregierter Gewinn	1,5 Mio.
Umlaufende Aktien	20000
Neuer Gewinn je Aktie	75
Neuer Aktienkurs	600
KGV (gleich wie zuvor)	8
Neue Börsenkapitalisierung	12 Mio.

Der neue Gewinn je Aktie beträgt somit 1,5 Mio. DM ÷ 20000 Aktien = 75 DM. Wenn also das Unternehmen (BILLIG + TEUER) mit einer P/E-Ratio von 8 bewertet wird, so beträgt der neue Aktienkurs 75 DM x 8 = 600 DM, was einen Verlust von 200 DM für den Aktionär von BILLIG darstellt. Was aber ist das Ergebnis für den Aktionär von TEUER? Da das Aktienaustauschverhältnis 1200/800 = 1,5 betrug, ist somit der neue Aktienkurs für TEUER 600 DM x 1,5 = 900 DM, der nun einen Verlust von 300 DM realisiert.

Zusammenfassend kann gesagt werden, dass der Aktientausch Verluste für die beteiligten Aktionäre mit sich bringen kann, wenn das Target ein wesentlich höheres KGV als das Übernahmeunternehmen aufweist. Darüber hinaus - und darauf wurde beim Barkauf schon hingewiesen - erhöht der Käufer sein Risiko beträchtlich, übt doch der Verkäufer weiterhin Kontrolle auf die Geschäftsgebarung des Unternehmens aus. Der Verkäufer wird zudem noch - verbleibt er mit einem beträchtlichen Aktienanteil im Unternehmen - versuchen, seine eigene Managementkapazität zur Verfügung zu stellen, um den Wert seines Aktienpaketes zu erhöhen.[211]

2.6.3. Finanzierungsaspekte beim Kauf durch Schuldpapiere

Eine weitere Form der Aussenfinanzierung stellt die Beschaffung von Finanzmittel durch Fremdkapital dar, welches grundsätzliche Vorteile im Rahmen der M & A-Finanzierung aufweist:

- ◊ Unterliegt das Eigenkapital einer Steuerbelastung, so sind Fremdkapitalzinsen steuerlich absetzbar und garantieren einen fixen Zinsen- und Kapitaldienst. Jedoch sind Zinszahlungen auch in verlustreichen Jahren zu leisten.[212]
- ◊ Zumindest im juristischen Sinne haftet Fremdkapital nicht, bietet demnach im Insolvenzfall Vorrang vor dem Eigenkapital. Jedoch erleiden auch die Gläubiger des Akquisiteurs Verluste, wenn bei Konkurs die noch vorhandenen Aktiva nicht mehr ausreichen, deren Ansprüche zu befriedigen.
- ◊ Bei Schuldpapieren erfolgt zudem keine Verwässerung des Aktionärsvermögens.

Über Verwässerungsschutz sowie die steuerliche Absetzbarkeit von Fremdkapitalzinsen wurde schon gesprochen. Interessant erscheint der Vorteil von Fremdkapital im Insolvenzfall: Besitzt das Target noch erhebliches Turnaround-Potential, so kann der Erwerber - oftmals zu einem beträchtlichen Diskont - bestehende Kredite sowie Obligationen den Gläubigern abkaufen. Durch Subrogation (nach dem Schweizer Obligationenrecht ist darunter die Ablösung einer Schuld durch einen Dritten zu verstehen) hat der »Raider ... oft auch noch einen direkten pfandrechtlichen Zugriff auf wichtige Vermögenswerte der Gesellschaft, und in dieser Lage wird es auch nicht schwer sein, eine Kaufoption auf die Mehrheit der umlaufenden Aktien durchzusetzen«.[213] Darüber hinaus garantieren Darlehen und Obligationen meist entsprechend niedrigere Emissions- und Stempelabgaben als für Aktien.

Vor allem werden aber Schuldpapiere in jenen Fällen als zusätzliche Finanzierungsquelle verwendet, wo Bargeld oder Aktientitel nicht ausreichen bzw. nicht kosteneffizient zur Verfügung gestellt werden können. Insbesondere die Emission von Optionsanleihen bietet grösstmögliche Sicherheiten für den Unternehmenskäufer, da er die Dividendenzahlungen bis zur Umwandlung von Debt in Equity verzögern kann und somit kursvolatile Zeiten nach der Übernahme durch fixe Zinszahlungen überbrücken kann. Aber auch die Emission von Wandelanleihen oder Convertible Bonds ist eine attraktive Methode, um den Umwandlungszeitpunkt in eine Periode zu verlegen, in der Kurssteigerung erwartet werden.

2.7. Vertragsverhandlung

Dies ist kein Lehrbuch der Verhandlungstechnik, wenngleich ich in dieser Technik erfahrene Investment Banker zu Wort kommen lassen will. Untersucht werden Aufsichtsratsmitglieder und Aktionäre bzw. Management als mögliche Ansprechpartner, Agenden der Verhandlung, wie die Höhe des Kaufpreises, Zahlungsbedingungen und Kaufgegenstand, weiters die Verhandlungsdauer, das Problem der Indiskretion und schliesslich der Mindestinhalt eines Kaufvertrags.

2.7.1. Potentielle Ansprechpartner

Nachdem Investment Banker und Unternehmenskäufer Anforderungsprofile erstellt, Portfolioanalysen durchgeführt, kurz, die Suche nach dem Target abgeschlossen haben und sich über die adäquaten Methoden der Unternehmensbewertung und Finanzierung im klaren sind, bedarf es genauer Überlegungen, wer nun der Ansprechpartner im neu zu erwerbenden Unternehmen sein soll.

2.7.1.1. Verwaltungsräte

Mit Recht unterstreichen Caytas und Mahari die Notwendigkeit der Achtung persönlicher Sensibilitäten in der Führungsebene des Targets. Vor allem beim Kauf von nicht an der Börse notierenden Unternehmen - in Deutschland aus mehreren Gründen der bei weitem überwiegende Fall - bedarf es einer genauen Analyse der Machtfaktoren und -potentiale sowie deren Träger. »Wo formelle und faktische Macht bekanntermassen nicht in Personalunion vereinigt sind, spricht der Branchenjargon dann von einem Teng-Case in Anlehnung an den chinesischen Machthaber Teng Hsiao Ping, der zwar kein sichtbares Führungsamt persönlich bekleidet, jedoch ganz offensichtlich nach Belieben Führungsämter besetzt.«[214] Dazu Manfred Philipp, Geschäftsführer von Angermann: »Bei einer Transaktion darf der Fokus keinesfalls auf die unmittelbaren Kontrahenten, also Käufer, Verkäufer und mögliche vorgelagerte Hauptaktionäre, eingeschränkt werden. Vielmehr muss in einer Umfeldanalyse festgestellt werden, wer denn den eigentlichen Entscheidungsträger im Unternehmen repräsentiert. Dass hier von Türstehern und Sekretärinnen oftmals ungleich mehr zu erfahren ist, als von gutbezahlten Investmentbankern, kann ich guten Gewissens bestätigen.«[215]

Konnte schon Agamemnon die Griechen durch eine List Odysseus' erfolgreich gegen Troja führen, ist diese strategische Angriffstaktik im modernen Wirtschaftsleben gegen Ende dieses Jahrtausends nicht minder von Bedeutung. Ganze Bände klassischer Harvard-Fallstudien sprechen bereits von den Interlocking Directorates und deren Bedeutung im M & A-Geschäft. Dank strenger Inkompatibilitätsbestimmungen im angelsächsischen Gesellschaftsrecht, nach denen Verwaltungsräte bei Interessenkonflikten in den Ausstand zu treten haben, praktizieren findige Unternehmer zunehmend spartanische Kampftechniken, indem sie vor Übernahmen Mitglieder des Board of Directors einladen, auch als Verwaltungsrat in ihrem Unternehmen Einsitz zu nehmen. Wird dann später dem Target eine Takeover-Offerte unterbreitet, müssen diese Damen und Herren aufgrund der Unvereinbarkeitsbestimmungen von Rechts wegen in den Ausstand treten. Caytas und Mahari sprechen in diesem Zusammenhang von Cordial Embrace.

2.7.1.2. Aktionäre vs. Management

In der Tat ist jedoch auch im Falle eines öffentlichen Angebots an eine Vielzahl privater Aktionäre eine vorangehende intensive Verhandlung mit dem Top Management des Targets unumgänglich. Oftmals äusserst volatilen Aktienkursen Rechnung tragend, gebührt allerdings institutionellen Aktionären, Finanzanalysten und den dafür sich zuständig glaubenden Reportern höchste Aufmerksamkeit.

Für einen geradlinigen Approach direkt an die Aktionäre spricht, wenn davon ausgegangen werden kann, dass das Management des Übernahmeopfers das Angebot ablehnen wird, weil es seine oder die Interessen seiner Aktionäre bedroht sieht. So kann man in Zeiten wie diesen durchaus annehmen, dass die Interessen von Management und Aktionären in der Regel signifikant voneinander abweichen. Meist beharrt die Geschäftsleitung an der Erhaltung ihrer Macht und am Fortbestand ihres Einkommens, die Aktionäre hingegen an kurzfristigen Kursgewinnen. Im Falle einer drohenden Akquisition kann diese gegensätzliche Zielorientierung für das Target furchtbare Konsequenzen haben. Ahnt die bisherige Unternehmensleitung nämlich, dass sie zumindest im Rahmen eines humanitären Outplacement vor Tür und Tor gesetzt wird, wird sie alles versuchen, um ihren Aktionären die Übernahme als unvorteilhaft darzustellen. Auf einer ausserordentlichen Hauptversammlung sind Demonteur, Asset Stripper, Raider, Schwarzer Ritter oder Pirat nur einige der missbilligenden Bezeichnungen für unerwünschte Unternehmensfreier.

Tatsächlich kann es auch vorkommen, dass das Top Management des Targets von der Offerte nahezu begeistert ist. Wie hoch die baren Zuwendungen an das Management auch sein mögen, »es ist jedenfalls billiger, einige Führungskräfte pro forma noch einige Jahre im Amt zu halten, als wegen deren geschlossener Opposition einen wesentlich höheren Übernahmepreis an alle Aktionäre bezahlen zu müssen«.[216]

2.7.2. Agenden der Verhandlung

Natürlich wird die Länge der Verhandlungsdauer vornehmlich von den Agenden bestimmt. In jedem Fall jedoch sind Höhe des Kaufpreises, Zahlungsmodalitäten sowie Kaufobjekt Gegenstand der Tagesordnung:

Über die Bestimmung des Kaufpreises wurde bereits gesprochen. Da aber das Ergebnis einer Bewertung mehr eine subjektive Preisvorstellung und der Bewertungsvorgang selbst kaum eine objektive Unternehmensanalyse darstellt, dienen diese Zahlen in der Regel lediglich der Stärkung der eigenen Verhandlungsposition. Schon alleine aus diesem Grund wird der Investment Banker auf der Seite des Käufers kaum mit dem Bewertungsfachmann auf der Seite des Verkäufers ident sein. Mit aller Deutlichkeit sei darauf hingewiesen, dass ein zu niedrig angesetzter Kaufpreis des Käufers sowie ein zu optimistischer Verkaufspreis den Verhandlungsfortgang in dieser frühen Phase schwer beeinträchtigen oder überhaupt zum Verhandlungsabbruch führen können. Diese Hypothese unterstreicht auch James Freund, Rechtsanwalt und Partner bei Skadden, Arps, Slate, Meagher & Flom, New York, in seinen Richtlinien über Preisverhandlungen:

Abb. 2-49: Five Guidelines in Negotiating the Purchase Price[217]

1. So long, Buddy. At the point in the deal when you´re negotiating price, neither party is committed. So, if you take an unreasonable position you have to realize that the negotiators on the other side may just get up and walk away. There´s usually somebody else waiting in the wings to buy the seller, and another target of opportunity for the buyer.
2. Don´t win big. If you really win, you lose. For example, a purchaser offers $ 6 million; the seller asks $ 10 million; the purchaser sticks at $ 6 million. The seller says »it´s a deal«. Now the purchaser whirls around to his advisers and cries: »What does this seller know about his business that I don´t know?« That purchaser would be much happier paying something more than $ 6 million and feeling that some hard-fought negotiations had been endured. Tight is better.
3. Don´t let it all hang out. It´s simply foolish to start out with your best offer as a purchaser, or express your minimum acceptable price as a seller - even if you label it as such. The other side just won´t believe you. In addition, they want to have the satisfaction of seeing you move in their direction.
4. No unilateral bidding. Try not to get in the position of bidding against yourself. For example, a purchaser offers $ 6 million; the seller says, »That´s way too low; I won´t even consider it; you´ll have to do better.« The purchaser bids $ 6.5 million. Not wise. Why go up in price without knowing what the seller is looking for? The buyer is better off holding fire and trying to persuade the seller to name a price.
5. A pox on small graduations. If the bid is $ 6 million and the asking price is $ 10 million, and the buyer inches up to $ 6.1 million, $ 6.15 million, and so forth, it´s possible that a deal may be reached in a few years. But in real world, the likelihood that negotiations will be aborted along the way is just to great. Also, constant changing of the price proposal - even with small changes - encourages the other side to wait for the next week´s version; there´s no credibility, no finality, to any particular offer.

Für den Käufer ist es - wie die fünfte Richtlinie zeigt - ratsam, in wenigen, jedoch beträchtlichen Anboten den Preis nach oben zu lizitieren. Eine Ausnahme zur vierten Richtlinie bestätigt deren Sinngehalt: In einer Verhandlungssituation, in der der potentielle Erwerber annehmen kann, dass der Verkäufer einen Preis weit über dem fundamental gerechtfertigten anzusetzen versucht - ein Preisniveau also, das nach unten zu lizitieren mühevoll erscheint, sollte der Käufer andere Mittel nutzen, um die Interessensphäre des Verkäufers zu erforschen und sein Anbot bis auf weiteres unbeantwortet lassen.

Auch über die diversen Zahlungsmodalitäten wurde im letzten Abschnitt schon detailliert berichtet. Da Zahlungsbedingungen per se nicht isoliert, sondern immer im Zusammenhang mit den damit verbundenen Zielen (etwa Liquiditätsziele des Verkäufers oder Kostenziele des Käufers) betrachtet werden müssen, wird evident, warum der Verkäufer beim

Barkauf nur noch auf einen raschen Vertragsabschluss hoffen muss, warum beim Erwerb mittels Aktien die Verhandlung noch lange nicht vorüber sein wird und warum beim Kauf durch Schuldpapiere der Vertragstext nicht ausführlich genug sein kann.

Verbleibt letztlich noch der schwierigste Teil der Verhandlung, nämlich jener über das Target, also über den Kaufgegenstand, selbst. Wie bereits im Einführungskapitel hingewiesen wurde, stehen dem Käufer unterschiedliche Methoden der Unternehmensübernahme zur Verfügung:[218]

Erfolgt die Übernahme durch Erwerb der Aktiva und Passiva und erlischt infolge das gekaufte Unternehmen als selbständige juristische Person,[219] wird der Verhandlungsfortgang schon alleine dadurch beschleunigt, dass der Eigentumsanspruch nicht für jeden einzelnen Aktivposten übertragen werden muss. Die Finanzierung erfolgt in diesem Falle durch Übertragung von Aktien oder Schuldpapieren des Käufers an die Gesellschafter des erworbenen Unternehmens, welche jedoch die Zustimmung zu dieser Transaktion verweigern können. In den meisten Bundesstaaten der USA erfordert eine Fusion die Billigung durch eine Zweidrittelmehrheit in der Hauptversammlung. In der BRD ist eine Dreiviertelmehrheit des vertretenen Grundkapitals notwending. Nur wenn im Zuge intensiver Verhandlungen die Zustimmung gewährt wird, können auch die Aktien des erworbenen Unternehmens zu 100 % an den Käufer übergehen und anschliessend dem Kapitalmarkt entzogen werden (siehe dazu Abb. 2-50).

Selten erfolgt die Übernahme in Form einer Consolidation - einer Fusion durch Neugründung. Hiebei entsteht eine gänzlich neue juristische Person, während die Gründungsmitglieder ihre juristische Selbständigkeit verlieren.[220] Den Altaktionären wird gegen Einbringung ihrer Anteilszertifikate Bargeld, Aktien oder Schuldpapiere der neu entstandenen Gesellschaft ausgehändigt. Beispielgebend für diese Übernahmemethode ist die Neugründung von Allied - Signal Company durch Allied Corp. und Signal Cos. im Jahre 1985 (Transaktionswert 4,9 Mrd. $) sowie die 1986 durchgeführte Fusion von Burroughs und Sperry, welche heute unter Unisys firmieren (Transaktionswert 4,8 Mrd. $). Verhandlungsverzögernd kann auch hier die verweigerte Zustimmung der Altaktionäre sein (siehe Abb. 2-51).

Ein Weg, um zeitraubende Hauptversammlungen zu umgehen, ist der Erwerb eines Unternehmens durch Ankauf seiner Aktien am Kapitalmarkt gegen Bargeld, vom Käufer emittierte Aktien oder Schuldpapiere. Diese in den USA im Zusammenhang mit Hostile Takeovers häufig anzutreffende Methode des Unternehmenskaufes kann aber dann hohe Kosten für den Erwerber zur Folge haben, wenn die mit dem offerierten Kaufpreis unzufriedene Altaktionäre ihre Anteile nicht an den Käufer übertragen wollen und somit das erworbene Unternehmen nicht gänzlich als Tochtergesellschaft integriert werden kann (Abb. 2-52).

Abb. 2-50: Erwerb von Aktiva und Passiva

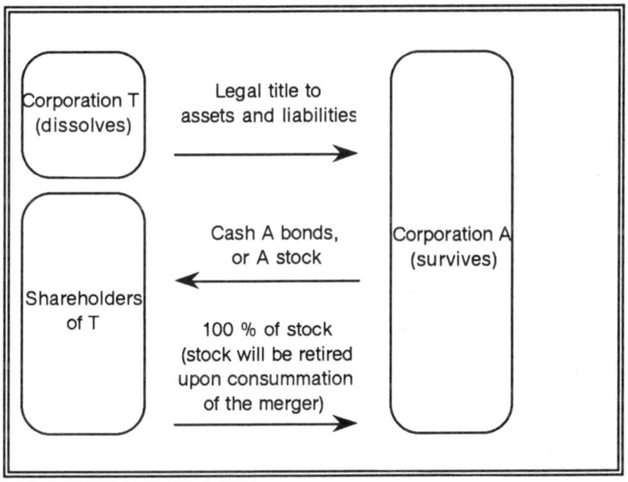

Abb. 2-51: Consolidation

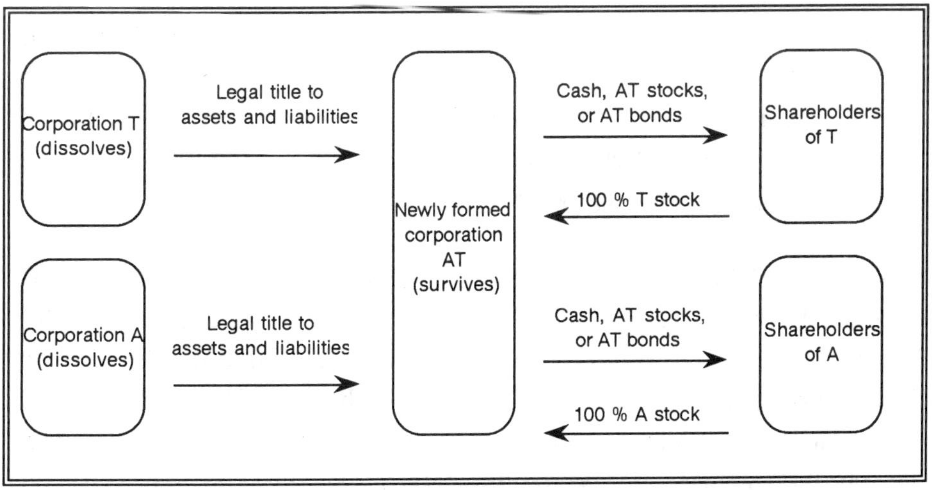

Abb. 2-52: Erwerb von Aktien

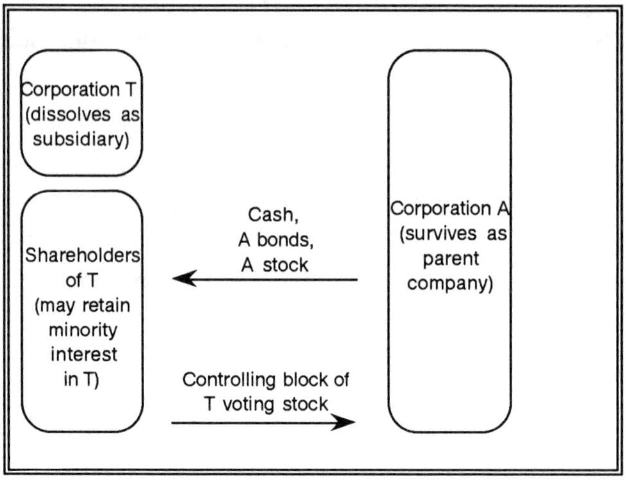

2.7.3. Verhandlungsdauer und Problem der Indiskretion

Die Frage der Verhandlungsdauer ist schon aufgrund der beträchtlichen Honorare an Investment Banker, Steuerberater und Anwälte von grosser Bedeutung. Durch Anbote vieler ernstzunehmender Käufer kann sich jedoch der Verhandlungszeitraum ungewollt über mehrere Wochen und Monate erstrecken, besonders dann, wenn der Verkäufer die potentiellen Akquisiteure gegeneinander auszuspielen versucht und den Käufern kein exklusives Verhandlungsrecht für eine bestimmte Periode zusichert. Diese Verzögerungstaktik beruht oftmals auf der Tatsache, dass der Verkäufer mit einem bestimmten Kontrahenten einen Vertragsabschluss ex ante ablehnt, dies aber dem potentiellen Käufer nicht mitteilt. Dies kann z. B. dann der Fall sein, wenn es sich bei dem Käufer um ein Konkurrenzunternehmen handelt, wo der Preis in der Regel niedriger ist und die Unabhängigkeit des Unternehmens sowie sein Fortbestand im Falle einer Fusion in Frage gestellt sein kann.[221]

Dass der Verkäufer parallel verhandelt ist jedoch verständlich, bedenkt man den Verhandlungsvorteil, den dieser dadurch erzielt und somit Vergleiche über den Fortgang der Verhandlungen und über die Art der Preisofferte anstellen kann. Jedoch sind sich viele Unternehmensverkäufer der Gefahr dieser Verzögerungstaktiken nicht bewusst: Je mehr Verhandlungspausen der Verkäufer einschaltet, desto grösser wird das

Problem der Diskretion. In der Tat kann der Verkäufer seine Kontrahenten in Form einer Geheimhaltungsverpflichtung zur Diskretion mahnen; die juristische Wirkung ist allerdings nicht gross, müssten doch allfällige Verletzungen dieser Verpflichtung durch den Verkäufer konkret nachgewiesen werden. Deshalb sollte in dieser Phase der Vertragsverhandlungen - aus verschiedenen Gründen nicht unumstritten[222] - vom Interessenten eine schriftliche Absichtserklärung (Letter of Intent) verlangt werden.

2.7.3.1. Letter of Intent (LOI)

Spätestens jetzt reduzieren die Verhandlungspartner gegenseitige Höflichkeiten auf das sachlich Erforderliche. In einem typischen Letter of Intent bekunden die Vertragsparteien die Absicht, den bereits eingeleiteten Kaufprozess zum Abschluss zu bringen.[223] Im allgemeinen enthält eine Absichtserklärung mindestens notwendige vorvertragliche Sorgfaltspflichten, Informations- und Prüfungsrechte des Käufers, wesentliche Entscheidungsvorbehalte, einen Zeitplan sowie juristische Geheimhaltungsverpflichtungen. Darüber hinaus können exakte Kaufpreise und Zahlungsbedingungen in die Erklärung einfliessen.

Der Letter of Intent ist - und das muss betont werden - weder eine obligatorische noch eine bindende Erklärung. Abgeschlossen wird sie dennoch bei vielen Transaktionen, da dadurch eine moralische Verpflichtung den Vertragspartnern oktroyiert wird. In der Tat lassen sich unter bestimmten Bedingungen schriftliche Konzessionen leichter erringen als mündliche Vereinbarungen. Beim Verkauf einer Aktiengesellschaft, deren Anteile an der Börse notieren, ist eine Absichtserklärung unumgänglich. Besonders im Falle einer vorzeitigen Verlautbarung der Transaktion innerhalb eines beschränkten Personenkreises besteht die Gefahr des Insider Trading. Mittels Letter of Intent können die Kontrahenten Verhandlungsverzögerungen vermeiden und somit die Gefahr des Insider Trading reduzieren.

2.7.4. Mindestinhalt eines Kaufvertrags

Der Kaufvertrag bei einer M & A-Transaktion muss - nach der gängigen Marktpraxis - jedenfalls enthalten:[224]

◊ Bezeichnung der Firma/Geschäft(e) mit genauer Adresse
◊ Ausdrückliche Erklärung, dass Aktiva und Passiva übernommen werden sowie die Verpflichtung zur Übertragung aller Inhaberrechte
◊ Datum der Übernahme
◊ Allfällige Bedingungen für die Gültigkeit des Vertrages, z. B. behördliche Auflagen, Überleitung von Bewilligungen oder Konzessionen, sonstige rechtliche Vorfragen
◊ Folgen bei nicht vertragsgemässer Übergabe, Verzugsregeln
◊ Zuordnung bekannter und unbekannter Risken
◊ Mängelhaftung, Gewährleistungen und Gewährleistungsfristen
◊ Genaue Beschreibung des Inventars sowie der Aktiva und Passiva
◊ Beschreibung insbesondere von Patenten, Marken, Verfahren, etc.
◊ Regelung des Firmennamen sowie sonstiger immaterieller Wirtschaftsgüter
◊ Beschreibung und Modus von Liegenschaften
◊ Kaufpreis, Kaufpreisgrundlagen, Berechnungsmodalitäten und Gegenleistungen sonstiger Art, Zahlungsbedingungen
◊ Eintritt in Arbeits-, Versicherungs- und Mietverträge
◊ Konkurrenzverbot für den Verkäufer einschliesslich dessen Absicherung
◊ Garantien des Verkäufers für die Richtigkeit bestimmter Aussagen
◊ Steuern, Kosten
◊ Vereinbarungen über Schiedsgerichtsverfahren

2.8. Attacken, Offert- und Abwehrstrategien

Es gibt besonders in diesen Tagen viele, die der Überzeugung sind, feindliche Übernahmen müssten eingeschränkt oder gänzlich verboten werden. Verfechter, die für eine zentralistische und regulierte Wirtschaftsordnung kämpfen, vergessen allerdings, dass Unternehmen, um erfolgreich am Markt bestehen zu können, die nachgefragte Menge, zum gewünschten Zeitpunkt, in angemessener Qualität und zu einem konkurrenzfähigen Preis bereitstellen müssen. Das Unternehmen ist dazu nur dann in der Lage, wenn in allen Hierarchieebenen mit den Arbeitsbedingungen zufriedene Mitarbeiter beschäftigt werden. Ist dies nicht der Fall, wird das Unternehmen für feindliche Übernahmen verwundbar.

Wenn nun dieses bedrohte Target durch Regulative vor einem Raider geschützt wird, ist dennoch langfristig ein Überleben nicht gesichert. Darum gilt der Grundsatz: »The best way to avoid a hostile takeover is to manage the company successfully.«[225]

2.8.1. Attacken und Offertstrategien

Wie schon Falkenhayn auf der Strecke Noyon-Reims-Verdun und Cadorna am Isonzo, müssen auch moderne Takeover-Piraten des ausklingenden 20. Jahrhunderts erkennen, dass der erste Vorstoss bereits den entscheidenden Erfolg bringen sollte. Stellungsgefechte in Schützengräben führen später selten zum Sieg.

An wen Akquisiteur und Investment Banker im Takeover-Gefecht herantreten sollen und welche Gefahren damit verbunden sind, wurde schon besprochen. Es gilt nunmehr folgende Offertstrategien zu untersuchen:

- ◊ Tender Offer
- ◊ Proxy Fight
- ◊ Saturday Night Special
- ◊ White Knight
- ◊ Bear Hug
- ◊ Creeping Tender
- ◊ Greenmail
- ◊ Two-step Tender

2.8.1.1. Tender Offer

Die Zunahme öffentlicher Übernahmeangebote vor allem in den USA und weniger im doch eher an Höflichkeit gewohnten Europa ist nicht nur darauf zurückzuführen, dass ein Tender Offer den schnellsten Weg zur erfolgreichen Übernahme garantiert, sondern beruht auch auf dem Umstand, dass seit den 70er Jahren in geradezu unglaublichem Ausmass Unternehmen gegen den Willen seines Managements akquiriert werden. »Public tender offer to buy shares at a specified price are frequently used in hostile takeovers because they do not require the approval of the targeted company's management.«[226] In den USA wurden denn auch zwischen 1. Quartal 1987 und 1. Quartal 1988 insgesamt 88 unfreundliche Übernahmen mit einem akkumulierten Transaktionsvolumen von 112,6 Mrd. $ (daher einem Durchschnittsvolumen von 1,28 Mrd. $) erfasst. Vom Raider erfolgreich abgeschlossen wurden lediglich 5 Transaktionen (5,7 %), hingegen konnte das amtierende Top-Management 65 feindliche Übernahmen (73,9 %) erfolgreich abwehren, 18 Transaktionen (20,4 %) waren zum Zeitpunkt der Erhebung noch anhängig.[227] Obwohl - wie oben erwähnt - die Gesellschaftstreue der kontinentaleuropäischen Aktionäre ein Hostile Tender Offer eher unwahrscheinlich macht, darf man nicht übersehen, dass auch hierzulande schon feindliche Übernahmeversuche das Management des Targets in Unruhe versetzten. Als Beispiele seien das feindliche Übernahmeangebot der Gruppe Kirch/Burda an den Springer Konzern; die Bemühungen der Gebrüder Flick, die einst zum Familienbesitz gehörende Feldmühle Nobel AG zurückzuholen sowie die feindliche Übernahmeofferte von Siemens für Plessey erwähnt.[228]

Ist der Käufer mit dem Fortgang der ohnehin zeitsparenden Übernahmeofferte nicht zufrieden, wird er das Angebot auf eine bestimmte Zeit befristen. Diese die Aktionäre in Handlungszwang versetzende Taktik nennen Investment Banker Shut-off.[229] Und so meinte auch Business Week anlässlich eines besonders hektischen Deals zu Einsteins sogenannter dritter »Finanziellen Relativitätstheorie«: »Great moments in science: Einstein discovers that time is actually money ...«

Natürlich müssen öffentliche Übernahmeangebote nicht zwangsweise unfreundlich sein, sie können auch das Ergebnis einer Verhandlung zwischen Käufer und Unternehmen sein.[230] Im allgemeinen definieren Investment Banker den Begriff Public Tender Offer als Angebot eines Unternehmens, einer anderen juristischen Person oder eines individuellen Käufers an die Aktionäre des Übernahmeobjektes, deren Aktien - gewöhnlich zu einem Kurs über den Marktwert - gegen Bargeld und/oder Wertpapiere zu kaufen, mit dem Ziel, Kontrolle über das erworbene Unternehmen auszuüben. Interessant erscheinen in diesem Zusammenhang die unterschiedlichen Definitionen eines öffentlichen Übernahmeangebotes. So umfasst diese Definition als zulässiges Zahlungsmittel Bargeld und/oder Wertpapiere;[231] der ehemals inhaftierte amerikanische Aktienspekulant Ivan F. Boesky hingegen schränkt den Begriff Tender Offer auf die ausschliessliche Bezahlung der Aktien mit Bargeld ein.[232] Nach Ted

Greenberg, ABD Securities und Ralph Carlton, Goldman Sachs, ist Boeskys Definition jedenfalls auszuschliessen, da alleine bei Tender Offers zu Beginn der 90er Jahre Bargeld gemessen am gesamten Finanzierungsvolumen zu durchschnittlich 95 % repräsentiert war.[233] In der Tat hätte auch AT&T - in Ermangelung einer Annahme des Angebotes über 7,4 Mrd. $ (zu Beginn der fünfmonatigen Verhandlungen waren es noch 6,1 Mrd. $ gewesen) - im Mai 1991 einen Teil des NCR-Kaufpreises mittels Aktien bezahlt.

2.8.1.2. Proxy Fight

In den frühen 60er Jahren waren Proxy Battles weitaus häufiger als Hostile Tender Offers.[234] DieseTechnik wird verwendet, um - wie bei einer öffentlichen Offerte - Kontrolle über das Übernahmeopfer auszuüben. Der Erwerber versucht demnach, die Aktionäre des Targets davon zu überzeugen, dass das gegenwärtige Management durch Kandidaten des Käufers ersetzt werden soll. »If the shareholders, through their proxy votes, agree, the acquiring company can gain control of the target without paying a premium price for the firm.«[235]

Der Grund für die englische Bezeichnung Proxy beruht auf der Regelung im Aktienrecht, dass jene Aktionäre, die nicht selbst die Hauptversammlung besuchen, einen mit schriftlicher Vollmacht ausgestatteten Vertreter entsenden können oder ihre Aktien einem Ermächtigungstreuhänder zur Ausübung des Stimmrechts im eigenem Namen übergeben.

Der potentielle Käufer wird nun versuchen, soviel Aktionärsstimmen wie möglich auf seine Kandidaten zu vereinigen. Spektakulärstes Beispiel war der Cross-border Merger des britischen Investors James Goldsmith, der im Jahre 1985 Crown Zellerbach/San Francisco übernahm.[236]

Im Gegensatz zur öffentlichen Übernahmeofferte muss der Akquisiteur bei dieser Technik jedoch den schwerwiegenden Nachteil erdulden, dass die Anberaumung der ausserordentlichen Hauptversammlung im Ermessen des Managements liegt und daher die Übernahme mehrere Monate hinausgezögert werden kann.[237] »In der Tat haben auch Wall Streets Arbitrageure längst die Hilflosigkeit der in Zeitnot geratenen Unternehmenskäufer erkannt. So konnte eine Akquisition oftmals erst durch den Erwerb eines kontrollierenden Aktienpaketes durch einen Arbitrageur, der dieses sodann an den Raider weiterveräusserte, erfolgreich abgeschlossen werden.«[238]

2.8.1.3. Saturday Night Special

In den frühen 70er Jahren erfreute sich das Saturday Night Special als heimtückische Variante des öffentlichen Übernahmeangebotes allgemeiner Beliebtheit. Wie schon der Name verrät, wird die Offerte ganz in der Tradition der deutschen Weserübung oder des West- bzw. Ostfeldzuges veröffentlicht.[239] Zur unmöglichsten Zeit, z. B. Samstagabend, Weihnachten, Neujahr, »kurzum alle Tage, an denen es schwer bis unmöglich wäre, die Schlüsselfiguren der betroffenen Geschäftsleitung des Targets zu einer Krisensitzung rechtzeitig zu versammeln, eignen sich alle ungefähr gleich gut«. Das Management erfährt von der Offerte also spätestens aus der Tagespresse. »Wer dann den Deal noch platzen lassen und einer Armee neueingestiegener euphorischer Aktionäre kräftige Verlustschnitte zumuten möchte, sollte entweder 51 % der Stimmen kontrollieren oder zumindest doch ein sicheres Refugium im Ausland besitzen.«[240]

Die amerikanischen Behörden liessen jedoch nicht auf sich warten. Der Williams Act erweiterte die Mindest-Zeitspanne zwischen der Veröffentlichung einer Offerte und deren Fristablauf von sieben auf 20 Tage. Erstes erfolgreiches Beispiel für ein Saturday Night Special war die Übernahme von Garlock durch Colt Industries, wobei der Kurs der Garlock-Akien von 22 \$ - anlässlich der Colt-Offerte von 32 \$ - zwei Tage darauf auf 30 3/4 \$ anstieg. Am 26.11.1975, nach Ablauf der 7-Tage-Frist, wurde der Vertrag unterzeichnet. Colt Industries übernahm Garlock mit 35 \$ je Aktie.[241]

2.8.1.4. White Knight

In der oben erwähnten Übernahme von Garlock hoffte das Unternehmen auf ein Angebot einer dritten Partei, in diesem Fall AMF. Wenn nun dieser Dritte oder White Knight mit einem höheren Angebot, also AMF mit 40 \$ je Aktie an die Aktionäre herantritt, so werden diese - ungeachtet der Loyalität zum bisherigen Management - der höheren Offerte und damit beträchtlichen Kursgewinnen zustimmen. Die White-Knight-Strategie ist demnach ein wirksames Offensivinstrument für einen zweiten Käufer sowie eine unschlagbare Verteidigungstaktik für das Übernahmeopfer selbst.

Ivan Boesky, Amerikas legendärster Arbitrageur, nennt Faktoren, die das Auffinden eines White Knight wahrscheinlicher machen. So wird die Suche des Managements erleichtert, wenn das Target unterbewertet ist, nicht nur für eine bestimmte Branche von Interesse ist und eine relativ geringe Grösse aufweist.[242]

2.8.1.5. Bear Hug

Einer nicht unbegrenzten Attraktivität erfreut sich die Offertstrategie Bear Hug. Der potentielle Erwerber sendet hiebei einen Brief an den Verwaltungsrat des Übernahmeopfers und bietet den Kauf zu einem Wert über dem aktuellen Marktkurs der notierenden Aktien an. Wie schon im Abschnitt »Vertragsverhandlung« ausführlich diskutiert, werden Aufsichtsratsmitglieder ihrer fiduziarischen Verantwortung erinnert, das Angebot im Interesse der Aktionäre zu akzeptieren. Oftmals schon in der amerikanischen Takeover-Geschichte fühlten sich dann Verwaltungsräte verpflichtet, dieses Schreiben zu veröffentlichen. »In other words, they were squeezed (or bear hugged) into submission.«[243] So erhielt z. B. der Verwaltungsrat von Reliance Electric Company einen derartigen Brief von Exxon Corporation im Jahre 1979. Der Inhalt wurde veröffentlicht und die Aktienkurse von Reliance stiegen. Kurze Zeit darauf war der Deal perfekt.

2.8.1.6. Creeping Tender

Die begrenzte Attraktivität des Bear Hug ist auf die unvermeidliche Tatsache zurückzuführen, dass der Verwaltungsrat - aufgrund eines Schreibens seitens des potentiellen Käufers, den angebotenen Übernahmepreis doch zu akzeptieren und an die Aktionäre wohlwollend weiterzuleiten - nach Ansicht hochkarätiger Juristen lediglich in gutem Glauben zu handeln habe. Deshalb bedeute die Übernahme zu einem Preis über dem aktuellen Marktkurs in Zeiten unterbewerteter Aktienmärkte nicht, dass die Offerte im wirklichen Interesse der Aktionäre liegt.

So war der Creeping Tender geboren. Unternehmensfreier begannen nunmehr, gleich einer Offenmarktakquisition, Aktienpakete am Kapitalmarkt aufzukaufen, bevor sie eine aggressive Übernahmekampagne starteten. In Grossbritannien waren diese feindlichen Übernahmeschlachten vor allem in den 50er Jahren populär. Die Vorteile des Creeping Tender sind offensichtlich. Einerseits erwirbt der Käufer zu günstigen Preisen ein beträchtliches Aktienpaket, mit dem er überdies effektive Kontrolle auf das Target ausüben kann. Andererseits realisiert im Falle einer gescheiterten Übernahme - z. B. aufgrund eines White Knight - der Käufer dennoch einen Gewinn, da er die günstig erworbenen Unternehmensanteile zu einem höheren Kurs abstossen kann.

So konnte z. B. Esmark, als es 1977 in einer Offenmarktakquisition Aktien der Inmont Corporation zum Kurs von 15,375 $ erworben hatte, sein Aktienpaket - nachdem seine Übernahmeofferte einen Monat später erfolglos blieb - an einen White Knight zum Kurs von 28,25 $ abstossen.[244]

Natürlich hatten amerikanische und britische Behörden auch bei dieser neuen Strategie versucht, durch gesetzliche Massnahmen, beruhigend und regulierend auf den Wirtschaftskreislauf einzuwirken. So verlangt der US-Williams Act/Section 13 D,[245] dass Investoren, die 5 % oder mehr eines Unternehmens erwerben, dies innerhalb von 10 Tagen an die Securities and Exchange Commission zu berichten haben (hingegen tritt diese Mitteilungspflicht in der BRD erst bei 25 % in Kraft, was natürlich die Geheimhaltungsdauer wesentlich verlängern kann).[246] Dabei ist auch bekanntzugeben, ob die Beteiligung als reines Investment oder zwecks späterem Erwerb der Kontrolle angestrebt wird. Eine nachträgliche Änderung dieser Absicht ist nur nach Verstreichen etlicher Zeit akzeptabel oder unter sehr qualifizierten Umständen, so z. B. nach Bekanntwerden wesentlich neuer Sachverhalte. Da aber die Meldepflicht erst bei Ablauf einer Frist von 10 Tagen erfüllt werden muss, können gelernte Arbitrageure in dieser Zeit - oft anonym mit mehreren Strohmännern - zu immer noch günstigen Kursen kaufen und ihre Beteiligung auf weit mehr als 5 % erhöhen; durchschnittlich erreichen Arbitrageure innerhalb dieser Frist (10 Days Window) einen Anteil am Target von 13,9 %. Die Eigendynamik ist dann perfekt, wenn Wertpapierhändler sich an die Fersen der Arbitrageure hängen und ihrerseits wiederum Angebote erstellen; die amerikanische Banken- und Börsenwelt spricht dann von Piggybacking,[247] also die Wertpapieraufträge jenes Kunden kopieren, von dem man annimmt, dass Insiderinformationen die Wahl seiner Aktien bestimmten.

2.8.1.7. Greenmail

Greenmail ist die gesellschaftlich akzeptierte Form der Erpressung. Durch diese nämlich kann ein Investor ein grösseres Aktienpaket - üblicherweise zwischen 5 % und 25 % - eines Unternehmens erwerben und offenkundig die Kontrollmehrheit desselben anstreben. Meist offeriert dann das um seine Existenz fürchtende Management des Übernahmeopfers den Rückkauf des Aktienpaketes zu einem weitaus überhöhten Preis.[248] Kurzfristige und vor allem beträchtliche Gewinne des Investors sind infolge unvermeidbar. Die bereits erwähnten Raider James Goldsmith und Robert Campeau, aber auch Carl Icahn und T. Boone Pickens, der sich mit etlichen Millionen Dollars Greenmail von Phillips Petroleum abfinden liess, haben diesbezüglich mehrfach (traurigen) Ruhm erlangt.

Wie hoch das Aufgeld über den aktuellen Marktkurs im Falle eines Greenmail sein kann, zeigt die folgende Abbildung:

Abb. 2-53: Aufgeld bei Greenmailing[249]

Gesellschaft	Greenmailer	Aufgeld in $ über dem Marktwert	Jahr
Texaco	Gebrüder Bass	280,0	1984
Phillips Petroleum	Mesa Partners	89,0	1984
Avco	Leucadia National	62,0	1984
Blue Bell	Bass Brothers	60,0	1983
Walt Disney Prod.	S. Steinberg	60,0	1984
St. Regis	J. Goldsmith	50,5	1984
Warner Comm.	Rupert Murdoch	49,8	1984
Houston Natural Gas	Coastal Corp.	42,1	1984
Castle & Cooke	C. Hurwitz	14,0	1984

Das drittgenannte Beispiel ist nähere Erläuterungen wert. Leucadia National kaufte ein beträchtlichtes Avco-Aktienpaket und veröffentlichte anschliessend eine Takeover-Offerte, die das Management von Leucadia jedoch zurückzog, als von Avco mittels Greenmail abgefunden wurde. Wall Streets Arbitrageure, allen voran Ivan Boesky mit 8 % und Irwin Jacobs mit 12 %, behielten jedoch ihre Anteile an Avco, da sie auf ein weiteres Anbot hofften, welches tatsächlich in nur kurzer Zeit von Textron veröffentlicht wurde. Gewinner dieser Übernahmeschlacht aber war nicht Textron, das das jetzt hochverschuldetete Target übernahm, sondern Leucadia, das sich mit einer beträchtlichen Prämie von Avco abfertigen liess sowie New Yorks Arbitrageure, die hohe Renditen in wenigen Tagen realisieren konnten.[250]

Zusammenfassend hat der Greenmailer also vier Optionen:[251]

- ◊ Der Greenmailer kann das Target überzeugen, dass ein Rückkauf seines Aktienanteils zu einem beträchtlichen Zuschlag im Interesse der Gesellschaft liege und er andernfalls ein öffentliches Übernahmeangebot unterbreiten werde.
- ◊ Er kann auch tatsächlich und ohne Vorwarnung eine Übernahmeofferte den Aktionären zukommen lassen.
- ◊ Der Greenmailer kann sein Aktienpaket an Dritte verkaufen.
- ◊ Er kann aber auch mittels einer Kombination von Aktienbesitz und Proxy Contest eine Kontrolle des Targets anstreben.

Die einzige, aber äusserst geringe Chance des Managements besteht darin, dass Greenmailer in der Regel über schnell erschöpfende liquide Mittel verfügen. Wenn es nun der bedrängten Geschäftsleitung gelingt, in kurzer Zeit einen White Knight zu motivieren, für das Unternehmen eine Offerte zu stellen, dann bleibt - wie bereits erwähnt - dem aggressiven Investor lediglich die Strategie des Proxy Fight.

2.8.1.8. Two-step Tender

Natürlich erschöpft sich mit dem bisher Angeführten die Liste freundlicher Offertstrategien und feindlicher Attacken noch lange nicht. Da sich aber wirtschaftliche und rechtliche Rahmenbedingungen im steten Wandel befinden, ist mit der Modifikation altherkömmlicher und der Einführung neuer und noch aggressiverer Strategien zu rechnen. Beispielgebend für die Entwicklung einer äusserst heimtückischen List ist der Two-step Tender:

Als die amerikanischen Wirtschaft den zweiten Ölschock sowie die restriktive Geldpolitik Reagans überwunden hatte, die Aktienmärkte sich erholten und die Kurse stiegen, wurden Totalaquisitionen kaum mehr finanzierbar. Daraufhin begannen Investoren, Unternehmen zu lediglich 50 % und weniger bar zu erwerben. Die List besteht nun darin, die beiden Unternehmen, das des Investors sowie das von ihm erworbene, mittels eines Aktientausches zu einem niedrigeren Wert zu fusionieren. Somit kann der Raider seine Kapitalbindung reduzieren und zugleich das Target zu einem günstigeren Preis kaufen. Bereits legendäres und oftmals zitiertes Beispiel ist das Ringen von USX Corporation und Mobil Oil Corporation um Marathon Oil Company im Jahre 1981, wobei nach einem ausserordentlich harten Gefecht USX mittels Two-step Tender[252] gewann und die Übernahme zu einem Kaufpreis von 6,6 Mrd. $ abgeschlossen werden konnte (zum verzweifelten Abwehrkampf von Marathon Oil siehe nächsten Abschnitt).

Keine Anleitung für eine feindliche Übernahme, wohl aber Kennzeichen eines gefügigen Übernahmeopfers zeigt folgende Abbildung:

Abb. 2-54: Characteristics of a Vulnerable Target[253]

1. Niedriges Verhältnis von Börsenwert und Buchwert
2. Niedriges Kurs/Gewinn-Verhältnis
3. Beträchtliche Unterbewertung der Aktiva
4. Wiederbeschaffungskosten der Aktiva höher als deren Niederschlag im Börsenwert
5. Langfristige, liquide Mittel, die nicht im Börsenwert Beachtung finden
6. Hoher Cash Flow
7. Ungenützte Kreditreserven
8. Zeichen eines bevorstehenden Turnaround
9. Unfähiges Management

2.8.2. Abwehrstrategien

Im folgenden will ich jene Möglichkeiten aufzeigen, die dem Management des Zielobjektes zur Verfügung stehen, um eine unerwünschte Übernahmeofferte zu vermeiden oder dieser erfolgreich auszuweichen. Folgende Strategien hat die internationale Praxis entwickelt:

◊ Stockholder Relations
◊ Gewinnprognosen und andere Methoden der Kurspflege
◊ Bilanzielle Zuschreibungen
◊ White Knight als Abwehrstrategie
◊ Klagen gegen den unvollständigen Wettbewerb
◊ Crown Jewels
◊ Liquidation und Teilliquidation
◊ Erwerb eigener Aktien
◊ Vinkulierung
◊ Stimmrechtslose Aktien
◊ Staggered Boards
◊ Golden Parachutes
◊ Poison Pills
◊ Pac Man
◊ Employee Stock Ownership Plan
◊ Greenmail als Abwehrstrategie

2.8.2.1. Stockholder Relations

Unter Stockholder Relations oder Investor Relations (IR) versteht man die Kunst, Aktionäre nicht nur solange zu umwerben, bis diese ihre Beteiligung gezeichnet haben. »Mit Fug und Recht könnte man ja davon ausgehen, dass auch die Aktie der Firma ein Produkt sei, das es mit dem Know-How einer PR- oder Marketing-Abteilung zu verkaufen gelte.«[254] Gleich dem Gedächtnisschwund vieler Finanzanalysten und Aktiengurus nach einem erfolglosen Tip, fühlt sich manche Geschäftsführung kaum mehr für seine Anteilseigner zuständig, zumal die Liquidation der Titel zum Tageskurs die Bilanzen des Unternehmens nicht mehr berühren. Den Strategen im Top Management wird oftmals erst nach deren Verabschiedung durch den Neueigentümer bewusst, dass durch ungenügende Public Relations im Aktionärskreis dessen latente Unzufriedenheit bereits programmiert und der Nährboden für Angriffe gnadenloser Raider geschaffen wurde.

Vor allem der gute Kontakt zu Grossaktionären durch Road Shows sowie gezieltes Placieren von Hintergrundinformationen durch Wirtschaftspresse und Finanzanalytiker ist für das Überleben des amtierenden Managements entscheidend. Die Erfolgschancen des Angreifers reduzieren sich beträchtlich, wenn institutionelle Investoren Partei für das bedrohte Management ergreifen. Überhaupt neigen Grossaktionäre stark zur Philosophie des »never believe anything unless it has been officially denied«.[255]

2.8.2.2. Gewinnprognosen und andere Methoden der Kurspflege

Besteht zwischen Hauptaktionären und Geschäftsführung ein Verhältnis, das eine frühzeitige Scheidung befürchten lässt und erwartet die Hauptversammlung zudem noch die Kaufofferte eines potenten Akquisiteurs, so kann das Management Gewinnprognosen veröffentlichen, die auf eine beträchtliche Verbesserung der Leistungsfähigkeit des Targets schliessen lässt. Natürlich stehen dieser Massnahme nicht nur rechtliche - besonders in Grossbritannien dürfen in der Anbotsphase Gewinnprognosen nur unter Beachtung der strengen landesweiten Bestimmungen erstellt werden[256] - und ökonomische Hindernisse entgegen. Vor allem die Glaubwürdigkeit der Prognose kann diese Abwehrstrategie in kürzester Zeit zu Fall bringen, wie uns das Beispiel von Currys und Dixons lehrt.

Investment Banker von S. G. Warburg placierten für ihren Klienten Currys in der Financial Times eine Anzeige, in der sie den Aktionären mitteilten, dass Currys seine Gewinnausschüttung für das kommende Wirtschaftsjahr beträchtlich erhöhen, den Umsatz in den nächsten zwei Jahren um 40 % steigern und einen Bonus von 150 p je Aktie ausschütten werde. Demgegenüber annoncierte der potentielle Käufer Dixons (Investment Banker) Morgan Grenfell - am selben Tag in der Financial Times, dass Currys' letzter Quartalsumsatz um 46 % gefallen sei und daher etwaigen optimistischen Gewinnprognosen jede sachliche Grundlage entzogen worden wäre. Dixons' betont illustrative Graphik sollte diese Argumentation untermauern:

Abb. 2-55: Dixons' Anzeige in der Financial Times[257]

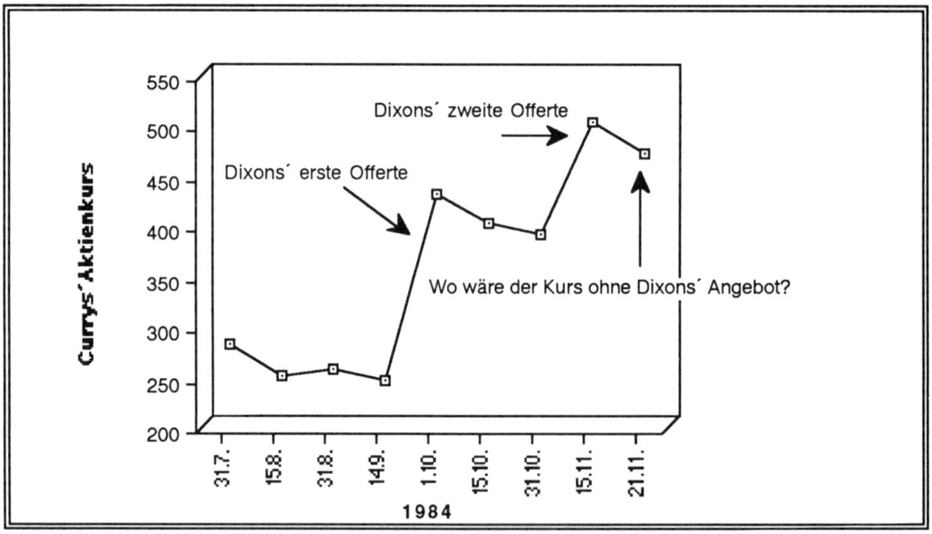

Dennoch wird sich vor allem langfristig der Aktienkurs an den fundamentalen Werten des Targets orientieren, obwohl nicht selten längere Perioden auftreten können, in denen sich der Kurs von jeder Logik in die eine oder andere Richtung hin verselbständigt. So kann eine gezielte Kurspflege durch Aktienaufkäufe mit dem amtierenden Management verabredeter Gruppen die Kurse des Übernahmeopfers und damit dessen Kaufpreis in unrentable Höhen treiben.

2.8.2.3. Bilanzielle Zuschreibungen

Auf beträchtliche Unterbewertungen ganzer Branchen sowie auf signifikante Oszillationen von Substanzwert und Börsenkapitalisierung wurde schon an früherer Stelle hingewiesen. Auch hat der Leser bereits erfahren, dass Targets mit längerfristig gedrückten Kursen, die in einem eklatanten Missverhältnis zum Substanzwert stehen, die in der Praxis am häufigsten angegriffenen Objekte sind.

Bei vom Kauf bedrohten Unternehmen, deren Güter im Anlagevermögen zu historischen Buchwerten bilanziert sind, liegt daher als Abwehrstrategie nahe, unterbewertete Aktiva maximal aufzuwerten. Allerdings muss das Management hiebei die oftmals strenge Gesetzeslage berücksichtigen. So gelten besonders in Deutschland strenge Aufwertungsvorschriften: Bei Wertsteigerungen im nichtabnutzbaren Anlagevermögen ist eine Zuschreibung nur bis zu den Anschaffungs- bzw. Herstellungskosten möglich (§ 6 Abs 1 Z 2 EStG). Die Wertobergrenze beim abnutzbaren Anlagevermögen bilden die fortgeschriebenen Anschaffungs- bzw. Herstellungskosten[258] (§ 6 Abs 1 Z 1 EStG). In Grossbritannien können Aktiva zu ihren Wiederbeschaffungskosten bilanziert werden (SSAP 16 Current Cost Accounting), womit die Gefahr eines Unternehmenskaufes aufgrund signifikanter Unterbewertungen beträchtlich reduziert wurde.[259]

Die Bildung stiller Reserven ist dennoch vor allem in der BRD und der Schweiz nicht verlässlich abzuschätzen. Ivo Caytas und Julian Mahari, zwei international anerkannte Fachleute für betriebswirtschaftliche und juristische Belange des Investment Banking, meinen deshalb, dass Unternehmen im Abstand einiger Jahre die Wertentwicklung bei den stillen Reserven freiwillig zu Defensivzwecken publizieren sollten. »Die Befürchtung, dass ein schwankend motivierter Aufkäufer gerade dadurch Munition für eine Offensive bekommen könnte, erscheint uns schlechthin lächerlich: gerade er wird sich die Daten sehr wohl in guter Approximation anderweitig zu beschaffen wissen. Nach unseren Feststellungen basierten etwa gut 85 % der wichtigeren europäischen Attacken der letzten drei Jahre auf ganz hervorragend exakten Schätzungen und Informationen. Wer hingegen von etwas mehr Transparenz in Form wirklichkeitsnäherer Kurse stark profitieren könnte, wäre der weniger finanzdetektivisch ausgerüstete und mit Daten schlechter versorgte typische private und institutionelle Investor: die Archillesferse jeder Publikumsgesellschaft. Die tüchtigsten schweizerischen ›Gewinnverstecker‹ bringen es auf fast 600 % unausgewiesene Gewinne, und selbst die Nummer 50 in dieser Liga hat noch ein geheimes As von 125 % im Ärmel ...«[260] Da nach dem neuen Aktienrecht die Bildung stiller Reserven weiter gestattet sein wird (lediglich deren Auflösung muss unter gewissen Rahmenbedingungen veröffentlicht werden), gewährt die Schweizer Bundesversammlung auch für die nächsten Jahre dem verantwortlichen Management die Möglichkeit, begangene Fehler zu verbergen und in die Zukunft zu transportieren.

2.8.2.4. White Knight als Abwehrstrategie

Die White-Knight-Strategie als wirksames Offensivinstrument für den legendären Dritten im Spiel wurde schon erwähnt. Darüber hinaus ist sie aber auch eine unschlagbare Verteidigungstaktik für das Übernahmeopfer selbst. Folgende Abbildung zeigt die Anzahl erfolgreicher Abwehrmassnahmen in den USA mittels White Knight:

Abb. 2-56: White Knight als Abwehr- und Offertstrategie[261]

Jahr	Erfolgreiche Abwehr durch White Knight	Übernahme durch White Knight
1978	14	6
1979	17	9
1980	8	5
1981	15	9
1982	12	2
1983	4	3
1984	8	2

Unter den 15 erfolgreichen Verteidigungsschlachten mittels White Knight des Jahres 1981 befindet sich auch der verzweifelte Abwehrkampf von Marathon Oil. Ende Oktober 1981 versuchte der Mineralölkonzern Mobil Oil seinen Konkurrenten um 5,1 Mrd. $ zu erwerben. Marathons Top Management jedoch war dieses Anbot »im Sinne der Aktionäre viel zu niedrig, zog vor Gericht und erreichte eine befristete einstweilige Verfügung«,[262] die die Übernahmebestrebungen des Angreifers vorerst blockierte. Inzwischen machte sich Marathon auf die Suche nach einem Weissen Ritter, welcher in dem Stahlkonzern USX Corporation rasch gefunden wurde. Auch dieser hatte erkannt, das ein Investment in die signifikant unterbewertete Marathon-Gesellschaft äusserst gewinnbringend sein könnte. In Kapitel »Der internationale Unternehmenskauf«, Abschnitt »Strategische Motive für den Unternehmenskauf« hat auch der Leser das Ausmass dieser Unterbewertung bereits erkennen können; schliesslich betrug 1981 der innere Wert der Marathon-Aktie 210 $, während hingegen der Marktpreis der Aktie lediglich bei 68 $ notierte. Trotz einer Klage Mobil Oils, der Stahlkonzern verletze mit der Übernahme geltende amerikanische Antitrustgesetze, konnte USX seine Offerte für Marathon aufrechterhalten und übernahm den Ölkonzern schliesslich um 6,6 Mrd. $.

Bemerkenswert ist die rapide Abnahme der Abwehrstrategien und damit auch der Offertstrategien mittels White Knight ab 1983 bzw. 1982. Bedenkt man jedoch, dass durch die bereits erwähnte Mindest-Zeitspanne von 20 Tagen zwischen der Veröffentlichung einer Offerte und deren Fristablauf (Williams Act) nicht nur erst vom bedrohten Management ein White Knight aufgespürt werden muss, sondern dieser auch an detaillierten Kennzahlen des Targets interessiert sein wird, so überrascht es nicht, dass in rezessiven Zeiten White Knights kaum zu finden sein werden.

Da jeder Offerent ein Unternehmen zu möglichst geringen Kosten erwerben möchte, ist bei einem geringeren Aufgeld über den Marktwert des Targets die Wahrscheinlichkeit einer erfolgreichen Abwehr durch den White Knight signifikant höher als in einem Fall, wo der feindliche Aggressor eine beträchtliche Prämie zu zahlen bereit ist.[263] Folgendes, bereits legendäres Beispiel bestätigt diese Hypothese: Durch das relativ geringe Aufgeld, das Unilever anlässlich seiner feindlichen Offerte zu zahlen bereit war, missglückte die Übernahme von Richardson Vicks. Nachdem der Aktienkurs des bedrohten Unternehmens bereits von 36 $ auf 68 $ anstieg, bot ein hehrer weisser Gralsritter - Procter & Gamble - in letzter Minute 69 $.

Abb. 2-57: P & G vs. Unilever[264]

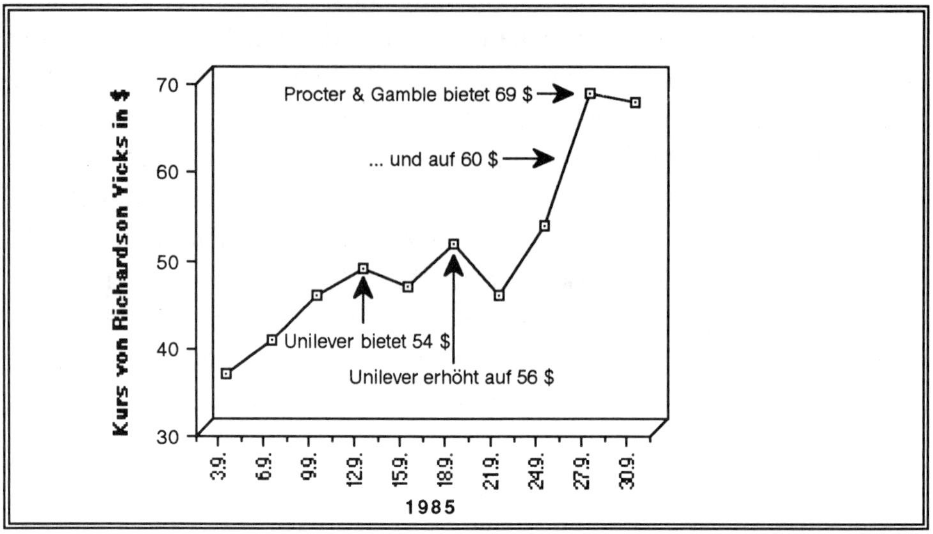

2.8.2.5. Klagen gegen den unvollständigen Wettbewerb

Nicht nur das Tausendjährige Reich in der Offenbarung des Johannes zeigte, dass die Anforderungen der Gerechigkeit wohl eine andere sein müsse als die des Rechts. Vor allem im Land der unbegrenzten Möglichkeiten wird diese Prämisse allzuoft erfolgreich in die juristische Praxis umgesetzt, was zu einer wahren Flut zunächst einmal »auf Vorschuss« gerichtlicher Klagen führt: Sue Anyone You Can. Hingegen gilt im traditionsreichen Europa nicht erst seit Brennus, dem gallischen Eroberer Roms, ... vae victis!

Es gilt also, unsere Gesetze in einer Weise anzuwenden, dass die vom Raider eingebrachte Kaufofferte zunächst einmal durch einstweilige Verfügungen blockiert wird. Die amerikanische Antitrust-Gesetzgebung, aber auch die deutsche Kartellrechtsprechung (man denke nur an das langwierige Genehmigungsverfahren um die Fusion MBB und Daimler-Benz), kostet im Falle einer Klage dem Erwerber Zeit und Geld.

Überdies konnte auch schon die britische Monopolies and Mergers Commission manchem Akquisiteur das Kauferlebnis vergällen. Gelangt nämlich das Office of Fair Trading (OFT)[265] in einer ersten Prüfung zu der Erkenntnis, dass durch die Akquisition eine Beeinträchtigung des öffentlichen Interesses entstünde, wird das britische Handels- und Industrieministerium die Monopolies and Mergers Commission mit einer weiteren Untersuchung beauftragen. Nach dem City Code erlischt allerdings die Kaufofferte anlässlich dieser Überweisung an die Monopolies and Mergers Commission automatisch und das Target verfügt somit über zusätzlichen Zeitraum seine Verteidigungsposition zu stärken. So konnte Nestlé mit seiner Offerte für den englischen Süsswarenhersteller Rowntree im Sommer 1988 einen beträchtlichen Profit erringen, da durch die langwierige Begutachtungsphase der beiden Institutionen die Rowntree-Aktionäre das Vertrauen in die Akquisition verloren und damit der Kurs des Targets weit unter den Angebotspreis von Nestlé fiel. Laut David Challen von Henry Schroder konnte Nestlé dadurch beachtliche Aktienpakete von Rowntree zu einem nun günstigeren Kurs erwerben; sehr zum Leidwesen des Mitbewerbers Jacobs Suchard. Nach der Übernahme schrieb Klaus J. Jacobs, Präsident des Verwaltungsrates der Jacobs Suchard AG, Zürich: »Aus der Überzeugung heraus, dass ein erfolgreiches Bestehen in der Zukunft auch eine gewisse Unternehmensgrösse bedingt, wurde zu Beginn des Jahres 1988 den Aktionären von Rowntree das Angebot zu einer neuen Form der Zusammenarbeit mit einer strategischen Investition von 25 % unterbreitet. ... Leider hatte diese Vision keinen Erfolg, weil Rowntree ein Übernahmeangebot akzeptierte, welches preislich gesehen jenseits der vom Verwaltungsrat festgelegten Grenze lag.«[266] Nach diesem Deal muss man sich nun die Frage stellen, ob das britische Handels- und Industrieministerium - in dessen Kompetenzbereich die besprochene Materie fällt - nicht eine Lockerung der Übernahmeregeln für ausländische Unternehmen in Angriff nehmen sollte. Als Kriterien, welche den Ausschlag geben, ob ein Gebot an die Monopolies and Mergers Commission verwiesen wird, könnten der Marktanteil, den die kaufwillige Firma mit der Übernahme erwerben würde, wettbewerbsfeindliche Tendenzen des potentiellen Akquisiteurs in der Vergangenheit sowie der Anteil des jeweiligen Staates am Käuferunternehmen herangezogen werden.

Ivan F. Boesky spricht in diesem Zusammenhang von Showstopper.[267] Ist eine Klage erst einmal eingebracht, verliert das Publikum rasch sein Interesse und das bedrohte Management kann sich auf die Suche nach weiteren geeigneten Abwehrmassnahmen begeben. Natürlich muss eine Klage gegen unvollständigen Wettbewerb bestimmten Erfordernissen gerecht werden. In den USA bedingt der bereits besprochene Williams Act, dass der potentielle Akquisiteur bestimmte Mitteilungspflichten anlässlich der Kaufofferte zu erfüllen hat. Das bedrängte Unternehmen kann daher mittels einer Klage die Verletzung einer oder mehrerer Mitteilungspflichten zu Gericht bringen. Martin Lipton und Henry Lesser von Wachtell, Lipton, Rosen and Katz/New York[268] nennen Indikatoren, auf deren Basis eine Klage aufgebaut werden kann, u. a. sind dies der Zweck des Kaufanbotes, die Finanzierung der Offerte sowie frühere Kontakte mit dem Management oder Verwaltungsrat des Targets.

Martin Lipton und Henry Lesser führen weiter aus, dass vor allem horizontale sowie vertikale Akquisitionen bestehende Antitrust-Gesetze verletzen; laterale und konzentrische Akquisitionen hingegen weniger die Aufmerksamkeit der strengen Gesetzesvollzieher erregen. Vor allem in den USA besteht diesbezüglich eine äusserst rigide Rechtsprechung. So normiert der Clayton Act/Section 7 die Blockierung einer Übernahme, wenn die Wettbewerbsfähigkeit des Marktes beschränkt wird oder ein Monopol zu befürchten ist.

Ein weiteres Merkmal unvollständigen Wettbewerbs ist das noch näher zu behandelnde Insider Trading. Im Falle einer Übernahmefinanzierung durch Kreditbanken mit einer überlappenden Kundenstruktur werden oftmals vertrauliche Informationen eines Klienten zugunsten eines anderen verwendet. Neben staatlichen Schutzvorkehrungen haben Kreditunternehmen auch sogenannte Chinese Walls entwickelt, um Funktionsbereiche sorgfältig voneinander zu trennen. Die zeitweilige Ineffizienz dieser Massnahmen jedoch nutzte Ivan Boesky nicht zu seinen Ungunsten. So titulierte ihn Fortune aufgrund des bekanntgewordenen Insider-Trading-Skandals zum Crook of the Year.[269] Diesem äusserst subtilen Thema habe ich im übrigen einen ganzen Abschnitt gewidmet.

2.8.2.6. Crown Jewels

Hiebei handelt es sich um eine sehr nützliche Verteidigungsstrategie für konglomerate Konzerne, die sich von strategischen Geschäftsbereichen bzw. Aktiva trennen, an denen der Raider interessiert ist - sogenannte Crown Jewels. Dadurch wird die Attraktivität des Konzerns beträchtlich reduziert und die Wahrscheinlichkeit erhöht, dass sich der Aggressor mit dem Teilobjekt zufrieden gibt. In der Tat können die begehrten Unternehmensteile auch an einen dem Target genehmen Akquisiteur verkauft werden, was besonders in den USA die Regel ist. So versuchte im Jänner 1982 Whittaker Corporation 49 % von Brunswick Corporation zu erwerben.[270] Im März desselben Jahres jedoch musste der vermeintliche Akquisiteur bereits sein Angebot zurückziehen, da Brunswick seine Crown Jewels - in diesem Fall Sherwood Medical Industries - bereits an American Home Products verkauft hatte. Ebenso erwähnenswertes Beispiel ist Union Carbide, das seine profitable Geschäftseinheit Everready Battery anlässlich eines Hostiles an Ralston Purina verkaufte. Autoren behaupten vielfach, dass Ralston Purina ohnedies besser in der Lage wäre, Batterys weitreichende Distributionskanäle gewinnbringend zu nutzen.[271]

Von Scorched-earth Policy[272] sprechen Investment Banker, wenn das Target nicht nur seine »Kronjuwelen«, sondern sein gesamtes betriebsnotwendiges Vermögen verkauft. Die verbleibenden Aktiva sind dann meist für den Raider nur mehr von marginaler Bedeutung. Dennoch ist diese Defensivstrategie nicht unproblematisch. Das in Zeitnot geratene Target müsste nämlich die Gesellschaftsaktiva zu einem relativ niedrigen Preis veräussern, damit die Abwehrtaktik auch erfolgreich wird. Die Direktoren könnten aber dann im Rahmen einer Shareholders' Derivative Suit zur Rechenschaft gezogen werden, da die Möglichkeit einer Verletzung der Business Judgement Rule besteht, welche folgendes besagt: »A court will not substitute its business jugdement for that of the directors unless they clearly act unreasonably, fraudulently, or in bad faith.«[273] Darüber hinaus könnte der Verkauf der »Kronjuwelen« zu eincm weit unter dem Marktwert liegenden Preis steuerliche Nachzahlungen aufgrund einer verdeckten Gewinnausschüttung nach sich ziehen.

2.8.2.7. Liquidation und Teilliquidation

Eine Strategie - ähnlich der oben dargestellten - ist die (Teil)liquidation unterbewerteter Aktiva oder ganzer Geschäftsbereiche, deren Erlös anschliessend an die Aktionäre des Targets verteilt wird. Bei Einbehaltung des Verkaufserlöses hingegen sollten dennoch keine grösseren Kriegskassen auf Vorrat[274] gehalten werden, sondern überschüssige liquide Mittel zum Abbau von Fremdkapital benutzt werden, um dadurch für das bedrohte Unternehmen eine solide Basis zu schaffen.

Unternehmensteile können auch im Rahmen eines Spin-off[275] verkauft werden. Hiebei werden an die Altaktionäre Aktien oder andere Anteilscheine ausgegeben, so dass bisherige Miteigentümer der vom Verkauf bedrohten Gesellschaft ihr Risiko eines unvorteilhaften Verkaufspreises minimieren. Die bedrohten Geschäftsbereiche werden dabei in eine eigene Gesellschaft eingebracht und deren Anteile an die Altaktionäre gratis ausgegeben; die Aktien des ausgegliederten Objektes können aber auch in Form einer Sachdividende an die Altgesellschaft zurückgeführt werden.

2.8.2.8. Erwerb eigener Aktien

Ist der Erwerb eigener Aktien im schweizerischen Aktienrecht noch nicht gestattet - der revidierte Entwurf wird Erwerb und Besitz eigener Aktien bis zu 10 % und unter qualifizierten Umständen bis zu 20 % ermöglichen[276] - können nach geltendem deutschen Recht im Falle eines drohenden Erwerbes von Aktien durch ein Konkurrenzunternehmen höchstens 10 % des Grundkapitals erworben werden (§ 71 AktG). Vergleicht der kritische Leser diese Abwehrmassnahme mit den bisher beschriebenen, so wird er dieser Strategie aufgrund der wohl kaum übertrieben grosszügigen Manövriermasse entsprechend geringe Bedeutung beimessen. Darüber hinaus ist der Erwerb eigener Aktien an folgende demonstrative Ausnahmefälle gebunden: Abwendung eines schweren unmittelbar bevorstehenden Schadens von der Gesellschaft, Erwerb von eigenen Aktien im Rahmen einer Gesamtrechtsnachfolge sowie unentgeltlicher Erwerb insbesondere bei Schenkungen und Erbfolge. Viel gewichtiger für die Erklärung der mangelnden Akzeptanz dieser Abwehrstrategie ist jedoch die Tatsache, dass Rechte aus eigenen Aktien - insbesondere Stimm- und Bezugsrechte - nach deutscher Gesetzeslage für die Dauer des Verbleibens bei der Gesellschaft ruhen.

Ungleich praktischere Relevanz hat der Erwerb eigener Aktien in den USA (Self-tender), wie folgendes Beispiel demonstriert:[277] Carter Hawley Hale kaufte 1984 nach einer feindlichen Übernahmeofferte von Limited Inc. 50 % seiner Aktien und verkaufte darüber hinaus seinen profitabelsten Geschäftsbereich Waldenbooks an General Cinema Corporation

(Liquidationsstrategie). Zusammen mit den Anteilsrechten, die General Cinema nun an Carter Hawley Hale hielt, konnte dessen bedrohtes Management die Mehrheit über das Grundkapital erringen, womit die Attacke erfolgreich abgewehrt werden konnte.

In Grossbritannien jedoch ringen Merchant Banker mit der Mehrdeutigkeit des diese Abwehrstrategie betreffenden Gesetzestextes. Obwohl der Companies Act den Erwerb eigener Aktien 1981 legalisierte, verlangt die Neufassung des City Code im Jahre 1982, dass Fragen bezüglich dieser Abwehrstrategie mit der für M & A zuständigen Kommission im voraus diskutiert werden müssen.[278] In einem 1983 von dieser Kommission verfassten Bericht heisst es: »The Panel on Takeovers and Mergers would generally not consider it appropriate for an offeror or offeree company to buy in its share during an offer period.« Darüber hinaus gestattet der Companies Act 1981 Aktienrückkäufe nur mit Zustimmung der Aktionäre und auch hier nur lediglich mit den zur Ausschüttung vorgesehenen Rücklagen.[279]

2.8.2.9. Vinkulierung

Ketten legen misstrauische Unternehmen an die Hände der Aktionäre, welche im Falle der Übertragung ihrer Namensaktien die Zustimmung des Managements benötigen (Vinkulierung).[280] So wurde vor allem in der Schweiz das Recht, die freie Übertragbarkeit von Namensaktien einzuschränken (wo doch diese seit jeher ein Indikator der kapitalistischen Gesellschaftsordnung sind), immer mehr ausgeweitet. Die zur Stimmenmehrheit benötigte Zahl der Stimmen an Namensaktien ist insbesondere zwischen 1984 und 1988 gestiegen:

Abb. 2-58: Die Namensaktien-Welle[281]

	1974	1979	1984	1988
Inhaberaktien	29,60 %	28,30 %	27,40 %	19,60 %
Namensaktien	70,40 %	71,70 %	72,60 %	80,40 %
Stimmen total in Mio.	66,04	86,53	134,96	254,62

Darüber hinaus steht schon allein die französische Übersetzung der Aktiengesellschaft jedem personenbezogenen Element, das eine Vinkulierung zweifellos in sich birgt, entgegen. Schliesslich hat das Aktienrecht die Interessen der Aktionäre zu berücksichtigen, da die Interessen der Verwaltung ohnedies durch das Vertragsrecht im Einvernehmen mit der Gesellschaft abzusichern sind.

Der entmündigte Kapitalist sollte daher vor allem in der Schweiz (ketzerisch könnte man es vielleicht auch Land der willkürlichen Vinkulierung nennen) mindestens teilweise den Standard amerikanischer Waffengleichheit fordern. Appraisal Remedy zum Beispiel zwingt die Gesellschaft durch Gerichtsbeschluss die Titel des Minderheitsaktionärs zu einem gutachtlich festgestellten »wirklichen Wert« abzunehmen. Wie weit die Eidgenossen jedoch - nicht nur in Meilen - von den fortschrittlichen Regelungen der Amerikaner entfernt sind, zeigen die diktatorischen Kapriolen der schweizerischen Spaltaktie. Dieses Zwittermonstrum an sich sonst harmloser Wertpapiere garantiert dem Aktionär wohl formelle Eigentumsrechte und Dividendenansprüche, die Stimmrechte aber bleiben beim Vorbesitzer, dem sogenannten Buchaktionär. Nicht ohne Berechtigung fragen sich führende Schweizer Investment Banker, wer denn den Buchaktionär daran hindern sollte, als Strohmann nach den Instruktionen des die absolute Kontrolle anstrebenden amtierenden Managements zu stimmen. Eine angemessene Anerkennungszulage soll schon so manchen Kleinaktionär zu einer Stimmrechtsabgabe bewegt haben. Dieser bereits anlässlich der Strategie des Proxy Fight besprochene Weg des Stimmrechtskaufes demonstrierte das Bankhaus Leu International Ltd. bei seinem missglückten Versuch, mit Hilfe von Depotstimmen die Mehrheit in der eigenen Generalversammlung zu erlangen.

Im übrigen soll hier an dieser Stelle die Vinkulierung keinesfalls als eine ineffiziente Abwehrstrategie dargestellt werden. Im Gegenteil, verteidigen sich doch vor allem Schweizer Unternehmen - von Ausnahmen wie Sulzer, Hero, KVZ abgesehen - damit höchst erfolgreich. Nur sollte diese dem kapitalistischen Gedankengut äusserst fremde Form der Selbstverteidigung durch nationale Regelungen und eine reformatorische Gesetzgebung unterbunden werden, um in dieser Hinsicht unterentwickelten Ländern die Möglichkeit eines effizienten Kapitalmarktes zu gewähren.

2.8.2.10. Stimmrechtslose Aktien

Über stimmrechtslose Wertpapiere wurde im Rahmen der Finanzierung schon gesprochen. Obwohl Genussscheine bzw. Partizipationsscheine nicht Bestandteil des Grundkapitals sind, handelt es sich dennoch um Risikokapital erster Güte, da der Inhaber weder Anspruch auf Rückzahlung seiner Beteiligung gegen die Gesellschaft hat noch sein Stimmrecht unmittelbar in der Hauptversammlung ausüben kann. Da aber Mitbestimmung das kapitalistische Korrelat der Erfolgsbeteiligung darstellt, haben nun auch schweizerische Aktienrechtsreformer im revidierten Obligationenrecht normiert, dass das PS-Kapital das Grundkapital nicht übersteigen darf. Überdies entsenden Schweizer Partitionäre bereits nach geltendem Recht einen Vertreter in den Verwaltungsrat.[282] Der Stimmrechtskauf durch eine angemessene Prämie ist wohl auch in diesem Falle wieder die effektivste und für das amtierende Management günstigste Strategie: Was dem Raider recht ist, darf dem Management billig sein.

2.8.2.11. Staggered Boards

Im kontinentalen Europa kaum, in Grossbritannien selten, aber in den USA durchaus häufig angewandt, erlaubt diese Verteidigungstaktik dem Management des Targets die Amtszeit des Verwaltungsrates in einer Weise zu klassifizieren, dass im Falle einer Bedrohung durch potentielle Käufer dieser nicht alle auf einmal entlassen kann. Die New York Stock Exchange zum Beispiel gestattet eine Dreiteilung des Verwaltungsrates, wo jede Gruppe maximal drei Jahre ihre Funktion ausüben kann.[283] Somit kann der Aggressor lediglich ein Drittel des Aufsichtrates durch ihm hörige Verwalter ersetzen. Darüber hinaus kann das bedrohte Unternehmen auch in seinen Statuten das Entfernen eines Verwaltungsrates an einen qualifizierten Mehrheitsbeschluss der Hauptversammlung binden. Erfahrene Raider begannen deshalb, den Aufsichtsrat zu vergrössern und durch nahestehende Verwalter zu ersetzen, woraufhin die vom Kauf bedrohten Unternehmen in ihren Satzungen normierten, dass lediglich der Verwaltungsrat das Recht habe, die Grösse der höchsten Verwaltungsinstanz zu bestimmen.[284] Zur Effizienz des Staggered Board Ted Greenberg, ABD Securities, anlässlich eines Interviews in New York: »In the case of a staggered board the raider will find it more difficult to carry out a proxy fight takeover, hence he will have to focus more heavily on negotiations with the management.«[285]

Werden eine Übernahme erschwerende Bestimmungen in die Satzung aufgenommen sprechen Investment Banker von Shark Repellants.[286] Effektive statutarische Hemmnisse sind vor allem qualifizierte Mehrheiten, welche vor allem für die Abstimmung über Takeover-Anträge in der Hauptversammlung verlangt werden. So verlangte die Satzung der amerikanische Aktiengesellschaft County Tower mindestens eine 80 % Mehrheit in der Generalversammlung für eine Übernahme, wenn nicht 75 % des Verwaltungsrates für eine Akquisition stimmen. Darüber hinaus kann die Einberufung der Hauptversammlung durch in den Statuten des Targets stipulierte Erfordernisse beträchtlich erschwert werden. Das bedrohte Management kann ausserdem lange Notifikationsfristen an das Einbringen von ausserordentlichen Tagesordnungspunkten knüpfen.

Wohl spielen - wie oben schon erwähnt - Staggered Boards und Shark Repellants in Kontinentaleuropa eine eher untergeordnete Rolle, dennoch ist das Management potentieller Targets gut beraten, die Amtszeiten ihrer Aufsichtsräte möglichst lange auszudehnen, deren Amtszeiten zeitlich zu versetzen bzw. Entsendungsrechte für dem Top-Management des Targets genehme Investorengruppen einzurichten.[287] So kann zum Beispiel eine ausserordentliche Hauptversammlung nach § 103 Abs 1 des deutschen AktG den bisherigen Aufsichtsrat nur mit 75 % der abgegebenen Stimmen - gegenteilige Satzungsbestimmungen ausgenommen - abberufen. Ist es dem bedrohten Management gelungen, die Einberufung einer Hauptversammlung statutarisch zu erschweren, kann dennoch nach dem derzeit geltenden deutschen Aktienrecht eine Aktionärsminderheit, deren Anteile 5 % des Grundkapitals oder eine von der Satzung bestimmte geringere Höhe, notfalls durch Gerichtsbeschluss die Hauptversammlung einberufen. Darüber hinaus kann diese Minderheit zusätzliche Tagesordnungspunkte aufnehmen (§ 122 AktG). So geschehen in Mannheim, wo sich der Vorstand der Seitz Enzinger Noll Maschinenbau AG (SEN) den Bemühungen der Klöckner Mercator Maschinenbau GmbH (bereits mit 50,1 % an SEN beteiligt) eine ausserordentliche Hauptversammlung einzuberufen widersetzt hat.[288] Die Abwehrtaktik hatte denn auch keinen Erfolg; die Mannheimer mussten per Gerichtsbeschluss die beantragte Aktionärsversammlung einberufen.

2.8.2.12. Golden Parachutes

Ist statutarisch wohl eine Staffelung der Amtszeit von Verwaltungsräten festgelegt, aber gleichzeitig die Möglichkeit geboten, durch vertragliche Abfertigungszahlungen ein vorzeitiges Ausscheiden zu bewirken, so sprechen Investment Banker von Golden Parachutes. Die in den USA und Grossbritannien bereits ins Märchenhafte gestiegenen Abfindungsansprüche haben mittlerweile schon zu nachhaltigen Rufschäden für die Berufsgruppe geführt. So wohlmeinend die Absicht ist, unerwünschte Aggressoren mit kaiserlichen Abfertigungen für Verwaltungsräte abzuschrecken - »wenige werden finden, dass hier die Medizin nicht schädlicher wirkt als die Krankheit«.[289] Auch ist kein Fall bekannt, in dem Golden Parachutes eine Übernahme verhindert hätten, obwohl der Anstieg dieser Verteidigungsstrategie im angelsächsischen Raum mit atemberaubender Geschwindigkeit an Bedeutung gewann.

So wurden alleine im Jahre 1982 in den USA Golden Parachutes in 1500 Unternehmensstatuten aufgenommen. Eine weitere Studie zeigt, dass im selben Jahr 10 % der grössten 1000 US-Unternehmen diese Verteidigungstaktik in der Satzung Verwendung fand.[290] Ausgewertete Daten der Beratungsfirma The Hay Group zeigen, dass Mitte der 80er Jahre bereits 25 % der 500 grössten amerikanischen Unternehmen Golden Parachutes in ihren Satzungen verankert haben.

Das wohl bekannteste und am meisten zitierte Beispiel ist die Zahlung an William Agee, dem Chairman von Bendix Corporation, der mit 4,125 Mio. $ Abfertigung in den Ruhestand geschickt wurde.[291] »Allied corporation agreed to make up the difference for five years between William Agee's salary in subsequent employment and his former annual salary in the event of a change in control at Bendix.«[292] Da sein damaliges Jahresgehalt bei Bendix Corporation 825000 $ betrug, dürfte sich William Agee in den der Transaktion folgenden fünf Jahren keinem offiziellen Arbeitsverhältnis mehr unterzogen haben. Unübertroffen bleibt auch diesbezüglich der LBO von RJR Nabisco. Dazu Vaughn Blake, Managing Director der CA International Advisers/New York: »... schliesslich erhielt das Top Management von RJR Nabisco bei dieser Mega-Transaktion durchschnittlich 10 Mio. $; Ross Johnson über 12 Mio. $.«[293] So hat der RJR-Nabisco-Deal denn auch gezeigt, dass grosszügig gestaltete Incentive-

Programme für Top Manager der Unternehmensreputation weniger abträglich wären und darüber hinaus - im Falle einer feindlichen Übernahme - dem vor der Entlassung stehenden Management ebenso finanzielle Sicherheit böten.[294]

2.8.2.13. Poison Pills

Die Idee der Poison Pill beruht auf dem Verständnis zweier Prinzipien. Erstens können bedingte Vertragsinhalte nicht nur im Wertpapierrecht bei Eintritt eines bestimmten Ereignisses automatisch in Kraft treten. Zweitens können die beteiligten Parteien auf ihr Recht verzichten, diese Vertragsinhalte zu suspendieren. Die Poison-Pill-Verteidigungsstrategie aktiviert im Falle einer feindlichen Übernahmeofferte bestimmte Klauseln in den von der Gesellschaft emittierten Wertpapiere.[295] Beispiele hiefür gibt es genug, alle Massnahmen jedoch haben das Ziel, die finanzielle Position des Targets zu schwächen, die Attraktivität des Käuferanbotes zu senken oder die Kosten des Erwerbers zu erhöhen.[296] Zudem bietet diese Strategie - laut Ralph Carlton, Vice President bei Goldman Sachs/New York - den Vorteil einer kostengünstigen sowie zeitsparenden Implementierung,[297] so dass im Jahre 1986 immerhin 40 % der an der New York Stock Exchange notierten Unternehmen diese Verteidigungstaktik in irgendeiner Form in ihren Statuten verankert hatten.

So können z. B. Wandelschuldverschreibungen ausgegeben werden, bei denen das Wandelrecht im Zeitpunkt der Übernahmeofferte sofort fällig wird. Darüber hinaus kann im Falle einer feindlichen Offerte den Altaktionären die Umwandlung ihrer Aktien in jene des Raiders zu einem äusserst vorteilhaften Umtauschverhältnis gestattet werden (Poison Pill Preferred Strategy). Eine besondere Spielart ist die sogenannte Exploding Poison Pill Bid Defense, welche im Jahre 1984 bei Household International im Bundesstaat Delaware - wo sonst? - Verwendung fand. Nach dieser Taktik werden Vorzugsaktien zum Kauf angeboten, deren Preis allerdings so marktfeindlich hoch angesetzt wird, dass Aufkäufe mit äusserst geringer Wahrscheinlichkeit stattfinden. Zusätzlich jedoch bieten diese Vorzugsaktien im Falle einer Übernahme eine massive Erhöhung der mit diesem Wertpapier verbundenen Rechte, so dass der Erwerber meist aufgrund der unsicheren Beurteilung der somit gestärkten Aktionärsrechte und den folglich ungleich höhren Akquisitionskosten das Handtuch wirft.[298]

Dem Einfallsreichtum der Variationen sind demnach keine Grenzen gesetzt. Nach amerikanischen Recht setzen diese - in ihren Ursprüngen von Martin Lipton, Mitbegründer von Wachtell, Lipton, Rosen and Katz im Jahre 1978 entwickelten - Abwehrstrategien auch keinen Beschluss der Hauptversammlung voraus. In Grossbritannien hingegen bedarf eine Poison Pill aufgrund des Companies Act 1948 einer Änderung der Satzung und damit der Zustimmung von 75 % des in der Hauptversammlung vertretenen Grundkapitals.[299] Für das bedrohte Management im allgemeinen nachteilig ist die mögliche Prozessflut, ausgelöst durch den enttäuschten Akquisiteur, der stets versuchen wird, »den einen oder anderen juristischen Schwachpunkt dieser Mausefalle anzugreifen«.[300]

In der Tat ist die jeweilige nationale Gesetzgebung für diese Art von Verteidigungsstrategie von besonderer Bedeutung. Da das deutsche Rechtssystem Verträge einseitig zu Lasten Dritter grundsätzlich nicht billigt, »weil die Verpflichtung eines Dritten ohne dessen Zustimmung dem Grundsatz der Privatautonomie widersprechen würde«, käme nach Ronald J. Bird und Walter E. Cammann, Citi Bank AG/Frankfurt, hierzulande folgende Vorgangsweise zu einer sinnvollen Anwendung: Eine Optionsanleihe wird »zinsmässig schlecht und aktienemissionsmässig vorteilhaft ausgestattet und der nicht durch Bezugsrechte gekaufte Teil bei befreundeten Gruppen placiert. Im Falle eines Hostiles können die Optionen auf besonders günstige Aktien ausgeübt werden. Dadurch wird die Zahl der Aktien erhöht, die erworben werden müssen«, um das Target zu beherrschen. Eine andere artverwandte Variante ist die Umwandlung von Prioritätsaktien in stimmberechtigte Aktien. Anlässlich einer Aktionärsversammlung »beschliessen die Stammaktionäre, Vorzugsaktien mit Stimmrecht zu versehen. ... Kündigt sich ein Hostile an, wird sofort eine ausserordentliche Hauptversammlung der Vorzugsaktionäre zur Beschlussfassung einberufen. Der gleiche Effekt wie oben stellt sich ein.«[301]

Auch in der Schweiz sind ähnliche Verhaltensmuster erkennbar. Da nach dem Schweizer Aktiengesetz der Wert des Bezugsrechts weit unter dem allgemeinen Verkehrswert angesetzt werden kann, ermöglicht das Target im Falle einer nicht mehr zu verhindernden Übernahme einem zu Hilfe kommenden Neuaktionär, Teile des Grundkapitals der bedrohten Gesellschaft und damit wichtige Stimmrechte zu einem äusserst günstigen Preis zu erwerben. Als Beispiel hiefür mag auf die Kapitalerhöhung der schweizerischen Rinsoz Ormond S. A. verwiesen werden, die einer dem Top-Management freundlich gesinnten Investorengruppe neue Aktien zu je 600 SFR anbot, wo doch der aktuelle Kurs bei durchschnittlich 850 SFR lag.[302]

2.8.2.14. Pac Man

Auch diese Abwehrtechnik gegen feindliche Übernahmeangebote wurde in den USA entwickelt. Nach dem populären Videospiel Pac Man, wo der Bedrohte versucht, den erbitterten Gegner kurzerhand zu verschlingen, gelingt es - vor allem amerikanischen - Unternehmen nicht selten, feindliche Takeover-Offerte durch die Veröffentlichung eines eigenen Anbotes abzuwehren. »My company will eat yours before yours eats mine.«[303] Ehe es sich der Feind versieht, wird er vom Jäger zum Gejagten: »If a company A moves to take over company B against the wishes of the management of company B, company B will begin buying shares in company A in order to thwart A's takeover attempt.«[304] In der Tat hängt der Erfolg dieser Taktik nicht davon ab, welches Unternehmen beim Erwerb der Aktien des jeweiligen Gegners als erstes zum Zug kommt, sondern wessen Aktionäre in welchem Austauschverhältnis mit neuen Anteilsrechten des Erwerbers abgefunden werden.[305] Diese Erfahrung musste auch Sterling Drug im Jahre 1988 machen, als Hoffmann-La Roche einen Hostile Bid gegen den amerikanischen Pharma- und Haushaltswarenproduzent einbrachte, um von diesem sodann kurzerhand eine feindliche Gegenofferte zu erhalten. Schliesslich scheiterte Sterling Drug dann an der Herstellung ein sinnvolles Austauschverhältnis zwischen den beiden Konzernen, zumal beim Schweizer Chemiekonzern die Nachkommen der Gründer mit nur 25000 SFR die Hälfte des gesamten Grundkapitals halten; das übrige Eigenkapital wird - wie bereits erwähnt - in Form von stimmrechtslosen Genussscheinen an den Schweizer Börsen gehandelt. Noch im selben Jahr wurde Sterling Drug schliesslich von Eastman Kodak um 5,1 Mrd. $ übernommen.

Ein klassisches Beispiel ist der Fall Bendix, Martin Marietta, United Technologies und Allied Corporation.[306] Im Jahre 1982 versuchte Bendix seine Aktivitäten zu erweitern, indem es Martin Marietta ein Übernahmeanbot unterbreitete, worauhin das bedrohte Target eine Takeover-Offerte für Bendix veröffentlichte. Als Bendix ein weiteres feindliches Übernahmeanbot von United Technologies erhielt, wandte es sich an einen White Knight - Allied Corporation, welcher schliesslich die vom Jäger zum bedrohten Target avancierte Bendix um 1334,8 Mio. $ übernahm. Vor allem die Rolle der Banken wurde nach dem Deal kritisch durchleuchtet. So ermittelte eine Studie der Securities and Exchange Commission, dass 20 US-Banken und 5 nichtamerikanische Kreditinstitute an Bendix 675 Mio. $ zur Finanzierung des Kaufes von 15,8 Mio. Martin-Marietta-Aktien überwiesen hatten. Ausserdem hätten 13 Banken Martin Marietta insgesamt 930 Mio. $ für den Kauf von 11,9 Mio. Bendix-Aktien geboten. Dazu der Herausgeber der Fachzeitschrift Mergers & Acquisitions: »More than any other large deal, Bendix et al. have created headlines outside the business pages, and have brought outraged reactions from the press, Congress, and business leaders. The affair threatens to undermine an already shaky public confidence in the economic justification for mergers and in the professional integrity of all engaged in the field.« In der Tat hatte dieser Deal, der immerhin vier Unternehmen sowie eine Horde Rechtsanwälte und Investmentbanker involvierte, nichts gemein mit betriebswirtschaftlicher Risikoverteilung oder ökonomischem Wachstum; vielmehr war es ein Existenzkampf zwischen wenigen profitgierigen Financiers, die im Streubesitz befindliche Aktiengesellschaften zu ihrem eigenen Vorteil missbrauchten. Anlässlich des Übernahmegefechts meldeten sich Protagonisten der amerikanischen Wirtschaftswelt in bisher selten gesehenem Ausmass zu Wort; so schrieb z. B. Lee Iacocca, Chairman der Chrysler Corporation, im Wall Street Journal: »It is not a merger. It is a three-ring-circus. If they are really concerned about America, they would stop it right now. It is no good for the economy. It wrecks it. If I were in the banking system, I would say no more money for conglomerates for one year.« Zur Bewertung der Bedeutung dieses vielschichtigen Deals im Hinblick auf die Finanzwelt bemerkte Felix Rohatyn von Lazard Frères warnend in der New York Times: »All this frenzy may be good for investment bankers now, but it is not good for ... investment bankers in the long run. We seem to be living in a 1920s, jazz age atmosphere.«[307] Diesen Argumentationen entgegenzuhalten sind zumindest die beträchtlichen Kursgewinne, die den Aktionären von Bendix und Martin Marietta zuteil wurden; schliesslich erfuhr deren Aktienkapital eine Aufwertung von 38 % (die Aktionäre von Allied hingegen verloren 8,6 % oder 100 Mio. $).

2.8.2.15. Employee Stock Ownership Plan

Employee stock ownership plan (ESOP) wurde bereits im Jahre 1956 von dem in San Francisco ansässigen Louis Kelso in einer Druckerei nahe Palo Alto kreiert.[308] Sein Ziel war es, in einem Unternehmen durch die Beteiligung von Mitarbeitern am Kapital der Gesellschaft dem Unternehmen weitere liquide Mittel zur Verfügung zu stellen, die Arbeitsproduktivität zu erhöhen und die Steuerlast signifikant zu verringern. Den Mitarbeitern würden dabei Vorteile durch etwaige Kurssteigerungspotentiale ihrer Anteile, erhöhte Dividendenzahlungen und weitere Pensionszulagen erwachsen. Darüber hinaus hat sich ESOP jedoch auch als wirkungsvolle Verteidigungsstrategie gegen feindliche Aggressoren bestätigt.

Diese Taktik erlaubt eine relativ einfache Handhabung. Mittels ESOP werden an Mitarbeiter im Falle einer drohenden Übernahme Aktien ausgegeben. Die Wahrscheinlichkeit, dass diese Mitarbeiter nun gegen das amtierende Management stimmen ist nach Meinung von Kenneth Miller, ehemals M & A-Leiter von Merrill Lynch Capital Markets, eine vernachlässigbare Grösse.[309] Der Vollständigkeit halber muss angemerkt werden, dass sich ESOP vor allem als Vorkehrungsmassnahme eignet und daher die Einführung vom Management entsprechend langfristig geplant werden muss, wie z. B. bei Lockheed Corp., wo die Geschäftsführung im April 1989 einen Firmenanteil von 17 Prozent im Wert von 500 Mio. $ für ihre Mitarbeiter sicherte. Schon 1985 gelang es dem Management von Phillips Petroleum feindliche Übernahmen von T. Boone Pickens und Carl Icahn erfolgreich abzuwehren. Die Mitarbeiter des bedrohten Targets stimmten mit ihren Aktien gegen beide Raider, in der Befürchtung nach der Übernahme ihren Arbeitsplatz zu verlieren.

2.8.2.16. Greenmail als Abwehrstrategie

Über Greenmail wurde schon ausführlich gesprochen. Nach Meinung führender Schweizer Investment Banker hat diese Taktik aufgrund der gesetzlichen Pflicht zur Gleichbehandlung der Aktionäre auf dem europäischen Kontinent ohnedies nie sichtbare Bedeutung erlangt. Lediglich auf subtilen Umwegen konnten ähnliche finanzielle Ergebnisse für nach vierstelligen Renditen innert weniger Wochen suchende Akquisiteure erzielt werden. Glück im Unglück, denn das von Angst getriebene Management des Targets wird als rettende Verteidigung wahrhaft kaiserliches Lösegeld zu zahlen bereit sein. Diese Prämien, also ein weit über den Tageskurs liegendes Aufgeld, lohnt sich für betuchte Raider allemal. Folgende Abbildung zeigt noch einmal die höchsten Gewinne des bisher Greenmail-intensivsten Jahres 1984:

Abb. 2-59: Greenmail und die Gewinne[310]

Abgefunder Investor	Target	Gewinn bzw. Aufgeld in Mio. $	Dauer des Engagements in Tagen
Gebrüder Bass	Texaco	280,0	49
Mesa Partners	Phillips Petroleum	89,0	45
Leucadia National	Avco	62,0	-
S. Steinberg	Walt Disney Prod.	60,0	76

Nach meinem Rundgang durch das Arsenal kriegerischer Instrumente nehme ich mir die Freiheit, meine Ansicht mit der anerkannter Investment Banker zu teilen. Ich kann nicht verhehlen, dass meine Sympathien überwiegend dem feindlichen Aggressor gehören, nicht zuletzt deshalb, weil im Kapitalismus nicht erst seit den Zeiten von Charles Robert Darwin und seiner - im Wirtschaftsgefüge mancher sonst hochentwickelter Industriestaaten noch immer nicht anerkannten - Selektionstheorie jene Marktteilnehmer langfristig überleben werden, die sich besser und rascher an die jeweils herrschenden Bedingungen anpassen können. Darwin bezeichnete diesen Anpassungsprozess denn auch als Survival of the Fittest;[311] die Konkurrenz, im Rahmen derer diese Selektion stattfindet, nannte er Struggle for Life.[312] Eine noch viel fortschrittlichere Begründung für die Überlebensfähigkeit dynamischer Marktteilnehmer lieferte Herbert Spencer, der die Ansichten Darwins »in ihrer Anwendung auf das Menschengeschlecht« ausführte, indem er darauf bestand, dass »nur diejenigen, welche unter dem Druck des Systems wirklich fortschreiten, überleben, und dass diese die Auserwählten ihres Geschlechts sein müssen«.[313] ... »Indem die Natur die Individuen mit dem niedrigsten Entwicklungsstand ausmerzt, sichert sie das Wachstum einer Rasse, die sowohl die Existenzgrundlagen begreifen wird, als auch fähig ist, nach ihnen zu handeln.«[314] Spencers umfassende und den Sozialdarwinismus in einer eigenartigen Form rechtfertigende Theorien waren zu Ende des 19. Jahrhunderts ausserordentlich erfolgreich, da es zu jener Zeit allzu einfach war, jemanden, der ungenügend nur sich anpasste und auch sonst kaum vorwärts kam, in besonderem Masse als lebensunwürdig zu verachten. Auch wenn in der ersten Hälfte dieses Jahrhunderts der Sozialdarwinismus an Bedeutung verlor[315] - war er doch zu sehr auf die Begüterten ausgerichtet -, kehrte er der orthodoxen Wirtschaftstheorie nicht gänzlich den Rücken; in modernen Gesellschaftssystemen kann man ihm seine Bewunderung heute noch nicht versagen: »Die Vorstellung, dass eine Unterstützung der Armen diese in ihrer Armut erhielte, dass es sozial besser wäre, sie dem ihnen von der Natur zugedachten Schicksal zu überlassen, spukt im öffentlichen wie im privaten Denken durchaus noch herum. Sie ist die unausgesprochene Entschuldigung dafür (im Verein mit persönlicher Sparsamkeit), den Bettler mit der ausgestreckten Hand zu übersehen. Irgendwie könnte Nächstenliebe schaden.«[316]

3. Buyouts

Schon die Bezeichnung dieses Kapitels verrät, dass nachstehende Überlegungen lediglich eine besondere Spielart des Unternehmenskaufes darstellen. Alle noch zu besprechenden Sonderformen des Buyout nutzen ein betriebswirtschaftliches Phänomen - den Leverageeffekt. Dabei wird der Kaufpreis des Targets zu einem möglichst hohen Anteil fremdfinanziert und damit die erwartete Eigenkapitalrendite zu maximieren versucht. Die Literatur unterscheidet im allgemeinen folgende Buyout-Situationen:

◊ Beim Leveraged Buyout übernehmen institutionelle Anleger, Venture Capitalists und andere Sponsoren den beherrschenden Einfluss im soeben erworbenen Target. Durch einen raschen Turnaround wird versucht, den Wert des Unternehmens und damit die Renditen der Investoren beträchtlich zu steigern. Die Initiative zu einem LBO geht in der Regel von einer Finanzinstitution aus, wobei diese auch den eigentlichen Einfluss auf die Geschäftsgebarung ausübt. Darüber hinaus sind diese Financiers lediglich am Break up-Value des Targets interessiert und hoffen daher auf einen raschen Spin-off nach der erfolgreichen Sanierung.
◊ Der fremdfinanzierte Kauf eines Unternehmens durch die Gesamtheit oder doch zumindest durch den Grossteil seiner Mitarbeiter bezeichnet die amerikanische Literatur als ESOP-LBO.
◊ Die Übernahme des Unternehmens durch seine eigenen Top Manager bzw. leitenden Angestellten nennen Investment Banker einen Management Buyout.

In der Praxis hat die Unterscheidung dieser Sonderformen - laut Manfred Moschner/ACS Acquisition Services - jedoch wenig Bedeutung.[317] Kann ein Differenzierungskriterium zwischen LBO und MBO aufgrund der unterschiedlichen Stimmenmehrheiten noch erarbeitet werden, so ist der Unterschied zwischen LBO und Management Buyin (einer bewusst bisher erst im Einführungskapitel erwähnten Sonderform) schon bedeutend schwerer festzustellen. »Operationalisieren lässt er sich nur in der ex-post Feststellung, ob die Eigentümer langfristig die Mehrheit ihrer Arbeitszeit persönlich dem gekauften Unternehmen gewidmet haben oder nicht.« Bei einem Management Buyin (MBI) versucht also ein unternehmensexternes

Management unter Ausnutzung des Leverageeffekts das Target zu übernehmen. In Kontinentaleuropa sind reine MBI-Transaktionen allenfalls die Ausnahme.[318] Schon die strengen deutschen Konkurrenzklauseln machen einen MBI denkunmöglich; schliesslich müsste ja ein Management-Team bei einem Konkurrenzunternehmen einsteigen, damit die Übernahme dann als klassischer Management Buyin gewertet werden könnte. Dass aber dann leitende Angestellte zur Umgehung dieser arbeitsrechtlichen Klauseln einen branchenfremden MBI bewerkstelligen, übersteigt schon die kühnsten Vermutungen, die im Zusammenhang mit der deutschen Buyout-Kultur gebracht werden können.

3.1. Leveraged Buyouts

»In a leveraged buyout, a company is aquired in a transaction financed largely by borrowing. Ultimately, the debt is to be paid with money generated by the acquired company's operations or by sales of its assets.« Dutzende Male schon erschien dieser Absatz in Artikeln des Wall Street Journal, die versuchten, eine Finanztechnik zu beschreiben, welche in den frühen 80er Jahren eine atemberaubende Popularität erlangte.

3.1.1. Entwicklung der LBOs

Besonders in den USA mit seinem effizienten Kapitalmarkt fanden LBO-Finanzierungen üppigen Nährboden. Wenn auch diese Form des Unternehmenskaufes erstmals in den 80er Jahren Bedeutung erlangen sollte, ist sie dennoch keine Erfindung dieser Zeit. So wurden schon in den späten 60er Jahren Übernahmen mittels LBOs von prominenten US-Versicherungsgesellschaften finanziert. Erst als grössere amerikanische Publikumsgesellschaften auf diese Weise ihr Going Private vollzogen und deren Investoren nach kürzester Zeit exorbitante Renditen mit nach Hause nehmen konnten, begannen nicht nur die Fachpresse und lediglich mit Fusionsfragen beauftragte politische Mandatare und Gesetzesvollzieher sich der neuen Welle anzunehmen.

Den Auftakt zum zumindest in seinen Anfängen reichlich applaudierten amerikanischen LBO-Tango machte der bereits legendäre und vielmals zitierte Gibson-Wesray-Deal.[319] Wesray Corp. kaufte Gibson Greetings

Inc. im Jahre 1982 von RCA Corp. um 80,6 Mio. $, davon 22,6 Mio. $ auf Kredit. Bereits im Mai 1983 brachten Wesrays Manager William Simon und Raymond Chambers das Target mit einer Kapitalisation von 96,25 Mio. $ (3,5 Millionen Aktien zu 27,5 $ je Aktie) an die Börse, wobei alleine William Simon Berichten zufolge über 14 Mio. $ in diesem Zeitraum verdient hatte.

3.1.1.1. Rahmenbedingungen

In der Tat waren Medienspektakel und kaiserliche Gewinne mehr eine Funktion denn die Wurzel des Leveraged Buyout. Die Rahmenbedingungen für die Entwicklung der LBOs aber waren dennoch günstiger denn je:[320] Hohe Inflationsraten nach dem ersten Ölschock, die die Disparität von Buch- und Wiederbeschaffungswert signifikant erhöhten, führten zu einem weiteren Anstieg der stillen Reserven, die Unternehmenskäufer als Kreditsicherheit gegenüber finanzkräftigen Sponsoren vorzüglich einzusetzen wussten. Ausserdem induzierte eine hohe Inflationsrate niedrigere und nicht selten auch negative Realzinsen sowie die Rückzahlung der Ausleihung zu inflationierten Werten. »Vergleicht man aber dann das stimmungsmässige Hoch der LBOs in der zweiten Hälfte der 80er Jahre mit der zu dieser Zeit relativ niedrigen Inflationsrate, so ist die Erwähnung von inflationsbedingten stillen Reserven in der Tat lediglich als historische Rahmenbedingung angemessen.«[321] Darüber hinaus waren Grenzsteuersätze auf Kapitalgewinne je nach Land entweder seit jeher historisch niedrig oder erst zur Förderung der Investitionsbereitschaft gesenkt worden, was ein rapides Anwachsen von Venture Capital Pools induzierte. Zinssätze spielten eine weitere gewichtige Rolle im Rahmen der LBO-Finanzierung, dessen Attraktivität nicht zuletzt aufgrund des dramatischen Verfalls der US-Prime Rate von 16 % (1981) auf 6 % (1987) signifikant zunahm. Zudem führte die Verringerung der Mindestreservensätze für Banken durch die Regierung Reagan I (die verabschiedeten Gesetze sind der Depository Institutions Deregulation and Monetary Control Act of 1980 sowie der Garn-St Germain Depository Institutions Act of 1982) zu einer signifikant gestiegenen Geldmenge, was die Zinsen weiter nach unten wandern liess.

Abb. 3-01: Inflationsrate und kurzfristige Zinsen in den USA[322]

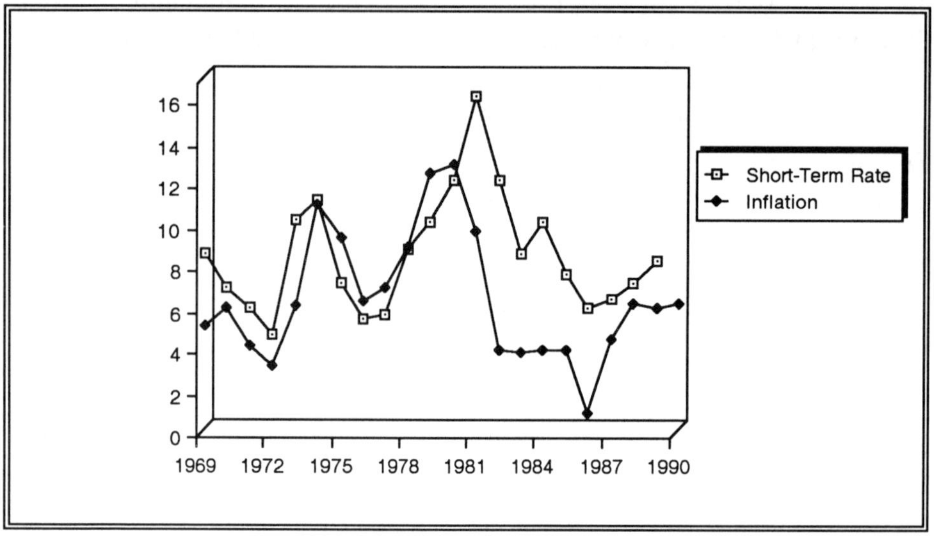

3.1.1.2. Dekonglomeration

Eine die Konglomeratsbildung der 60er Jahre umkehrende Entwicklung in den siebziger Jahren war letztendlich der Katalysator für die gewaltige Zunahme an LBO-finanzierten Übernahmen. Der Prozess der Dekonglomeration wurde in diesen Zeiten gespannt verfolgt. So berichtete Merrill Lynch, Chicago, dass in den USA im Jahre 1969 6107 Akquisitionen, aber nur mehr 2297 im Jahre 1975 durchgeführt wurden. Die Veräusserung von Firmenteilen hingegen nahm von 828 im Jahre 1969 auf nicht weniger als 1200 in jedem der darauffolgenden 7 Jahre zu. (Vergleiche diese Daten insbesondere mit meinen Recherchen in Kapitel »Der internationale Unternehmenskauf«, Abschnitt »Zur Geschichte des internationalen Unternehmenskaufes«).

Die Merkmale dieser von Investment Bankern bezeichneten Divestiture Targets klassifiziert Stephen Diamond, Senior Vice President der First National Bank of Chicago, in seinem Schriftwerk über LBOs:[323] Für eine rasche Veräusserung von durch laterale Akquisition erworbene Unternehmen spricht vor allem die Möglichkeit einer durch den Raider gesteigerten Eigenkapitalrendite, insbesondere mittels vermehrter Schuldenaufnahme oder besserer Managementfähigkeiten (siehe dazu den im folgenden besprochenen Leverageeffekt). Darüber hinaus ist eine Dekonglomeration oftmals die einzige Antwort des Managements auf ungenügende Integrationsmöglichkeiten des Targets in die strategischen Geschäftsbereiche des bisherigen Konglomeratskonzerns.

3.1.1.3. Verbreitung der LBOs in Grossbritannien und Deutschland

Selbst in Grossbritannien warten Investoren auf eine englische Neuauflage des US-Spitzenreiter RJR Nabisco. Bisher jedoch vergeblich. Vor allem aufgrund gesellschafts, steuer- sowie kartellrechtlicher Beschränkungen wurde noch kein echter LBO im amerikanischen Sinne durchgeführt.[324] Kühne Versuche gab es dennoch. So plante das Investoren-Trio James Goldsmith, Jacob Rothschild und Kerry Packer das - gemessen an der Marktkapitalisation - viertgrösste britische Unternehmen BAT Industries unter grosszügiger Ausnutzung des Leverageeffekts zu übernehmen. Am 11.7.1989 veröffentlichten die Financiers sodann ihre Offerte: 21,3 Mrd. $ für ein Firmenkonglomerat, das so bekannte Namen wie die Kaufhäuser Saks Fifth Avenue, Marshall Fields und Horten; die Zigarettenmarken Lucky Strike, Benson & Hedges, Kent und HB sowie schliesslich die Versicherungsgesellschaften Farmers Group und Eagle Star vereint. Für die LBO-Finanzierung sollten Drexel Burnham sowie Bankers Trust verantwortlich zeichnen, wobei die Fremdfinanzierung 17 Mrd. $, also 80 % des Gesamtkaufpreises repräsentieren würde. In einer grossangelegten Pressekampagne - von dieser Strategie war schon mehrmals die Rede - versuchte Goldsmith, die Unternehmensstrategie des amtierenden Managements als glücklos und wenig zukunftsweisend darzustellen. Die Aktionäre jedoch waren anderer Meinung; am 12.7.1989 - also einen Tag nach Ankündigung der Offerte - sank BATs Aktienkurs auf 14,38 $, nur 3,16 % über dem von Goldsmith gebotenen Preis von 13,94 $ je Aktie. Der hohe Leverage-Faktor beunruhigte die Eigentümer, sollten diese doch 11,15 $ (80 %) in Various Notes[325] und nur 2,79 $ (20 %) in Aktien bekommen. So scheiterte denn auch die gesamte Transaktion. Dazu Richard Melcher, London, der einzig legitime Autor des BAT-Deals: »Big investors turned thumbs down on a proposal that features so much paper and no cash.«[326]

In der BRD sind LBO-Transaktionen schon aufgrund des geringen Streubesitzes börsennotierter Gesellschaften nicht vorstellbar, zumal sich 43 % des Grundkapitals börsennotierter deutscher Aktiengesellschaften in institutionellen Händen befindet. Darüber hinaus verdrängen konservative Banken risikobereite Investoren, wenn in den ca. 500 börsennotierten deutschen Aktiengesellschaften die drei grössten Kreditinstitute 317 Aufsichtsratmandate sowie 84 Vorsitzende des Aufsichtrates stellen und in den 100 grössten deutschen Unternehmen Banken und Versicherungen 161 Aufsichtsratsmandate innehaben. Schliesslich halten deutsche Manager »im Gegensatz zu den USA an ihren Unternehmen keine oder nicht nennenswerte Aktienprozente. Sie könnten also nur aus denkbar ungünstiger Ausgangsposition einen Vorstoss unternehmen, um gegen den Willen des Aufsichtsrates« sowie der Hauptversammlung »das von ihnen geführte Unternehmen aufzukaufen«.[327] Widerstand von institutionellen Investoren und Gewerkschaften gäbe es - wie die bisherige Übernahmekultur zeigt - allemal. Hinderlich ist auch die nach dem Aktiengesetz eindeutige Dreiteilung des Aufgabenbereiches (Vorstand, Aufsichtsrat, Hauptversammlung); damit sind - im Gegensatz zu den USA - Führungs- und Aufsichtsstruktur klar voneinander getrennt.

3.1.2. Leverageeffekt

Der oftmals geäusserten Ansicht, dass hochverschuldete Unternehmen nicht nur langfristig schon längst dem Tode geweiht sind, ist jedenfalls nicht ohne weiteres zuzustimmen; zu viele Beispiele gibt es, dass Unternehmen auch ohne jegliches Eigenkapital prosperieren können. Ist überdies der Fremdkapitalzinssatz niedriger als die Gesamtkapitalrendite (Verhältnis von Jahresüberschuss einschliesslich Zinsaufwand zu durchschnittlich gebundenem Gesamtkapital), so bewirkt die weitere Zuführung von Fremdkapital eine Erhöhung der Eigenkapitalrentabilität (Verhältnis von Jahresüberschuss zu durchschnittlich gebundenem Eigenkapital). Dieser Zusammenhang lässt sich folgendermassen erklären. Da das Fremdkapital unabhängig von der Ertragslage des Unternehmens zu den in den Kreditverträgen festgelegten Bedingungen verzinst wird, fällt in jenem Fall, wo der Fremdkapitalzins die Gesamtkapitalrendite unterschreitet, der gesamte vom Fremdkapital über den vertraglich festgelegten Zinsen hinaus erwirtschaftete Ertragsteil dem Eigenkapital zu. Die Verzinsung des Eigenkapitals wird dann umso grösser, je höher der Verschuldungsgrad (Verhältnis von Fremdkapital zu Eigenkapital) ist. Der Verschuldungsgrad übt also eine Hebelwirkung auf die Verzinsung des Eigenkapitals aus (Leverageeffekt).[328]

3.1.3. Klassifizierung des LBO-Objektes

Den kleinsten gemeinsamen Nenner für LBO-taugliche Targets zu finden fällt angesichts der Vielfältigkeit der Anforderungskriterien nicht leicht. Darüber hinaus erschwert die schwindende Grenze zwischen den einzelnen Kategorien eine absolute Abgrenzung. Vorherrschend in der LBO-Literatur findet man folgende Hauptgruppen:[329]

3.1.3.1. Erstklassige Objekte

In dieser Kategorie befinden sich Unternehmen, welche die Anforderungen aller Beteiligten erfüllen, demnach ein leistungsstarkes Management, eine eindrucksvolle Bilanz sowie Gewinn- und Verlustrechnung, dominierende Marktanteile, anspruchsvolle Markenprodukte, konsistenten Cash Flow und unterbewertete Aktiva aufweisen. Investoren bevorzugen überdies Produktionsgesellschaften zu kaufen, da diese in der Regel Vermögenswerte besitzen, die sich bestens als Besicherung für die notwendigen Schuldtitel erweisen. Gesucht aber sind vor allem Unternehmen in Wirtschaftszeigen, die ein Wachstumspotential mindestens entsprechend dem des Bruttosozialproduktes besitzen.[330]

In der Tat wird der Leser bereits jetzt die Zwiespältigkeit der gewählten Kategorien entdecken. Da der Preis - zumindest in der Theorie als Funktion von Nachfrage und Angebot definiert - lediglich bestimmte Erwartungshaltungen in bestimmten Höhen und Tiefen auf- und abwärtsbewegender Konjunkturzyklen ausdrückt, konnten selbst in der Rezession der Jahre 1980 und 1981 in den USA erste Adressen oder Premium Companies ziemlich in der Nähe der Buchwerte erworben werden, hingegen mussten Investoren Mitte der 80er Jahre bereits bedeutende Aufschläge zu zahlen bereit sein.

Ein lukratives Geschäft sind erste Adressen auf jeden Fall. So finanzierte Kohlberg, Kravis, Roberts (KKR) lediglich 417 Mio. $ beim Kauf von Beatrice Foods im Februar 1986 aus eigener Tasche, wobei der gesamte Kaufpreis 6,2 Mrd. $ überstieg. Bereits bis August 1987 konnte die Konzernverschuldung durch massive Spin-offs auf nur 1 Mrd. $ gesenkt werden. Um die noch verbleibenden Zinsen des Fremdkapitals aus den laufenden Erträgen finanzieren zu können, wurde Beatrice Foods auf den konstant gewinnbringenden Lebensmittel- und Konsumgüterbereich reduziert.

3.1.3.2. Zweitklassige Objekte

Diese Targets unterscheiden sich von den obengenannten, da sie eines oder mehrere Merkmale erster Adressen nicht erfüllen. So sind diese Unternehmen zum Beispiel in einer zyklischen Industrie tätig oder haben seit jeher inkonsistente Gewinne und Cash Flow, besitzen einen vernachlässigbaren Marktanteil oder stellen keine Markenprodukte her. Dasselbe bewirkt auch ein schwaches Management-Team.

Verkäufe deutlich über dem Buchwert sind in dieser Gruppe eher selten. Ausserdem wird der Verkäufer bei gedrückten Gewinnen bzw. überbewerteten Aktiva nicht erwarten können, zu 100 % in bar abgefunden zu werden. Vielmehr wird er häufig selbst Gläubigerstellung im Target einnehmen müssen.

3.1.3.3. Problemobjekte

Unternehmen, die einen raschen Turnaround am bittersten nötig hätten und deren Gewinnprognosen und tatsächlich erwirtschaftete Erträge schon lange keinen Grund mehr zu vorauseilenden Optimismus Anlass gegeben haben, sind die unvermeidbare Antithese eines klassischen LBO-Kandidaten. Die Gründe für die verbreitete Skepsis sind der meist mit diesen Unternehmen verbundene hohe Verschuldungsgrad vor dem eigentlichen LBO.

Erst in der Rezession der frühen 80er Jahre fanden sich Sponsoren bereit, LBOs mit Troubled Companies durchzuführen. Qualifizierte Raider finden vor allem bei diesen Objekten eine lukrative Gelegenheit durch eine feindliche Übernahme das amtierende Management auszuschalten und das Target so rasch wie möglich wieder gewinnbringend zu verkaufen. Oftmals veranlasst die blosse Ankunft des neuen Regimes bisherige Gläubiger, ihre Darlehen zu prolongieren und dem neuen Management gebührendes Vertrauen entgegenzubringen.

3.1.4. Finanzierung eines Leveraged Buyout

Finanztheoretisch sollte die Konstruktion der Finanzierungsstruktur einem kaum zu lösenden Zielkonflikt Rechnung tragen, nämlich einerseits risikominimierendes Kapital einzusetzen, andererseits aber dessen Kosten möglichst gering zu halten.[331] In der Tat wird dieses Problem denn auch hier und jetzt nicht zu bewältigen sein; so müsste ja jeder Akquisiteur - Upward-sloping Yield Curve vorausgesetzt - schon aus Gründen der Kostenminimierung seinen Fremdkapitalbedarf voll aus kurzfristigem Darlehenskapital zu decken versuchen. Kurzfristiges Fremdkapital jedoch ist extrem risikobelastet, da erstens dessen Zinssatz extremeren Schwankungen unterliegt, die Zinsrate für langfristige Darlehen hingegen für einen längeren Zeitraum fixiert sind; zweitens steht der Schuldner vor dem Problem der Refinanzierung im Falle langandauernder Tilgungsschwierigkeiten. Am anderen Ende des theoretischen Kontinuums steht dann die Möglichkeit, den Finanzierungsbedarf zur Gänze aus Eigenkapital zu decken. Das ermöglicht dem Unternehmenskäufer wohl eine exzellente Prognose über den Verbleib der ihm zur Verfügung gestellten Mittel - schliesslich sind die Eigenkapitalgeber dann auf Gedeih und Verderb mit dem Unternehmen verbunden -, aus Gründen des oben besprochenen Leverageeffekts wird das investierte Kapital aber nur eine ungenügende Rendite für die Investoren erwirtschaften, was wiederrum die Möglichkeit der Kapitalaufbringung bedeutend einengt.

Da in der LBO-Realität die von den Akquisiteuren aufgebrachten Mittel in der Regel aber nur einen unbedeutenden, symbolischen Teil des gesamten Kaufpreises repräsentieren, resultiert aus dem exorbitanten Missverhältnis von Eigen- und Fremdkapital ein beachtlicher Hebel (Leverage). Diese Differenz wird von Dritten in Form konventioneller Darlehen (Senior Debt) und nachrangiger Darlehen (Subordinated Debt) aufgebracht. In der Regel wird der Käufer jedoch versuchen, nachrangige Darlehen erst nach Ausschöpfung des Senior-debt Layer in Anspruch zu nehmen. Stephen Diamond entwickelte für den amerikanischen Raum folgende Abstufungskriterien:[332] Je geringer der Kaufpreis, desto zwingender ist für den Erwerber die Option Senior Debt, da üblicherweise Sponsoren erst ab einer Grösse von 20 Mio. $ bereit sein werden, nachrangiges Darlehen in grösserem Ausmass zur Verfügung zu stellen. Darüber hinaus stellen Financiers Subordinated Debts vor allem dann ohne grosse Bedenken zur Verfügung, wenn die Aktiva des Targets signifikant unterbewertet sind und daher hohe stille Reserven aufweisen sowie das Anlagevermögen einer geringen Abnutzung unterliegt.

Abb. 3-02 zeigt die einzelnen Finanzierungsformen und Sponsorengruppen. Die verschiedenen Passivposten[333] der LBO-Finanzierung werden anschliessend im Detail untersucht.

Abb. 3-02: Schichten der Finanzierung beim Leveraged Buyout[334]

Schicht	Sponsor	Finanzierungsform
Konventionelle Darlehensfinanzierung	Kreditbanken Asset Based Lenders Versicherungs-gesellschaften Verkäufer	Ungesicherter revolvierender Kredit. Durch Umlaufvermögen gesicherter revolvierender Kredit. Durch Anlagevermögen gesicherter Kredit.
Nachrangiges Darlehenskapital	Investmentbanken Merchantbanken Versicherungs-gesellschaften Pensionskassen Venture Capital-Financiers Verkäufer Small Business Investment Companies (SBICs)	Senior Subordinate Notes Junior Subordinate Notes
Eigenkapital	Versicherungs-gesellschaften Venture Capital-Financiers Verkäufer Private Investoren Management	Vorzugsaktien Stammaktien

In der Tat ist die Übernahme der Finanzierung - wie gemeinhin vermutet wird - nicht die einzige Aufgabe des Sponsors; vielfach wirkt der Sponsor als Steuermann des erworbenen Targets, ohne natürlich sofort in das operative Tagesgeschehen des an der Wirtschaftsfront stehenden Managements einzugreifen.[335] Henry R. Kravis aus dem Hause KKR führt denn auch aus, wie sein Unternehmen der Controlleraufgabe gegenübersteht: »Our approach is that we do not know how to run a company. We know that we are very good at financing, ... We know how to control a company and we know when it is getting off course. We know how to set long-range goals for companies and we know how to maximize value in a company. But the day-to-day running of a company is not in our interest.«[336] Verständlich wirkt diese Strategie nicht nur im Hinblick auf die beschränkten Management-Ressourcen, mit denen Sponsoren im allgemeinen konfrontiert sind, zudem fürchten sie - und das mit Recht - um ihre im Target eingesetzten Kapitalanteile; schliesslich wachen ja strenge Gläubiger insbesondere in den ersten kritischen Geschäftsjahren über das Potential des Targets zum Schuldendienst. Im Falle des Konkurses sind es dann auch die Darlehensgeber, denen zu Lasten der Eigenkapital-Sponsoren die noch verbleibenden Liquidationserlöse aus dem Verkauf der Aktiva zugesprochen werden.

3.1.4.1. Konventionelle Darlehensfinanzierung

Diese Tranche des benötigten Kapitalstocks ist die am wenigsten risikoreiche, da den Gläubigern - typischerweise Banken - als Sicherheit die Aktiva des Targets (Secured Transaction) oder zumindest dessen Cash Flow (Unsecured Transaction) dienen.[337] Folgende Abbildung zeigt die Alternativen der Darlehensbesicherung und die möglichen Sponsoren im Rahmen der LBO-Finanzierung:

Abb. 3-03: Besicherung im Rahmen der konventionellen Darlehensfinanzierung[338]

Besicherung	Sponsor
Adäquate Besicherung durch Aktiva, geringer Cash Flow, kein Turnaround-Plan.	Kleine Asset Based Lenders.
Adäquate Besicherung durch Aktiva, geringer Cash Flow, seriöser Turnaround-Plan.	Sämtliche Asset Based Lenders.
Adäquate Besicherung durch Aktiva, hoher Cash Flow.	Kreditbanken und Asset Based Lenders.
Ungenügende Besicherung durch Aktiva, geringer Cash Flow, kein Turnaround-Plan.	Good Luck!
Ungenügende Besicherung durch Aktiva, geringer Cash Flow, seriöser Turnaround-Plan.	Beschränkte Anzahl erfahrener und spezialisierter Kreditbanken.
Ungenügende Besicherung durch Aktiva, starker Cash Flow.	Money Center Banks, wie Bankers Trust, Citibank, Chase Manhattan, Chemical Banking

Senior-Gläubiger haben insolvenzrechtlich natürlich Vorrangstellung gegenüber allen anderen Gläubigern sowie Eigenkapitalgebern. Innerhalb der konventionellen Darlehenstranche »stellen die Kreditfazilitäten zur Working-Capital-Finanzierung den vorrangigsten Anspruch dar«,[339] in der Regel sind sie auch durch die Beleihung von Receivables bis zu 80 % und Inventories bis zu 50 % besichert. Demgegenüber steht jedoch die geringe Rendite, die meist nicht mehr als 2 %, auf keinen Fall aber mehr als 4 % über der US-Prime Rate liegt.[340] Da die Senior-Gläubiger keine Eigentümerstellung besitzen, müssen sie sicherstellen, dass die gegebenen Kredite vom Cash Flow des Targets bedient werden können oder doch zumindest von der Liquidation der vorhandenen Aktiva. In der Regel setzen Banken eine Amortisation von 3 bis 7 Jahren voraus.[341]

Im Vergleich zu Banken teureres Geld ist von Asset Based Lenders (ABL) zu erhalten, die eine erstrangige Pfandsicherheit in der Höhe ihres Darlehens verlangen (Collateral). Beispiele hiefür sind liquide Aktiva, vor allem Forderungen aus Lieferungen und Leistungen. Meist liegt der Darlehenszinssatz auch höher als jener der Kreditbanken. Im Gegenzug erhalten Akquisiteure mehr Geld als sie es von traditionellen Banken gewährt bekommen.

3.1.4.2. Nachrangiges Darlehenskapital

Subordinated Debt ist (un)besichert zur Verfügung gestelltes Darlehen, das erst zurückbezahlt wird, wenn vorrangige Forderungen bereits getilgt worden sind - mehrere Kriterien, die näher zu diskutieren sich lohnt. Da ist zum einen das Merkmal der Sicherstellung. Wie nun schon hinlänglich diskutiert, dienen den konventionellen Gläubigern als Sicherheit die Aktiva des Unternehmens, zumindest aber dessen Cash Flow. Hingegen begnügt sich der Darlehensgeber innerhalb der Mezzanin-Tranche ausschliesslich mit dem zu erwarteten Cash Flow. Das andere Merkmal, die Nachrangigkeit, zeigt sich insbesondere im Konkursfall, wo der Senior-Gläubiger gegenüber dem Mezzanin-Investor vorrangig behandelt wird; desgleichen sind auch jegliche Zahlungen an den Junior-Gläubiger zu unterlassen, wenn konventionelles Darlehenskapital ausfällt.[342] Zu erwähnen bleibt nun noch die Pufferfunktion des Mezzanin-Kapitals, was nichts anderes bedeutet, als dass - nach Determinierung der vorrangigen Fremdkapitalvolumina sowie des Eigenkapitalanteils - der Mezzanine Layer die Residualgrösse bildet, sozusagen das »Sandwich« zwischen konventionellem Darlehenskapital und risikobelastetem Eigenkapital.[343] »Subordinated debt bridges the gap between what banks are willing to ›pay‹ for companies and the equity that investors can and will contribute.«[344]

Im Rahmen der Mezzanin-Finanzierung bedarf es abermals der ausserordentlichen Kreativität des Investment Bankers, an dem es nun liegt, innovative, marktgerechte Finanzierungsinstrumente zu kreieren. Nachrangige Schuldtitel enthalten dann Bezugsrechte, Wandelrechte oder Aktienoptionen auf einen zukünftigen Zeitpunkt. Die Finanzwelt spricht in diesem Zusammenhang von Senior und Junior Subordinate Notes. Edward Crawford, New York University, weiss auch von Vorzugsaktien innerhalb der Mezzanin-Tranche zu berichten. »Sometimes, preferred stock is the principal mezzanine investment vehicle, particularly when the newly formed company is highly leveraged and expected to generate tax losses with the write-off of assets written-up in the acquisition. In this case, the preferred stock affords a better balance to the financing that senior lenders prefer. The loss of the tax-deductible feature of this preferred dividend only affects the loss carryforward and not actual taxes paid during the period when earnings are sheltered from taxes by writeup deductions.«[345] Innerhalb der nachrangigen Darlehensgruppe erhalten Gläubiger wiederum höherrangige und tieferrangige Konditionen, wobei höherrangige Schuldtitel eine kürzere Amortisationszeit, ein vertragliches Liquidationsprivileg, aber geringere Eigenkapitalansprüche durch Wandelrechte, Optionen und dergleichen aufweisen. Es scheint die zumutbare Grenze der Simplifikation nicht erreicht, wenn man sagt, dass der Junior-Sponsor aufgrund des ihm aufgebürdeten Risikos gleichsam zum Eigenkapitalgeber wird.

Während in den USA Subordinated Debts typischerweise mit einem Fixzinssatz von 14 % bis 16 % p. a. bei einer Laufzeit von 10-15 Jahren ausgestattet sind, liegt die durch die Eigenkapitalansprüche erhöhte Gesamtrendite bei etwa 25 % bis 30 % p. a. Jene Autoren haben also nicht unrecht, wenn sie schreiben, dass nachrangige Darlehen zu Zinssätzen zur Verfügung gestellt werden, wo dann die jährlichen »Renditen, die von Investoren in der Mezzanin-Schicht realisiert werden, durchschnittlich in den hohen 20ern liegen«.[346] In London bewegt sich der Mezzanin-Zinssatz derzeit ca. 3 bis 4 Prozentpunkte über dem LIBOR.

Die wichtigsten Investorengruppen, die im Rahmen des Mezzanine Financing auftreten, sind Investment- und Merchantbanken, Versicherungsgesellschaften, Pensionskassen und Venture Capital-Financiers. Diese Sponsoren setzen jedoch eine bestimmte Befähigung des Targets zum Schuldendienst voraus. Als Spanne hiebei gilt - je nach Firmenaktivitäten - ein Verhältnis von Netto-Cash-Flow zu Schuldendienst von 120 % bis zu 150 % in Nordamerika, wobei das Gros der interviewten Investment Banker nicht wenige Deals finanzierte, die ein Interest Coverage Ratio von 100 % kaum überstiegen.[347] In Deutschland verlangen Investoren schon ein anspruchsvolleres Verhältnis dieser Kennzahl: ein Deckungsgrad von 180 % bis 220 % sind hierzulande keine Ausnahme. Mezzanine-Financiers verlangen überdies eine 1,5 mal höhere Rendite, als Industrieobligationen der BBB-Qualität[348] erbringen. Abb. 3-04 zeigt die Deckungsquoten anlässlich der RJR-Nabisco-Transaktion:

Abb. 3-04: Der Deckungsgrad bei RJR Nabisco[349]

	1989	1990	1991	1992	1993
Deckungsquoten in %	113	179	205	251	316

In der Regel werden Mezzanin-Finanzierungen in mehreren Stufen abgewickelt.[350] Dem Target wird dabei von der Investmentbank ein selten 18 Monate übersteigender Bridge Loan zur Verfügung gestellt, wobei die durchschnittliche Laufzeit dieses Kredites sechs bis neun Monate beträgt und die Zinsrate zwischen fünf und acht Prozentpunkten über dem Zins für konventionelle Darlehen liegt. Bei dieser Art von Kredit handelt es sich um einen nachrangigen, unbesicherten, der die Zeit bis zur Placierung der Wertpapiere überbrücken soll. Während der kurzen Laufzeit versucht nun der Investment Banker entsprechende Investoren zu finden, durch gezielte Spin-offs nicht betriebsnotwendiger Aktiva den Bridge Loan zum Teil zu tilgen sowie die Registrierung der die Schuld verbriefenden Wertpapiere bei der Securities and Exchange Commission zu erwirken. Aufgrund der bis zu 30 %igen Renditen und der bis zu fünfzehnjährigen Laufzeit finden sich vor allem grosse Versicherungsgesellschaften (z. B. John Hancock Life Insurance, Prudential, Equitable, Metropolitan Life, oder Northwest Mutual) und Pensionsfonds der wirtschaftlich mächtigen Industrieunternehmen[351] (z. B. GM, Ford oder IBM) bereit, in die angebotenen nachrangigen Titel zu investieren. In den USA der 80er Jahre wurde diese Form der Zwischenfinanzierung u. a. eingesetzt, »um in den von Drexel Burnham dominierten Markt von High Yield Securities einzutreten, da dieses Haus Bond-Emissionen auf der Basis von Highly Confidential Letters durchführte, durch die Drexel die Ansicht zum Ausdruck brachte, dass nach der Prüfung der Transaktion eine Emission erfolgreich placiert werden könne«.[352]

3.1.4.3. Eigenkapital

Besonders in diesen Zeiten wird kaum eine Unternehmensübernahme ausschliesslich mit Fremdkapital finanziert. Obwohl auch nachrangiges Darlehenskapital im Insolvenzfall ungesichert ist - daher zwischen Eigen- und Fremdkapital allmählich nur mehr schwindende Trennungslinien bestehen -, muss sich der Sponsor dennoch im Einzelfall ein klares Bild über Renditen und finanzielle Risken der Beteiligung machen. Im allgemeinen belaufen sich die jährliche Gewinnerwartungen auf wenigstens 35 % über 5 bis 7 Jahre,[353] im oberen Quartilsbereich ist eine Jahresrendite von 60 % keine Seltenheit.[354] Andere, vor allem kontinental-europäische Investment Banker sprechen von pessimistischeren 25 % Mindestrendite per anno.[355]

Venture Capital-Financiers (z. B. KKR, Forstman Little, Kelso & Company oder Adler & Shaykin) fordern in der Regel, dass sich das neue Management am Target mit einem signifikanten Betrag beteiligt; dies schon deshalb, da sie dann als Miteigentümer mehr als nur einen ökonomischen Anreiz zur Gewinnmaximierung haben. Andernfalls wird das Management »die Kosten einer zusätzlichen, verstärkten Leistung mit dem marginalen Vorteil vergleichen und zur Schlussfolgerung kommen, dass auf Basis eines fixen Entgelts und einer geringen Eigenkapitalbeteiligung der Zusatznutzen in keinem vertretbaren Verhältnis zum zusätzlichen Engagement steht, wenn das Leistungspotential ausgeschöpft werden soll«.[356] In der Tat muss jedoch des Managers betriebswirtschaftliche Einlage diesen im Konkursfall nicht um Haus und Hof bringen, dennoch sollte seine Beteiligung gross genug sein, um einen bedingungslosen Einsatz sicherzustellen und um zu verhindern, dass der Kapitän bei Gefahr sein sinkendes Schiff verlässt. Die folgende Abbildung zeigt die Eigenkapitalanteile amerikanischer Grossinvestoren sowie Mitglieder des Vorstandes und Aufsichtsrates:

Abb. 3-05: Eigenkapitalanteile von Fortune-500-Unternehmen und an der NYSE notierten Gesellschaften[357]

Percentage of common stock held by:	Durchschnittswert in %	Medianwert in %
Largest Shareholder	15,4	n. a.
Five Largest Shareholder	24,8	n. a.
Board of Directors	10,6	3,4
Board of Directors + Officers	10,1	4,4
Chairman and President	3,7	n. a.
CEO	2,4	0,2
Investment Counsel Firms	6,2	4,7
Banks	5,9	4,5
Mutual Funds	3,4	1,9

In diesem Zusammenhang hervorzuheben ist, dass der Board of Directors, der Board of Directors einschliesslich Officers, der Chairman und President sowie der CEO alleine durchschnittlich 10,6 %, 10,1 %, 3,7 % bzw. 2,4 % (Summe = 26,8 %) ihrer jeweiligen Gesellschaft halten, also um 74,03 % mehr als die jeweils grössten Aktionäre, um 8,06 % mehr als die fünf grössten Aktionäre und um 72,90 % mehr als Investment

Counsel Firms, Banks und Mutual Funds zusammengenommen - angesichts der oben gestellten Forderungen also ein durchaus befriedigendes Ergebnis für einen LBO-Financier.

Darüber hinaus verlangen amerikanische Venture Capitalists in der Regel folgende Parameter anlässlich einer LBO-Finanzierung:[358] Ein Verhältnis von konventionellen Darlehen plus nachrangigen Darlehen zum Eigenkapital von weniger als 7 : 1 sowie ein Verhältnis von Senior Debt zu Subordinated Debt plus Eigenkapital von weniger als 3,5 : 1. Die Schuldtilgung sollte aus dem Cash Flow erfolgen, ohne Rückgriff auf einen etwaigen Verkauf der betriebsnotwendigen Aktiva. Dazu Rudolf Stahl, Senior Vice President bei ABD Securities: »Natürlich erleichtert ein ausgewogenes Verhältnis zwischen Fremd- und Eigenmittel die erfolgreiche Überwindung zinsvolatiler Zeiten sowie ökonomischer Abschwungphasen. Im Mittelpunkt jeder Betrachtungsweise sollte jedoch das Potential des Targets zum Schuldendienst im kritischen ersten Geschäftsjahr stehen.«[359]

In diesem Zusammenhang erwähnenswert ist die Organisation der Venture Capital Funds, welche in den USA meist als Kommanditgesellschaften (»a limited partnership is a partnership formed ... by two or more persons and consisting of one or more general partners and one ore more limited partners«)[360] organisiert sind. Gemessen an der Zahl der Investoren, die sich in Limited Partnerships engagierten (in den USA Anfang 1984 1,7 Millionen), stellten die LBO-Financiers wohl kaum eine Bereicherung dar, wertmässig hingegen dürften sich die Volumina dieser Rechtsform durch die Zunahme an Venture Capital Funds landesweit beträchtlich erhöht haben. Mittels Privatplacierungen versucht der Komplementär nun Eigenkapitalanteile von finanzkräftigen Investoren in die Gesellschaft einzubringen. »Die Investmentfonds sind üblicherweise als Blind Pools strukturiert, d. h. dass die Investoren über einen bestimmten Zeitraum eine Verpflichtungserklärung ... abgeben und auf Aufforderung des General Partner Kapital zur Finanzierung eines LBO zur Verfügung stellen.«[361] In der Tat entspricht es dem Wesen der Kommanditgesellschaft, dass der Komplementär im Rahmen seines Gesellschaftsvertrages »and in furtherance of the partnership purposes«[362] aber auch im Rahmen seiner fiduziarischen Verantwortung gegenüber den Kommanditisten Gesellschaftsvermögen ohne deren Wissen oder Zustimmung erwerben oder veräussern kann. Daher erscheint es verständlich, wenn der General Partner die von den Kommanditisten zur Verfügung gestellten Mittel in LBO-Targets nach seinem Ermessen investiert. Der Gewinn wird dann nach notwendigen Spin-offs, einem erfolgreichen Turnaround und einem allfälligen Börsenexit an die beteiligten Investoren nach Massgabe des Gesellschaftsvertrages überwiesen.[363]

3.1.4.4. Analysen

Nach einer Untersuchung der M & A-Autoren Claus Bressmer, Anton Moser und Walter Sertl wurden die Kapitalanteile, mit denen verschiedene Unternehmen vor und nach ihrer Übernahme mittels LBO finanziert waren, analysiert.[364] Es ergab sich dabei, dass das Fremdkapital in Prozenten der Bilanzsumme nach der Übernahme von durchschnittlich 22 % auf 79 % anstieg. Diese Untersuchung bezog sich jedoch auf Übernahmen zu Beginn der 80er Jahre. Inzwischen kann von einem Fremdkapitalanteil bis zu 90 % ausgegangen werden. Der Anteil der gesicherten Senior Debts an der Finanzierung der jeweiligen Kaufpreise betrug im Durchschnitt der analysierten Fälle immerhin fast 47 %, wobei der geringste Anteil zwar nur 3 %, der höchste hingegen über 93 % betrug. Eine Analyse der ungesicherten Subordinated Debts ergab, dass diese zwischen 9 % und 28 %, im Durchschnitt der untersuchten Fälle 18 % betrugen. Aus eine weiteren Untersuchung in den USA hinsichtlich des Eigenkapitalanteils am gesamten Übernahmepreis ging hervor, dass der mittlere Eigenkapitalanteil der Stichprobe lediglich 7,7 % an der Gesamtfinanzierung betrug.

Laut einer Analyse des Wall Street Journals[365] stieg der durchschnittliche langfristige Fremdkapitalanteil bei 58 analysierten LBOs um 262 %, die durchschnittliche Fremdkapitalquote erhöhte sich auf ein Verhältnis von 5 : 1. Zum ungleich grösseren Anteil der Fremdfinanzierung am Gesamtkaufpreis meint Derek Sach von 3i Investors in Industry Plc.: »Buyouts in the US could become the bankers' next Mexico or Brazil. We see deals which are completely dependent on assets being sold off after one or two years. If there is a slump in the market or a rise in interest rates they are dead.«[366]

Eigene Recherchen zeigen die Verteilung der Finanzierungsquellen der Jahre 1989 und 1990.[367] Demnach betrug in diesem Zeitraum der durchschnittliche Medianwert für den Eigenkapitalanteil (Equity-Investoren einschliesslich Managereinlage) 15,00 %, für Senior Debt 63,75 % sowie für Mezzanin-Kapital 21,25%. Die oberen/unteren Quartilswerte betrugen für das Eigenkapital 25 %/10 %, für konventionelle Darlehen 80 %/50 % und für nachrangige Darlehen 40 %/5 %. Liegen also die oberen und unteren Quartilswerte besonders bei Mezzanin-Kapital relativ weit vom Medianwert, so besteht auch bezüglich der Sicherstellung grösste Uneinigkeit. Nimmt man jedoch den Durchschnittswert der Aussagen, so deckt sich dieser mit dem in der Literatur vertretenen Belehnungsgrenzen, nämlich 80 % der Receivables, 60 % bei Real Property, 50 % der Inventories und 20 % bis 30 % bei Machinery & Equipment.[368] Da eine repräsentative Aussage bei der kleinen Stichprobe kaum sinnvoll ist, lässt die Studie auch lediglich eine Trendvermutung zu, welche man folgendermassen formulieren könnte: Mit zunehmender Verschlechterung der signifikanten ökonomischen Rahmenbedingungen gewinnen Asset-backed Deals zulasten rein Cash-Flow-basierter Finanzierungen an Bedeutung. Verständlich, wenn man bedenkt, dass im Zuge einer unbefriedigenden Geschäftsentwicklung »or if the worst case occurs and the company fails, there is little likelihood that the borrower's personal guarantee will have to be called upon if the loan is adequately collateralized by the business assets - the guarantor and the lender have identical interests, and a game plan to solve emerging problems is relatively easy to agree upon«.[369] Nachfolgende Abbildung zeigt die Verteilung der einzelnen Finanzierungsquellen für die angesprochenen Jahre im einzelnen:

Abb. 3-06: Verteilung der Finanzierungsquellen in den Jahren 1989 und 1990[370]

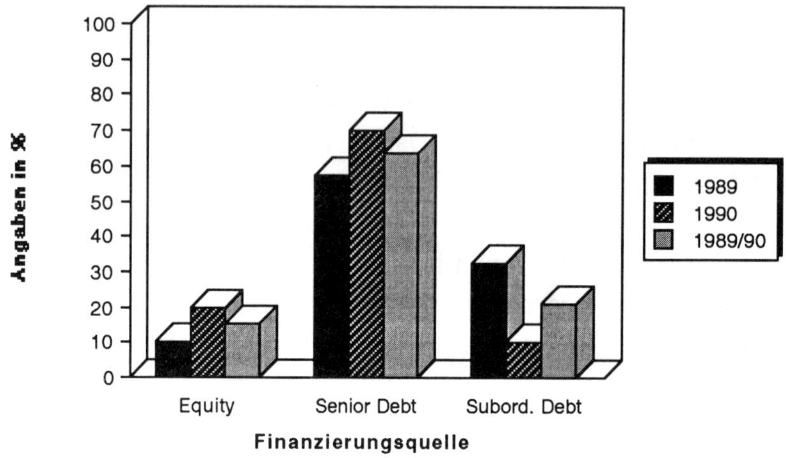

Abb. 3-07 fasst noch einmal die wesentlichen Finanzierungsformen bei einem LBO zusammen und zeigt, wer die geeigneten Sponsoren dafür sind.

Abb. 3-07: Anteil der jeweiligen Finanzierungsform am Gesamtkaufpreis[371]

Titel	Prozent der Gesamtfinanzierung	Investor
Kurz- und mittelfristige konventionelle Darlehen	5-20	Kreditbanken
Langfristige konventionelle Darlehen und nachrangige Darlehen	40-80	Venture Capital-Financiers, teilweise Kreditbanken, Versicherungs-gesellschaften
Vorzugsaktien	10-20	Venture Capital-Financiers, Versicherungs-gesellschaften
Stammaktien	1-20	Investmentbanken, Venture Capital-Financiers, Versicherungs-gesellschaften

3.1.5. LBO-Fallbeispiele

Der Kaufpreis eines Unternehmens beträgt 4,7 Mio. DM. Das Management benötigt jedoch weitere 0,5 Mio. DM zur Finanzierung zusätzlicher Aktiva. Nach 4 Jahren wird der geschätzte Gewinn vor Zinstilgung, aber nach Steuern 1 Mio. DM betragen.

Durch konventionelle Darlehen können 2,8 Mio. DM zu einem jährlichen Zinssatz von 10 % aufgenommen werden. Nachrangiges Darlehen wird zu 20 % p. a. angeboten. Ausserdem verlangen die Sponsoren, dass die anfallenden Zinszahlungen für Subordinated Debts durch einen zweifachen Betrag aus dem Cash Flow gedeckt sein müssen. In Kenntnis dieser Konditionen entscheidet sich das Management für die Aufnahme von 1,8 Mio. DM, da bei einem Gewinn von 1 Mio. DM, abzüglich 0,28 Mio. DM Fremdkapitalzinsen für den Senior Debt, 0,72 Mio. DM für das nachrangige Darlehen verbleiben.[372]

Das Management selbst kann 0,1 Mio. DM aufbringen. Die fehlenden Finanzierungsmittel betragen somit 0,5 Mio. DM.[373] Es wird nun geschätzt, dass das Target nach 4 Jahren zu einer Price/Earning-ratio von 9 verkauft werden könnte. Damit würde der Wert nach Ablauf dieser Zeit 3,24 Mio. DM betragen, da nach Abzug sämtlicher Zinsaufwendungen 0,36 Mio. DM auszuschüttender Gewinn verbleibt.[374]

Den neuen Eigentümern wird überdies mitgeteilt, dass institutionelle Eigenkapitalinvestoren eine jährliche Rendite von 50 % erwarten. Die fehlenden 0,5 Mio. DM sollten demnach nach 4 Jahren 2,531 Mio. DM wert sein. Der ROI für das Management beträgt somit annähernd 63 % p. a., da dessen Einlage von 0,1 Mio. DM auf 0,709 Mio. DM nach 4 Jahren anwächst.[375]

Folgende Abbildung zeigt den vereinfachten Finanzplan eines Muster-LBO:

Abb. 3-08: Muster-LBO[376]

Passiva in Mio. DM.	Closing	1988	1989	1990
Fremdkapital:				
Kontokorrent-kredite	85	85	85	85
langfristige Bankkredite	295	289	157	155
Vorrangige Notes	135	135	135	135
Bestehende Verbindlichkeit	170	165	160	155
Höherrangige, nachrangige Obligationen	115	115	115	115
Summe Fremdkapital	800	789	652	645
Eigenkapital:				
Bestehende Vorzugsaktien	20	14	0	0
14 % Exchangeable aus Wandel-obligationen	105	115	132	141
Vorzugsaktien mit variabler Dividende	15	15	15	15
13,5 % Cumulative	40	43	48	55
Stammaktien	20	20	20	20
Reserven	0	- 6	1	5
Summe Eigenkapital	200	201	216	236
Gesamt-kapitalisierung	1000	990	868	881
Debt/Equity-Ratio	4,00	3,93	3,02	2,73

3.1.6. Bedeutung und Verbreitung des LBO

Abb. 3-09 und Abb. 3-10 zeigen die Entwicklung der Leveraged Buyouts in den USA:

Abb. 3-09: Anzahl der LBOs in den USA[377]

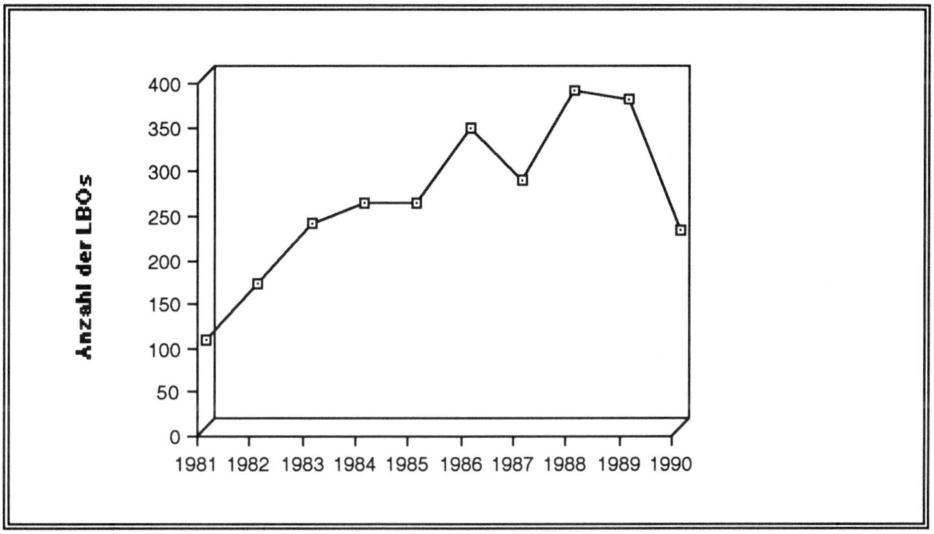

Abb. 3-10: Wert der LBOs in den USA (in Mio. $)[378]

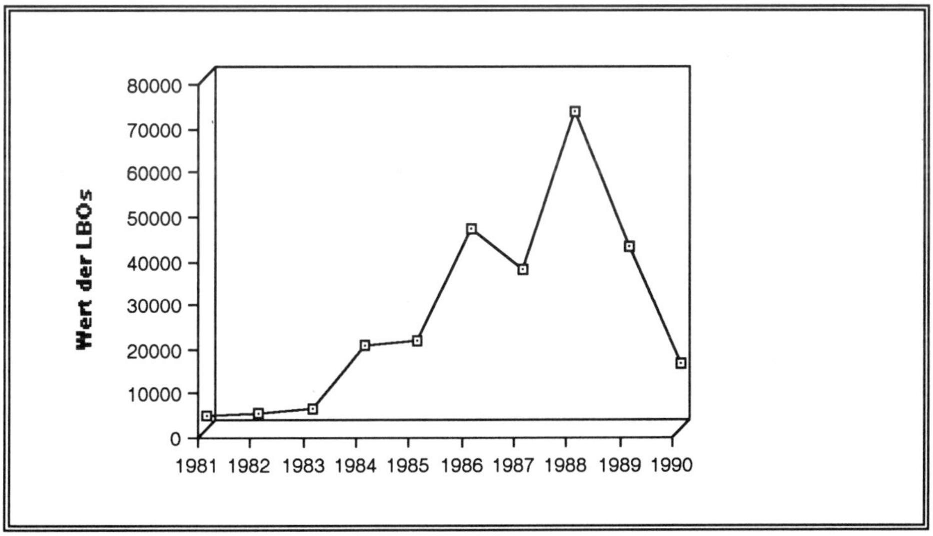

Nach dem Einbruch im Jahre 1987, wo US-LBOs auf eine Anzahl von 279 und einem Wert von 36227,5 Mio. $ sanken, wurde im Jahre 1988 das bisher grösste Jahresvolumen von über 71697 Mio. $ bei 381 Transaktionen hervorgebracht. Eine jüngste statistische Analyse zeigt, dass 57 % des gesamten Marktvolumens 1988 auf die 17 grössten[379] LBOs entfiel. Absoluter Spitzenreiter in dieser Liga war RJR Nabisco mit 25 Mrd. $. Vergleicht man nun den wertmässigen Anteil der LBOs am Gesamtwert der in den USA durchgeführten M & A-Transaktionen, so ergibt sich ab dem Jahr 1985 folgende Zusammensetzung: 13,59 % (1985), 22,12 % (1986), 22,24 % (1987), 28,80 % (1988), 17,45 % (1989) und 10,64 % (1990). Den höchsten prozentuellen Anteil am Gesamtwert der US-Transaktionen erreichten die LBOs somit im Jahre 1988 mit 28,8 %. Nachstehende Abbildung demonstriert eine Auswahl der wichtigsten LBO-Übernahmen in den USA:

Abb. 3-11: Grösste LBO-Transaktionen in den USA von 1985-1989[380]

LBO-Kandidat	Erwerber	Kaufpreis in Mrd. $
RJR Nabisco	Kohlberg Kravis Roberts	25,0
Federated Dept. Stores	Campeau Corp.	6,5
Beatrice Companies	BCI Holdings	6,2
Safeway Stores Inc.	SSI Holdings	5,7
Borg-Warner Corp.	Borg-Warner-Holdings Corp.	4,4
Allied Stores	Campeau Corp.	4,2
Southland Corp.	Thompson Co.	4,0
Hospital Corp. of America	HCA-Hospital Corp.	3,9
Viscom International	National Amusements	3,9
Montgomery Ward & Co.	Kidder Peabody	3,8
Northwest-Airlines	Wings Holdings	3,7
R. H. Macy	Macy Merger Corp.	3,7
Owens-Illinois Inc.	Owens-Illinois Holdings	3,6
Fort Howard Corp.	Morgan Stanley	3,6
Burlington Industries	Burlington Holdings	2,6
American Standard Inc.	ASI Acquisition Corp.	2,5
Jim Walter Corp.	Kohlberg Kravis Roberts	2,4
Fruehauf Corp.	Fruehauf Holdings Corp.	2,0
Supermarkets General	Supermarkets Holdings Corp.	1,8
Duracell Inc.	Kohlberg Kravis Roberts	1,8
Levi Strauss	Levi Strauss Associates	1,5
Playtex Holdings Inc.	Thomas M. Lee Co.	1,3
Revco D.S. Inc.	Anac Holding Corp.	1,3
Pneumo-Abex Corp.	Wasserstein Perella	1,2
Container Corp. of America	JSC/MS Holdings	1,2
Stop & Shop Co.	Kohlberg Kravis Roberts	1,2
Jack Eckerd Corp.	Eckerd Holdings	1,2

Als Investment Banker bzw. Venture Capital-Financiers waren KKR (RJR Nabisco, Beatrice, Safeway Stores, Owens-Illinois, Jim Walter, Duracell, Stop & Shop), Shearson Lehman, Goldman Sachs und Hellman & Friedman (Federated Department Stores), Kidder Peabody und Drexel Burnham Lambert (Beatrice), Merrill Lynch (Borg-Warner), Morgan Stanley (Hospital Corp. of America, Fort Howard), Kidder Peabody (Montgomery Ward), First Boston (Northwest-Airlines) sowie Wasserstein Perella (Pneumo-Abex) beteiligt.

Interessant in diesem Zusammenhang erscheint die Rolle von Kohlberg, Kravis, Roberts & Company im grössten LBO aller Zeiten: Im Dezember 1988 wurde das amerikanische Firmenkonglomerat RJR Nabisco unter der Federführung der Investmentfirma KKR um 25 Mrd. $ erworben. Noch war es aber nicht soweit, denn die Aktien des Targets notierten Ende der zweiten Oktoberwoche 1988 noch zu 56 $. Am 19.10.1988 liess RJRs Top Management unter der Führung von Ross Johnson seinen Aufsichtsrat wissen, dass es den erst 1985 fusionierten Nahrungsmittel- und Tabakkonzern zu übernehmen beabsichtige. »On this night, however, Johnson's purpose was not just to be convivial. Declaring that he had tried everything he could during the past two years to boost RJR Nabisco's stock price, Johnson said he had found a solution: he and his fellow top managers would take complete control of the company in a leveraged buyout. Johnson would then sell off some of the company's food brands and run the remaining divisions as a private company.«[381] Auf Johnsons Angebot von 75 $ je Aktie (was einem Gesamtkaufpreis von 17,6 Mrd. $ entsprach), folgte am 24.10.1988 KKRs Offert mit 90 $ je Aktie (und einem Kaufpreis von 20,6 Mrd. $), worauf Johnson am 21.11.1988 sein Angebot auf 100 $ je Aktie (Kaufpreis 22,7 Mrd. $) erhöhte. Kurz vor Ablauf der Frist am 29.11.1988 meldete sich ein weiteres Investoren-Team unter der Führung von Jay Pritzker, Philip Anschutz und Harry Gray mit einem Angebot von 118 $ je Aktie (Kaufpreis 26,8 Mrd. $), bot aber primär Wertpapiere sowie Genussscheine und nur einen geringen Betrag in bar. Schliesslich wurde RJR Nabisco am 1.12.1988 um 109 $ je Aktie an KKR verkauft, wobei der Gesamtkaufpreis 25 Mrd. $ betrug. Damit bezahlten die Investoren einen Betrag, der 2200 % des jährlichen Cash Flows und 160 % des Jahresumsatzes betrug.

Da das Unternehmen zur Jahreswende 1988/89 langfristige Bankkredite von 5 Mrd. $ hatte, führte der LBO zu einem enormen Anstieg der Schulden auf über 30 Mrd. $. Alleine die Zinsen für das Jahr 1989 sowie das Honorar an die Vermittler betrugen 4,5 Mrd. $. Im einzelnen wurden die Verbindlichkeiten folgendermassen strukturiert:[382]

◊ 6 Mrd. $ Bankkredite auf 18 Monate, die durch den Verkauf von Unternehmensbeteiligungen getilgt werden sollen;

◊ 1,5 Mrd. $ Bankkredite auf 24 Monate, die aus dem Cash Flow oder dem Verkauf von weiteren Unternehmensteilen getilgt werden sollen;
◊ 5,25 Mrd. $ Bankkredite auf 6 Jahre, die aus dem Cash Flow getilgt werden sollen;
◊ 5 Mrd. $ Junk Bonds;
◊ 2 Mrd. $ Investment von KKR sowie
◊ 6 Mrd. $ sonstige Finanzierungsquellen, u. a. Hybridformen wie Wandelschuldverschreibungen.

KKR glaubte, die gute Ertragskraft von RJR Nabisco werde einen raschen Schuldenabbau ermöglichen - und danach die Placierung neuer Aktien mit Gewinn. Diese Rechnung ging bislang nicht voll auf. Der hohe Schuldendienst band mehr personelle und finanzielle Ressourcen, als angenommen worden war, und frass den gesamten Gewinn von RJR Nabisco weg. 1989 wies die Gesellschaft einen Verlust von 1,15 Mrd. $ aus. Nachdem der Zusammenbruch des Junk-Bond-Marktes auch die RJR-Papiere in die Tiefe gerissen hatte, arbeitete das Investmenthaus Mitte 1990 einen Refinanzierungsplan aus. Im Jahre 1990 steigerte sich denn auch der Umsatz auf 13,9 Mrd. $ (+ 9 %), der Bruttogewinn auf 3,43 Mrd. $ (+ 31 %) sowie das Nettoergebnis auf - 0,43 Mrd. $ (+ 63 %). Die jüngsten Refinanzierungsaktionen sparen RJR Nabisco Zinszahlungen von mehrern hundert Millionen Dollar pro Jahr, so dass Standard & Poor's kürzlich das Rating für RJR-Bonds von B auf BB aufwertete (zum Rating siehe Kapitel »Junk Bonds & Insider Trading«, Abschnitt »High Yield Bonds«). Damit kam die unterste, nicht mehr als Junk Bond klassifierte Bonitätsstufc BBB in Griffweite.

Dennoch, nach dem Deal behaupten kritische Analysten, dass RJR Nabisco nicht einmal annähernd den geleisteten Kaufpreis wert war. Monate werden noch vergehen, bis diese Hypothese bestätigt sein wird; sicher ist heute nur, dass KKR - um die gewaltige jährliche Zinslast zu bewältigen - Unternehmensteile von RJR Nabisco liquidieren, Arbeitnehmer entlassen, Marketingausgaben reduzieren und Investitionen in neue Anlagen kürzen muss. Darüber hinaus kann sich der kontinentaleuropäische Leser die Frage stellen, ob denn Übernahmen in der beschriebenen Art und Weise auch hierzulande möglich sind? Eine ähnliche Vorgangsweise wäre, wenn zum Beispiel »BMW-Chef von Kuenheim mit seinen engsten Mitarbeitern versuchen würde, das von ihm geleitete Unternehmen aufzukaufen, ihm eine private Beratungsfirma jedoch durch ein günstigeres Angebot zuvorkommt und damit beginnt, das bayrische Traditionsunternehmen mit dem grossen Namen Stück für Stück an die Meistbietenden zu verscherbeln«.[383] KKR verkaufte z. B. fünf RJR-Produktionsstätten in drei europäischen Ländern um 2,5 Mrd. $ an BSN.

3.1.7. Kaufgegenstand beim LBO

Beim Erwerb des Targets durch Übernahme von Aktiva und Passiva kann die übernehmende Gesellschaft zur Finanzierung des Kaufpreises direkt mit Fremdkapital ausgestattet werden (vgl. dazu Abb. 2-50). Bei einer Übernahme durch Kauf von Aktien (vgl Abb. 2-52) wird die übernehmende Gesellschaft mit dem zum Erwerb der Aktien notwendigen Fremdkapital ausgestattet und bezahlt sodann den Kaufpreis an die Veräusserer. Anschliessend wird - wie bereits in Kapitel »Der internationale Unternehmenskauf«, Abschnitt »Vertragsverhandlung« besprochen - das Target als Tochtergesellschaft in den Konzern eingegliedert. Durch die Übertragung der Aktien des akquirierten Unternehmens an dessen Erwerber ist die Transaktion abgeschlossen. Damit sind nun aber auch die Schulden des Käufers zu Schulden des Targets geworden.[384] Abb. 3-12 fasst den möglichen Kaufgegenstand und die Finanzierungsform beim LBO zusammen:

Abb. 3-12: Transaktions- und Finanzierungstypus beim LBO[385]

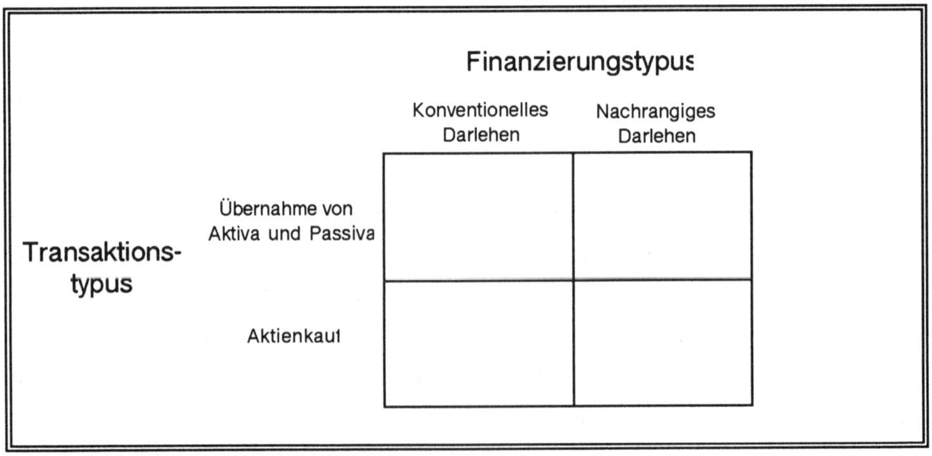

3.1.8. Kritik und Würdigung

Als LBO-Takeover an Umsatz und Anzahl beträchtlich zunahmen, fanden immer mehr auf kurzfristigen Profit bedachte Raider und Sponsoren Gefallen an dieser attraktiven Methode der Übernahmefinanzierung. In der Mitte der 80er Jahre jedoch nahmen Kaufpreise und Hebeleffekte extravagante und bereits unseriöse Formen an, so dass sich aufgrund des stufenweisen Rückzuges auf langfristigen Erfolg bedachter und weniger risikofreudiger Unternehmer, die Akquisitionen mittels Leveraged Buyout seit 1989 auf ein vetretbares Mass reduzierte (siehe Abb. 3-09 und Abb. 3-10).

Hauptkritikpunkt war denn auch die massive Zunahme der kreditfinanzierten Unternehmensverschuldung. So hat diese von 965 Mrd. $ im Jahre 1982 auf über 1800 Mrd. $ im Jahre 1988 zugenommen, also eine Steigerung von mindesten 87 %.[386] Eine ähnliche Tendenz zeigen auch die Entwicklung der Gesamtverbindlichkeiten in Prozenten der Nettoaktiva (Abb. 3-13) sowie die Unternehmensverschuldung in Prozenten des Bruttosozialprodukts (Abb. 3-14). Zudem entgingen den amerikanischen Finanzbehörden aufgrund der gewinnmindernden Geltendmachung der Schuldzinsen wichtige Steuereinnahmen; alleine durch die RJR-Transaktion sollte der Fiskus Verluste von 3 bis 5 Mrd. $ erleiden.[387] Das Brookings-Institut in Washington D. C. hat nun die Auswirkungen eines potentiellen Zinsanstiegs auf die 500 grössten US-Unternehmen analysiert. Bei einem Anstieg der Prime Rate auf 20 % würden demnach 100 Unternehmen, also ein Fünftel, zahlungsunfähig.[388]

Abb. 3-13: Total Debt as a Percentage of Net Tangible Assets in the US[389]

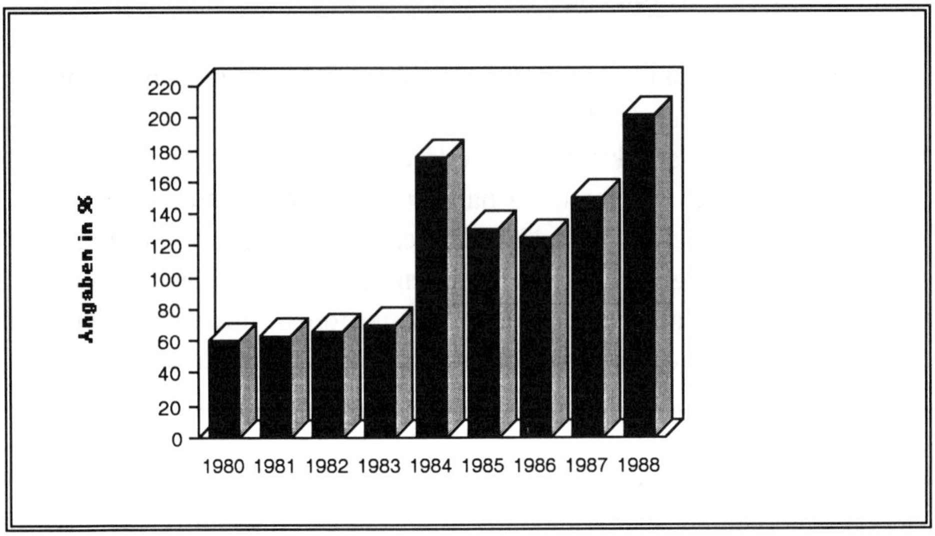

Abb. 3-14: Corporate Borrowing as a Percentage of GNP in the US (Nonfinancial Corporations Only)[390]

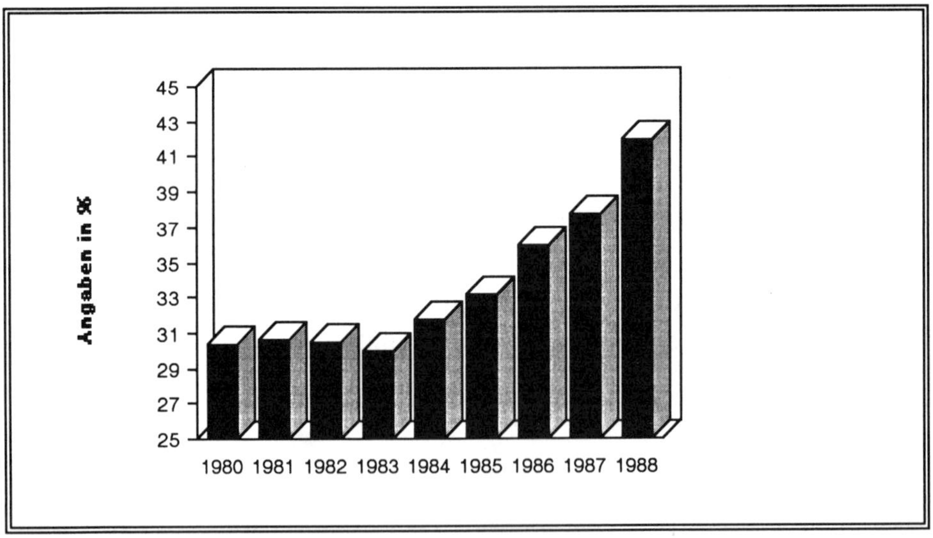

Dennoch finden sich auch in diesen Tagen nicht wenige den LBO unterstützende Kräfte, wie George Roberts von KKR: »Ever since we started in the leveraged buyout business eighteen years ago, people have been telling us what we do doesn't work. Just wait until we have high interest rates and a bad economy, they kept warning us. Well, we've been through four business cycles - and we have yet to see their predictions come true.«[391] Auch Franco Modigliani, Nobelpreisträger für Wirtschaftswissenschaften 1985, konstatiert: »We do not share the common alarm concerning extent and recent trends of coporate indebtness. The debt-equity ratio of American firms has increased since 1980, but not to an unprecedented level.«[392] Eine gute Begründung für das Fortbestehen des LBO erhält, wer John Naisbitts Dezentralisierungsgedanken in seinen Megatrends, die zur unerlässlichen Bibel der entmutigten und um ihre Zukunft besorgten Amerikaner avancierten, entschlüsselt. Im fünften Kapitel »Von der Zentralisation zur Dezentralisation« schreibt Naisbitt: »Unsere kopflastigen, überzentralisierten Institutionen sterben ab, während wir vom Grunde auf neu bauen.«[393] Dazu Carl Ferenbach, Vorstandsvorsitzender von Thomas H. Lee Company: »This is no passing fancy. Rather it is tangible evidence of decentralization - the need of Americas industry to focus its resources on what its managers in any given environment know best.«[394]

Nichtsdestoweniger wird den LBO-Transaktionen häufig unterstellt, sie würden keine neuen Werte schaffen, sondern bloss Vermögen umverteilen. Mag dies auch in einzelnen Fällen zutreffen, dürfen wir nicht das theoretische Fundament der klassischen Nationalökonomie vergessen: Es sollte einzig der Marktmechanismus sein, der dem produktivsten und effizientesten Marktteilnehmer die Verfügungsmacht über das Kapital zuspielt. Dennoch, die breite Öffentlichkeit ignoriert das Potential der LBO-Transaktionen; hingegen orientiert sie sich an den mit den LBOs verbundenen Betriebsschliessungen und Entlassungen, vergisst aber, dass deren Zahl zum Beispiel in der - gegen Übernahmen weitgehend geschützten - amerikanischen Automobilindustrie weit höher war. In der Tat dürfen wir persönliche Kosten und Leid des Arbeitsplatzverlustes nicht unbeachtet lassen, insbesondere wenn dies in grösserem Umfang geschieht. Moderne Industriestaaten sollten daher Massnahmen für eine Überführung des freigesetzten Arbeitskräftepotentials in andere Beschäftigungsbereiche ergreifen. Doch verhindert man die erforderliche Umschichtung von Kapital- und Humanvermögen, entstehen ebenfalls Sozialkosten, die langfristig noch höher sein können.

3.1.8.1. Kriterienkatalog zur Beurteilung des LBO

Einen Kriterienkatalog zur Beurteilung der Leveraged Buyouts verfasste Paul Lerbinger in der Fachzeitschrift Die Bank, den ich unkommentiert und auch nur auszugsweise wiedergeben will:[395]

- \+ Die Beratungshonorare für z. B. die Rechtsanwälte und Banken, die Neugründungskosten und die Anlaufkosten können sofort als steuerwirksame Ausgaben abgesetzt werden.
- \+ Der hohe Verschuldungsgrad und die sich daraus ergebenden Zinszahlungen reduzieren deutlich die Finanzierungskosten nach Steuern, zumal in der Anfangsphase nach dem LBO keine Dividenden ausgeschüttet werden.
- \+ Falls der Kaufpreis für die erworbenen Vermögensgegenstände ihren Buchwert übersteigt, eröffnen sich die Möglichkeiten von höheren Abschreibungen auf die neu bewerteten Vermögensgegenstände.
- \+ Die Steuerlastquote und der Steueraufwand reduzieren sich wegen der höheren Zinsverpflichtungen und Abschreibungen.
- \+ Durch eine Reprivatisierung kann man sich den Publizitätsvorschriften entziehen.
- \+ Durch eine breite Placierung der Aktien und Reduzierung ihres Anteils im Rahmen des Going Public können LBO-Käufer beträchtliche Kapitalgewinne realisieren.
- \- Für die renditeorientierten Investoren handelt es sich um ein langfristiges und risikoreiches Investment. Sie können während der ersten Jahre ihrer Anlage mit keiner Verzinsung rechnen.
- \- Das LBO-Unternehmen ist wegen des hohen Fremdkapitalvolumens und der niedrigeren Eigenkapitalquote besonders anfällig für Überschuldung oder Illiquidität.
- \- Sind die Top Manager im Rahmen des LBO am Unternehmen nicht beteiligt, besteht Gefahr, dass die Mehrheit der qualifizierten Manager das Unternehmen verlassen.
- \- Die Zufuhr von Fremdkapital führt zu einer erhöhten Fixkostenlast durch Schuldzinsen. Dadurch verstärkt sich das Risiko, dass die Nettogewinne für die Eigentümer sinken oder gar negativ werden.

3.1.9. Re-leveraging

Nicht nur Kopfzerbrechen macht jetzt eine Neuauflage des Leverageeffektes - das sogenannte Re-leveraging.[396] Investment Banker verstehen darunter den Verkauf eines LBO-Targets vor dessen vollständiger Schuldentilgung. Die daraus resultierende verbesserte Gewinnerwartung für Eigenmittelinvestoren wird zur Gänze fremdfinanziert. So wurde Playtex im April 1986 mittels LBO von Beatrice Foods an finanzkräftige Venture Capitalists verkauft, welche im September 1988 das Target an sein amtierendes Management (Thomas M. Lee Co.) um 1,3 Mrd. $ veräusserten. Die Transaktion führte zu einer Erhöhung der Verbindlichkeiten sowie zu beträchtlichen Papiergewinnen der Eigenmittelinvestoren, die damit ihren Einschuss von 10 Mio. $ auf 500 Mio. $ erhöhten. Dazu Manfred Moschner, ACS Acquisition Services, in einem Interview:[397] »Im Rahmen meiner Tätigkeit wurde ich mehrfach von Finanzinvestoren eingeladen, Unternehmen zu verkaufen, die sie vor wenigen Jahren zu einem vergleichsweise günstigen Ertragswert selbst erworben hatten. Diese sollten dann zu einem niedrigeren Diskontfaktor veräussert werden.«

3.2. Der ESOP-LBO

Im Rahmen dieser Sonderform wird die bisherige Entwicklung des Employee Stock Ownership Plan (ESOP) in den USA, Grossbritannien und Deutschland behandelt, die Grundzüge und Technik des ESOP-LBO dargestellt und eine Leveraged ESOP-Fallstudie präsentiert. Abschliessend wird der ESOP-LBO einer kritischen Würdigung unterworfen.

3.2.1. Bisherige Entwicklung des ESOP

Über die Stellung des ESOP im Rahmen der Abwehrstrategien wurde schon berichtet. Der dort bereits erwähnte Louis Kelso schrieb nach ersten erfolgreichen ESOP-Experimenten in seinem im Jahre 1958 publizierten und zweifellos bahnbrechenden Werk The Capitalist Manifesto: »Since the function of technological progress is to change from labor intensive to capital intensive methods of production, it is imperative that the way in which individuals participate in production and earn income also become capital oriented. But since conventional financing techniques give preferred - if not exclusive - access to capital credit to people who already are capital owners, it is necessary to invent a new approach to providing access to capital credit to the majority who own no capital.«

Steuerbefreiende Vorteile geniessen Mitarbeiterbeteiligungen in den USA schon seit 1921. Dennoch konnte in den 80er Jahren laut Beobachtung der ESOP Association,[398] einer in Washington D. C. ansässigen Interessenvertretung zur Förderung von Mitarbeiterbeteiligungen, das bisher grösste Wachstum beobachtet werden. So stiegen Employee Stock Ownership Plans von 300 im Jahre 1974 auf über 9000 zu Jahresmitte 1988, was einer Involvierung von 10 Mio. US-Bürgern oder 8 % der arbeitenden Bevölkerung gleichzusetzen ist. Alleine 1700 amerikanische Unternehmen sind in Majoritätsbesitz seiner Mitarbeiter.

Darüber hinaus unterstützte die Verabschiedung von bisher insgesamt 15 Gesetzen seit 1973 die Idee des ESOP. Die bedeutendsten davon sind der Employee Retirement Income Security Act (1974), der Tax Reform Act of 1976, der Deficit Reduction Act (1984) und der Tax Reform Act of 1986.[399] Die wichtigsten Änderungen dieser Gesetze betrafen die steuerliche Behandlung der Finanzierungsmittel sowie der Geldtransfers im Rahmen des ESOP. So wurde einerseits neben dem Ankauf von Anleihen auch der Aktienerwerb durch den Arbeitgeber begünstigt sowie die Aufnahme von Fremdmittel zur Finanzierung des Aktienkaufs gestattet. Andererseits wurden Leistungen des Arbeitgebers an den ESOP-Fonds steuerlich zu 100 % und Zinserträge beim Fremdkapitalgeber zu 50 % abzugsfähig (zur Gründung des ESOP-Fonds durch den Arbeitgeber siehe unten).

Obwohl auch in Grossbritannien Kelsos Idee heftig diskutiert wurde, ist man dort von einer praktischen Umsetzung noch weit entfernt. Wie bereits im Rahmen der Abwehrstrategien ausführlich diskutiert, scheitert der Erwerb eigener Aktien an der Mehrdeutigkeit des Companies Act/Kapitel VI. Dennoch ist das System der Mitarbeiterbeteiligung durchaus verbreitet, gibt es doch in Grossbritannien annähernd 1400

Kapitalsparpläne mit ca. 1,5 Mio. beteiligten Arbeitnehmern sowie mehr als 2700 freiwillige Sparprogramme.[400]

In der BRD ermöglichen 1500 Unternehmen ihren Mitarbeitern eine finanzielle Partnerschaft. Dabei haben sich 1,2 Mio. Arbeitnehmer mit insgesamt 1,2 Mrd. DM an ihren Unternehmen beteiligt.[401] Dazu Günter Grehl, Sprecher des Vorstandes der National Westminster: »In Deutschland befinden sich Buyouts durch die Belegschaft im Wachsen, wenngleich der Grossteil bisher von einer geringen Anzahl an Key-Managern durchgeführt wurde.«[402] Ebenso bedenklich erscheint die Beteiligungskonstruktion, deren sich deutsche Unternehmen hiebei bedienen, da die Mitarbeiter in der Regel lediglich im Rahmen eines partiarischen Darlehens an ihrem Unternehmen beteiligt werden. Diese Darlehensform, bei dem der Gläubiger anstelle von Zinsen einen bestimmten Anteil vom Gewinn oder Umsatz erhält, ähnelt der stillen Gesellschaft, wobei Gläubiger und Schuldner aber nicht zu einer echten Gesellschaft zusammengeschlossen sind. Da die Parteien den Vertrag beliebig gestalten und auch Überwachungsrechte des Gläubigers vereinbaren können, ist die Abgrenzung im Einzelfall oft schwierig. In der Regel jedoch handelt es sich beim partiarischen Darlehen um Fremdkapital.

3.2.2. Definition und Technik des ESOP-LBO

Der fremdfinanzierte Kauf eines Unternehmens durch die Gesamtheit oder doch zumindest durch den Grossteil seiner Mitarbeiter bezeichnet die Literatur als ESOP-LBO. Mittels Fremdkapital werden demnach Aktien eines Unternehmens erworben und somit die Verfügungsmacht an neue Eigentümer übertragen. Der Vorteil des Leveraged ESOP liegt aber vor allem in der vergleichsweise kürzeren Amortisationsperiode der aufgenommenen Kredite, da - wie oben erwähnt - die Leistungen des Arbeitgebers an den ESOP-Fonds zumindest in den USA gänzlich absetzbar sind, während bei einem konventionellen Kredit lediglich die Fremdkapitalzinsen steuerlich als abzugsfähig anerkannt werden. Folgendes vereinfachtes Beispiel[403] soll diesen Zusammenhang demonstrieren. Bei einem Grenzsteuersatz von 50 % müsste das Unternehmen nahezu 20 Mio. DM vorsteuerlichen Gewinn erzielen, um ein Darlehen von 10 Mio. DM zurückzahlen zu können. Hingegen ist bei einem ESOP lediglich ein Gewinn vor Steuern von 10 Mio. DM nötig. Daher ist der Cash Flow zur

Schuldentilgung bei einem ESOP-LBO beträchtlich höher als bei einem konventionellen Kredit.

Anlässlich eines Leveraged-ESOP sind nun folgende Schritte zu durchlaufen:[404] Nachdem der Arbeitgeber einen ESOP-Fonds gegründet hat, besorgt der Treuhänder des Fonds - meist eine Bank oder eine grosse Versicherungsgesellschaft - die notwendige Finanzierung für den Erwerb der Aktien am Unternehmen. Während der Arbeitgeber für die Aufnahme des Fremdkapitals seine Haftung erklärt, werden die erworbenen Anteile als zusätzliche Sicherheit in einem Suspense Account gehalten. »Diese Anteile werden den Mitarbeitern im Verhältnis ihrer Bezüge einerseits und jährlicher Zahlungen des Arbeitgeberunternehmens an den ESOP andererseits gutgeschrieben.« Nach der Tilgung des Kredites und der sukzessiven Auslösung der Wertpapiere aus dem Suspense Account, können die Mitarbeiter das Eigentum an den ihnen gutgeschriebenen Anteilen erwerben.

3.2.3. Leveraged ESOP-Fallstudie

Trotz der erwähnten Probleme des Kapitel VI des britischen Companies Act, konnte das Management von MFI[405] den bisher grössten Buyout in der sonst so bewegten M & A-Geschichte des Landes durchführen. So besorgte die Chemical Bank und Kleinwort Benson in ihrer Funktion als ESOP-Treuhänder die Fremdmittelfinanzierung von 11 Mio. £. Der Fonds kaufte nun Aktienpakete von MFI, während das Management für den Kredit bürgte. Je nach den eingehenden und somit steuerabzugsfähigen Gewinntransfers werden die 380 Manager und ca. 4000 Mitarbeiter die Unternehmensanteile nach und nach erwerben. Heute jedoch sieht das Unternehmen nicht zuletzt aufgrund der britischen Hochzinsphase einer mehr als ungewissen Zukunft gegenüber.[406]

3.2.4. Kritische Würdigung

ESOPs bieten die Möglichkeit, unerwünschte Übernahmen abzuwehren, Produktivitätssteigerungen herbeizuführen und die Steuerlast signifikant zu senken. Nach Loughheads[407] Ansicht jedoch sind sie nicht in der Lage, schlechte Produktqualität oder Kundenbeziehung in gute, unbefriedigende

Marktpositionen in marktbeherrschende oder problematische Arbeitgeber-Arbeitnehmer-Beziehungen in reibungslose Partnerschaften zu wandeln. Darüber hinaus zeigen empirische Untersuchungen, dass ausschliesslich als Beteiligungs- und Finanzierungsmodell missbrauchte ESOPs weitaus geringere Erfolgsquoten aufweisen als jene, wo Kelsos ursprüngliche Idee der Mitarbeiterbeteiligung verwirklicht wurde.[408]

3.3. Management Buyouts

Wenngleich auch das Konzept des Management Buyout weitaus älter ist als sein Name, so darf dennoch der atemberaubende Anstieg vor allem britischer MBOs seit Beginn der 80er Jahre nicht missachtet werden. So betrug - wie wir später noch sehen werden - die kumulierte Anzahl britischer Management Buyouts der Jahre 1967-1978 lediglich 79, während zwischen 1979 und 1990 3081 MBOs stattfanden. Dennoch ist das MBO-Phänomen erstmals in den frühen 60er Jahren in den USA wahrgenommen worden, als sich Manager in sogenannten Bootstrap-Aktionen[409] zu formieren begannen, um Selbsthilfe-Akquisitionen ihrer eigenen Unternehmen, die sich in wirtschaftlichen Schwierigkeiten befanden oder deren Eigentümer verkaufen wollte, durchzuführen.

3.3.1. Gründe für einen MBO

Die vorherrschende Motive sind:

◊ Nachfolgelösungen
◊ Spin-offs
◊ Privatisierungen
◊ Motivation und Selbständigkeit des Managements

3.3.1.1. Nachfolgelösungen

Familienunternehmen, in denen das Ausscheiden des Patriarchen heftige Nachfolgediskussionen im verbliebenen Management auslösen kann, offerieren Investment Banker vor allem dann einen MBO, wenn die potentiellen Erben bzw. Mehrheitsaktionäre nicht gewillt sind, das Unternehmen fortzuführen und das amtierende Management über genügend liquide Mittel oder doch zumindest über die erforderliche Reputation verfügt, um den notwendigen Kredit zur Übernahme des Familienunternehmens aufnehmen zu können. Besonders bei Familienfehden kann ein weiterer Schaden für das Unternehmen abgewehrt werden, wenn im Zuge der Verlassenschaftsabwicklung die Firma an seine leitenden Angestellten verkauft wird. »Geld ist teilbar, eine Firma aber nicht.«[410]

Angesichts der Tatsache, dass auch in Deutschland derzeit bei einer Vielzahl von mittelständischen Unternehmen ein Generationswechsel bevorsteht, dürfte hierzulande mit einem hohen Anteil an MBOs zu rechnen sein. Deutsche Quellen verweisen auf Hochrechnungen, aus denen hervorgeht, dass bis zur geplanten Verwirklichung des Gemeinsamen Marktes am 1.1.1993 ca. 5000 mittelständische Unternehmen vor einer bislang noch nicht gesicherten Nachfolgeregelung stehen.[411]

3.3.1.2. Spin-offs

MBOs sind aber nicht selten auch eine Folge von mangelnder Produktivität, unzureichender Konkurrenzfähigkeit, gewinnverzehrender Overheads oder schwindender Marktstellung. Vor allem in den USA und in Grossbritannien sind ca. 60 %-70 % der Buyouts auf Umstrukturierungsmassnahmen in Grosskonzernen zurückzuführen.[412] Überdies ziehen sich nach ihren Sturm-und-Drang-Jahren diversifizierte Konzerne zunehmend auf ihr Core Business zurück und bieten strategisch uninteressant gewordenene Geschäftsbereiche zum Verkauf an; Litton Industries (verkaufte den defizitären Frankfurter Schreibmaschinenproduzenten Triumph-Adler an Volkswagen), ITT (verkaufte z. B. seine finanzträchtige Tochtergesellschaft Hartford) sowie General Motors und Eastman Kodak sind nur einige amerikanische Beispiele. In Grossbritannien verkaufte der Elektronik- und Kommunikationskonzern Thorn EMI im September 1989 seine Tochtergesellschaft Kenwood (Haushaltsgeräte) für 162 Mio. DM an das amtierende Management.[413] Der bisherige Eigentümer wird dann danach trachten, Teilbereiche oder ganze Abteilungen zu einem möglichst hohen Verkaufspreis an das amtierende Management zu veräussern, wobei dieses mit viel Zuversicht in die höchste Hierarchieebene avanciert.

Im allgemeinen kann es für einen Konzern mehrere Vorteile haben, einen MBO zu unterstützen:[414] Neben der Vermeidung einer Schwächung seiner Marktposition durch den Verkauf des Teilbereiches an einen Konkurrenten, kann der Konzern die verkaufte Unternehmenseinheit zudem noch als selbständige »Vertreter« weiter an sich binden. Darüber hinaus entgeht die ehemalige Muttergesellschaft eventuellen Angriffen seitens der Arbeitnehmervertretung, da keine Liquidation erforderlich ist und Entlassungen somit verhindert wurden. Nicht zu vernachlässigen ist auch der liquiditätsbezogene Vorteil eines MBO. Wie sonst, wenn nicht durch einen Buyout, kann der Konzern einen hohen Verkaufserlös erzielen, der in der Regel auch gleich in bar bezahlt wird?

3.3.1.3. Privatisierungen

Vor allem in den neuen Bundesländern ist nach Jahren der Misswirtschaft in volkseigenen Betrieben grosses Potential für MBOs zu erwarten. Europäische Privatisierungs-Avantgardisten sind jedoch die - zumindest noch in diesem Jahrhundert - nahezu unangefochten rangierenden Briten. Ende der siebziger Jahre stand noch immer ein beachtlicher Teil der britischen Industrie unter unmittelbarer Kontrolle des Staates. Eisenbahn, Transport- und Busunternehmen, Kohlebergbau und Stahlindustrie, Häfen, Flugplätze und Fluglinien waren neben Chemie, Fernmeldewesen sowie der Öl- und Autoindustrie nur einige Beispiele für die unterschiedlichen Sektoren unter direkter Staatsaufsicht. »All dies bildete ein Konglomerat von Unternehmen, die aus den unterschiedlichsten Gründen und gewiss ohne einheitliche Politik oder Strategie unter die Kontrolle des Staates gelangt waren.«[415]

Bald nach dem Amtsantritt der Regierung Thatcher im Jahre 1979 wurde mit dem konsequenten Abbau von Staatsbesitz begonnen. So konnte die Konservative Regierung einerseits jene Ausgaben kürzen, die sie zur Deckung des Finanzbedarfes des öffentlichen Sektors benötigte, und andererseits den Besitz der privaten Vermögenswerte so breit wie möglich streuen.

Jedoch sicherte sich das Schatzamt in den meisten Fällen mittels einer Golden Share[416] das Recht, solche Abstimmungsergebnisse durch ein Veto nichtig zu machen, bei denen Gruppen mit mehr als 15 % des stimmberechtigten Grundkapitals geschlossen auftreten. Ausserdem wurde bei den vielen Aktienemissionen ein Limit für ausländische Investoren festgelegt, die insgesamt nicht mehr als 15 % der Anteile an privaten Unternehmen besitzen dürfen. Darüber hinaus gestattet das Golden-Share-Prinzip die Abwehr von feindlichen Übernahmen sowohl durch in- als auch ausländischen Unternehmen. Festzuhalten sei noch, dass die Golden Share keine Einflussnahme auf die Personalpolitik einräumt, was bei den meisten britischen Unternehmen noch einmal explizit in deren Statuten ausgeschlossen wurde.

Die Konstruktion der goldenen Aktien blieb dennoch nicht ohne Kritik. Da sich mit diesen Minoritätsbeteiligungen die jeweils amtierende Regierung in manchen Fällen das Recht vorbehält, im nationalen Interesse zu intervenieren, bewerten Beobachter diese Hybridisierung[417] dahingehend, dass im Mittelpunkt der durchgeführten Privatisierungen weniger die effiziente Reorganisation des öffentlichen Sektors stand, als vielmehr die fiskalische Bedeutung für den Staatshaushalt.

Die nachfolgende Tabelle gibt einen Überblick über die Privatisierung von staatlichen Unternehmen in Grossbritannien:

Abb. 3-15: Erfolgreiche Privatisierungen in Grossbritannien[418]

Gesellschaft	Geschäftssparte	% der Aktien	Nettoertrag in Mio. £	Verkaufsdatum
BP	Öl	5,0 %	276	10/1979
Brit. Aerospace	Luftfahrzeug	51,6 %	44	2/1981
BP	Öl	15,2 %	293	6/1981
British Sugar Corp.	Zucker-verfeinerer	24,0 %	44	7/1981
Cable & Wireless	Telekommunikation	49,4 %	182	10/1981
Amersham Int.	Radio-Chemicals	100,0 %	64	2/1982
National Freight Co.	Transport	100,0 %	5	2/1982
Britoil	Öl	51,0 %	627	11/1982
Associated British Ports	Meereshäfen	51,5 %	46	2/1983
International Aeradio	Luftkommunikation	100,0 %	60	3/1983
British Rail Hotels	Hotels	100,0 %	51	3/1983
BP	Öl	7,0 %	566	9/1983
Cable & Wireless	Telekommunikation	22,3 %	275	12/1983
Associated British Ports	Meereshäfen	48,5 %	52	4/1984
Enterprise Oil	Öl	100,0 %	380	6/1984
Sealink	Häfen, Boote	100,0 %	66	7/1984
Jaguar	Automobil	100,0 %	297	7/1984
British Telecom	Telekommunikation	50,2 %	3916	11/1984
Brit. Aerospace	Luftfahrzeug	48,4 %	551	5/1985
Britoil	Öl	49,0 %	449	8/1985
Cable & Wireless	Telekommunikation	22,7 %	933	12/1985
British Gas	Versorger	100,0 %	5434	12/1986
British Airways	Luftfahrt	100,0 %	900	2/1987
Rolls Royce	Automobil	100,0 %	1363	5/1987
British Airports Authority	Luftfahrt	100,0 %	1225	7/1987
BP	Öl	31,5 %	7240	10/1987
British Waterworks	Versorger	75,0 %	5600	11/1989

Während der elfjährigen Amtszeit Margaret Thatchers (1979-1990) sind somit aus Verkäufen staatlicher Unternehmen mindestens 30,94 Mrd. £ in das hiesige Londoner Schatzamt geflossen; die Einnahmen aus diesen Veräusserungen trugen denn auch zu einer drastischen Verringerung der Kreditaufnahme des öffentlichen Sektors bei. Insgesamt sind ca. 650000 britische Arbeitsplätze dem privaten Sektor übertragen worden; der Anteil der öffentlichen Wirtschaft infolge um ca. 40 % gesunken.[419] Abb. 3-16 zeigt die Verteilung der Einnahmen aus den durchgeführten Privatisierungen in den einzelnen Jahren:

Abb. 3-16: Jahre erfolgreicher Privatisierungsvorhaben

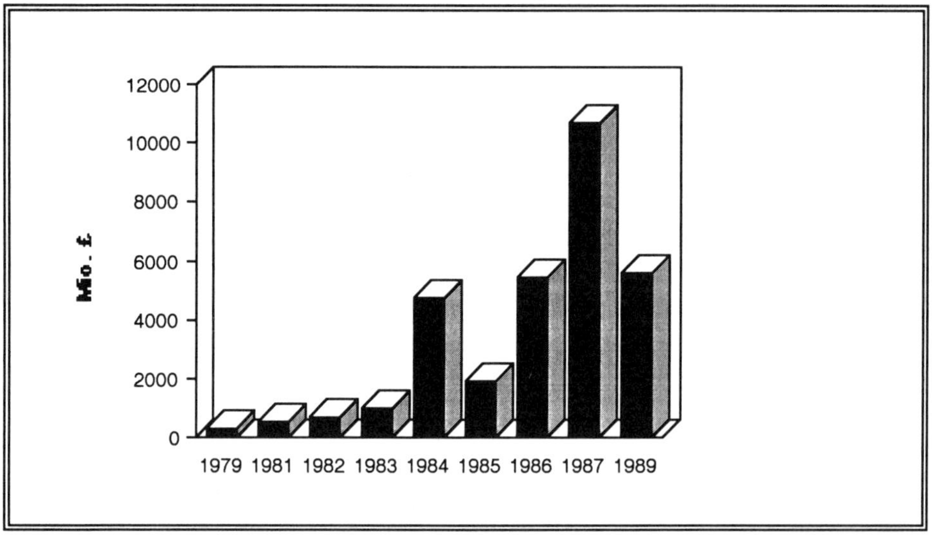

Eigenen Untersuchungen zufolge scheint die Regierung Thatcher ihr Ziel, die Effizienz der aus der Staatsaufsicht entlassenen Unternehmen zu erhöhen, mehrheitlich erreicht zu haben. Da selbst Aktien privatisierter Unternehmen nicht losgelöst von den Gewinnerwartungen renditesüchtiger Kleinaktionäre notieren, bedarf es lediglich einer Gegenüberstellung des Emissionskurses mit einem vergleichbaren Kurswert nach der Privatisierung. Abb. 3-17 zeigt die diesbezügliche Entwicklung der Börsenkurse:

Abb. 3-17: Entwicklung des Börsenkurses nach der Privatisierung[420]

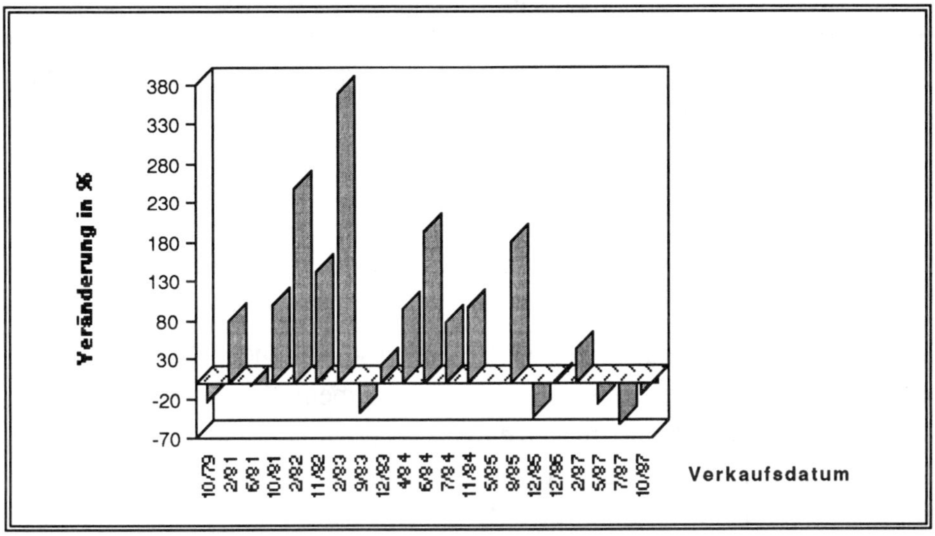

3.3.1.4. Motivation und Selbständigkeit des Managements

Das wichtigste Motiv für einen Buyout dieser Sonderform ist die Zusammenführung von Eigentümerinteressen und Entscheidungskompetenz sowie alle damit verbundenen motivationstheoretischen Konsequenzen. So entwickelt das Management Team infolge seiner oftmals für den einzelnen beträchtlichen Kapitaleinlage unnachahmliches Durchsetzungsvermögen und Konfliktlösungspotential: »Without the buyout we would not have achieved what we did because the motivation would not have been the same.«[421] Darüber hinaus befreit ein MBO des Targets führende Angestellte von bisherigen budgetären aber vor allem hierarchischen Zwängen, wo doch sämtliche nach dem Buyout getroffenen Entscheidungen von der finanziellen Beteiligung sowie der Risikoorientierung abhängen. Dieses Gefühl unternehmerischer Freiheit fasst Gordon Warrington, CEO von Welco zusammen: »We would not have done as well without the buyout.« (Die Umsätze von Welco stiegen um 50 % und bilanzielle Verluste konnten in substantielle Gewinnausschüttungen umgewandelt werden.) »What we have now is the freedom to take decisions and take risks.«[422]

Trotz der Notwendigkeit der Hinwendung zum leistungsorientierten Denken und trotz des Strebens zur Selbstverwirklichung über Selbständigkeit, kann man sich die Frage stellen, ob es für Manager wirklich motivierend ist, zusammen höchstens ein Zehntel bis ein Fünftel eines Unternehmens zu besitzen.[423] »In den seltensten Fällen nämlich wird selbst eine beträchtliche Kapitaleinlage an einem strukturschwachen Unternehmen dem Manager bisher ungeahnte Kräfte verleihen. Dennoch kann auch schon für den einzelnen eine 5 %ige Beteiligung an einem kapitalintensiven Unternehmen motivierend sein.«[424]

3.3.1.5. Statistische Verteilung der Ursachen

Die Rangfolge der Gründe der bis 1990 abgeschlossenen MBOs in Grossbritannien erforschte das Centre for Management Buyout Research der Universität Nottingham. Im einzelnen gestaltete sich die Verteilung der Motive für MBOs nach der Anzahl der Buyouts wie folgt (in Klammer angeführt sind die Gründe für MBOs nach dem Wert der Buyouts):[425] Spin-off einer britischen Gesellschaft 55,5 % (53,5 %), Nachfolgelösung 22,1 % (10,4 %), Spin-off einer ausländischen Gesellschaft 10,5 % (13,1 %), Insolvenz/Sanierung 5,9 % (2,0 %), Privatisierung 4,9 % (5,6 %) sowie Going Private 1,1 % (15,4 %). Die nachfolgenden Abbildungen zeigen die Jahre 1984 bis 1990 im besonderen.

Abb. 3-18: Gründe für MBOs in Grossbritannien nach der Anzahl der Buyouts (Angaben in %)

Motiv	1984	1985	1986	1987	1988	1989	1990
Insolvenz/ Sanierung	10,0	2,1	1,7	0,7	2,2	0,5	12,7
Spin-off einer brit. Gesellschaft	63,0	61,5	59,5	51,1	51,9	55,1	43,8
Spin-off einer ausl. Gesellschaft	12,5	12,0	13,8	10,7	9,7	6,9	8,4
Nachfolgelösung	12,5	21,0	19,4	25,8	28,5	30,9	29,1
Privatisierung	2,0	3,0	4,8	10,4	6,0	4,1	4,3
Going Private	0,0	0,4	0,7	1,3	1,7	2,5	1,7
Total	100,0	100,0	100,0	100,0	100,0	100,0	100,0
Stichprobe	200	234	289	309	351	363	464

Abb. 3-19: Gründe für MBOs in Grossbritannien nach dem Wert der Buyouts (Angaben in %)

Motiv	1984	1985	1986	1987	1988	1989	1990
Insolvenz/ Sanierung	5,4	0,2	0,5	0,1	0,2	0,1	9,0
Spin-off einer brit. Gesellschaft	54,3	61,6	51,3	44,7	64,4	54,0	43,1
Spin-off einer ausl. Gesellschaft	25,9	21,6	21,9	22,2	7,8	1,4	17,9
Nachfolgelösung	8,2	8,5	11,8	6,8	10,4	10,5	15,9
Privatisierung	6,3	2,7	11,6	11,3	4,4	2,0	2,3
Going Private	0,0	5,4	2,9	15,0	12,8	32,0	11,8
Total	100,0	100,0	100,0	100,0	100,0	100,0	100,0
Stichprobe	200	234	289	309	351	363	464

3.3.2. Zielkonflikte der Beteiligten

Vor allem die Tatsache, dass das amtierende Management Kaufverhandlungen mit dem Eigentümer führt, eventuelle Beteiligungen potentieller Eigenkapitalinvestoren zu akquirieren versucht, Gespräche mit Banken über Darlehen und dessen Zinssätze aufnimmt und gleichzeitig weiterhin vom Verkäufer des Targets beschäftigt wird, kann einen effektiven Fortgang der Übernahme wesentlich erschweren. Abb. 3-20 zeigt die Beteiligten im MBO-Prozess:

Abb. 3-20: Die MBO-Beteiligten[426]

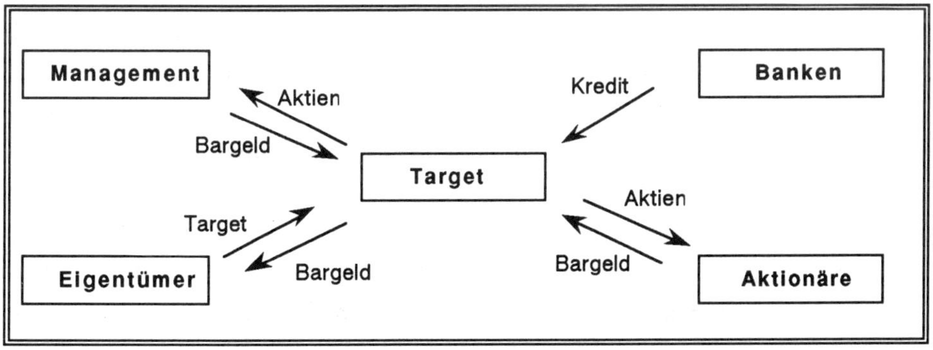

Neben dem inhärenten Problem der oftmals mangelnden Verschwiegenheit des Managements und der sorglose Umgang mit vertraulichen, das Target oder dessen Eigentümer betreffenden Informationen, geraten Mitglieder des Management Teams nicht selten in Situationen, wo sie einerseits die Interessen des potentiellen Verkäufers, andererseits jedoch bereits ihre eigenen zu vertreten haben. »In its fiduciary capacity management is seeking to sell the corporation and, therefore, must have concluded that a sale is in the best interest of the shareholders. On the other hand, in its proprietary capacity, management is seeking to purchase the corporation, and must have concluded that it can do so at a price favourable to it. In short, management is dealing with itself.«[427] In diesen wie immer gearteten Situationen wäre es für alle Beteiligten ratsam, entsprechende vorkehrende Klauseln im Rahmen der notwendigen Vorverträge zu stipulieren.

Ist z. B. der Verkauf des Targets auf Umstrukturierungsmassnahmen der Konzernleitung zurückzuführen, so können neben dem amtierenden Management auch andere Buyout-Gruppen als Konkurrenten im Kampf um die Vorherrschaft auftreten. Der Verhandlungsprozess zwischen Muttergesellschaft, Management und »auswärtigen« Buyout-Team wird jedoch erschwert, wenn die Führungsqualitäten, das Know-How aber vor allem der Informationsvorsprung den leitenden Angestellten einen entscheidenden Wettbewerbsvorteil gewähren. Wenn nämlich das amtierende Management über Informationen verfügt, die den Mitbietern verwehrt sind, wird die Auswirkung auf eine objektive Determinierung des Übernahmepreises nicht unbedeutend sein. Die Offerte des Managements ist dann »substantially below what the insiders believe the value of the company will be once they have it as a private fief«.[428] Obwohl dieser Sachverhalt die Verhandlungsposition des gegenwärtigen Managements stärkt, kann es den Informationsvorsprung im Rahmen der Verhandlung nur geltend machen, wenn auch alle entscheidungskompetenten Insider im MBO-Team eine Stelle einnehmen, d. h. es demnach keine Non-participating Insiders[429] gibt. Definitionsgemäss verfügen diese Insider ja über die relevanten Informationen genauso wie das MBO-Team. Die ungewünschte Problematik besteht nun darin, dass die Non-participating Insiders - sollten sie nach der Übernahme ungewollt oder freiwillig aus dem Unternehmen ausscheiden - auf eine dem Insiderwissen zugrunde liegenden Abfertigungszahlung bestehen werden. Für den anderen Fall, dass dem MBO-Team der Zuschlag nicht erteilt und das Target an das aussenstehende Buyout-Team veräussert wird, ist es für die Muttergesellschaft - respektive dem Verkäufer - ratsam, eine Abwanderung der Führungskräfte und damit einen ebenfalls peinlich niedrigen Verkaufspreis zu verhindern.[430]

3.3.3. Voraussetzungen für einen MBO

Management-Buyout-Finanzierungen setzen generell nachstehende Kriterien als Anforderungsprofil an den Buyout-Kandidaten voraus:[431]

◊ Qualifiziertes Management.
Entsprechendes Management-Know-How mit ausreichend breiter Führungsebene, die auch für einen allfälligen Börsenexit qualifiziert erscheint sowie die erforderliche Risikoübernahme in Form von Unternehmensbeteiligungen durch das Management müssen bei jedem Buyout vorhanden sein.

◊ Gesicherte Marktposition des Unternehmens.

◊ Nachhaltiges Ertragspotential mit guter Umsatzrentabilität.

◊ Im wesentlichen keine neuen High-Tech-Produkte.
Bereits eingeführte Produkte mit anerkanntem Standing des Unternehmens erleichtern einen MBO.

◊ Nachhaltiger stabiler Cash Flow.

◊ Kein Bedarf von Nachholinvestitionen.
Das Unternehmen sollte in der Vergangenheit nicht aus der Substanz gewirtschaftet haben.

◊ Möglichst geringer Verschuldungsgrad.
Damit soll dem Unternehmen Spielraum für die Erweiterung der Fremdfinanzierungsbasis geschaffen werden.

◊ Nicht überproportional geplantes Wachstum.
Ein häufig damit verbundener Investitionsbedarf und Liquiditätsbeeinflussung soll so vermieden werden.

◊ Realisierbarkeit stiller Reserven aus der Veräusserung nicht betriebsnotwendiger Aktiva.

◊ Allenfalls zusätzliches Liquiditätspotential aus Sale & Lease Back Varianten.

3.3.4. Finanzierung eines Management Buyout

Bezüglich konventioneller Bankkredite und nachrangiger Darlehen verweise ich auf die Finanzierung von LBOs. Da im Mittelpunkt eines MBO aber die Beteiligung leitender Angestellter stehen sollte, möchte ich nun deren Rolle als Eigenkapitalgeber untersuchen. Anschliessend werden Sponsoren und Finanzierungsformen im Buyout-Prozess analysiert.

3.3.4.1. Kapitaleinlage des Managements

Um den für einen MBO nötigen Motivationsschub auch auszulösen, ist ein Einbau geeigneter Incentives für das Management - wie wir bereits anlässlich des LBO feststellen konnten - in höchstem Masse angeraten. »Top Manager, die selbst nur wenige Aktien an ihrem Unternehmen besitzen, empfinden für den durchschnittlichen Aktionär nicht mehr als für Paviane in Afrika.«[432] Mindestens jedoch müssen sich die Manager an der Kaufpreisfinanzierung beteiligen, wobei die Kapitaleinlage bei einem eventuellen Scheitern wohl schmerzen, den Manager und seine Familie aber nicht ruinieren darf.[433] Die Beteiligung ist überdies ein willkommenes Korrektiv gegenüber den inhärenten finanziellen Zielkonflikten der beteiligten Manager, die wohl eine möglichst geringe Einlage anstreben, um dadurch die Hebelwirkung zu maximieren, zukünftige Liquiditätsprobleme - induziert durch die hohe Verschuldung - aber oftmals ausser acht lassen.

Bei einem typischen angelsächsischen MBO hält das Management lediglich bis zu 20 % des stimmberechtigten Kapitals. Die Majorität hingegen wird von den übrigen Finanzinvestoren gehalten, wobei diese in der Regel keinen Einfluss auf die Geschicke der Gesellschaft nehmen. Auch in der BRD übernehmen Manager in den wenigsten Fällen die Mehrheit am Grund- bzw. Stammkapital. Nicht selten erhält das Management jedoch für den Fall einer wesentlichen Ertragssteigerung die Option, einen bestimmten Prozentsatz an den Geschäftsanteilen der Finanzinvestoren zu ex ante festgelegten Mehrleistungsstufen zu beziehen.[434]

3.3.4.2. Sponsoren und Finanzierungsformen

Die folgende Abbildung zeigt die wichtigsten britischen Eigenkapitalinvestoren anlässlich eines MBO in den Jahren 1985 bis 1990; hinzuzufügen ist, dass es sich dabei ausschliesslich um in Grossbritannien durchgeführte MBOs handelt und Management Buyins nicht erfasst wurden:

Abb. 3-21: Sponsoren beim britischen MBO nach der Anzahl der Deals[435]

Sponsor	1985	1986	1987	1988	1989	1990	Total 85-90
3i	62	103	107	102	106	100	580
County Natwest	17	24	24	26	20	31	142
Charterhouse DC	14	13	21	22	14	10	94
CIN	12	18	13	15	8	5	71
Barclays Dev. Cap.	14	8	17	12	9	10	70
Lloyds DC	6	5	12	16	14	16	69
Citicorp VC	10	12	10	6	9	5	52
Midland Montagu	9	15	9	9	4	1	47
Electra	11	12	9	9	3	2	46
Prudential VM	7	10	6	7	6	5	41
Phildrew Ventures	0	5	6	11	9	6	37
Scottish Enterprise	9	7	5	3	2	11	37
Murray Johnstone	6	10	5	6	6	4	37
Candover	5	7	8	5	4	5	34
Schroder Ventures	4	7	6	6	2	3	28
Legal & Gen. VC	3	7	4	4	4	5	27
Globe	2	9	5	6	3	1	26
ECI Ventures	3	5	6	6	1	2	23
Kleinwort Benson	5	5	6	5	0	2	23
Gresham Trust	6	3	4	4	2	3	22
MIM Dev. Capital	3	1	1	5	7	4	21
Bankers Trust	1	7	3	3	6	0	20

Da der MBO in Grossbritannien in den seltensten Fällen Verschuldungsgradverhältnisse eines amerikanischen LBO aufweist - so beträgt das britische Leverage-Verhältnis ca. 1 : 3 bis 1 : 5 -, kommt der Einlagen-

und Beteiligungsfinanzierung erhöhte Aufmerksamkeit zu. Abb. 3-22 bis Abb. 3-24 zeigen die in Grossbritannien relevanten Finanzierungsformen im Rahmen eines MBO bzw. deren Verteilung:

Abb. 3-22: Finanzierungformen anlässlich eines britischen MBO[436]

Redeemable Preference Shares Cumulative Convertible Redeemable Participative Preference Shares Cumulative Convertible Redeemable Participative Preferred Ordinary Shares Deferred Ordinary Shares Ordinary Shares	Redeemable shares may be repaid at a given date at par or at a premium. Cumulative shares mean that unpaid dividends must be carried forward and made up out of future profits before any distributions can be made to shareholders further up the hierarchy. Convertible shares may be converted at a later date to ordinary shares upon agreement by the ordinary shareholders. Participative shares are entitled to an additional dividend in certain circumstances. In the event of failure it is the ordinary shareholders as the proprietors of the company who suffer the greates risk of loss.

Den Finanzierungsinstrumenten angepasst gestalteten sich auch die Anteile am Stimmrechtskapital: Management von 10 % bis 51 %, Eigenmittel-Investoren von 10 % bis 35 %, Fremdkapitalgeber bis zu 10 % und Sponsoren, die nachrangiges Kapital zur Verfügung stellten von 10 % bis 25 %.[437]

Abb. 3-23: UK-MBO Deal Structures (MBOs kleiner als 10 Mio. £)[438]

Finanzierungs-formen in %	1988	1989	1990
Equity	39,3	32,1	36,5
Mezzanine	5,2	8,1	7,4
Debt	49,3	46,4	39,2
Loan Note	0,7	2,8	9,1
Other Finance	5,5	10,6	7,8
Total	100,0	100,0	100,0

Abb. 3-24: UK-MBO Deal Structures (MBOs grösser als 10 Mio. £)[439]

Finanzierungs-formen in %	1988	1989	1990
Equity	25,4	17,4	25,0
Mezzanine	6,8	18,0	10,5
Debt	62,6	58,6	55,4
Loan Note	0,9	3,4	6,4
Other Finance	4,3	2,6	2,7
Total	100,0	100,0	100,0

In der BRD verhalten sich laut Günter Grehl, Sprecher des Vorstandes der National Westminster, die einzelnen Finanzierungsformen in folgendem Verhältnis: 10 % bis 30 % Eigenkapital, 20 % bis 30 % nachrangiges Kapital und 50 % bis 60 % konventionelles Darlehenskapital, wobei Verkäuferanteile eher die Seltenheit sind.[440] Bestätigt wird diese Aussage durch die M & A-Autoren Rolf Behrens und Reiner Merkel, die für die BRD folgende Finanzierungstranchen anlässlich eines MBO festgestellt haben: 13 % und 12 % des Kaufpreises werden vom MBO-Team bzw. von einer Kapitalbeteiligungsgesellschaft eingebracht, 25 % sind repräsentiert durch nachrangige Gesellschafterdarlehen und 50 % des Kaufpreises werden mittels Bankkredite, die durch Unternehmensaktiva gesichert sind, zur Verfügung gestellt. Wie überhaupt im deutschsprachigen Europa findet auch in der BRD die echte stille Beteiligung im Rahmen des nachrangigen Kapitals häufige Verwendung; hinsichtlich des Tilgungsmodus gibt es denn auch folgendes Finanzierungsmix: feste Verzinsung der Beteiligung mit Gewinngarantie sowie feste Rückzahlungszeitpunkte für einen Teil des Darlehens.[441] Darüber hinaus kommen rückzahlbare Vorzugsaktien, Zero Bonds mit gewinnabhängiger Verzinsung, nachrangige und partiarische Darlehen (wobei sich das partiarische Darlehen vor allem für Mitarbeiterbeteiligungen eignet), atypische stille Beteiligungen, Wandelanleihen, Optionsscheine (Warrants ohne Begebung einer Anleihe), Optionsanleihen (Anleihen mit beigefügtem Optionsschein) sowie Genussscheine zur Anwendung.[442] Das Mezzanin-Kapital hat dann einerseits Eigenkapitalfunktion, übernimmt also vor den Darlehensgebern unternehmerische Risken, andererseits aber auch Fremdkapitalfunktion, vor allem hinsichtlich gewinnmindernder Verbuchung des Zinsaufwandes, Rückzahlbarkeit sowie kontinuierlicher Zinsansprüche.

In der Schweiz hingegen finden aufgrund unterschiedlicher Gewinndefinitionen Mezzanin-Instrumente - vor allem das partiarische Darlehen - kaum eine sinnvolle Anwendung. »Die schweizerische Interpretation der gläsernen Bilanz gestattet nämlich dem Unternehmenskäufer zu jeder Zeit minimale - da gewinnabhängige - Zinszahlungen an seine Darlehensgeber.«[443]

3.3.5. MBO-Fallbeispiel

Im folgenden soll nun vereinfachtes Fallbeispiel die bis jetzt dargestellten Szenarien des Management Buyout demonstrieren: Ein firmeninternes Buyout-Team beabsichtigt die Übernahme des Unternehmens, dessen Kaufpreis 50 Mio. DM nicht übersteigen soll. Das Management strebt dazu folgende Finanzierungsformen an: 10 Mio. DM dienen als Einlage der leitenden Angestellten, nachrangige Darlehen wollen lediglich zu 5 Mio. DM in Anspruch genommen werden und die Summe der Bankkredite soll sich auf 35 Mio. DM belaufen. Der Finanzplan hat daher folgendes Aussehen:

Abb. 3-25: MBO-Finanzplan[444]

	1989	1990	1991	1992	1993	1994
Jahresergebnis vor LBO Kreditzinsen	-	5,0	6,0	6,0	7,0	7,0
Jahresergebnis nach Kreditzinsen	5,0	2,8	3,8	4,0	5,3	5,5
+ Afa	3,0	3,0	4,0	5,0	4,0	4,0
+ Rückstellung	1,0	1,0	1,0	1,0	1,0	1,0
	9,0	6,8	8,8	10,0	10,3	10,5
- Investition	3,0	5,0	5,0	4,0	4,0	4,0
- Veränderung Working Capital	1,0	1,0	1,0	1,0	1,0	1,0
Frei verfügbarer Cash Flow	-	0,8	2,8	5,0	5,3	5,5
Aushaftender LBO-Kredit	35,0	34,2	31,4	26,4	21,1	15,6

Der frei verfügbare Cash Flow wird gänzlich für die Tilgung des LBO-Kredites verwendet. Somit können nach 5 Jahren bereits 55 % des aushaftenden Betrages rückgeführt werden. Im Jahre 1994 erwartet man einen hypothetischen Verkaufspreis des Targets von 55 Mio. DM. Abzüglich des Restkredites von 15,6 Mio. DM sowie des nachrangigen Darlehens von 5 Mio. DM verbleibt ein Abschichtungspreis von 34,4 Mio. DM. Somit würde bei Realisierung der Planergebnisse die gegenständliche MBO-Strukturierung dem Management eine 28 %ige Rendite nach 5 Jahren erbringen.

3.3.6. Bisherige Entwicklung des MBO

In Grossbritannien findet in der Mehrheit der Fälle ein Eigentümerwechsel durch das amtierende Management statt, MBIs sind also in geringerem Ausmass anzutreffen (siehe Abb. 3-26). Abb. 3-27 zeigt im wesentlichen Anzahl und Wert des Management Buyout in Grossbritannien, Abb. 3-28 bis Abb. 3-30 zeigen eine Auswahl der wichtigsten britischen MBOs bzw. einen Überblick über die Verteilung der Investitionsvolumina für UK-MBOs in den Jahren 1982-1990:

Abb. 3-26: Verhältnis von MBIs zu Total Buyouts in Grossbritannien[445]

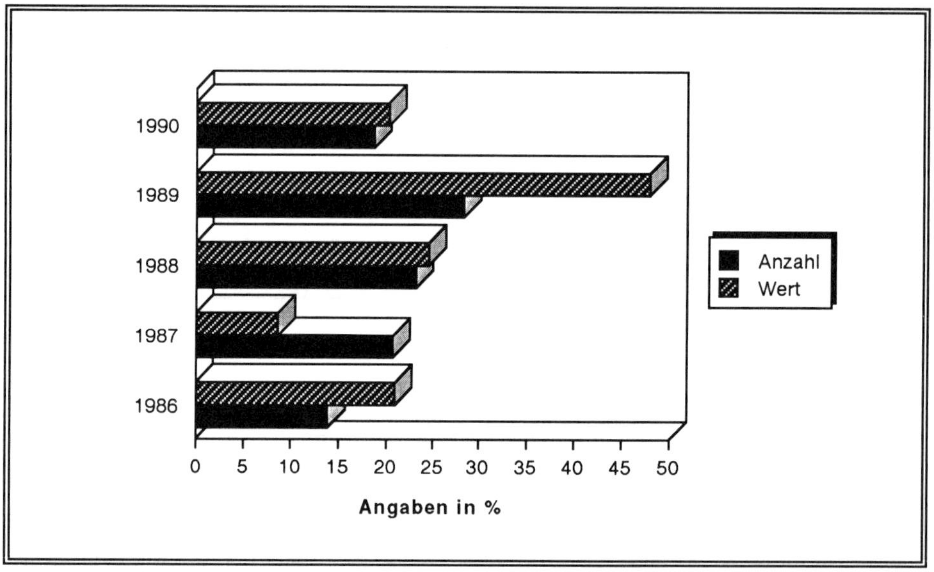

Abgesehen vom Jahre 1982, wo MBIs 47,6 % des wertmässigen Buyout-Volumens ausmachten, blieben Übernahmen durch externe Management-Gruppen bis Mitte der 80er Jahre in der Minderheit. Erst 1986 erreichte der wertmässige Anteil der MBIs am gesamten Buyout-Volumen 21,0 % (zahlenmässiger Anteil 14,0 %), 1989 hingegen waren MBIs wertmässig schon mit 48,0 % (zahlenmässig mit 28,4 %) repräsentiert.

Abb. 3-27: Anzahl und Wert des britischen Management Buyout[446]

Jahr	Anzahl	Kumulative Anzahl	Wert in Mio. £	Kumulativer Wert in Mio. £	Jahresdurchschnittswert in Mio. £
1967-1978	79	79	n. v.	n. v.	n. v.
1979	52	131	26	26	0,50
1980	107	238	50	76	0,47
1981	124	362	114	190	0,92
1982	197	559	325	515	1,65
1983	189	748	305	820	1,61
1984	209	957	410	1230	1,96
1985	255	1212	1104	2334	4,33
1986	312	1524	1234	3568	3,96
1987	330	1854	3238	6806	9,81
1988	356	2210	3755	10561	10,55
1989	450	2660	6460	17021	14,34
1990	500	3160	2760	19781	5,52

Wurden in Grossbritannien zwischen 1967 und 1978 lediglich 79 MBOs durchgeführt, so betrug diese Zahl für die weiteren 11 Jahre - also von 1979 bis 1990 - schon 3081. Überhaupt hatten MBOs in den Jahren 1989 und 1990 Hochkonjunktur: 1989 erreichten die abgeschlossenen MBOs das wertmässige All Time High von 6,5 Mrd. £, 1990 das zahlenmässige von 500. Während 1980 der Jahresdurchschnittswert sämtlicher MBO-Transaktionen noch bei 0,47 Mio. £ lag, stieg dieser 1989 um 96,7 % auf 14,34 Mio. £, sank jedoch 1990 um 61,5 % auf 5,52 Mio. £. Die englischen Management Buyouts der Jahre 1982 bis 1990 verteilten sich schwerpunktmässig auf folgende Branchen:[447] Gross- und Einzelhandel 13,28 %, Maschinen- und Apparatebau 11,14 %, Elektrotechnik, Elektronik und Büromaschinen 9,00 %, Druck und Papier sowie Verlagswesen 6,40 %, Verkehr und Kommunikation 4,65 %, sonstige Branchen 55,53 %.

Abb. 3-28: Überblick über britische MBOs[448]

Target	Branche	Kaufpreis in Mio. £
MFI/Hygena	Möbelindustrie	717,5
Reed Manufactoring Group		620,0
Harris Queensway		447,1
Bricom		359,0
International Leisure Group	Touristikbranche	156,0
Landrover	Automobilindustrie	140,0
Premier Brands	Nahrungsmittelindustrie	102,0
United Machinery Group	Schuhindustrie	85,0
Parker Pen	Schreibgerätebranche	71,0

Abb. 3-29: Value Ranges of UK-MBOs 1990[449]

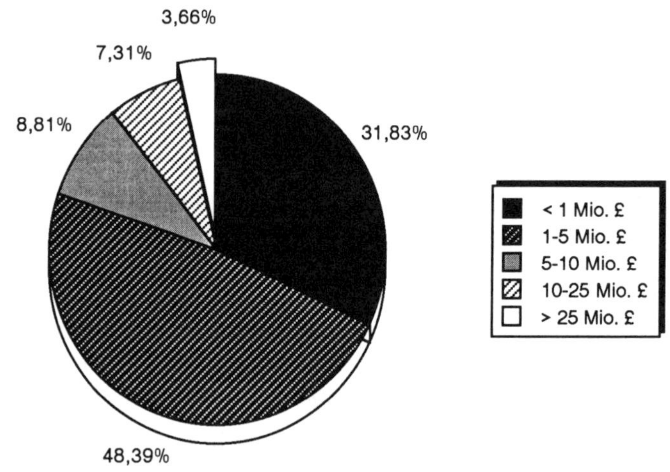

Abb. 3-30: Value Ranges of UK-MBOs 1982-1990[450]

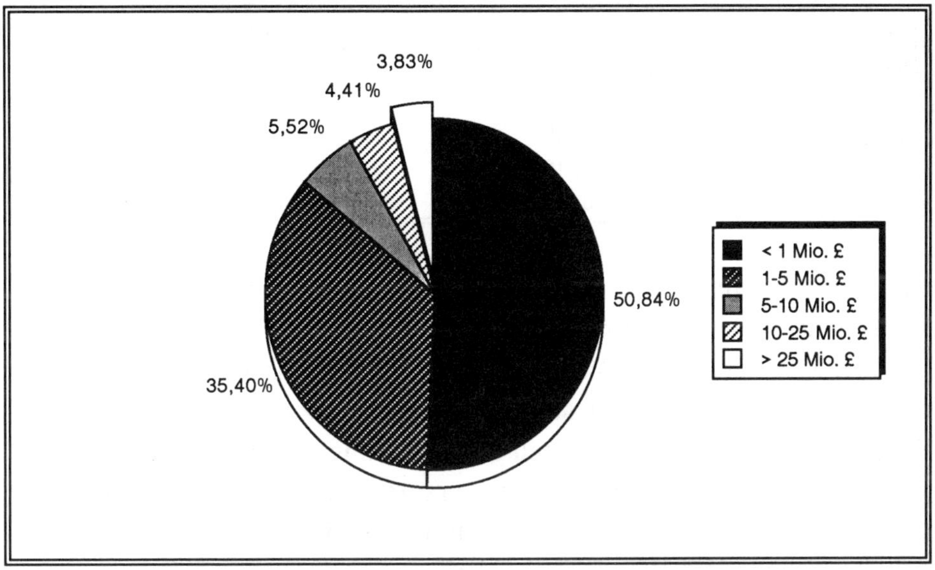

In der BRD sind nach Einschätzung der Deutschen Beteiligungsgesellschaft mbH in den Jahren 1988 und 1989 ca. 35-50 klassische MBOs mit Kaufpreissummen von insgesamt 2 Mrd. DM abgewickelt worden. Gemäss Henry Schroder Unternehmensberatung Hamburg sollen in den Jahren 1986-1989 etwa 100 bis 150 Buyout-Transaktionen in der BRD durchgeführt worden sein, wobei 50 bis 70 Übernahmen alleine im Jahre 1988 stattgefunden haben. Dennoch dürfte sich das Marktvolumen 1988 deutlich unter 1 Mrd. DM bewegt haben.[451] Nach Angaben des Centre for Management Buyout Research wurden zwischen 1981 und 1987 insgesamt 49 deutsche MBOs realisiert, im Jahre 1988 alleine 48. In der Tat wird der Leser nun auch die Sinnhaftigkeit dieser Analysen anzweifeln; mit Recht, denn die Problematik ist keinesfalls auf die mangelnde Verfügbarkeit der Daten als vielmehr auf die unterschiedlichen Definitionen des Management Buyout zurückzuführen. Abb. 3-31 zeigt jedenfalls Beispiele klassischer MBOs in Deutschland:

Abb. 3-31: Der Management Buyout in der BRD[452]

Unternehmen	Branche	Kaufsumme in Mio. DM
Hausach	Container	12,5
Dielektra	Elektronik	8,0
Lippische Eisenindustrie	Metall	5,0
Piper AG	Sportflugzeuge	1,5
Jaso Möbelwerke	Küchen	1,0

Mit Recht darf man auch die schwerfällige Entscheidungs- und Aufsichtsstruktur der deutschen Aktiengesellschaft als grosses Hemmnis für einen raschen MBO anführen. Wie bereits anlässlich der Darstellung der LBOs angemerkt, führt die sonst sinnvolle Trennung zwischen Vorstand und Aufsichtsrat oftmals zu längeren Entscheidungswegen. Darüber hinaus werden auch die um ihre Pensionsvorsorge fürchtenden Mitarbeiter - durch Vertreter im Aufsichtsrat repräsentiert - ihre Bedenken gegenüber dem bevorstehenden Wandel anmelden.

3.3.7. Effekte von MBOs

Dank des Centre for Management Buyout Research der Universität Nottingham (gegründet von Barclays Development Capital Ltd. sowie Toche Ross & Co.) und dessen unermüdliche Forscher Mike Wright und Ken Robbie verfügt man in Grossbritannien über genaueste Studien und detailliertes Datenmaterial. Die folgende Zusammenfassung über Auswirkungen von britischen MBOs, die im beschränkten Umfang auch auf Deutschland zu übertragen ist, verdanken wir dem oben genannten Institut und seinen Protagonisten:[453]

- ◊ 44 % aller MBOs bauten Arbeitsplätze um durchschnittlich 18 % ab. Spätestens 2 Jahre nach Durchführung wurden sie jedoch per Saldo wieder zu arbeitsplatzschaffenden Gesellschaften und stellten durchschnittlich 11,3 % mehr Arbeitskräfte im Jahr ein.
- ◊ MBOs brachten grossteils wesentliche Innovationen und neue Produkte mit sich.
- ◊ Nur 2 % aller MBOs erwähnten eine Verschlechterung in ihren Kunden- bzw. Lieferantenbeziehungen als Problem.
- ◊ Die Profitabilität verbesserte sich in mehr als der Hälfte der Fälle.

◊ In 41 % aller MBOs gab es einen Wechsel in der Organisationsstruktur, wobei mindestens ein Mitglied des Top Managements ausschied, insbesondere die nicht kapitalmässig Beteiligten.
◊ Eine Verschlechterung der Beziehungen zu den Gewerkschaften wurde in nur 7 % der Fälle registriert.

3.3.8. Hemmnisse für eine erfolgreiche MBO-Transaktion

Nicht erst seit den Zeiten Entenhausener Trillionäre ist die menschliche Gier wohl das grösste Problem, doch - weniger unbestritten - zugleich auch Katalysator unermesslicher Kapitalakkumulation. Weitaus weniger differenziert ist das Resultat der allzu verfänglichen Gier im MBO-Prozess:[454] Ist der Verkäufer zu gierig, wird einerseits die Rendite für sämtliche Investoren in uninteressante Bereiche gedrückt, andererseits die Rückzahlung der aufgenommenen Darlehen beträchtlich erschwert. Sind die Investoren gierig, ist das Management demotiviert und die Liquidität des Unternehmens gefährdet. Ist das Management selbst gierig, läuft es Gefahr, die Transaktion überhaupt zum Scheitern zu bringen.

In Anbetracht dieser Hemmnisse für einen erfolgreichen MBO-Deal muss sich das Management bewusst sein, dass auch ein Buyout in den seltensten Fällen billiger ist, als der Erwerb eines Unternehmens durch einen Buyin. Solange aber Mittelaufbringung und Stimmrechte in einem angemessenen Verhältnis korrelieren, sich die Überschwenglichkeit der unmittelbar vor der Selbstverwirklichung stehenden Manager in Grenzen hält und die Gier der beteiligten Parteien nicht in einem Nullsummenspiel endet, darf auf einen erfolgreichen Abschluss der MBO-Transaktion gehofft werden.

4. Junk Bonds & Insider Trading

»Mit der wenig schmeichelhaften Bezeichnung ›Junk Bonds‹ werden Gläubigerpapiere gekennzeichnet, die eine relativ hohe Rendite mit einem vergleichsweise hohen Ausfallrisiko beinhalten. Das enorme Wachstum des Marktes für solche Papiere während der letzten zehn Jahre in den USA - 1987 machten sie über 20 % aller neu begebenen Unternehmungsanleihen aus - rechtfertigt die detaillierte Untersuchung des Marktes für diese hochrentierlichen, aber risikoträchtigen Finanzierungstitel.«

Der Grund für die Zusammenlegung der Themen Junk Bonds und Insider Trading liegt in der institutionellen Organisation der Investmentbanken. Chinese Walls und alle sonstigen rechtlichen Vorkehrungen hatten denn wenig Einfluss auf Insider in amerikanischen Investmentbanken. Diese konnten nicht umhin, Informationen von Junk-Bond-Abteilungen zu Research-Departments, Broker oder andere mit Wertpapierabwicklung betraute Investment Banker wandern zu lassen. Insider-Skandale lösten daher in den Vorstandetagen von Amerikas Investmentbanken ungläubiges Staunen und Beklemmung aus. Nicht wenige fragten sich, ob daran noch andere beteiligt waren.

4.1. High Yield Bonds

Junk Bonds oder High Yield Bonds tragen ihren Namen, weil das Ausfallrisiko durch eine beträchtliche Mehrverzinsung kompensiert wird. Im folgenden soll nun analysiert werden, welche Rolle das Rating im Rahmen der Junk-Bond-Finanzierung spielt und welche Emissionsaktivitäten in der amerikanischen Wirtschaft bei High Yield Bonds zu verzeichnen sind. Anschliessend versuche ich, eine Beziehung zwischen Konkursraten und Renditen der hochverzinslichen Anleihen herzustellen. Darüber hinaus soll die Bedeutung einzelner Investmentbanken am Junk-Bond-Markt analysiert und die wesentlichen Kritikpunkte - vor allem angesichts der Entwicklung zu Beginn der 90er Jahre - diskutiert werden.

4.1.1. Die Rolle des Rating-Systems im Rahmen der Junk-Bond-Finanzierung

US-Unternehmensanleihen wurden schon in der Mitte des 19. Jahrhunderts in verschiedene Bonitätsklassen unterteilt und zu Beginn des 20. Jahrhunderts begannen New Yorker Rating-Agenturen bereits mit der Klassifizierung emittierter Unternehmensobligationen. So entwickelte die von John Moody gegründete Rating-Gesellschaft 1909 ein Rating-System für Wertpapiere, die von Eisenbahngesellschaften ausgegeben wurden. 1919 bewertete Moody's zum ersten Mal Staatsanleihen von Grossbritannien, Frankreich, Italien, Japan und China.[455] Vor allem in der Konjunkturhausse der 1920er Jahre aber erreichte das Rating einen hohen Stellenwert: Höhepunkt war die 1923 aufgenommene Bewertung von Industrieanleihen durch Standard & Poor's (die Gesellschaft wurde im Jahre 1966 von McGraw-Hill Inc. übernommen). Nach dem Börsencrash von 1929 jedoch reduzierte sich die Emission hochverzinster Anleihen nicht zuletzt aufgrund mehrfacher Regulationen, nach denen es institutionellen Investoren untersagt wurde, im Sub-Investment-Grade-Bereich zu investieren. Der Wirtschaftsaufschwung seit Anfang 1983 und zunehmende Aktivitäten in den Bereichen Unternehmenskäufe, LBO und Securitization haben zu einer kräftigen Expansion des Junk-Bond-Marktes geführt.

4.1.1.1. Michael Milken

Tatsächlich hätte wohl ohne der steten Überwachung emittierter US-Bonds durch amerikanische Börsendienste jener junge Berkeley-Student in den Wirren der späten 60er Jahre nicht die Entdeckung gemacht, welche ihm im Jahre 1987 zu einem Jahreseinkommen von 550 Mio. $ verhalf. Zudem bedurfte es kaum kalifornischer Studien, um einen durch stetes Downgrading nun schwer an Ansehen leidenden Fallen Angel von einem eigentlichen Default unterscheiden zu können, auch wenn zwischen der blossen Verschlechterung der Bonität des Anleihenschuldners und dessen Zahlungsverweigerung oder Insolvenz oftmals nur mehr marginale Differenzen bestehen.

Kurzum, Michael Milkens Verdienst war es, zahlungskräftige aber vor allem wenig risikoscheue Investoren davon zu überzeugen, dass die tatsächliche Performance dieser Low Rated Bonds bei weitem nicht jener Beachtung wert befunden wurden, welche diese nach Ansicht Milkens verdient hätten. Milken fand heraus, dass die angebliche Gefahr so hoch nicht war, denn wenn auch in der gewaltigen Menge solcher »Below-Investment-Grade-Anleihen der eine oder andere Titel vielleicht nicht zur Rückzahlung gelangte: die Zins- bzw. Kursdifferenz zu normalen Obligationen lag doch weit, weit über den prozentuellen Ausfällen, die sich aus den gelegentlichen Defaults ergaben«.[456] So demonstrierte Milken auch anschaulich, dass notleidende Titel nicht einfach dem Sekundärmarkt übergeben werden müssten, sondern dass es zielführend wäre, deren Kurs durch Stützungskäufe zu halten bzw. zu steigern und das Unternehmen durch ein geeignetes Rescheduling aus der Krise zu führen.[457] Das System funktionierte. Warum Milkens finanztechnisches Netzwerk so unglaublich rasch und gewaltig zusammenbrach, sehen wir später im Kapitel.

4.1.1.2. Die Rolle der High Yield Bonds im Rahmen der Mezzanin-Finanzierung

Neben den hohen Renditen, die Milkens weitgespanntes Netzwerk von Investoren lukrieren konnten, hatten nun auch finanziell orientierte LBO-Raider[458] mit dem Junk Bond das ideale Vehikel für ihre Mezzanin-Finanzierung. So wurden 1988 High Yield Bonds bereits in 43 % aller LBO-Übernahmen eingesetzt (worüber später noch detailliert berichtet wird). Die Junk Bonds selbst weisen dabei vielfältige Ausgestaltungsmöglichkeiten aus:[459]

- ◊ Straight Bonds (Bonds mit festen halbjährlichen Zinsterminen);
- ◊ Convertible Bonds (Wandelanleihen);
- ◊ Zero Bonds (Nullkupon-Anleihen sind Anleihen, welche mit einem ausserordentlich hohen Diskont emittiert und zu pari getilgt bzw. zu pari begeben und mit einem sehr hohen Agio zurückgezahlt werden, über die gesamte Laufzeit keinen Zinskoupon tragen und den Ertrag aus der Differenz zwischen Tilgungs- und Emissionspreis realisieren);
- ◊ Floating Rate Bonds;

◊ Exchangeable Variable Rate Notes (variabel verzinste Anleihen, die in fix verzinste Anleihen umgetauscht werden können);
◊ Reset Notes (Anleihen, deren Verzinsung nach einer bestimmten Periode neu festgelegt werden kann);
◊ Increasing Rate Notes (Anleihen mit steigender Verzinsung);
◊ High Yield Preferreds (wenige/keine Mitspracherechte und fixierte Mindestrendite, nachrangig hinter dem Fremdkapital und vorrangig vor dem Eigenkapital);
◊ Payment-In-Kind (PIK) Preferreds (werden durch Neuausgabe weiterer Preferreds verzinst);
◊ PIK Subordinated Debts (nachrangiges Fremdkapital, dessen Verzinsung in der Ausgabe weiterer PIKs besteht);
◊ Subordinated Discount Debts (zinsfreie Perioden);
◊ Subordinated Extendible Reset Debts (Unternehmen kann Tilgung verschieben).

Wie wir bereits gesehen haben, spielt der Mezzanine Layer bei Buyout-Übernahmen eine gewichtige Rolle. In der Tat ist das rapide Wachstum des Junk-Bond-Marktes nicht zuletzt auf die Zunahme von LBOs zurückzuführen, wenngleich darauf angesprochene Investment Banker unisono auf die hinlänglich strapazierte Henne-Ei-Problematik verweisen.[460] Dennoch, Junk Bonds »have increased the size of potential targets and reduced the size and financial requirements of potential bidders«.[461] In den Jahren 1984 bis 1988 standen denn auch zwischen 20 % und 53 % der Junk-Bond-Emissionen mit LBOs in Verbindung: 20 % (1984), 50 % (1985), 53 % (1986), 41 % (1987) und 43 % (1988).[462] Auch in Grossbritannien versuchen Sponsoren ihre Eigenkapitalaufbringung durch Mezzanin-Instrumente zu reduzieren; einschränkend muss man hinzufügen, dass die hochspekulativen Titel britischer MBO-Investoren vor allem aufgrund der mangelnden Nachfrage äusserst spärlich eingesetzt werden.[463] Diese traurige Erfahrung mussten auch die US-Investoren Nelson Peltz und Peter May machen, die 150 Mio. $ in ihre Gesellschaft, der Mountleigh Group Plc einbrachten. »They wanted to unload real estate and turn Mountleigh into a takeover machine. But the high-powered duo quickly discovered that their new-world style clashed with London's conservative financial community.«[464] Montleigh weist nunmehr ein Fremdkapitalvolumen von 1,1 Mrd. $ auf und einen Aktienpreis, der 87 % unter dem Emissionskurs liegt.

Wie wir noch im Detail sehen werden, hängt das Schicksal einer effektiven Mezzanin-Finanzierung in hohem Masse von der Einschätzung der verwendeten Instrumente durch die Rating-Agenturen ab. Welche Unruhe 1985 unter den Gäubigern entstanden sein muss, als Standard & Poor's 272 US-Unternehmen (Industrial, Financial, Utility, Transportation, Foreign Companies) in schlechtere Kategorien placierte, kann nur mehr ex post analysiert werden. Alleine im Industriesektor wurden 187 Emittenten dequalifiziert, davon waren 58 LBO-Unternehmen oder nahezu 31 % betroffen.[465]

4.1.2. Das Rating im Detail

Aufgrund der verschiedenen Rating-Systeme kann keine exakte Definition von Junk Bonds gegeben werden. Die im folgenden demonstrierten Statistiken müssen daher immer in Beziehung zum zugrundegelegten Rating-System gesehen werden. So beginnen Junk Bonds bei Standard & Poor's mit der Kategorie BB: »Bonds rated BB or less are predominantly speculative with respect to capacity to pay interest and repay principal ...«[466] Abb. 4-01 zeigt die Verteilung der Emittenten nach S & P's:

Abb. 4-01: Industrial Rating Distribution[467]

Rating-Kategorie	Anzahl der Unternehmen
AAA	16
AA	71
A	171
BBB	138
BB	169
B	293
CCC	35
Summe	893

Demnach fallen von den betrachteten 893 Unternehmen 497 Schuldner in die Junk-Bond-Kategorie. Nach der High-Yield-Bond-Klassifikation von Moody's beginnen Junk Bonds mit der Kategorie Ba: »Bonds which are rated Ba are judged to have speculative elements; their future cannot be considered as well assured.«[468] Nach dieser Definition waren in den Jahren 1979 bis 1990 folgende ausstehende Anleihen als Junk Bonds zu klassifizieren:

Abb. 4-02: Anteil der Junk Bonds an sämtlichen US-Corporate Bonds[469]

Jahr	Ausstehende Corporate Bonds in Mrd. $	Ausstehende Junk Bonds in Mrd. $	Anteil der Junk Bonds in %
1979	270	11	4
1980	265	15	6
1981	255	17	7
1982	286	19	7
1983	319	28	9
1984	358	42	12
1985	420	59	14
1986	505	93	18
1987	752	140	19
1988	812	184	23
1989	880	214	24
1990	896	187	21

Abb. 4-03 fasst die wichtigsten Rating-Symbole zusammen. Es sei noch einmal darauf hingewiesen, dass Junk Bonds bei S & P's mit der Kategorie BB, bei Moody's hingegen mit Ba beginnen. Bei beiden Rating-Systemen sind High-Yield-Bonds kursiv dargestellt.

Abb. 4-03: Bond-Ratings

Standard & Poor's	Moody's	Erläuterungen
AAA	Aaa	Tilgung der Anleihen gilt als sicher.
AA	Aa	Anleihen mit einem hohen Qualitätsstandard.
A	A	Anleihen von überdurchschnittlicher Qualität.
BBB	Baa	Anleihen durchschnittlicher Bonität.
BB	*Ba*	*Anleihen von unterdurchschnittlicher Qualität*
B	*B*	*Anleihen mit spekulativem Charakter.*
CCC	*Caa*	*Spekulative Anleihen mit hohem Ausfallrisiko.*
CC, C	*Ca, C*	*Anleihen mit bevorstehendem Ausfall.*
D		*Bereits ausgefallene Anleihen.*

4.1.2.1. Fallen Angels

Wusste schon Damokles um die Bürde des älteren Dionysios von Syrakus, so können 2400 Jahre später um Bonität und Ansehen ringende Anleiheemittenten bereits wehmütige Klagelieder über die Last der zu Gericht sitzenden Bond-Analysten singen. Wird auch nicht durch jedes Downgrading sofort ein Todesstoss versetzt, zittern nach Urteilsverkündung dennoch nicht nur Gläubiger um ihre investierten Kapitaleinsätze. Auch kann der Emittent nach erfolgtem Erst-Rating noch nicht siegesbewusst triumphieren, da die Einordnung der Anleihe in eine bestimmte Kategorie vor deren Tilgung durch ein erneutes Rating modifiziert werden kann, wenn neue Informationen über die Bonitätsverhältnisse des Schuldners Anlass dazu geben. Ein eventuelles Downgrading erfolgt dann zumeist aufgrund sinkender Rentabilitäten, ausserordentlich hoher Schadenersatzforderungen, aber auch aufgrund notwendiger Abschreibungserfordernisse oder sich verschlechternder Geschäftsaussichten im allgemeinen. Wie rücksichtslos objektiv Rating-Agenturen dabei vorgehen, soll im folgenden beispielhaft dargestellt werden:

Nach einer Studie des New Yorker Universitätsprofessors Edward Altman betrug Mitte 1985 der Anteil der Fallen Angels - also jener Schuldtitel, bei denen die Verschlechterung der Bonität zu einem Downgrading führt - am Gesamtvolumen des Junk-Bond-Marktes annähernd 29 %. Konnte demnach Mitte 1985 noch ein Verhältnis von 17,1 Mrd. $ zu 59,1 Mrd. $ verzeichnet werden, so stieg diese Kennzahl 6 Monate später schon auf über 31 % (23,2 Mrd. $: 74,5 Mrd. $). Ausserdem erhöhte sich im Beobachtungszeitraum die Anzahl der Fallen-Angel-Emittenten von 70 auf 72.[470] Abb. 4-04 zeigt die Entwicklung des amerikanischen Junk-Bond-Marktes von Jahresbeginn 1986 bis April 1986:

Abb. 4-04: High-Yield-Bond-Markt in der Mitte der 80er Jahre[471]

	Volumen in Mio. $	Emittenten	Emissionen
Dezember 1985	73993	486	1166
Emissionen 1-4/86	+ 10290	+ 50	+ 64
Downgrades	+ 5508	+ 8	+ 27
Upgrades	- 4672	- 7	- 104
Retired	- 867	- 14	- 18
April 1986	84252	523	1135

4.1.3. Stand der Emissionsaktivität

Wie bereits erwähnt besteht unter Investment Bankern aufgrund verschiedener Junk-Bond-Definitionen Uneinigkeit über das wahre Volumen des Junk-Bond-Marktes. Nach Angaben der Securities Data Corporation betrugen 1986 die Neuemissionen von Unternehmensanleihen 161 Mrd. $,[472] wovon 21,43 % - also 34,5 Mrd. $ - auf High Yield Bonds entfielen. Das gesamte ausstehende Junk-Bond-Volumen wurde für 1986 auf 93 Mrd. $ geschätzt.[473] Jedoch werden selbst diese Angaben wieder relativiert, wenn man die 10 Mrd. $ bis 15 Mrd. $ der risikoreichen US-Vorzugsaktien hinzuzählt.

Im Jahre 1988 (1987) betrug das Dollarvolumen aller ausstehenden High Yield Bonds 183,9 Mrd. $ (140,2 Mrd. $), wobei das Emissionsvolumen 27,7 Mrd. $ (28,1 Mrd. $) betrug.[474] Bemerkenswert für die jüngste Entwicklung ist nicht nur die Anzahl der Emissionen, sondern vor allem die Höhe des Placierungsvolumens einzelner Emissionen. Darüber hinaus sei anzumerken, dass bereits 1987 ein Drittel der Junk-Bond-Marktes Fallen Angels stellten. Auch war der Bonitätslevel nach Auffassung der Rating-Agenturen stark abnehmend. So dominierten bereits Obligationen der Kategorie B den Anleihenmarkt und Obligationen der Klasse CCC wiesen gar die höchsten Zuwachsraten auf.[475]

Ende 1989 - also 6 Wochen vor dem Konkurs von Drexel Burnham Lambert - betrug das ausstehende Junk-Bond-Volumen 214,2 Mrd. $, wobei 25,3 Mrd. $ neu emittiert wurden.[476]

Das Jahr 1990 schliesslich wird als Trauma in die Geschichte des High-Yield-Bond-Marktes eingehen. So wurden Junk Bonds um lediglich 1,3 Mrd. $ neu emittiert, das ausstehende Junk-Bond-Volumen sank auf 187 Mrd. $ und verlor demnach 12,7 % seines Wertes.[477] Das wahre Ausmass der Vermögensvernichtung zeigt jedoch nicht die durchschnittliche Abwertung, vielmehr aber der Wertverlust einzelner Junk-Bond-Emissionen. Eigenen Umfragen zufolge wurden ausstehende Junk-Bond-Bestände ausgewählter Emittenten um 50 % (unterer Quartilswert) bis 90 % (oberer Quartilswert) abgewertet (Medianwert = 70 %).[478] Viele Unternehmen, welche in den späten 80er Jahren Junk Bonds begeben hatten, werden bare Finanzmittel in grossem Ausmass benötigen, um die Zinssowie Tilgungsverpflichtungen gegenüber ihren Gläubigern aufrecht zu erhalten. Andere Schuldner werden, wenn die Kurse ihrer Anleihen sinken, den Zinssatz für die ausstehenden Verbindlichkeiten erhöhen müssen. Abb. 4-05 zeigt das Verhältnis der Junk-Bond-Emissionen zum gesamten US-Emissionsvolumen der Jahre 1990 sowie 1989:

Abb. 4-05: Junk-Bond-Emissionen 1990 und 1989[479]

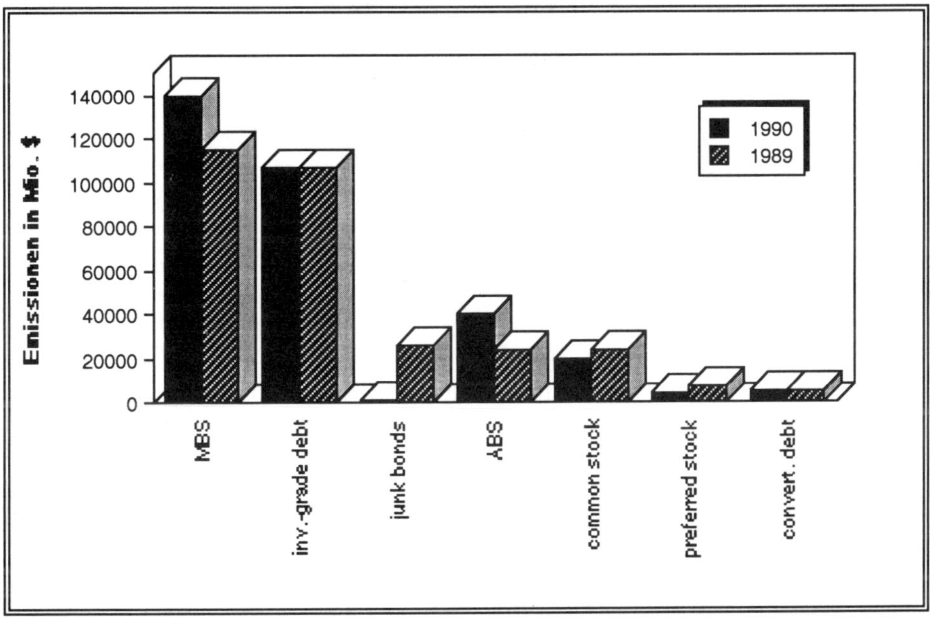

Zusammenfassend zeigt Abb. 4-06 die Emissionsvolumina von High Yield Bonds in den Jahren 1983 bis 1990:

Abb. 4-06: Junk-Bond-Emissionen von 1983-1990[480]

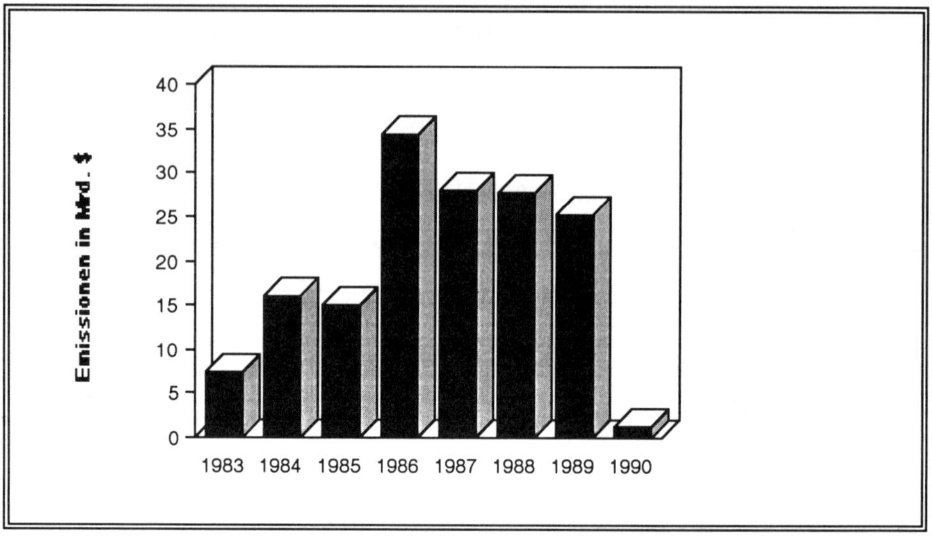

4.1.4. Beziehung zwischen Konkursraten und Renditen hochverzinslicher Anleihen

Wurden konventionelle Anleihen zwischen 1974 und 1985 lediglich zu 0,09 % nicht zurückbezahlt und wurde darüber hinaus in der Standard & Poor's Spitzengruppe Triple A kein einziger Default bekannt, so erscheint es dennoch äusserst seltsam, dass die Kategorie CC weit besser abschnitt als die Unternehmen der Qualität CCC. Ausserdem bewerteten die vermeintlichen Päpste der neutralen Bond-Analyse etwa 40 % der Schuldner noch 6 Monate vor ihrem Konkurs zwischen B und CCC. Demgemäss war im genannten Dezennium bei ganzen 1,53 % der Junk-Bond-Moratorien, Zahlungsverweigerungen oder Insolvenzen zu verzeichnen.[481]

Obwohl Drexel Burnham Lambert im ersten Halbjahr 1986 von einer Verlustrate von 0,69 % bei Junk Bonds ausging, erzielte der Gläubiger selbst bei einer Zahlungsunfähigkeit von 6 % bis 10 % der Schuldner - je nach durchschnittlicher Laufzeit und Zinsen - insgesamt noch etwa dieselbe Rendite wie bei konventionellen Industrieobligationen.

Darüber hinaus - so argumentierte Drexel Burnham Lambert - weisen nach den konservativen Rating-Anforderungen lediglich 5 % der ca.

20000 Schuldner am US-Kapitalmarkt den begehrten Investment Quality Status auf und die Hälfte der 1400 Unternehmen, die überhaupt im offiziellen Rating enthalten sind, werden als Junk Bonds qualifiziert.

4.1.4.1. Default-Raten

Betrug die Default-Rate bei Junk Bonds (Quotient von Nominalvolumen der ausgefallenen Junk Bonds und Nominalvolumen aller ausstehenden Junk Bonds)[482] in den Jahren 1974 bis 1985 - wie oben bereits erwähnt - durchschnittlich 1,53 %, so konnten Emittenten konventioneller Obligationen im selben Betrachtungszeitraum nur zu 0,09 % ihre Schulden nicht zurückzahlen. Da es sich dabei aber um Durchschnittswerte über ein ganzes Dezennium handelt, erscheint eine Übersicht über die Entwicklung der Default-Raten in den einzelnen Jahren notwendig:

Abb. 4-07: Default-Raten von Junk Bonds und konventionellen Anleihen[483]

Jahr	Junk Bonds in %	Konvent. Anleihen in %	Jahr	Junk Bonds in %	Konvent. Anleihen in %
1974	1,106	0,070	1980	1,482	0,076
1975	2,644	0,102	1981	0,155	0,009
1976	0,368	0,013	1982	3,115	0,228
1977	4,488	0,160	1983	1,066	0,086
1978	1,265	0,047	1984	0,825	0,088
1979	0,187	0,007	1985	1,679	0,232

Überwiegende Übereinstimmung mit den obigen Daten erzielt eine 1988 publizierte First Boston-Studie.[484] So belief sich zwischen 1977 und 1987 der marktgewichtete Durchschnitt der Ausfallraten auf 1,74 %. Lässt man dabei die Fallen Angels ausser Betracht, reduziert sich die Rate sogar auf 1,22 %. Die Ausfallraten weisen entsprechend der Konjunkturentwicklung einen zyklischen Charakter auf. Demnach lagen die Default-Raten im Rezessionsjahr 1982 bei 3,6 % und in den hochkonjunkturellen Jahren 1984 und 1985 bei 0,5 % bzw. bei 1,6 %. Der überwiedende Teil des gesamten Ausfallvolumens wurde im Jahre 1986 nur von einem Schuldner, dem drittgrössten US-Stahlkonzern LTV Corp., gestellt, wo über Nacht 2,1 Mrd. $ insolvent wurden.

Analysiert man den Zeitraum 1978 bis 1988, dann betrug die durchschnittliche Konkursrate bei High Yield Bonds 1,9 %, während sich die höchste Rate in einem Jahr auf 5,12 % belief. Dieser hohe Prozentsatz im Jahre 1987 ist aber vor allem auf den Konkurs von Texaco zurückzuführen. Dabei stellte das Unternehmen Zinszahlungen auf Anleihen mit einem Gesamtnominale von 11 Mrd. $ ein, wovon Anleihen mit einem Nominale von 1,35 Mrd. $ überhaupt nicht mehr zurückgezahlt wurden. Die Default-Rate für 1987 ohne Texaco betrüge daher 5,12 % - 4,12 % (entspricht 1,35 Mrd. $) = 1,0 %.[485]

Allerdings unterscheidet sich der amerikanische Konkursbegriff deutlich von jenem, der in Deutschland Verwendung findet. In den USA stellt eine Firma lediglich die Zahlungen auf ihre Schulden ein und gibt eine Umstrukturierung des Unternehmens bekannt. Gelingt diese, werden die Zahlungen wieder aufgenommen und ausstehende Anleiheschulden an Gläubiger zurückgezahlt. Das amerikanische Insolvenzrecht unterscheidet innerhalb des US-Federal Bankruptcy Code mehrere Konsequenzen des Konkurses. Im folgenden wird lediglich Chapter 11 des Bankruptcy Code behandelt: »The judge may appoint a trustee because of dishonesty or incompetence of the debtor, or, where the debtor is a corporation, because of dishonesty or incompetence of its management. ... Unless the court orders otherwise, the debtor may continue to operate the business. Such a debtor, called a ›debtor in possession,‹ has most of the powers, rights, and duties of a reorganization trustee.«[486] Daher bedeutet der im Vergleich zur Default-Rate geringere Ausfallsbetrag (Differenz des Anleihewertes nach dem Konkurs und dem Kaufpreis der Anleihe, abzüglich einer Kouponzahlung) nicht notwenigerweise einen Totalverlust für den Gläubiger. Nach einer Studie von Edward Altman, New York University, notieren die als Default eingestuften Anleihen durchschnittlich bei 38,85 % ihres Nominalwertes, wie nachfolgende Abbildung veranschaulicht:

Abb. 4-08: Average Price after Default by Original Bond Rating[487]

Original Rating	Average Price after Default (per $ 100)	Number of Observations
AA	47,29	3
A	34,63	13
BBB	48,66	17
BB	34,98	11
B	40,42	45
CCC	34,25	7
Nonrated Sector	30,01	15
Average	38,85	111

Berücksichtigt man also, dass die Papiere eines insolventen Schuldners noch etwa um 38,85 % des Nennwertes genügend Käufer finden, dann reduziert sich auch die Konkursrate entsprechend. In den Jahren 1985 bis 1988 halbierte sich daher die Rate von 3,1 % auf 1,2 %. Dazu zynisch ein Schweizer Investment Banker: »Totalverlust ist in diesem Geschäft die seltene Ausnahme, ein Moratorium mit teilweisem Schuldenerlass im schlimmsten Fall die Regel.«[488] Problematisch ist dieser Rechenvorgang allemal. Einerseits wird hiebei nicht berücksichtigt, dass Anleihen auch durch Tilgung, Fälligkeit und Kündigung vom Markt eliminiert werden, andererseits »vernachlässigt diese Vorgehensweise die Frage der Wahrscheinlichkeit eines Ausfalls für verschiedene Zeiträume in der Zukunft auf der Basis der spezifischen Merkmale der Emission, ausgedrückt in ihrem Rating«.[489]

Nach einer neuesten Studie von Moody's konnten im Jahre 1990 (1989) schon 96 von 892 Unternehmen, die Junk Bonds emittierten, nicht mehr ihren Zins- und Tilgungsverpflichtungen nachkommen. Insgesamt sind dadurch Anleihen mit einem Nominalvolumen von 22 Mrd. $ (12 Mrd. $),[490] also 22 Mrd. $ ÷ 187 Mrd. $ = 11,76 % (12 Mrd. $ ÷ 214,2 Mrd. $ = 5,6 %) des gesamten Junk-Bond-Marktes betroffen (vgl. dazu Abb. 4-02). Die Entwicklung der Default-Raten in den Jahren 1986 bis 1990 soll nun Abb. 4-09 zusammenfassen:

Abb. 4-09: Default-Raten in der zweiten Hälfte der 80er Jahre[491]

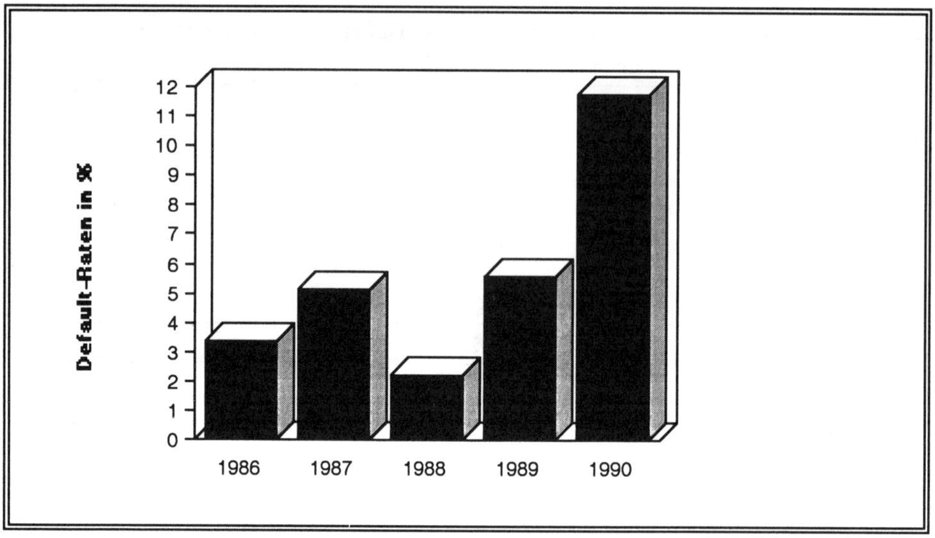

4.1.4.2. Renditen

In Anbetracht des Konkursrisikos präsentierten sich denn auch die Renditen so mancher High Yield Bonds in einem dem Insolvenzrisiko gebührend Rechnung tragenden Bild:

Abb. 4-10: Renditevergleich ausgewählter High-Yield-Schuldpapiere[492]

Portfolio	1978	1979	1980	1981	1982	1983
High Yield Composite	10,71	11,52	16,16	15,90	18,62	13,77
Long-Term Government Bond Index	8,38	9,13	12,48	12,77	13,70	10,85
BB Portf.	9,80	10,85	14,99	15,12	17,21	13,07
B Portf.	10,83	11,79	16,73	15,96	18,50	14,20
CCC Portf.	12,86	13,38	17,89	17,91	22,70	15,60

Die Durchschnittsrenditen von 1978 bis 1983 betrugen somit für den High Yield Composite 14,45 %, für den Shearson Lehman Long-Term Government Bond Index 11,22 % und für die Standard & Poor's Portfolios 13,51 % (BB), 14,67 % (B) sowie 16,72 % (CCC). Beispiele für die Renditen hochverzinster amerikanischer Anleihen für 1986 waren People Express mit 18,8 %, Bethlehem Steel mit 17,2 % und Health Resources mit 16,9 %. In den Jahren 1988 und 1989 versahen US-Emittenten ihre Schuldpapiere mit folgender Verzinsung: Borg-Warner (13,5 %), Beatrice (12,75 %) und Telecommunication (11,125 %).[493]

Abb. 4-11 zeigt einen Perfomancevergleich amerikanischer Indizes:

Abb. 4-11: US-Indizes im Vergleich[494]

Index	Wertentwicklung eines 100 $ Investments von 1981 bis 1987 (in $)	Durchschnittliche jährliche Perfomance 1981 bis 1987 (in %)
First Boston High-Yield Index	288,76	16,36
S & P's 500 Aktienindex	247,22	13,80
Shearson Lehman Long-Term Government Bond Index	243,80	13,58

Anleger, die im Jahre 1981 ein dem First Boston High-Yield Index entsprechendes Portfolio zusammenstellten, sahen ihren Einsatz von 100 $ nun auf 288,76 $ im Jahr 1987 anwachsen. Die durchschnittliche jährliche Performance von High Yield Bonds liegt dabei um 2,78 Prozentpunkte über jener staatlicher Obligationen. Berücksichtigt man nun die um durchschnittlich 4 Prozentpunkte höhere Verzinsung (untere und obere Quartilswerte 3 bzw. 5 Prozentpunkte) im Vergleich zu US-Treasury Bonds,[495] das oben erwähnte Verlustrisiko sowie die Aussicht auf Kapitalgewinne bei vorzeitiger Rückzahlung der Junk Bonds zu einem über-pari-Kurs, dann war die durchschnittliche Rendite seit 1981 um jährlich 3,3 Prozentpunkte höher als jene für US-Staatspapiere.

Zu vergleichbaren Ergebnissen kommt auch Edward Altman, New York University, der Anleiherenditen über einen Zeitabschnitt von 10 Jahren untersuchte.[496] Altmans Analysen wurden unter folgenden Rahmenbedingungen durchgeführt: Treasury-Koupon von 8,75 %, Stabilität des Zinsniveaus, unterschiedliche Renditedifferenzen, Wert von 38,85 % von pari für ausgefallene Anleihen sowie Reinvestition des Cash Flows zum Zinssatz der korrespondierenden Anleihenkategorie. Die Resultate sind angesichts des bisher Gesagten nicht überraschend; so erwirtschafteten Bonds der Kategorie BB (S & P's) von 100 investierten Dollareinheiten nach einem Jahr 3,15 $ und nach zehn Jahren 65,36 $ mehr als US-Treasuries.

4.1.5. Bedeutung einzelner Investmentbanken am Junk-Bond-Markt

Nicht nur das verstärkte Angebot von Industrieanleihen seit den späten 70er Jahren führten zum kometenhaften Aufstieg der Investmentbanken. In der Tat haben gerade Investment Banker aufgrund ihrer Kenntnisse des Sekundärmarktes einen komparativen Vorteil. Im unerbitterlichen Kampf um Marktanteile am Junk-Bond-Markt aber konnte eine Bank bis zum bitteren Ende 1990 alle anderen weit im Feld abgeschlagen zurücklassen. Abb. 4-12 und Abb. 4-13 zeigen die Marktanteile amerikanischer Investmentbanken bei Junk-Bond-Emissionen in den Jahren 1986 bzw. 1990, Abb. 4-14 demonstriert eine Übersicht der Junk-Bond-Emissionen amerikanischer Investmentbanken nach Standard & Poor's-Kategorien:

Abb. 4-12: Marktanteile bei High-Yield-Emissionen in den USA im Jahre 1986[497]

Underwriter	Volumen in Mio. $	Markanteil in %	Anzahl	Marktanteil in %
Drexel Burnham	15775	45,80	82	35,04
Merrill Lynch	3782	11,00	25	11,68
Morgan Stanley	2817	8,17	15	6,41
Salomon Bros	2814	8,16	16	6,84
Shearson Lehman	1903	5,52	11	4,70
First Boston	1650	4,79	11	4,70
Goldman Sachs	1228	3,56	9	3,85
Bear Stearns	1145	3,32	14	5,98
Kidder Peabody	880	2,55	7	2,99
Paine Webber	545	1,58	4	1,71
E. F. Hutton	370	1,07	5	2,14
Prudential Securities	357	1,04	4	1,71
Donaldson, Lufkin & Jenrette	338	0,98	7	2,99
Andere	864	2,46	24	9,26
Summe	34468	100,00	234	100,00

Abb. 4-13: Marktanteile bei High-Yield-Emissionen in den USA im Jahre 1990[498]

Underwriter	Volumen in Mio. $	Markanteil in %	Anzahl	Marktanteil in %
Bear Stearns	600	46,00	2	20,00
Goldman Sachs	250	19,20	1	10,00
Merrill Lynch	200	15,30	2	20,00
Salomon Brothers	200	15,30	1	10,00
Piper, Jaffray & Hopwood	25	1,90	1	10,00
Boettcher	15	1,30	1	10,00
Interstate Johnson Lane	7	0,50	1	10,00
First of Michigan	7	0,50	1	10,00
Summe	1304	100,00	10	100,00

Abb. 4-14: Junk-Bond-Emissionen amerikanischer Investmentbanken nach S & P's-Kategorien (ohne Drexel Burnham)[499]

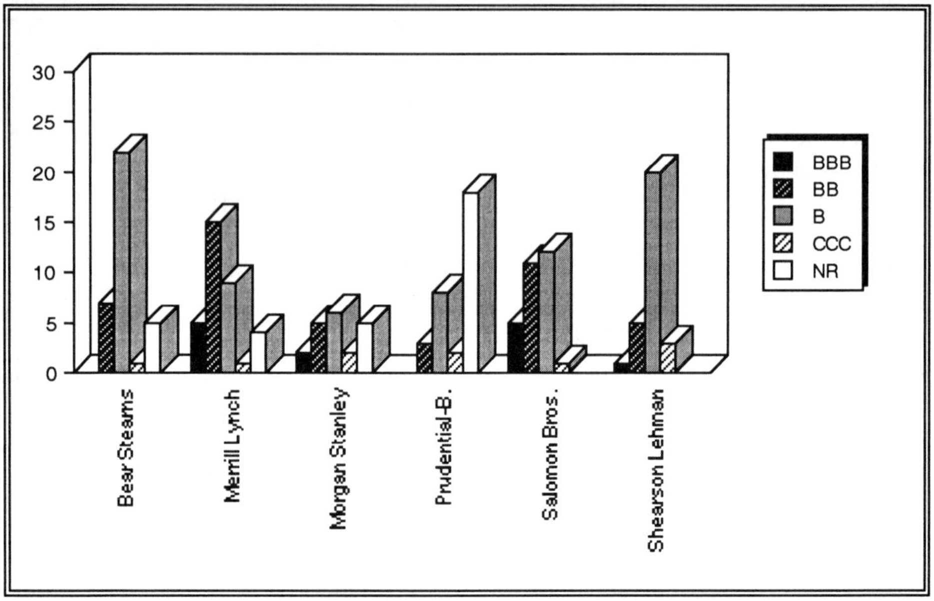

Da durch eine eventuelle Einbindung des ehemaligen Marktleaders Drexel Burnham der Informationsgehalt bei der Erstellung der Graphik arg in Mitleidenschaft gezogen wäre, will ich DBLs Marktanteilsdaten nun gesondert darstellen: So konnte Drexel Burnham im Vergleichszeitraum die unerreichbare Anzahl von insgesamt 287 Emissionen für sich in Anspruch nehmen. Im einzelnen setzen sich die Emissionen wie folgt zusammen: 6 Emissionen in der Kategorie BBB, 39 Emissionen in der Kategorie BB sowie 177 Emissionen in der Kategorie B. Darüber hinaus emittierte Drexel Burnham 19 High-Yield-Obligationen in der Kategorie CCC und 46 nicht von Standard & Poor's erfasste Schuldverschreibungen.

Hatte Drexel Burnham Lambert im Junk-Bond-Markt 1986 unschlagbare 46 % Marktanteile, so sieht denn die Marktverteilung bei Investment-Grade-Industrieobligationen ganz anders aus:

Abb. 4-15: Marktanteile bei Investment-Quality-Emissionen in den USA im Jahre 1986[500]

Rang	Manager	Volumen in Mio. $	Marktanteil in %
1	Salomon Brothers	8607,4	19,8
2	Goldman Sachs	7618,3	17,6
3	Morgan Stanley	6763,1	15,6
4	First Boston	5661,3	13,1
5	Merrill Lynch	3653,6	8,4
6	*Drexel Burnham*	3579,2	8,3
7	Shearson Lehman	2890,1	6,7
8	Smith Barney	1329,2	3,1
9	Kidder Peabody	1042,6	2,4
10	Dillon Read	993,6	2,3

Die Marktanteile nach dem Konkurs von Drexel Burnham Lambert im Jahre 1990 zeigt Abb. 4-16:

Abb. 4-16: Marktanteile bei Investment-Quality-Emissionen in den USA im Jahre 1990[501]

Rang	Manager	Volumen in Mio. $	Marktanteil in %
1	Merrill Lynch	28711,7	26,7
2	Morgan Stanley	22663,3	21,1
3	Goldman Sachs	16625,9	15,5
4	Salomon Brothers	13390,6	12,5
5	First Boston	9818,9	9,1
6	Shearson Lehman	6868,0	6,4
7	Kidder Peabody	2397,4	2,2
8	Bear Stearns	1257,9	1,2
9	Paine Webber	1046,6	1,0
10	Donaldson, Lufkin & Jenrette	511,3	0,5

4.1.6. Abschliessende Bemerkungen

Kritiker weisen darauf hin, dass Gläubigern vor allem im Falle einer Rezession durch die sich dann erhöhende Ausfallrate schwere Verluste zugefügt werden. Auch sind durch Junk Bonds finanzierte Unternehmen wegen des hohen Fremdkapitalvolumens und der niedrigen Eigenkapitalquote besonders anfällig für Überschuldung und Illiquidität. Verfechter von High Yield Bonds behaupten, dass selbst angesichts der ohnehin geringen Konkursrate überdurchschnittlich hohe Renditen in einem ausreichend diversifizierten Portfolio realisiert werden können.

Mit dieser Argumentation werden Junk-Bond-Befürworter seit dem Konkurs von Drexel Burnham Lambert Mitte Februar 1990 jedoch Zurückhaltung zeigen müssen. Potente Drexel-Kunden wie Columbia Savings & Loans Association (welche - laut Susan Monteith, Vice President bei Wood Gundy - Ende 1984 mit über 1 Mrd. $ im High-Yield-Markt engagiert war),[502] Imperial Corporation of America oder First Executive Corp. haben inzwischen grosse Wertberichtigungen oder gar Notverkäufe ihrer Junk-Bond-Bestände vornehmen müssen.[503] Mit dem Konkurs des Marktführers hochverzinslicher Wertpapiere ist auch die Handelbarkeit bestimmter Papiere quasi über Nacht erloschen, womit vor allem amerikanische Pensionskassen betroffen sind, die aufgrund ihrer Statuten oft nur marktgängige Valoren halten dürfen. Dazu kommen die zur Liquidation gelangten Eigenbestände von Drexel Burnham, die sich inoffiziellen Schätzungen zufolge auf 1 Mrd. $ belaufen. In Anbetracht dieses Angebotüberhangs und der Tatsache, dass der Markt für High Yield Bonds durch den Konkurs von DBL beträchtlich verkleinert wurde, sind weiter stürmische Tage an den amerikanischen Junk-Bond-Märkten zu erwarten.

Abgesehen von diesen Fakten rauher Wirklichkeit wird es sich aber bei der Frage der Finanzierung mittels Junk Bonds keinesfalls um eine wertfreie Diskussion handeln. Schon aus diesem Grunde möge der Leser seinen Standpunkt über die moralische und ethische Akzeptanz dieser Problematik selbst definieren.

4.2. Insider-Trading-Probleme

Stehen Informationen über börsennotierende Gesellschaften lediglich Einzelpersonen oder bestimmten Personengruppen zur Verfügung, können diese durch Kauf- oder Verkaufsorders den Kurswert der Aktien entscheidend ändern. Nun ist jedoch eine Bewertung der Börsentitel durch sämtliche anderen Investoren, die nicht im Besitz von Insider-

Informationen sind, beträchtlich erschwert, was zu ungerechtfertigten Nachteilen bestimmter Marktteilnehmer führt.

4.2.1. Gründe für Insider Trading

Es erhebt sich die Frage, warum gerade in den letzten Jahren das Insider Trading in diesem Ausmass anfänglich als besondere Sportaktivität und bis zuletzt noch immer als populäres Monopolyspiel an Bedeutung gewonnen hat? Wohl wird für den interessierten Leser nach der bisherigen Lektüre kaum eine Antwort vonnöten sein.

Abb. 4-17: Aufgeld über Börsenkapitalisierung in den USA[504]

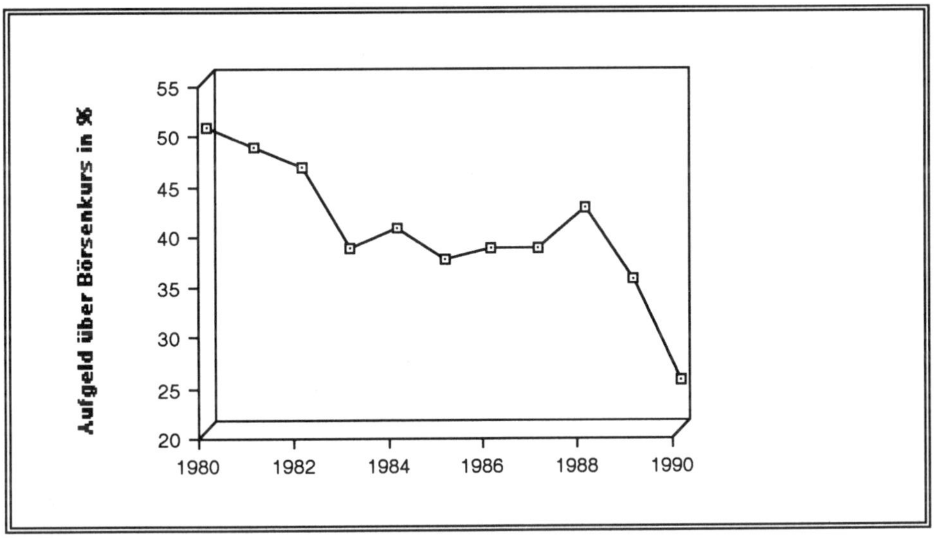

Da das Aufgeld der Unternehmenskäufer - sofern dieses vereinbart wurde - mehr als ein Drittel über der Börsenkapitalisierung lag, konnten so manche Spekulanten mit frühzeitig erhaltenen Informationen wahrhaft kaiserliche Renditen in nur kurzer Zeit erzielen. Anhand des im Rahmen der White-Knight-Abwehrstrategie erwähnten Beispiels sei eine mögliche Vorgangsweise im folgenden demonstriert:

Abb. 4-18: Procter & Gamble vs. Unilever[505]

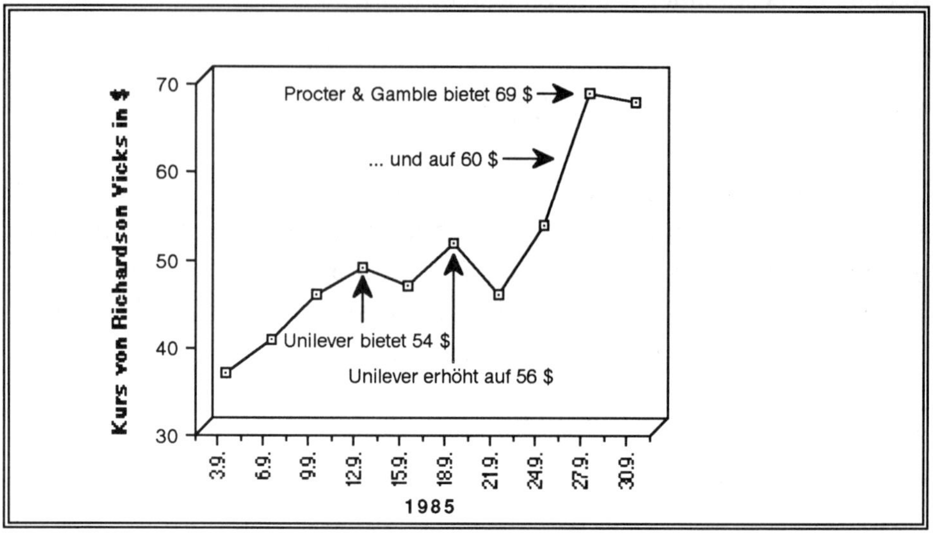

So könnte ein Insider vor der offiziellen Kaufofferte durch Unilever ein Aktienpaket von Richardson Vicks zum Kurs von 36 $ je Stück am 3.9.1985 erwerben. Nach der offiziellen Verlautbarung vom 12.9.1985 zur Übernahme von Richardson Vicks zum Kurs von 54 $ könnte der Insider bereits in nur 9 Tagen eine Kurssteigerung von 50 % realisieren. Würde jener Insider jedoch noch auf das letztendliche Kaufangebot von 69 $ je Aktie durch Procter & Gamble am 27.9.1985 warten, so wäre die Kurssteigerung in 24 Tagen über 91 %.

4.2.2. Insider-Trading-Probleme in den USA

In den 80er Jahren war das Insider-Problem ein besonderes Anliegen der Securities and Exchange Commission (SEC), die vor der amerikanischen Legislative und Administration keine Gelegenheit versäumte, auf die zunehmende Anzahl von Insider-Transaktionen aufmerksam zu machen. So war die bekanntgewordene Anzahl an Insider-Fällen - nämlich 77 - zwischen 1934 und 1981 genauso hoch wie zwischen 1982 und 1985. Konnte die SEC seit 1934 lediglich auf den Securities Exchange Act[506] zurückgreifen, so steht ihr seit 1984 der Insider Trading Sanctions Act (ITSA) zur Verfügung.

Aufgrund des Securities Exchange Act war die SEC ermächtigt, die für den Insider entstandenen Gewinne inklusive einer marginalen Inflationsabgeltung und eines absoluten Strafbetrages von geradezu lächerlichen 10000 $ einzuklagen. Der neue ITSA garantiert bereits eine Rückzahlungsforderung von der dreifachen Höhe des realisierten Gewinnes sowie eines zusätzlichen Strafbetrages von 100000 $.

Im folgenden sollen die bekanntesten amerikanischen Insider-Trading-Skandale kurz aufgezeigt werden:

4.2.2.1. Dennis Levine

Im Mai 1986 gab die SEC den bis dahin wohl spektakulärsten Insider-Fall bekannt. Dennis Levine alias Mr. Diamond,[507] Mitarbeiter von Drexel Burnham Lambert, konnte seit Mai 1980 12,6 Mio. $ durch Transaktionen in Aktien von mindestens 54 Unternehmen realisieren. Die Anklagepunkte bezogen sich auf vier schwere Delikte, nämlich Wertpapierbetrug, den Kauf und Verkauf von Aktien auf der Basis von Insider-Informationen, zwei Punkte wegen Steuerhinterziehung, da Levine die Kursgewinne nicht in seiner Steuererklärung angegeben hatte und schliesslich Meineid im Zusammenhang mit der Aussage vor der SEC.

Levine wurde in den Anklagepunkten Insider Trading, Steuerhinterziehung und Meineid schuldig gesprochen. Aufgrund seiner Mithilfe bei der Ergreifung weiterer Insider - insbesondere die Auslieferung von Ivan Boesky - wurde die Strafe verhältnismässig milde angesetzt: 11,6 Mio. $ Geldbusse an die Finanzbehörden, Überweisung der gesperrten 10,5 Mio. $ auf seinem Bank-Leu-Konto in Zürich, 2 Jahre unbedingte Gefängnisstrafe sowie lebenslangen Ausschluss vom Wertpapiergeschäft. »At this time the financial community knew that the case of Dennis Levine was only the tip of the iceberg and that further sentences would follow.«[508]

4.2.2.2. Ivan F. Boesky

Im November 1986 schreckte die SEC die Finanzwelt mit dem Hinweis auf, dass Boesky in den Levine-Fall verwickelt wäre. Boesky wurde beschuldigt, mehr als 50 Mio. $ Gewinn erzielt zu haben, indem er aufgrund von Levines Hinweisen über seine verbundenen Mittelsmänner Aktientransaktionen durchgeführt hätte. Wall Streets prominentester Arbitrageur hatte sich daraufhin bereit erklärt, 100 Mio. $ an Strafen und die rückgeforderten Gewinne zu zahlen. Ausserdem akzeptierte er den lebenslangen Ausschluss vom Wertpapiergeschäft. Von 1988 bis Anfang April 1990 befand sich Ivan Boesky im komfortablen kalifornischen Gefängnis Lompoc, wo Boesky im Rahmen des Lehrfaches Business Ethics oder Business and Society auch Vorträge vor amerikanischen Studenten hielt.[509] Das vergleichsweise milde Urteil ist nicht zuletzt auf die Bereitschaft Boeskys zurückzuführen, über seine Geschäfte mit Drexel Burnham Lambert und vor allem mit Michael Milken Auskunft zu geben.

Zur Bewertung der Bedeutung des Skandals bemerkte Felix Rohatyn von Lazard Frères warnend: »... ein Krebsgeschwür hat sich in unserem Wirtschaftszweig ausgebreitet ... es ist die Habsucht. Zu viel Geld kommt mit zu vielen jungen Menschen in Berührung, die wenig oder keine Beziehung zur Institution und kein Gefühl für Tradition haben, und die unter dem enormen Druck stehen, im Scheinwerferlicht einer Hollywood-ähnlichen Öffentlichkeit Erfolg zu haben. Im günstigsten Fall führt das zu spekulativen Exzessen, im schlimmsten Fall aber zur Illegalität. Insider Trading ist nur ein Ergebnis.«[510]

4.2.2.3. Michael Milken

Als Milken 1970 bei einem Jahresgehalt von 25000 $ erstmals seine Vorgesetzten bei Drexel Firestone zu überzeugen versuchte, das Geld der Kunden doch in risikoreichere Anleihen zu investieren, konnte noch kaum jemand die Revolution erahnen, die der junge Investment Banker einmal auslösen wird. Nach der Fusion von Drexel Firestone mit Burnham and Company im Jahre 1973 baute Michael Milken eine Abteilung für den Handel mit High Yield Bonds auf.

Bereits 1979 veranstaltete der »König der Junk Bonds« seine erste High Yield Bond Conference in Beverly Hills. Diese Veranstaltungen hatten zum Ziel, kapitalkräftige Investoren davon zu überzeugen, dass sich Drexel Burnhams hochverzinste Anleihen bestens für die Finanzierung von Unternehmenübernahmen eigneten. Besucher dieses Meetings waren

z. B. im März 1985 berüchtigte Raider, wie Carl Icahn, Ronald Perelman, T. Boone Pickens, Irwin Jacobs oder Ivan Boesky. Innerhalb nur eines Monats dieser Konferenz starteten einige der Gäste feindliche Übernahmen auf amerikanische Unternehmen. So gewann zum Beispiel Carl Icahn die mit Junk Bonds finanzierte Übernahme von TWA, während Ronald Perelman einen erfolgreichen Angriff auf Revlon startete.

Seinen beruflichen Höhepunkt erreichte der »König der Junk Bonds« 1987. Mit einem geschätzten Jahresgehalt einschliesslich Bonus von 550 Mio. $ wäre er in diesem Jahr in der Liste der profitabelsten US-Unternehmen an 65. Stelle vor McDonalds gelegen.

Doch nicht zuletzt aufgrund der belastenden Aussagen von Ivan Boesky erstattete die Securities and Exchange Commission Anzeige wegen Insider Trading und Kursmanipulation bei Wertpapieren. Darüber hinaus eruierte die SEC wegen Milkens Verstoss gegen Bilanzierungs-, Protokollierungs- und Prospektvorschriften sowie wegen des »Parkens« von Aktien[511] und vor allem wegen des Betrugs am eigenen Kunden. Michael Milken wurde im März 1989 strafbare Handlung in insgesamt 98 Fällen zur Last gelegt, woraufhin die Staatsanwaltschaft eine Geldbusse von 1,85 Mrd. $ forderte. Am 24.4.1990 bekannte sich Milken in sechs Anklagepunkten schuldig. Richterin Kimba Wood verhängte ein Bussgeld von 600 Mio. $, davon wurden 400 Mio. $ für geschädigte Investoren auf ein Sonderkonto der SEC überwiesen. Darüber hinaus wurde Michael Milken zu einer Haftstrafe von 10 Jahren und 3 Jahren Full-time Community Service verurteilt.[512]

Dazu Charles Keating, Vorstandsvorsitzender von American Continental Corp.: »You don't put Michaelangelo or da Vinci in jail. To lose that mind for even a day is a tragedy.« Auch Edwin Wydler, ehemaliger Mitarbeiter von Michael Milken und heute Direktor der Nordfinanz Bank Zürich, kann dem Beschuldigten keinen Vorwurf anlasten: »Der Markt wollte Milken und seine Produkte. Unzulässig erscheint es mir daher, die Ursache für die Fehlentwicklung der 80er Jahre bei Drexel Burnham und seinen Protagonisten zu suchen. Die wahren Schuldigen aber sind die Käufer von Junk Bonds, die Hochzinsanleihen undifferenziert zeichneten.«[513] In der Tat wurde Milken nicht nur für Insider Trading, Kursmanipulation und den sonstigen in der Anklageschrift niedergelegten Vergehen verantwortlich gemacht. Dem »König der Junk Bonds« wird vor allem zur Last gelegt, er wäre - stellvertretend für alle unbekannten und nicht verurteilten Zeitgenossen seiner Art - verantwortlich für die Krise der Savings & Loans, die Rezession der beginnenden 90er Jahre sowie für sämtliche Probleme der amerikanischen Wirtschaft überhaupt. Wie sonst könnte das gesprochene Urteil die allgemein anerkannten und teilweise normierten Richtlinien, wonach Milken lediglich zwischen zwei und fünf Jahren Gefängnis gedroht hätten, in diesem Ausmass überschreiten.

Paradox ist das Urteil allemal. So hatte Richterin Kimba Wood in zwei der sechs Anklagepunkte keinen Präzedenzfall, auf den sie zurückgreifen konnte. Auch bei den verbleibenden vier Anklagepunkten konnte nur durch grosszügig ausgelegte Interpretation eine Begründung für das Urteil gefunden werden. Schliesslich, der Ironie letzter Schluss, fanden die Treuhänder des von Milken installierten Restitution Fund von 400 Mio. $ eine so beschämend geringe Anzahl an Betrogenen, dass die Staatsanwaltschaft Weisung gab, weitere Opfer durch eine landesweite Inseratenkampagne zu suchen.

Wer nun immer die wahren Schuldigen des Junk-Bond-Desasters sind, Tatsache bleibt, dass Michael Milken durch sein Finanznetzwerk die Schlüsselinnovationen der 80er Jahre wesentlich mitfinanzierte - Turner Broadcasting, MCI Telecommunications, McCaw Cellular Communications, TCI International, um nur einige wenige zu nennen. Diese Mittel, welche mit hoher Wahrscheinlichkeit durch konventionelle Finanzierungsformen in diesem Ausmass nicht aufgebracht worden wären (immerhin finanzierte die US-Industrie zwischen 1985 und 1989 das benötigte Bargeld zu 80 % durch Junk Bonds), erhöhten die Konkurrenzfähigkeit so mancher amerikanischen High-Tech-Unternehmen; allen voran Motorola, Corning, Compaq, Silicon Graphics, Convex, Seagate, VLSI Technology, Micron, Conner Peripherals sowie Cray Research (siehe Abb. 4-19). Zu hoffen bleibt, dass aufgrund des nun fehlenden Kapitals zukunftsträchtige Grossinvestitionen nicht ausserhalb der Vereinigten Staaten stattfinden werden.

Abb. 4-19: Who Has Been Issuing Junk Bonds? (1989)[514]

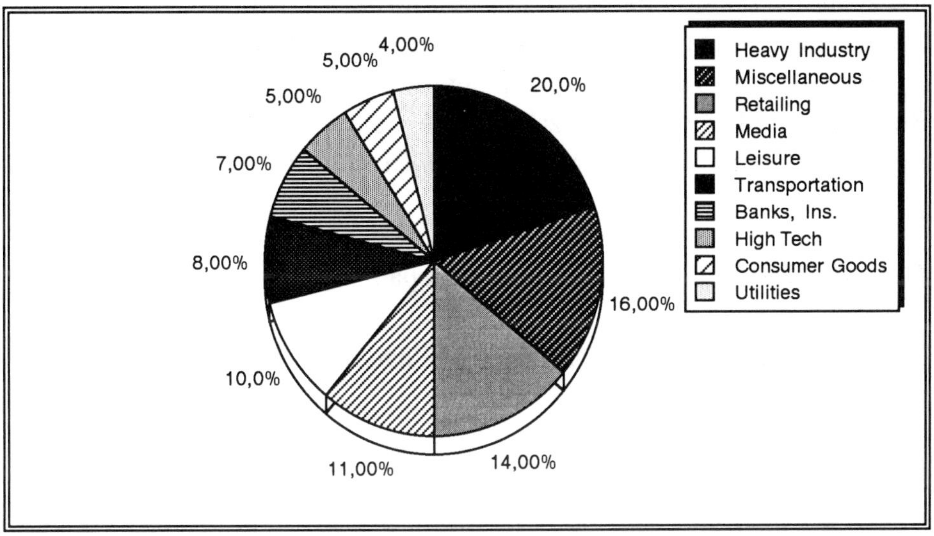

4.2.2.4. Drexel Burnham Lambert

Im Dezember 1988 bekannte sich Drexel in sechs Anklagepunkten schuldig und erklärte sich zur Zahlung von 600 Mio. $ (300 Mio. $ Busse plus 300 Mio. $ gerichtlich angeordnete Rückstellungsverpflichtung für mögliche Kundenklagen) bereit. Nur 6 Monate später trennte sich DBL von Michael Milken, welcher inzwischen schon sein eigenes Unternehmen mit dem Namen International Capital Access Group gegründet hatte. Dass ohne Milken und seine Verbindungen das ausstehende Junk-Bond-Volumen - wie wir bereits im letzten Abschnitt sehen konnten - blitzartig dezimiert wurde war neben den hohen Zahlungen von Drexel Burnham an die SEC die Hauptursache für den Konkurs (Chapter 11 des US-Bankruptcy Code) der Investmentbank, die schliesslich den Verlust für 1989 von 40 Mio. $ bei einem Geschäftsvolumen von 4,1 Mrd. $ nicht mehr bewältigen konnte.

Am 13. Februar 1990 verlautete Frederick Joseph, Vorstandsvorsitzender von DBL, dass Drexel Burnham seinen kurzfristigen Verbindlichkeiten von 100 Mio. $ nicht mehr bedienen könne und mit bereits mit der Liquidierung von Wertpapieren begonnen habe. 5300 Mitarbeiter haben damit ihren Arbeitsplatz verloren. Inoffiziellen Aufstellungen zufolge sind vor allem ausländische Gläubiger - zum Beispiel die japanische

Versicherungsgesellschaft Taiyo Mutual Life mit 69,7 Mrd. $ oder die französische Banque Indosuez mit 30,5 Mrd. $ - von Drexels Konkurs betroffen.[515] Nicht nur Befremden löste die Nachricht - nach der sich leitende Angestellte von Drexel unmittelbar vor dem Konkurs einen Bonus von 350 Mio. $ ausbezahlt hätten - unter den Gläubigern aus, wo diese doch mindestens 450 Mio. $ von DBL fordern.[516]

4.2.3. Insider-Trading-Probleme in Europa

Untersucht wurde die Insider-Trading-Situation

◊ in Grossbritannien,
◊ in Deutschland und
◊ in der Schweiz.

4.2.3.1. Insider Trading in Grossbritannien

In Grossbritannien folgt man der Tradition der Selbstkontrolle. Der allgemein anerkannte und freiwillig akzeptierte Takeover Code sieht allerdings weder formelle Sanktionsmöglichkeiten vor, noch hat der potentielle Insider die Gewissheit, mit welchem Verhalten er den Raum des moralisch unbedenklichen Verhaltens verlässt. Dennoch existieren einige Grundregeln, die zu erwähnen wert sind:[517]

◊ Akuelle Informationen über finanzielle und andere wichtige Hintergründe einer Übernahmetransaktion müssen rechtzeitig zur Beurteilung der Kaufofferte publiziert werden.
◊ Ohne die Zustimmung der Hauptversammlung darf das Management des Targets keine Massnahmen treffen, die den Aktionären die Möglichkeit nehmen, das vom Raider gestellte Angebot zu prüfen.
◊ Für sämtliche Dokumente und Publikationen anlässlich der Übernahme gelten dieselben strengen Sorgfaltspflichten wie beim Going Public.
◊ Für einen bestimmten Zeitraum vor und nach der Veröffentlichung einer Kaufofferte müssen alle Käufe und Verkäufe im gegenständlichen Papier der Londoner Börsenbehörde gemeldet werden.

◊ Im allgemeinen muss jeder Aktionär, wenn er mehr als 5 % des Aktienkapitals einer Gesellschaft besitzt, der zuständigen Behörde Meldung erstatten. Ab dieser Limite müssen weitere Käufe gemeldet werden. Darüber hinaus werden Beteiligungen ab 15 % vom Handelsministerium überprüft. Dabei wird abgeklärt, ob die Beteiligung oder Offerte dem Kartellamt unterbreitet werden soll.

◊ Ein Aktionär darf vorerst keine weiteren Aktien mehr erwerben, wenn er 30 % des Stimmrechtes erreicht, oder, falls er diesen Prozentsatz bereits überschritten hat, in weniger als zwölf Monaten seine Beteiligung um 2 % erhöht hat. In diesen Fällen muss die Bietergesellschaft ein öffentliches Kaufangebot präsentieren, das für 21 Tage, maximal aber 60 Tage gelten muss.

◊ Im Falle des Bekanntwerdens von neuen die Übernahme betreffenden Informationen kann der Handel im betreffenden Titel ausgesetzt werden.

Abb. 4-20 zeigt eine Übersicht über die Untersuchungen von Aktienbewegungen der Londoner Börse von 1980 bis 1984:

Abb. 4-20: Insider-Trading-Untersuchungen an der Londoner Börse[518]

Jahr	Untersuchung durch Londoner Börse	Weitere Diskussionen mit Broker und relevanten Unternehmen	Untersuchung durch Panel on Takeovers and Mergers	Weitere Behandlung durch Department of Trade and Industry
1981	2217	139	46	16
1982	3267	105	56	21
1983	3753	87	51	18
1984	13541	491	59	20

4.2.3.2. Insider Trading in Deutschland

Bereits Ende 1970 hatte die deutsche Börsensachverständigenkommission Empfehlungen (Insider-Handelsrichtlinien, Händler- und Beraterregeln) zur Lösung der Insider-Probleme verabschiedet. Ende 1971 stimmte die Kommission ausserdem einer Verfahrensordnung für die bei den Wertpapierbörsen zu bildenden Prüfungskommissionen zu. Jedoch zeigte sich bald, dass die Insider-Empfehlungen und die Verfahrensordnung in vieler Hinsicht noch unvollständig und zu wenig flexibel waren, um alle wesentlichen Verstösse gegen den Geist der Insider-Regeln zu erfassen.

Die Kommission nahmen deshalb eine erste Überarbeitung der Insider-Regeln vor, die im Juli 1976 ihren vorläufigen Abschluss fand. Folgende wesentliche Änderungen und Ergänzungen sind hervorzuheben:[519]

◊ Insider-Handelsrichtlinien (§§ 1-5): Untersagung der Weitergabe von Insider-Wissen; Einbeziehung der Berater der Gesellschaften und der im Kreditgeschäft tätigen Mitarbeiter der Kreditinstitute in den Kreis der Insider; Einbeziehung der Optionsrechte, die Insider-Papiere zum Gegenstand haben, in den Begriff der Insider-Papiere; Erstreckung der Insider-Regeln auf den Geregelten Markt; Klarstellung, dass eine Verbreitung von Informationen über Informationssysteme als öffentliche Bekanntmachung gilt und dass auf Sperrfristen zu verzichten ist.

◊ Verfahrensordnung (§§ 1-9): Vereinfachung des Tätigwerdens der Prüfungskommission sowohl bei Anzeigen als auch beim Tätigwerden von Amts wegen; selbständige Vorermittlungs- und Prüfungsrechte für die Vorsitzenden der Prüfungskommission; Beseitigung der Regelungen, die das Tätigwerden der Kommission bzw. der Vorsitzenden bisher einengten (z. B. Benennung bestimmter Personen bei Anzeigen nicht mehr erforderlich); Berechtigung und Verpflichtung der Vorsitzenden zur gegenseitigen Verfahrenshilfe; Erweiterung der Berechtigung der Prüfungskommission, die Öffentlichkeit über den Verfahrensstand zu unterrichten.

Über die Änderungen des Textes der Insider-Regeln hinaus sind - laut Peter Schulze/Informationsdienst der Frankfurter Wertpapierbörse - die zuständigen Stellen übereingekommen, in den Kursblättern nur noch jene börsennotierten Gesellschaften im Wege einer Negativ-Kennzeichnung zu markieren, in deren Bereich die Insider-Regeln nicht durch Unterschrift anerkannt wurden.[520] Da die Tugendwächter demnach primär von den Börsen selbst gestellt werden, stellt sich die Frage, ob das Insidervergehen, ein moralisches Problem par excellence, durch den Appell an die Moral des Insiders zu verhindern ist? An der Effizienz dieses Systems lässt sich allemal zweifeln; selbst wenn sich die Verbände der Banken, der

Versicherungen und der Industrie verpflichten, zur Einhaltung der Insider-Vereinbarung Druck auf ihre Mitglieder auszuüben. Die abschreckende Wirkung einer Strafe ist schon seit jeher die bessere Vorbeugung. Welches deutsche Vorstandsmitglied verzichtet schon auf lukrative Profite, wenn es im Falle der Überführung doch nur den Insider-Gewinn an die betrogene Gesellschaft abtreten wird müssen.

Gerade am Punkt der Bestrafung setzt die EG-Richtlinie zu Insider-Vergehen, die bis spätestens Juni 1992 in deutsches Recht übertragen sein muss, an. Das Insider-Vergehen soll nach dieser Richtlinie zu einem Straftatbestand werden und damit per Gesetz verfolgbar sein. Dennoch wird durch diese gesetzliche Regelung das Insider-Problem längst nicht gebannt sein. Wie soll dieses Dilemma denn auch gelöst werden, dass ein Vorstands- oder Aufsichtsratsmitglied, Wirtschaftsprüfer oder sonstiger Insider zwangsläufig zuerst über die Geschäftslage eines bestimmten Unternehmens informiert ist? Einer ist immer der erste. Kann daraus ein Vorwurf abgeleitet werden, wenn ein Finanzsystem darauf aufbaut, dass derjenige, der Informationen am schnellsten umsetzt belohnt wird? An dieser Stelle rutscht die Insider-Problematik ins Tragische ab - nämlich für denjenigen, der zwangsläufig ganz hinten in der Informationshierarchie steht: den Kleinanleger.

4.2.3.1. Insider Trading in der Schweiz

Symptomatisch für die schweizerische Lösung des Insider-Problems war bis Mitte 1988 die Aussage von Walter B. Wriston, Aufsichtsratspräsident von Citicorp: »Was für ein Land. Jeder kann - und keiner tut's!« Tatsächlich war bis dahin in der Schweiz grundsätzlich alles erlaubt. Einziges Hemmnis war allein das »tiefverwurzelte Gefühl dafür, welches Verhalten in massgeblichen Kreisen wohl gehobene Augenbrauen und tiefes Stirnrunzeln hervorrufen könnte«.[521] Jedenfalls profitierten die Schweizer Eidgenossen einerseits von der Unvorstellbarkeit feindlicher Übernahmeofferte und andererseits von den unzulänglichen Vorschriften des schweizerischen Obligationenrechts.

Seit dem 1.7.1988 aber ist das Schweizerische Strafgesetzbuch durch eine Insider-Strafnorm (Art 161 Z 1 bis Z 5)[522] ergänzt. Der Artikel unterscheidet einerseits die Tipgeber als eigentliche Insider, also Mitglieder des

Verwaltungsrates, der Geschäftsleitung oder der Revisionsstelle einer Aktiengesellschaft und deren Hilfspersonen und andererseits die unternehmensexternen Hinweisempfänger, die sogenannten Tippees.

Schwierigkeiten mit der derzeitigen Gesetzeslage hat die Kantonale Abteilung für Wirtschaftsdelikte in Zürich dennoch. So müssen z. B. Kreditsachbearbeiter, um überhaupt unter die Insider-Strafnorm zu fallen, mit dem Unternehmen in engem Zusammenhang stehen, beispielsweise als Hilfsperson einer vom Unternehmen formell beauftragten Bank. Strafbar macht er sich dann nur, wenn der Bankangestellte sein Wissen um eine vertrauliche Tatsache missbräuchlich verwendet, zum Beispiel Eigengeschäfte tätigt oder die vertrauliche Kenntnis einem Kollegen entgeltlich weitergibt.

Unter die schweizerische Strafnorm aber fallen weder unabhängige Finanzanalysten, die während ihrer Recherchen auf vertrauliche Tatsachen stossen und diese gewinnbringend verwerten, noch Wirtschaftsjournalisten oder Herausgeber von Börsenbriefen, welche selbst dann nicht belangt werden können, wenn sie Titel mit engem Markt und hoher Volatilität zuerst unauffällig erwerben, anschliessend künstlich in die Höhe treiben, um die eigenen Papiere zu angeheizten Kursen wieder abzustossen. Nach Schweizer Recht wäre in diesem Fall allenfalls der Straftatbestand des Betrugs anwendbar, da diese kurssteigernden Verhaltensweisen eine arglistige Täuschung der Käufer darstellen.

Auch beim Strafausmass ist man weit von amerikanischen Normen entfernt. So unterliegt der Tipgeber eine Freiheitsstrafe von bis zu drei Jahren, eventuell kombiniert mit einer Geldbusse. Das privilegierte Strafmass für den Tipnehmer lautet auf Gefängnis bis maximal einem Jahr oder Geldbusse.

Wie nötig Insider-Regelungen in Europa sind, zeigt das Beispiel des Insider-Handels mit Inhaberaktien der Schweizerischen Kreditanstalt (SKA).[523] Laut Christian Weber, Zürcher Bezirksanwalt, stellt bereits das Anschwellen der Börsenumsätze in einem Titel ein hinreichendes Verdachtsmoment für Insider-Transaktionen dar. Im konkreten Fall war der Umsatz in SKA-Aktien einen Tag vor Bekanntgabe der geplanten Umstrukturierungsmassnahmen explodiert. So kletterte der Umsatz in der

Schweiz am 2.3.1989 auf 18048, gegenüber 4968 Aktien am Vortag. An der Londoner Börse kletterte dann der Umsatz in SKA-Inhaberaktien am 3.3.1989 - dem Tag der Bekanntgabe - auf 3345 gegenüber 361 am Vortag gehandelten Titeln.

Dennoch ist die Grenze zwischen Verdachtsmoment und Straftatbestand oftmals marginal, wie folgendes - von Albert Bürkler, stellvertretender Direktor der Bank Leu, gestelltes - Rätsel demonstriert: »Ein Schuhproduzent beauftragte einen Aussendienstmitarbeiter das Marktpotential für Schuhwerk in Togo zu eruieren. Weil der Unternehmer aber von der Zuverlässigkeit seines Mitarbeiters nicht gänzlich überzeugt war, sendete er einen zweiten. Tage später telegraphierte der erste Beauftragte zurück: Absatzpotential gleich null. Niemand trägt Schuhe. Tags darauf erhielt der Schuhproduzent die Nachricht des anderen: Beträchtliches Absatzpotential. Niemand trägt Schuhe.«[524] Wenn nun eine Information - je nach Interpretation - verschiedenartige Konklusionen zulässt, kann sich der Insider auch keines rechtswidrigen Vergehens schuldig machen.

4.2.4. Abschliessende Bemerkungen

Vom Sinn umfassender Strafbarkeit der Insider-Geschäfte mag der Leser noch nicht gänzlich überzeugt sein. Zurecht kann man ja behaupten, dass Insider den Inbegriff rechtmässiger Vertreter eines funktionierenden Kapitalismus darstellen, da sie offen praktizieren, worauf jede Wirtschaftstätigkeit doch eigentlich beruht: einen intellektuellen Vorsprung umgehend zum eigenen Vorteil zu machen. »Some people are quicker and smarter than others. Some have much money to spend on digging for information to narrow down the odds on the uncertain future. Doesn't it stand to reason that they'll make higher profits?«[525]

5. Going Public

Das Emissions- und Placierungsgeschäft sowie der Wertpapierhandel wurden im Einführungskapitel neben dem Bereich Mergers & Acquisitions als weitere zentrale Aufgaben der Investment Banker genannt. Da die Investmentbank einerseits am Prozess des Going Public partizipiert und andererseits ihren Anlegern eine ausreichende Diversifikation des Portefeuilles sowie Veranlagungen mit höherem Risiko und grösseren Chancen ermöglicht, wird sie stets bemüht sein, neues Kapital von jungen Wachstumsunternehmen bzw. bereits etablierten Gesellschaften an die Börse zu bringen.

Kontinentale Universalbanker tun sich diesbezüglich schon etwas schwerer, beinhaltet - wie schon mehrfach darauf hingewiesen - das Universalbanksystem doch »die ständige Gefahr von Interessenskonflikten zwischen Kredit- und Emissionsgeschäft sowie Spar- und Wertpapiergeschäft«.[526] Das in Deutschland vorherrschende und wohl eher als missglückt zu bezeichnende Verhältnis zwischen Eigen- und Fremdkapital lässt die Annahme zu, dass es sich bei Universalbanken in erster Linie um Kreditbanken handeln muss, denn irgendjemand muss ja das hohe Fremdkapital in mehr als ausreichendem Masse zur Verfügung gestellt haben.

Einige Gedanken zum Eigenkapital, Motive und Voraussetzungen für ein Going Public, das Pricing und die Wahl der Placierungsform sind denn auch nur einige der Themen, die in diesem Kapitel behandelt werden.

5.1. Finanzierung über den Kapitalmarkt

Eigenkapital als nur bedingt verzinsliche und darüber hinaus auch nicht rückzahlbare Finanzierungsquelle ist die notwendige Energie, um vom Geldmangel geplagte Entrepreneurs eine zureichende Möglichkeit zu geben, ihre zündenden Ideen in die Praxis umzusetzen. Da es sich hiebei um Risikokapital höchsten Grades handelt, wird der potentielle Unternehmer gewöhnlich eine Prämie bieten müssen, die über die marktdurchschnittliche Verzinsung des Fremdkapitals hinausgeht.

Vor allem in der BRD aber erachtete der Gesetzgeber die Bildung von Eigenkapital nur als wenig förderungswert; überdies avancierten die Unternehmer mit sinkenden Umsatzrenditen und gleichzeitig stark steigenden Personalkosten zu ängstlichen Risikominimierern. So sank auch die Eigenkapitalquote deutscher Unternehmen zwischen 1970 und 1989 von 26,7 % auf 19,0 %.

In der Tat ist ein internationaler Vergleich von Eigenkapitalquoten aufgrund unterschiedlicher Bilanzierungsvorschriften - man beachte vor allem die Abschreibungen, das strenge Niederstwertprinzip, die Bilanzierung immaterieller Werte sowie Leasing- und Factoringfinanzierungen - nur bedingt sinnvoll. So wird z. B. die hohe Eigenkapitalquote britischer Unternehmen vor allem durch die Möglichkeit erreicht, Immobilien ohne regelmässige Abschreibung zu bilanzieren. Nachfolgende Abbildung soll deshalb lediglich einen Entwicklungstrend aufzeigen:

Abb. 5-01: Entwicklung der Eigenmittelquoten[527]

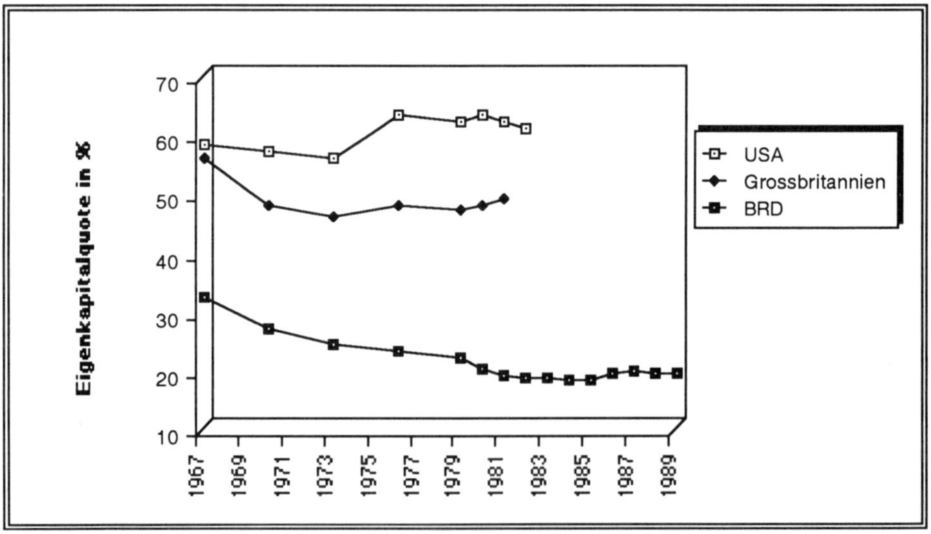

In jeder Weise unterschiedlich ist die Zusammensetzung des Eigenkapitals. In den USA und in Grossbritannicn wird ein weitaus höherer Teil des Eigenkapitals als Grundkapital von aussen zugeführt als in Deutschland, wo ein unangenehm ausgewogenes Verhältnis zwischen Innen- und Aussenfinanzierung besteht. Da mit der aktionärsfeindlichen deutschen Wirtschaftspolitik lediglich bereits etablierte Unternehmen in konjunkturellen Aufschwungphasen gefördert wurden, konnte die vorherrschende

Eigenkapitalfinanzierungslücke nicht einmal annähernd zufriedenstellend geschlossen werden. In der Tat ist denn auch eine genügend hohe Eigenkapitalquote keine Garantie für eine erfolgreiche unternehmerische Tätigkeit, dennoch aber eine grundlegende Voraussetzung für den Fortbestand des Unternehmens, zumal der fixe Zinsdienst - obwohl steuerlich absetzbar - auch in verlustreichen Jahren zu leisten ist. Darüber hinaus reduzieren hohe Zinsbelastungen durch weiter ansteigendes Fremdkapital den Jahresgewinn, womit die Möglichkeit einer effektiven Selbstfinanzierung erschwert wird. Diese Tendenz kann schliesslich zu einer zunehmenden Insolvenzgefahr durch Überschuldung sowie Liquiditätsengpässe führen.

Amtierende Regierungen und deren Gesetzgeber sowie risikoscheue Unternehmer als grösste Feinde der Unternehmensfinanzierung über den Aktienmarkt wurden schon erwähnt. Doch darf auch der risikominimierende Anleger nicht ausser acht gelassen werden, der durch sein Verhalten Neukapitalaufbringungen über die Börse erschwert und die Übernahme grosser Aktienpakete durch staatsnahe Unternehmen ermöglicht. Nachfolgende Abbildung zeigt die Struktur der Aktienbesitzer ausgewählter Länder:

Abb. 5-02: Struktur des Aktienbesitzes[528]

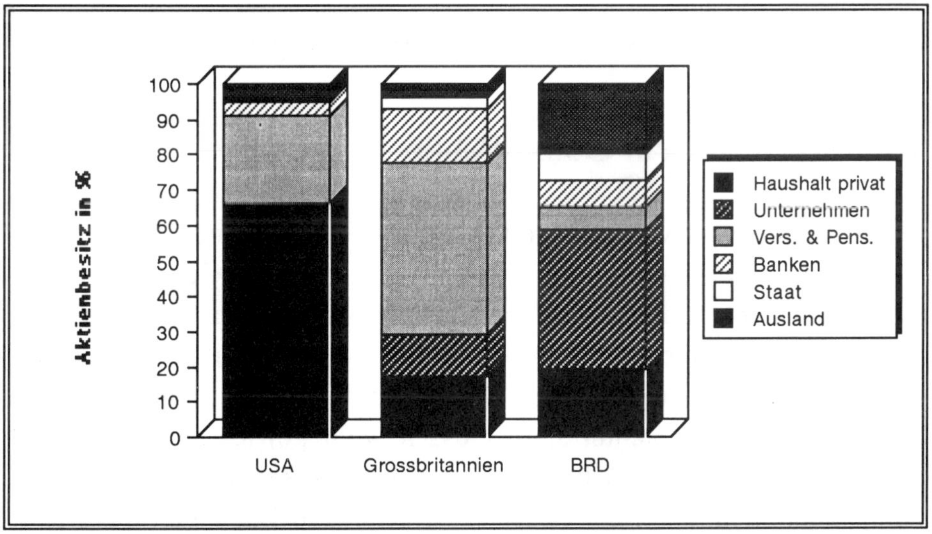

Im Jahre 1985 betrug die Anzahl der Aktionäre in den USA 47 Mio. (20 % der Bevölkerung), in Grossbritannien 6 Mio. (14 % der Bevölkerung) und in der BRD 3,2 Mio. (5,2 % der Bevölkerung). Zwischen 1985

und 1990 hat sich das Interesse an Aktien in Grossbritannien signifikant verändert, wobei diese Veränderung - wie bereits beschrieben - grösstenteils auf die durchgeführten Privatisierungen zurückzuführen ist. 1990 betrug Anzahl der Aktionäre in den USA 51,44 Mio. (21,9 % der Bevölkerung), in Grossbritannien 9,43 Mio. (22 % der Bevölkerung) und in der BRD 3,5 Mio. (5,7 % der Bevölkerung). Nachstehende Abbildung soll den Entwicklungstrend dokumentieren:

Abb. 5-03: Anzahl der Aktionäre im Zeitvergleich[529]

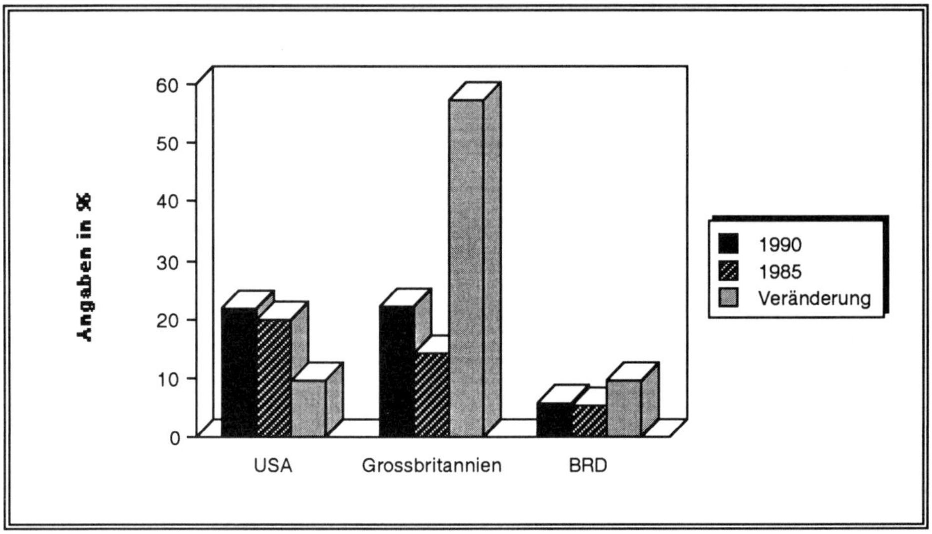

5.2. Motive für ein Going Public

Da entscheidungsgewohnte Unternehmer und den modernen Motivationstheorien wenig entsprechende Patriarchen anlässlich des Going Public auf einen oftmals nicht unbeträchtlichen Teil ihres bisherigen Einflusses verzichten, einen beträchtlichen Aufwand für die erhöhte Publizität kalkulieren und eine kontinuierliche Bilanz- und Ausschüttungspolitik zu gewährleisten verpflichtet sind, müssen wohl gewichtige Gründe für einen solchen gewagten Schritt vorliegen. In aller Regel beruht ein Going Public auch nicht auf einer einzigen Ursache. Ein Bündel an möglichen Motiven soll im folgenden demonstriert werden:[530]

An erster Stelle rangiert zweifellos der Kapitalbedarf, da die Formen der Fremdfinanzierung meist schon erschöpft sind und auch die Innenfinanzierung an enge Grenzen stösst. Durch eine Publikumsöffung aber kann die Eigenkapitalquote jederzeit dem Unternehmenswachstum angepasst und somit das geplante Expansionsprogramm finanziert werden. Das über die Börse eingebrachte Eigenkapital steht dem Unternehmen in der Regel dauernd zur Verfügung und ist nur bedingt verzinslich. So deckt es das wirtschaftliche Risiko auch in weniger gewinnträchtigen Zeiten. Darüber hinaus kann durch eine Erhöhung der Eigenkapitalquote eine Reduktion der Kapitalkosten vorgenommen werden. Auch die Kapitalaufnahme über die deutschen Börsen kann - trotz geförderter Kredite - eine kostengünstige Finanzierungsalternative darstellen.

Zudem können Familienmitglieder durch die börsentägliche Preisfestsetzung der in Aktien verkörperten Unternehmensanteile bei Erbschaftsauseinandersetzungen ihre Anteile über die Börse verkaufen oder auch zurückkaufen. Da das Aktiengesetz mit der Teilung in die Organe Aufsichtsrat, Vorstand und Hauptversammlung deren Kompetenzen eindeutig abgrenzt, »wird der Einfluss der nicht im Unternehmen mitarbeitenden Gesellschafter auf die Beteiligung an der Hauptversammlung beschränkt«[531] und damit der Rahmen für eine effiziente Arbeit eines von aussen kommenden Management Teams geschaffen. Vor allem in den 80er Jahren wählten sich zurückziehende Gründerväter und Patriarchen mittelständischer Familienunternehmen in der BRD als mögliche Finanzierungsalternative den Weg an die Börse, wie die zahlreichen Beispiele (Werkzeugmaschinenhersteller Maho und Traub, Instrumentenbauer VDO, Feinpapierproduzent Zanders) anschaulich demonstrieren. Hauptaktionäre, die bei einem Going Public ihre dominierende Mehrheit behalten, können im Falle der späteren Misswirtschaft des amtierenden Managements der Gesellschaft und damit auch den Minderheitsbeteiligten mittelbar grossen Schaden zufügen, da der Publikumsaktionär lediglich seine Anteile über die Börse verkaufen, selten aber in einer organisierten Opposition vorbeugende oder korrektive Massnahmen treffen kann. In den USA hingegen sind Grossaktionäre kaum am langfristigen Halten einer absoluten Mehrheit interessiert. »Vielmehr sehen amerikanische Unternehmer die Maximierung des eigenen Vermögensanteils als Ziel.«[532] Somit werden sie sich bei einer entsprechenden Evaluierung auch zur Gänze von ihren Anteilen trennen. Nach Ulrich Cutik, Deutsche Bank, ist es allerdings höchst unverantwortlich, ein Unternehmen, dessen Stimmenmehrheit über den Markt gekauft werden können, im Rahmen einer Nachfolgeregelung an die Börse zu führen: »Einmal gehen wir davon aus, dass der künftige Streuaktionär gar nicht interessiert und in der Lage ist, unternehmerischen Einfluss auszuüben. Seine Interessen sind im allgemeinen die eines Kapitalanlegers, der primär auf Rendite und Wertzuwachs bedacht ist; zum anderen sollten die Alteigentümer demonstrativ und nach aussen sichtbar das unternehmerische Sagen behalten. Für den Fall, dass sie unternehmerisch aufgeben und sich zurückziehen wollen, ist die Börseneinführung in der Regel nicht das richtige Konzept. Die Alteigentümer müssen sich dann jemanden suchen, der ihnen die bestimmende Mehrheit oder ihren gesamten Besitz, vielleicht sogar mit Paketzuschlag, abkauft und an ihrer Stelle die unternehmerische Verantwortung übernimmt.«[533]

Auch die Einbeziehung der Mitarbeiter in die Gesellschaftsstruktur ist ein vielzitiertes Motiv für ein Going Public. Bei Beteiligung aller Mitarbeiter kann eine mengenmässige Zuteilung der Aktien erfolgen, indem die Unternehmensanteile zum Beispiel schon vor der normalen Angebotsfrist gezeichnet werden können oder aber den Arbeitnehmern ein Anrecht auf eine bestimmte Anzahl von Aktien zugebilligt wird. Darüber hinaus kann eine eigene Kapitalerhöhung für Mitarbeiter unter Ausschluss des Bezugsrechts der übrigen Aktionäre vorgenommen werden, was Gerhard Edelmann, LB-Capital Markets, jedoch schon aus Gründen der Optik als bedenklich erachtet.[534] In der Praxis häufig anzutreffen sind der Bezug von Aktien zu begünstigtem Kurs, aber einem damit verbundenen mehrjährigen Veräusserungsverbot, und die Anschaffung von Aktien mittels einem von der Gesellschaft gewährten zinsenbegünstigten bzw. zinslosen Kredit. Wie wir im Rahmen des MBO schon gesehen haben, stellt die Beteiligung des Top Managements nicht selten eine Überlebensfrage für das Unternehmen dar. Überdurchschnittlicher Arbeitseinsatz korreliert eben nicht erst seit Frederick Herzberg mit der Beteiligung am Unternehmenserfolg. Im Rahmen von Stock Option Plans[535] werden vor allem in den USA leitenden Angestellten Optionsrechte zur Verfügung gestellt, deren rechnerischer Wert zum Zeitpunkt der Ausgabe null ist; das bedeutet, dass der Bezugspreis dem Ausgabepreis der Aktien oder bei späterer Ausgabe dem Börsenkurs entspricht. Wenn nun durch das Unternehmenswachstum der Aktienkurs in der Zukunft steigt, können die Führungskräfte einen Kapitalgewinn realisieren.

Den Weg zur Börse haben in den letzten Jahren so viele Unternehmen erfolgreich beschritten, dass sich sogar die beträchtliche Anzahl anderer Unternehmen, die durch ein Going Private dem Kapitalmarkt den Rücken kehrten (alleine in den USA zwischen 1984 und 1989 ca. 1200 Unternehmen mit Aktien im Wert von 250 Mrd. $),[536] relativ bescheiden gestaltet. So nutzten in den 80er Jahren weit über 2800 amerikanische, 800 britische, 150 schweizerische sowie über 100 deutsche Unternehmen durch ein Going Public die günstige Stimmung am Aktienmarkt. Notwendigerweise vollzogen deren viele eine Abkehr vom Substanzdenken und begannen, in ertragswertorientierten Grössen zu planen. Die folgenden Abbildungen zeigen die Emissionsvolumina ausgewählter Länder (in Millionen der jeweiligen Landeswährung):[537]

Abb. 5-04: Going Public in den USA

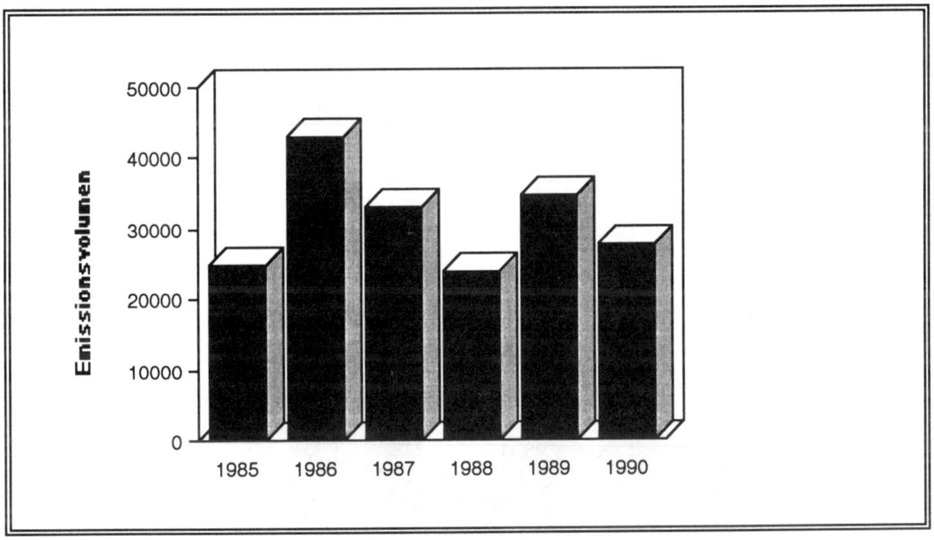

Abb. 5-05: Going Public in Grossbritannien

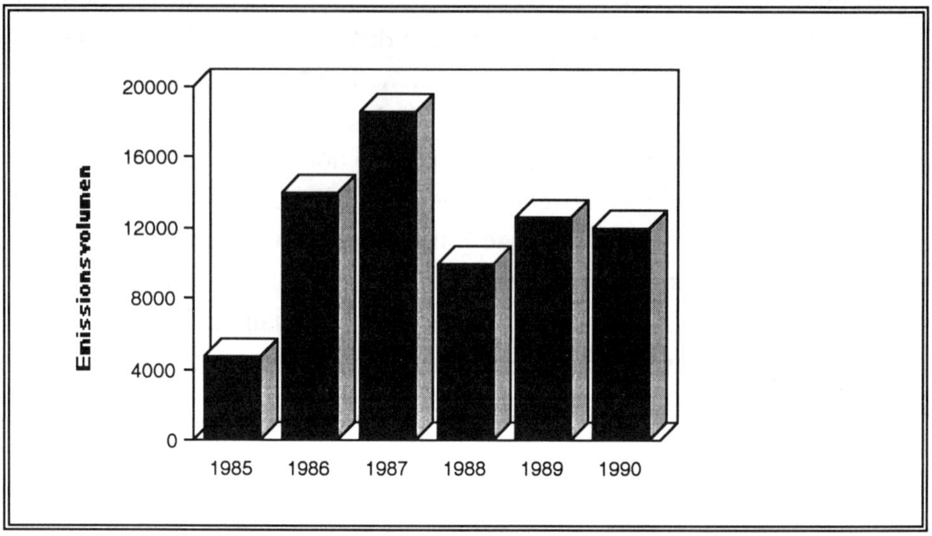

Abb. 5-06: Going Public in der BRD

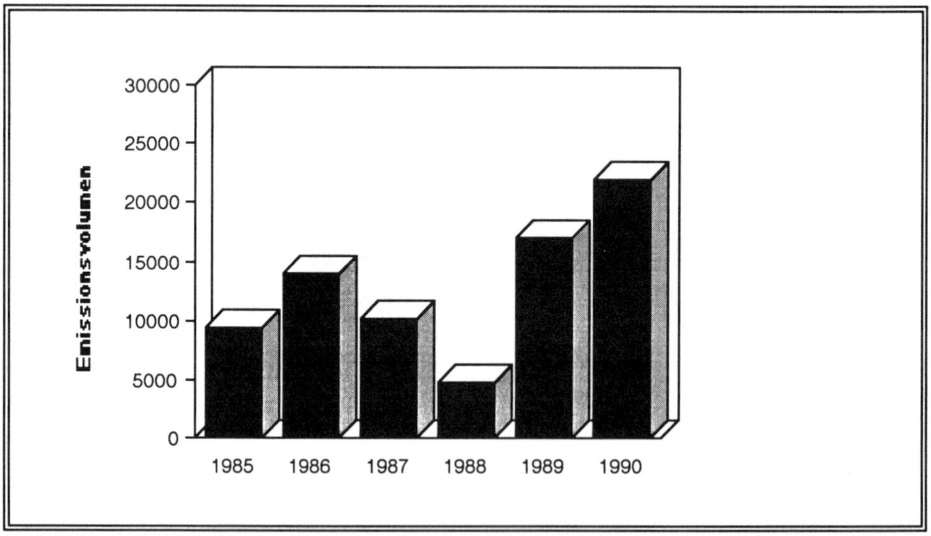

Abb. 5-07: Going Public in der Schweiz

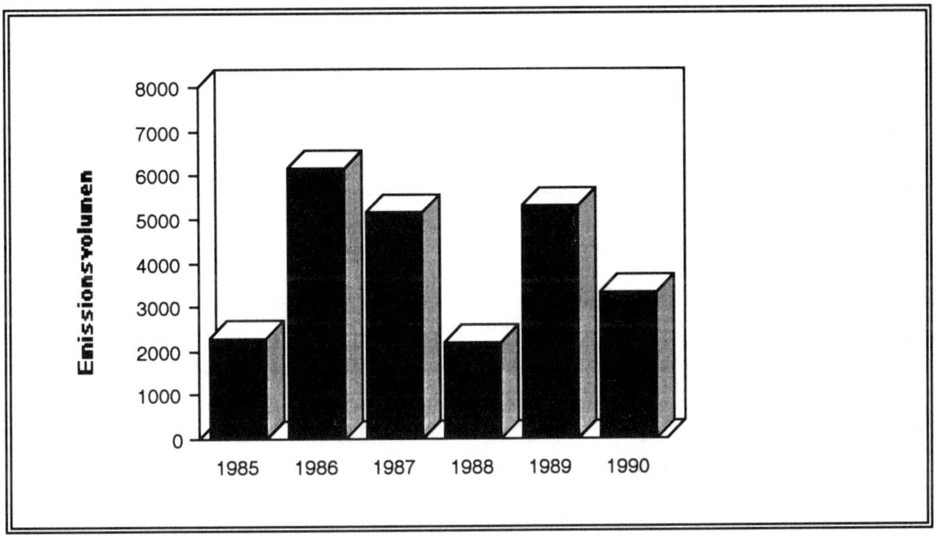

Eine ausgezeichnete Evaluierung erzielen junge Wachstumsunternehmen vor allem in den USA und der Schweiz, wo Anleger eher bereit sind, eine hohe Price/Earning-ratio für gute Ertragsprognosen zu bezahlen. Hinzu kommen noch jene Eigentümer, die zwar die Börsenhausse nützen wollen, aber nur einen geringen Prozentsatz des Eigenkapitals für das zeichnende Publikum zur Verfügung stellen, ohne jedoch die Kontrolle am Unternehmen abzugeben. Mit dem dabei erzielten Erlös werden dann Akquisitionen oder Sachinvestitionen getätigt. Dennoch darf nicht übersehen werden, dass drastische Kurskorrekturen bereits geplante Börseneinführungen in kurzer Zeit zunichte machen können, wie uns der 19. Oktober 1987 mit der erfolglosen Emission von British Petroleum deutlich zeigte.

5.3. Börsen im Vergleich

Im folgenden kann der Leser anhand der Marktkapitalisierung, der Aktienumsätze, der Anzahl der notierten Gesellschaften sowie der Indexsteigerungen die Bedeutung der einzelnen Börsen vergleichen:[538]

Abb. 5-08: Marktkapitalisierung (in Mio. $)

	1985	1986	1987	1988	1989
New York	1882667	2128000	2132158	2366106	3029650
London	353475	472896	679712	711527	822448
BRD	183765	257677	218464	250867	339009
Zürich	84105	128648	133099	140359	171400

Abb. 5-09: Aktienumsätze (in Mio. $)

	1985	1986	1987	1988	1989
New York	970479	1389000	1873597	1356050	1542845
London	76356	113003	516881	360982	n. v.
BRD	94211	130326	472293	407926	661518
Zürich	214596	n. v.	426770	388574	390779

Abb. 5-10: Anzahl der notierten Gesellschaften

	1985	1986	1987	1988	1989
New York	1541	1575	1647	1681	1719
London	2688	2685	2658	2580	n. v.
BRD	649	673	983	1083	1155
Zürich	315	339	363	380	406

Abb. 5-11: Indexsteigerungen (in %)

	1985	1986	1987	1988	1989
New York	26,1	14,0	- 0,3	13,0	24,8
London	14,6	18,9	2,0	4,7	35,1
BRD	71,6	4,9	- 37,2	32,9	34,8
Zürich	57,0	6,5	- 28,6	22,5	20,7

Vergleicht man nun die deutschen Aktienbörsen mit den Börsen New York oder London, so kann man noch Nachholbedarf feststellen. Weitaus aussagekräftiger ist die Börsenkapitalisierung gemessen am Bruttoinlandsprodukt. Diese Kennzahl betrug 1990 (1988) in den USA 50,5 % (49,8 %), in Grossbritannien 87,7 % (88,6 %), in der BRD 23,8 % (20,9 %) und in der Schweiz 73,2 % (77,0 %). Die Veränderungen zwischen 1990 und 1988 zeigt folgende Abbildung:

Abb. 5-12: Börsenkapitalisierung im Verhältnis zu Bruttoinlandsprodukt im Zeitvergleich

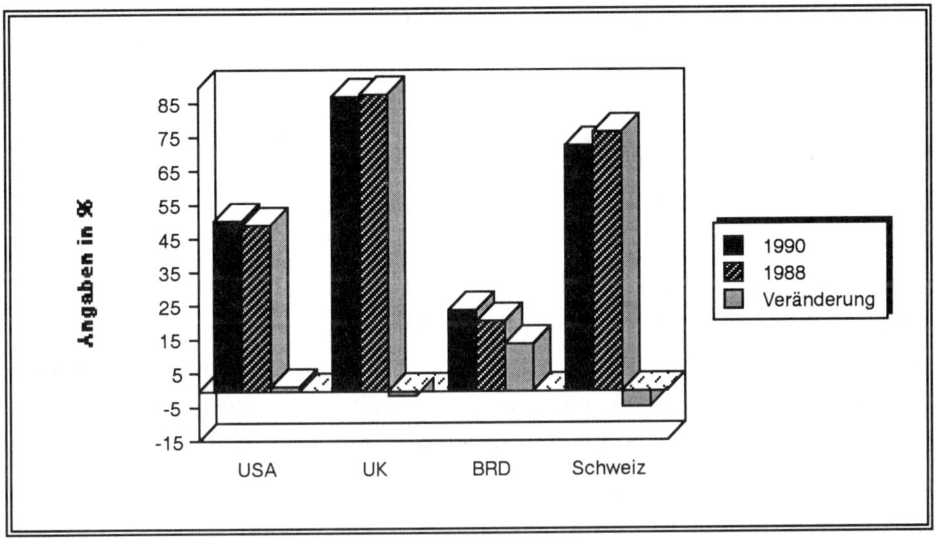

5.4. Voraussetzungen für eine erfolgreiche Börseneinführung

Mehrfach genannte und allgemein anerkannte Voraussetzungen sind

◊ eine bestimmte Unternehmensgrösse,
◊ eine zumindest langfristig gerechtfertigte Dividendenpolitik sowie
◊ bestimmte formale Informationskriterien.

Das Postulat einer ausreichenden Streuung emittierter Aktien setzt eine bestimmte Grösse des Unternehmens voraus. Ein entsprechendes Placierungsvolumen ist für den Emittenten in jedem Fall günstig: einerseits kann das Unternehmen damit seinen Eigenmittelbedarf für anstehende Investitionen decken, andererseits wird einer künstlich erzeugte Marktenge, die zu möglichen Kursübertreibungen führen, vorgebeugt. Plant das Unternehmen Investitionen, welche den Gewinn in den folgenden Bilanzen durch den zusätzlichen Aufwand signifikant drücken, sollte von einer breiten Streuung der Anteile - soweit gesetzlich möglich - abgegangen und Privatplacierungen vorgenommen werden. Entscheidend für den Aktionär aber ist ein langfristiges Gewinnwachstum, also die Stabilität der Ertragslage, die durch einen mehrjährigen Ausweis in der Vergangenheit bewiesen werden sollte. Sicher ist auch ein gewisser

Mindestumsatz erforderlich. Deutsche Universalbanker[539] erachten eine Richtgrösse von 30 Mio. DM bis 50 Mio. DM als Minimum, wobei im Produktionsbereich die Umsatzrendite vor Steuern mindestens bei 3 % bis 6 % liegen soll.

Neu an die Börse kommende Unternehmen sollten klare Vorstellungen über ihre Dividendenpolitik haben. Schon aus steuerlichen Gründen wird das Unternehmen den Grossteil seiner Gewinne investieren und auf grosszügige Gewinnausschüttungen verzichten. In der Tat wird auch der Investor Wertsteigerungen seines Aktienpaketes hohen Dividendenzahlungen vorziehen. Wachstumsunternehmen können überhaupt auf eine hohe Pay Out Ratio verzichten, wenn der Aktionär schon durch die Wertsteigerung seiner Anteile hohe Renditen erzielt. So zahlt z. B. die zweitgrösste amerikanische Computerfirma DEC seit ihrem Bestehen keine Dividenden, da ein Reinvestment aufgrund der hohen internen Verzinsung des Unternehmens für die Aktionäre noch immer vorteilhafter ist. Bei dieser Strategie muss das Management jedoch grössten Wert auf eine detaillierte und ausführliche Darstellung der Gewinnsituation legen. Lediglich im Falle eines beschränkten Ertragswachstums aufgrund langfristiger Restrukturierungsphasen oder unfreundlicher Konjunkturzyklen sowie aufgrund einer sinkenden unternehmensinternen Verzinsung gewinnt die Pay Out Ratio wieder an Bedeutung. Erhält der Aktionär dann ein »sichtbares Zeichen der Ertragsentwicklung«,[540] so ist eine gewinnabhängige Dividendenpolitik, wonach jährlich ein variabler Prozentsatz des Gewinnes an die Aktionäre ausgeschüttet wird, der Dividendenkontinuität vorzuziehen.

Ein erfolgreiches Going Public steigert nicht nur den Bekanntheitsgrad durch Pressekonferenzen und sonstige PR-Präsentationen, sondern setzt auch bestimmte formale Informationskriterien für den potentiellen Investor voraus. Da der Anleger Risikokapital zur Verfügung stellt, erwartet er, dass ihn die Gesellschaft zureichend informiert. Diesem Zweck dient vor allem die Vorlage des Emissionsprospekts anlässlich der Börseneinführung, der nach der deutschen Börsenzulassungsverordnung folgende Angaben zu enthalten hat:[541] Gegenstand des Unternehmens, Höhe des gezeichneten Kapitals, Namen der Mitglieder von Aufsichtsrat und Vorstand, Betrag und Gattung der zuzulassenden Wertpapiere, Ausstattung der Stücke, Zahl und Hinterlegungsstellen; Bilanzen sowie

Gewinn- und Verlustrechnungen der letzten drei Geschäftsjahre als vergleichende Darstellung sowie den Anhang aus dem Jahresabschluss des letzten Geschäftsjahres; Details über Unternehmen, an denen der Emittent Anteile besitzt, deren Buchwert mindestens 10 % seines Eigenkapitals beträgt oder mindestens 10 % zu seinem Jahresergebnis beisteuern; Ergebnis je Aktie und den Betrag der Dividende je Aktie für die letzten drei Geschäftsjahre; Nettoerlös aus der Emission sowie Angaben über den aktuellen Geschäftsverlauf und zukünftige Aussichten. Darüber hinaus geben amerikanische Prospekte auf 100 bis 200 Seiten Auskunft über die historische Entwicklung des Unternehmens, die strategischen Stärken und Schwächen, die effektive und geplante Marktpositionierung des Unternehmens und seiner Produkte, etc.[542]

5.5. Pricing

Die Festsetzung des Placierungspreises ist eines der zentralen Probleme beim Going Public, da der Emittent mit dem Ausgabepreis die Eigenkapitalkosten festzulegen in der Lage ist, die Investmentbank das übernommene Risiko abschätzen kann und die potentiellen Anleger ihre Anschaffungskosten, die zugleich den Ausgangspunkt für künftige Renditerechnungen bilden, kalkulieren können. Die Grundlage für jedes sinnvolle und effiziente Pricing bildet die Unternehmensbewertung, welche schon im Kapitel »Der internationale Unternehmenskauf« dargelegt wurde. Hier sollen nun im folgenden die Interessen der Kapitalmarktteilnehmer hinsichtlich des Ausgabekurses, die Bestimmungsfaktoren für den Placierungskurs und das Pricing mittels KGV analysiert werden.

5.5.1. Interessen der Kapitalmarktteilnehmer hinsichtlich des Ausgabekurses

Durch das Pricing sind die Interessen der Gesellschaft, der Investmentbank und des Anlegers gleichermassen betroffen.[543] Das Unternehmen als Emittent und die bisherigen Anteilshaber werden in der Regel an einem möglichst hohen Placierungspreis interessiert sein, schliesslich wollen sie für die Abgabe von Aktien einen lukrativen Gegenwert erhalten. Publikumsaktionäre hingegen sind eher an einem möglichst niedrigen Ausgabekurs gelegen, da sie an den nicht selten aussergewöhnlichen

Kursanstiegen nach dem Going Public bei der Veräusserung ihrer Titel gut verdienen können oder aber mit ihren hochbewerteten Aktien künftige Portefeuilleerweiterungen billig im Aktientausch durchführen wollen. Auch die Investmentbank wird einen zu hohen Emissionspreis nicht mittragen können, weil es die Belange der neuen Publikumsaktionäre und somit seiner Kunden zu vertreten hat. Darüber hinaus hat die Bank auch ihrer eigenen Reputation Rechnung zu tragen: entbehrt nämlich der zu hohe Placierungspreis jeder betriebswirtschaftlich gerechtfertigten Grundlage, wird sich die Euphorie um den neuen Titel schon bald als »Seifenblase« erweisen und der Investmentbank schliesslich der Vorwurf gemacht, das Unternehmen an die Börse gebracht zu haben.

5.5.2. Bestimmungsfaktoren für den Placierungskurs

Wie bei der Unternehmensbewertung im allgemeinen, so werden Investment Banker auch bei der Festsetzung des Emissionspreises im besonderen keinen objektiven oder wahren Wert des Unternehmens ermitteln können. Dennoch lassen sich beispielsweise einige Bestimmungsfaktoren anführen, die für die Festlegung des Ausgabekurses von vorrangiger Bedeutung sind:[544]

- ◊ Produkte: Wichtig sind hiebei das Alter der angebotenen Produkte, der momentane Forschungs- und Entwicklungsaufwand für Innovationen sowie die geplanten Investitionen für den Produktionsbereich. In diesem Zusammenhang entscheidend ist auch das Umsatzwachstum und etwaige zyklische Umsatzschwankungen.
- ◊ Eigenkapitalausstattung: Da Eigenkapital dem Unternehmen dauernd zur Verfügung steht und ergebnisabhängend entlohnt wird, ist es die Voraussetzung für eine effektive Nutzung vorhandener Wachstumsschancen. Obwohl an die Börse nur das eigentliche Grundkapital gelangt, bewertet der Anleger doch das gesamte Eigenkapital, das neben dem Nominalkapital aus offenen und stillen Rücklagen, Gewinnvorträgen sowie Rückstellungen mit Rücklagencharakter besteht. Somit kann eine höhere Eigenkapitalquote zu einem höhreren Ausgabekurs führen.
- ◊ Gewinn: Da die Börseteilnehmer sehr starkt ertragswertorientiert denken, kommt dem Gewinn für die Bewertung des Placierungskurses das grösste Gewicht zu. Wie bei der Bewertung im allge-

meinen ist auch beim Pricing im besonderen auf den nachhaltigen Zukunftserfolg abzustellen, zumal der Anleger mit dem Erwerb der Aktie auch die Zukunft der Gesellschaft kauft. Bei der Berücksichtigung des Gewinns sind - wie wir noch deutlich sehen werden - die Fragen seiner Ermittlung besonders wichtig.

◊ Art des Titels: Die Praxis zeigt, dass in der Regel Investoren für Papiere, die dem Aktionär das volle Stimmrecht gewähren, höhere Kurse zu zahlen bereit sind als für stimmrechtslose Titel. Dazu Beispiele aus dem Kursblatt vom 4.12.1991: ASKO: Stammaktien 699,80 DM, Vorzugsaktien 650,00 DM; MAN: Stammaktien 328,00 DM, Vorzugsaktien 267,00 DM; RWE: Stammaktien 397,00 DM, Vorzugsaktien 329,00 DM; VW: Stammaktien 300,00 DM, Vorzugsaktien 262,00 DM.

5.5.3. Pricing mittels KGV

Wie wir schon mehrfach gesehen haben weisen Aktienmärkte oftmals stark unterschiedliche Bewertungsniveaus auf, so dass letztendlich ein errechnetes Branchen-KGV weniger im Vergleich auf den unterschiedlichen Börsenplätzen Gültigkeit besitzt, sondern vielmehr als Bewertungsmassstab zum inländischen Gesamtmarktdurchschnitt zu sehen ist.

Da das KGV und seine Bedeutung für den Investmentbanker nun schon mehrmals erwähnt wurde und eine weitere, detaillierte Diskussion daher wenig sinnvoll erscheint, will ich an dieser Stelle lediglich einen akademischen, deshalb aber nicht minder interessanten Teilaspekt des Kurs/Gewinn-Verhältnisses aufzeigen - die Forderung nämlich, dass der interessierte Anleger über das KGV eines Unternehmens nicht in statischen Grössen, vielmehr aber in dynamischen, sich ständig veränderbaren Dimension denken sollte. Eine der vielen möglichen Denkschulen stellt die Pay-back Period in den Mittelpunkt ihrer Überlegungen, wobei das KGV einen Zeitraum beschreibt, innerhalb dessen bei konstanten Gewinnen der Preis der Aktie zurückerstattet wird. Ein KGV von 5 würde demnach bedeuten, dass ein Unternehmen ohne Ertragswachstum den investierten Kaufpreis innerhalb von 5 Jahren zurückzahlen kann. Was aber nun passiert, wenn die Gewinne wider Erwarten steigen, zeigt nachstehende Abbildung:

Abb. 5-13: KGVs und ihre verschiedenen Wiedergewinnungszeiten[545]

potential increase in earnings	pay-back period equals 5 years	pay-back period equals 6 years	pay-back period equals 7 years	pay-back period equals 8 years	pay-back period equals 9 years	pay-back period equals 10 years
5 %	5,5	6,8	8,1	9,5	11,0	12,6
10 %	6,1	7,7	9,5	11,4	13,6	15,9
15 %	6,7	8,8	11,1	13,7	16,8	20,3
20 %	7,4	9,9	12,9	16,5	20,8	26,0
25 %	8,2	11,3	15,1	19,8	25,8	33,3
30 %	9,0	12,8	17,6	23,9	32,0	42,6

Bei einer Wiedergewinnungszeit von fünf Jahren und einer nur unbedeutenden Gewinnerhöhung von 5 %, läge dann das KGV um 0,5 über den bisher angenommen Wert, nämlich bei 5,5. Bedenklich würde die Situation schon bei einer erheblich längeren Pay-back Period bzw. einem noch höheren Ertragswachstum; die verschiedenen Auswirkungen kann der Leser nun selbst anhand der obigen Tabelle eruieren. Fest steht, dass der Aktionär statische Gewinnbetrachtungen allenfalls teuer bezahlen wird.

Setzt man dann die jährlichen Gewinnsteigerungsraten in Relation zur Price/Earning-ratio, so wird offensichtlich, dass sich bei einem steigenden Gewinntrend das KGV ebenso erhöhen kann, jedoch bei Nichterreichen der Prognosen die Bemessungsbasis für das KGV gefährlich gering wird. Nachstehende Abbildung soll diesen Zusammenhang verdeutlichen:

Abb. 5-14: Der Gewinn - Höhen und Tiefen für den Investor[546]

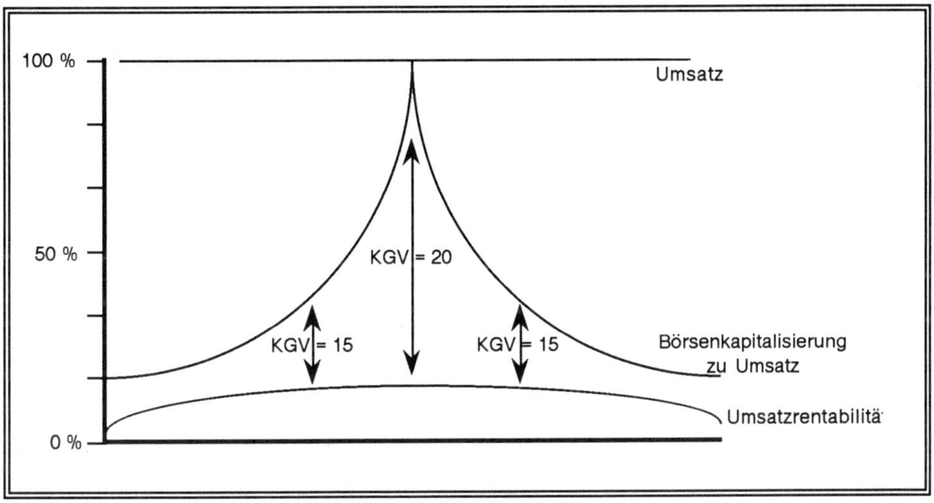

Abschliessend sei noch anzumerken, dass das so errechnete KGV oftmals nur ungenügend vergleichbar ist. Daher ist es sinnvoll, das Ergebnis unter Beachtung qualitativer Aspekte (wie die Qualität des Managements oder das Corporate Identity) und unternehmenszyklischer Besonderheiten (Wachstumsgesellschaften, defensive Unternehmen, Gesellschaften in schrumpfenden Märkten, zyklische Unternehmen) zu gewichten und zusammenzuführen.

5.6. Wahl der Placierungsform

Schliesslich ist noch die Entscheidung zu treffen, welche Variante der Börseneinführung gewählt werden soll. Die klassische Placierungsform ist das Aktienangebot zu einem bereits festgesetzten Preis und Volumen, wodurch für den potentiellen Käufer die grösstmögliche Vorhersehbarkeit des Kurses gewährleistet ist. Im Falle einer Überzeichnung muss der Investor dann eine aliquote Kürzung seiner Offerte hinnehmen. Sind hingegen das zu placierende Volumen sowie der Preis nicht fixiert, erhöht sich für den Anleger das Risiko, da der Emittent in den steigenden Markt weitere Titel verkaufen kann.[547] Für kleinere Volumina liegt es nahe, die Aktienpakete gezielt den Grosskunden der Emissionsbank anzubieten. »Der Schwerpunkt der Publizitätsmassnahmen schliesst sich hier an die Placierung bei Aufnahme der Notierung an.«[548] Deutsche Banker haben folgendes Verfahren entwickelt:[549]

- ◊ Zunächst Placierung nach mit der Gesellschaft abgestimmten Richtlinien, d. h. breite Streuung mit Zuteilungshöchstbeträgen und dem Ziel einer Unterbringung bei Daueranlegern,
- ◊ dann Präsentation in der Öffentlichkeit mit dem Hinweis, dass Emission untergebracht ist,
- ◊ Veröffentlichung eines Tombstone und schliesslich
- ◊ Notierungsaufnahme an der Börse.

Abb. 5-15 zeigt Beispiele unterschiedlicher Placierungskonzepte in der BRD. Die Altaktionäre von Hugo Boss stellten dem zeichnenden Publikum Titel ausschliesslich aus ihrem Besitz im Wert von 4,95 Mio. DM zur Verfügung, während Schwabengarage seine Aktien zu 100 % aus einer Kapitalerhöhung im Wert von 8 Mio. DM anbot; bei Traub und Maho hingegen stammten die begebenen Aktien aus einer Umplacierung (3,35 Mio. DM bzw. 4 Mio. DM) plus einer Kapitalerhöhung (10 Mio. DM bzw. 8 Mio. DM).[550]

Abb. 5-15: Fallbeispiele unterschiedlicher Placierungskonzepte[551]

	Hugo Boss AG	Traub AG	Maho AG	Schwaben-garage AG
Grundkapital in Mio. DM	15,00	22,00	36,00	25,00
Umplacierung in Mio. DM	4,95	3,35	4,00	0,00
Kapitalerhöhung in Mio. DM	0,00	10,00	8,00	8,00
Placierungsvolu-men in Mio. DM	4,95	13,35	12,00	8,00
Anzahl der Aktien	99000,00	267000,00	240000,00	160000,00
Eigentümer-einfluss in %	100,00	58,00	73,00	100,00
Aktiengattung	Vorzugs-aktien	Stamm-aktien	Stamm-aktien	Vorzugs-aktien
Notierung	Amtlich	Amtlich	Amtlich	Geregelter Markt
Börsenplätze	Stuttgart Frankfurt	Stuttgart Frankfurt	München Stuttgart Frankfurt	Stuttgart Frankfurt
Anzahl der Konsortial-banken	sieben	drei	sechs	fünf
Emissionspreis in DM	815,00	250,00	325,00	250,00
Dividende in DM	20,00	7,00	8,00	9,00
DVFA-Gewinn je Aktie in DM	58,00	18,50	25,00	19,00
KGV	14,10	13,50	13,00	13,20
Marktdurch-schnitt (KGV)	12,50	13,50	12,80	13,50
Erstnotiz in DM	1000,00	279,00	360,00	271,00

5.7. Going-Public-Fallbeispiel

Um zu eruieren, ob sich der Gang an die Börse für ein Unternehmen lohnt, könnte der Going-Public-Kandidat beispielsweise folgende Kalkulation anstellen: Ausgehend von den Annahmen, unser Unternehmen PAPOTEX AG stamme aus der Papierindustrie und verfüge über ein Grundkapital von 200 Mio. DM, wollen wir nun den Erlös eines potentiellen Verkaufs von 30 % der PAPOTEX-Unternehmensanteile errechnen.

Durch die Multiplikation des nachhaltigen Gewinns der PAPOTEX AG von 150 Mio. DM mit einem hypothetischen durchschnittlichen Branchen-KGV von 18 ergibt sich der Unternehmenswert von 2700 Mio. DM. Die beratenden Investment Banker schlagen nun ein Nominale von 1000 DM vor, womit sich ein Ausgabekurs von 13500 DM errechnet (Unternehmenswert ÷ Grundkapital x Nominale = 2700 Mio. DM ÷ 200 Mio. DM x 1000 DM).

Durch die Placierung von 60000 Aktien beträgt dann der Erlös aus dem Verkauf von 30 % der PAPOTEX-Anteile 810 Mio. DM.

6. Anhang

6.1. Anmerkungen

Einführung

1 Caytas, Mahari, Im Banne des Investment Banking, S. 22.
2 Behrens, Merkel, Mergers & Acquisitions, S. 13.
3 Siehe Hovers, Wachstum durch Firmenkauf und Zusammenschluss, S. 14 f, Sigloch, Fusion als Wachstumsalternative, S. 5 f sowie Kastner, Grundriss des österreichischen Gesellschaftsrechts, S. 252.
4 Vgl. Moschner, Mergers and acquisitions I, S. 596.
5 Widersprüchlich: Burghagen, Investment-Banking im Europa der neunziger Jahre, S. 39 sowie Himmelfreundpointner, Die Yuppies von Wien, S. 96.
6 Vereinzelt auch dem Terminus Internationale Kapitalmarktgeschäfte subsumiert; siehe dazu Schneider-Gädicke, Zukunft des Investment Banking in der Bundesrepublik Deutschland, S. 152.
7 Schumpeter, Depressions, S. 20.
8 Bloch, Inside investment banking, S. 10.
9 Huemer, Unternehmensübernahmen - Mergers & Acquisitions, S. 91 f.
10 Zum Konkurstrend Anfang der 30er Jahre vgl. Behrens, Merkel, Mergers & Acquisitions, S. 16. Detaillierte Recherchen zur Konzentration der US-Investmentbanken in der Zwischenkriegszeit siehe Hayes, Spence, Marks, Competition in the investment banking industry, S. 22 ff. Für eine Diskussion über die Deregulierung der Wertpapiergebühren siehe Peterson, A Wall Street perspective of restructuring: An analysis of the past; some directions for the future, S. 3, Sheeline, Do not be afraid of the big, bad market, S. 54 sowie Bress, Tough new kid on the block, S. 42. Ausführliche Daten zu Fusionen der Investmentbanken in den späten 70er Jahren vgl. Hayes, The transformation of investment banking, S. 165. Zur Entwicklung innovativer Finanzmarktprodukte siehe Cornell, Shapiro, Financing corporate growth, S. 6 f.
11 Zur Technik der Ausgliederung von Tochtergesellschaften vgl. in Einzelheiten Krüger, Die Banken in Amerika, S. 647. Zum strategischen Vorteil der Marktnähe von Kreditbanken siehe Thackray, The commercial bank changelings, S. 225.
12 Vgl. Sigerist, Vernetzung der Finanzplätze, S. 112 f.
13 Feuchtmüller, Investment-Banking - Neue Herausforderungen für die neunziger Jahre, S. 11.

14 Vgl. Bloch, Inside investment banking, S. 25 ff, ausführlich SEC, The securities industry in 1981.

15 Quelle: Liss, The issue of capital adequacy, S. 1 ff.

16 Dazu ausführlich Liss, The issue of capital adequacy, S. 1 ff.

17 American Express übernahm Shearson Loeb Rhodes (Juni 1981) und Lehman Brothers Kuhn Loeb (Mai 1984). Diese Unternehmen firmieren heute unter Shearson Lehman Brothers.

18 Quelle: Institutional Investor, 4/1991.

19 Quelle: Liss, Fundamentals to count, S. 2 f.

20 Quelle: Securities Industry Association, New York.

21 Auf dem grossen Jahrmarkt der Eitelkeiten sind Imitatoren allemal präsent.

22 Quelle: Institutional Investor, 3/1986, S. 155.

23 Quelle: Goldman Sachs, New York.

24 Quelle: Investment Dealers´ Digest, 7.1.1991, S. 24.

25 Quelle: Goldman Sachs, New York.

26 Sam Hayes, Professor für Finanzierung an der Harvard Business School, zitiert in Thackray, The catchy rhythm of the one-man bank, S. 27 ff.

27 Siehe dazu Moschner, Organisatorische Eingliederung des M & A-Geschäfts in Österreich, S. 921 f.

28 Vgl. Planning & Research Systems, The M & A-handbook: West Germany.

Der internationale Unternehmenskauf

29 Siehe hiezu die jeweiligen Länderabschnitte in Kennedy, Aufstieg und Fall der grossen Mächte, Craig, Geschichte Europas 1815-1980, Boesch, Weltgeschichte vom Beginn des 18. Jahrhunderts bis 1914, Bachinger et al., Grundriss der österreichischen Sozial- und Wirtschaftsgeschichte von 1848 bis zur Gegenwart, Emmerich, Kronzucker, Das amerikanische Jahrhundert, Galbraith, Die Entmythologisierung der Wirtschaft sowie Konzelmann, Öl - Schicksal der Menschheit?

30 Die hier dargestellten Akquisitionsformen werden später im Detail behandelt.

31 Lang, Fusionen und Übernahmen weltweit, S. 5.

32 Noch zu Taylors Zeiten soll der amerikanische Industrielle schottischer Herkunft in einem Hearing vor Bundesbehörden verlautbart haben: »Nehmen Sie mir alle meine Fabriken, meine Handelsgesellschaften, meine Transportmittel und mein Geld, aber lassen Sie mir meine Mitarbeiter, und in vier Jahren werde ich wieder den heutigen Stand erreicht haben.«

33 Zur Interpretation des Sherman Act siehe Hoeber et al., Contemporary business law, S. 1123 ff; historische Details in Scherer, Industrial market structure and economic performance, S. 122 und S. 494.

34 Siehe Moschner, Huppmann, Kauf und Verkauf von Unternehmen, S. 15.

35 Plessow, Je grösser - desto effizienter? Auch die zunehmenden Management Buyouts sprechen deutlich dagegen, S. 288. Zur managerialen Entwicklung des ITT-Konzerns siehe auch Geneen, Manager müssen managen.

36 Hoeber et al., Contemporary business law, S. 1162.
37 Vgl. dazu ausführlich Cooke, Mergers & acquisitions, S. 9 ff.
38 Siehe Lang, Fusionen und Übernahmen weltweit, S. 6.
39 Im Beobachtungsjahr 1972. Quelle: Prais, The evolution of giant firms in Britain, S. 156.
40 Peter Bernhardt in einem Interview am 10.5.1990; gegenteilig: Lamparter, Je grösser, desto träger, S. 27.
41 Einzelheiten siehe Samuelson, Nordhaus, Economics, S. 574.
42 Im Beobachtungsjahr 1982. Quelle: U. S. Bureau of the Census, Washington D. C.
43 Siehe Cooke, Mergers & acquisitions, S. 12.
44 Vgl. Schröder, Europa 1992 - Eine unternehmerische Herausforderung, S. 85.
45 Quelle: Business Monitor, MQ7.
46 Detailliertes Datenmaterial über die Entwicklung des amerikanischen M & A-Marktes siehe Cooke, Mergers & acquisitions, S. 20 ff.
47 Quelle: Fortune, Top 50, 1986-1989 (jeweilige Jänner- bzw. Februarausgabe).
48 Schon 1987 übernahm Robert Campeau für 4,2 Mrd. $ die Allied Stores Corp., zu der insgesamt 127 Kaufhäuser - u. a. Stern´s und Bon Marché - gehören. Nach der Übernahmeschlacht mit dem Einzelhandelskonzern R. H. Macy & Co. um die amerikanischen Kaufhauskette Federated Department Stores Inc., zu der renommierte Häuser wie Bloomingdale´s und Abraham & Straus gehören, stellte Campeau nach dem missglückten Verkauf der 17 Bloomingdale´s-Häuser und der Fälligkeit eines Kredites über 28 Mrd. $ der Citibank inzwischen den Konkursantrag. Zur Chronologie der Ereignisse siehe Johannsen, Müller, Mit 14 Milliarden Dollar im Minus, S. 72 ff.
49 Quelle: Fortune, Top 50, 1986-1989 (jeweilige Jänner- bzw. Februarausgabe).
50 Sämtliche Deals > 1 Mio. $. Quelle: Securities Industry Association, New York.
51 Sämtliche Deals > 1 Mio. $. Quelle: Dobrzynski, The glory days of mergers & acquisitions are over, S. 52.
52 Quelle: Bundeskartellamt, Berlin.
53 Quellen: Verlagsgruppe Handelsblatt, Düsseldorf, Morgan Grenfell, Global mergers and acquisitions handbook, S. 72 sowie Handelsblatt, 29.12.1989, S. 47.
54 Koepp, For sale: America, S. 31.
55 Edward Turner bei einer Pressekonferenz im März 1989 in Wien.
56 Bei genauerem Studium der im folgenden verwendeten Quellen von Terence Cooke und Roland Lang wird der Leser feststellen, dass die Daten oftmals geringfügig voneinander abweichen,was auf unterschiedliche Quellen zurückzuführen ist. Von einer ausführlichen Behandlung ausländischer Investitionen in den USA nehme ich daher Abstand. Ausführliche Tabellen vgl. Lang, Fusionen und Übernahmen weltweit, S. 13 ff sowie Cooke, Mergers & acquisitions, S. 24.
57 Mark Dixon, Translink, New York.
58 Details in Muzik, Monopoly um Europa, S. 129.
59 Die englischsprachige Literatur fügt noch einen weiteren Begriff hinzu: Concentric Acquisition. Hier übernimmt der Käufer ein Unternehmen, das über einen für ihn nutzbaren Produktionsprozess, Technologievorsprung oder Marktnische verfügt,

um so Economies of Scope optimal auszunützen. US-amerikanisches Beispiel ist die 1989 erfolgte Time-Warner Fusion mit einem Transaktionswert von 14 Mrd. $.

60 Siehe z. B. Andrews, Rook, Merging for profit, S. 29 f.

61 Vgl. Caytas, Mahari, Im Banne des Investment Banking, S. 33.

62 Huemer, Unternehmensübernahmen - Mergers & Acquisitions, S. 251.

63 Siehe Porter, Wettbewerbsvorteile, S. 418 ff.

64 Dazu auch Reitzner, Fusionskontrolle - ein Instrument der Wirtschaftspolitik, S. 8.

65 Vgl. Steckmeister, Die gegenwärtige Zusammenschlusswelle in den USA und ihre Ursachen, S. 358.

66 Zu Preisen 1946: 800 Mio. SFR.

67 Quellen: Nestlé, Jahresbericht 1989, S. 27, Maucher, Akquisitionen als Bestandteil einer globalen Marketing-Strategie eines multinationalen Unternehmens, S.219 sowie Bressmer, Moser, Sertl, Vorbereitung und Abwicklung der Übernahme von Unternehmen, S. 17.

68 Quelle: Finanz und Wirtschaft, 11.5.1991, S. 15.

69 Quelle: Der Beteiligungsmarkt in Österreich - Trends und Perspektiven, M & A-Seminar am 22.11.1989.

70 Siehe dazu Lorange, Kotlarchuk, Singh, Corporate acquisitions: A strategic perspective, S. 5.

71 Zitate aus Kitching, Track record in transborder takeover, S. 48 bzw. Buzzell, Gale, The PIMS principles, S. 234 f. Zu den angesprochenen Studien vgl. z. B. Rumelt, Strategy, structure, and economic performance bzw. Diversification - Strategy and performance; des weiteren siehe Coley, Reinton, The hunt for value, S. 29 f, Shelton, The role of strategic business fits in creating gains to acquisitions, S. 115 sowie Singh et al., Corporate acquisition strategies and economic performance, S. 384.

72 Caytas, Mahari, Im Banne des Investment Banking, S. 35.

73 Quelle: Der Beteiligungsmarkt in Österreich - Trends und Perspektiven, M & A-Seminar am 22.11.1989.

74 Zur genannten Untersuchung siehe Federal Trade Commission, Statistical report on mergers and acquisitions, S. 106.

75 Vgl. Salter, Weinhold, Diversification via acquisition: creating value, S. 167.

76 Am 11.5.1990 in Wien.

77 Z. B. Breene, Coley, Adding value through diversification, S. 66 f, Hamermesh et al., Strategies for low market share businesses oder Woo, Cooper, Strategies of effective low share businesses; gegensätzlich: Kitching, Why acquisitions are abortive (siehe dazu später in diesem Kapitel).

78 Samuelson, Economics, S. 7.

79 Jauch, Glueck, Business policy and strategic management, S. 234.

80 Ausführliche Behandlung findet diese Problematik zum Beispiel bei Williamson, The vertical integration of production: Market failure considerations, S. 112 ff.

81 Für und Wider diese Argumentation siehe Weston, The payoff in mergers and acquisitions, S. 35 f.

82 Vgl. Henderson, Die Erfahrungskurve in der Unternehmensstrategie, S. 19 ff, Gälweiler, Strategische Unternehmensführung, S. 37 ff sowie Dunst, Portfolio-Management: Konzeption für die strategische Unternehmensplanung, S. 68 ff.

83 Ordinate: Stückkosten, Abszisse: Produzierte Menge; die Quadranten stellen die Summe der zu erwerbenden Unternehmen dar.

84 CR 3 = Concentration Ratio of the Top Three Firms: Ermittelt den Marktanteil der jeweils drei grössten Unternehmen im Verhältnis zum Branchenmarktanteil. Quelle: Scherer et al., The economics of multi-plant operation: An international comparisons study.

85 Siehe dazu Allen, Hodgkinson, Buying a business, S. 17 f.

86 Der Beteiligungsmarkt in Österreich - Trends und Perspektiven, M & A-Seminar am 22.11.1989.

87 Quelle: Möller, Der Erfolg von Unternehmenszusammenschlüssen, empirische Untersuchung, S. 148.

88 Jauch, Glueck, Business policy and strategic management, S. 234.

89 Vgl. Allen, Hodgkinson, Buying a business, S. 25.

90 Vgl. Hirzel et al., Das Management von Synergien, S. 4.

91 Peter Bernhardt, Booz Allen & Hamilton, in einem Interview am 10.5.1990.

92 Huemer, Unternehmensübernahmen - Mergers & Acquisitions, S. 245 f.

93 Jahresumsätze zur Verfügung gestellt von GZ-Capital Management, Wien, Alcatel, Zürich bzw. Ascom Holding AG, Bern.

94 Als Grundlage für die Berechnung der Daten wurden die jeweiligen Bilanzen bzw. Gewinn- und Verlustrechnungen herangezogen.

95 Siehe dazu Dal Molin, Sicherung der Synergie nach Übernahme von Unternehmungen, S. 113.

96 Siehe Caytas, Mahari, Im Banne des Investment Banking, S. 36.

97 Im Beobachtungsjahr 1981. Quelle: New York Times, 19.3.1984, S. D 1.

98 Beobachtungsjahr: 1983. Quelle: Caytas, Mahari, Im Banne des Investment Banking, S. 37.

99 Vgl. Merrill Lynch, Mergerstat Review 84, S. 41.

100 Law, Ein Unternehmen ist mehr als sein Börsenwert, S. 114.

101 Vgl. M & A-Almanac & Index, 1988.

102 Im Beobachtungsjahr 1989. Quelle: Melcher et al., Now no european company is safc, S. 15.

103 Siehe dazu auch meinen Diskussionsbeitrag zur Inflation sowie eine anschauliche Graphik im Kapitel »Buyouts«, Abschnitt »Leveraged Buyouts«.

104 Köppl, Geld richtig anlegen, S. 190 f.

105 Quelle: Business Week, The raiders, 4.3.1985, S. 76.

106 Siehe u. a. Cooke, Mergers & acquisitions, S. 29.

107 Caytas, Mahari, Im Banne des Investment Banking, S. 36.

108 Fuchs, Übernahme von Unternehmen als ein Instrument praktischer Unternehmenspolitik, S. 246.

109 Quelle: Allen, Hodgkinson, Buying a business, London, 1989, S. 14 und S. 21.

110 Vgl. Cooke, International mergers & acquisitions, S. 13.

111 Weiterführende Literatur vgl. Berolzheimer, The financial and emotional sides of selling your company, S. 6 ff, Gumpert, Selling your company - additional perspectives, S. 54 ff sowie Rubel, Guide to selling a business.

112 Morgan Grenfell, Leitfaden zum Unternehmensverkauf, S. 3.

113 Vgl. Behrens, Merkel, Mergers & Acquisitions, S. 77.

114 Nachzulesen ist dieser detailliert beschriebene Arbeitsvorgang in Smith, An inquiry into the nature and causes of wealth of nations, Band 1, S. 6 f. Aus dieser Spezialisierung ergab sich denn auch die grosse Produktivität damaliger Unternehmen. Hätte Smith jedoch die ausgebeutete Arbeiterklasse des achtzehnten Jahrhunderts gesehen, wäre er von der Stecknadelproduktion kaum mehr beeindruckt gewesen.

115 Vgl. Moschner, Mergers and acquisitions I, S. 597.

116 So z. B. Michael Milken und Dennis Levine - ehemalige Mitarbeiter der amerikanischen Investmentbank Drexel Burnham Lambert - als Angeklagte für Vergehen gegen Insider-Trading-Bestimmungen.

117 Berghof, Corporate structure as a mechanism of control: A comparision of financial systems, S. 1 f.

118 Quellen: Deutsche Bundesbank, Frankfurt sowie Händel, Die Finanzierung von Eigenkapital in der Bundesrepublik Deutschland, S. 62.

119 Zu weiteren Vorteilen der Universalbanken vgl. Moschner, Mergers and acquisitions I, S. 597, sowie Caytas, Mahari, Im Banne des Investment Banking, S. 77 f.

120 Maximilian Gruber, CA Investment Banking AG, in einem Interview am 30.4.1990 in Wien.

121 Olenzak, Ruddock, The internal aquisition team, S. 113.

122 Weitere Risiken siehe Caytas, Mahari, Im Banne des Investment Banking, S. 82.

123 Vgl. Dwyer, Garner, Finding more than a finder, S. 132.

124 Siehe auch Herz, Broker and finder agreements, S. 138.

125 Peterson, A Wall Street perspective of restructuring: An analysis of the past; some directions for the future, S. 4.

126 Vgl. Ausführungen von Moschner, Mergers and aquisitions II, S. 710.

127 Paul Achleitner, Executive Director von Goldman Sachs/London, bei einem Vortrag über Internationale Mergers und Acquisitions am 11.5.1990 in Wien.

128 Siehe dazu Loon, Buyout Kings, S. 57, Brancato, Leveraged buyouts and the pot of the gold, S. 101 ff, Hazen, Venture-capital financing, S. 164 sowie Reed, The art of M & A: A merger & acquisition buyout guide, S. 163.

129 Vgl. dazu Bressmer, Moser, Sertl, Vorbereitung und Abwicklung der Übernahme von Unternehmen, S. 127.

130 Quellen: Bloch, Inside investment banking, S. 174 sowie Behrens, Merkel, Mergers & Acquisitions, S. 23 ff.

131 Quelle: Behrens, Merkel, Mergers & Acquisitions, S. 23 ff.

132 Quelle: Euromoney, 2/1986, S.121.

133 Quelle: Neue Zürcher Zeitung, 11.8.1987, S. 25.

134 Caytas, Mahari, Im Banne des Investment Banking, S. 78.

135 Siehe auch Lahodynsky, EG-Minister beschlossen Banken-Liberalisierung, S. 10.

136 Kräutli, Beratung und Vermittlung beim Kauf und Verkauf von Unternehmen, S. 119.

137 Siehe auch Bressmer, Moser, Sertl, Vorbereitung und Abwicklung der Übernahme von Unternehmen, S. 55 f.

138 Im Detail vgl. Caytas, Mahari, Im Banne des Investment Banking, S. 92 f.

139 Bressmer, Moser, Sertl, Vorbereitung und Abwicklung der Übernahme von Unternehmen, S. 130 ff.

140 Kitching, Winning and losing with European acquisitions, S. 126.

141 Z. B. Salter, Weinhold, Choosing compatible acquisitions, S. 117 ff oder Ansoff et al., Does planning pay? The effect of acquisitions in American firms, S. 5.

142 Kitching, Why do mergers miscarry?, S. 91.

143 Wie wichtig das Erstellen eines Anforderungsprofils tatsächlich ist, zeigen die beiden Züricher Investment Banker Jean Gaston Lippmann, Schweizerische Bankgesellschaft sowie Michael Brand, Canmerger Group. Siehe dazu Lippmann, Analyse der Stärken und Schwächen von Unternehmen, S. 2 ff (im besonderen aber die Checkliste für Aufnahme von Akquisitionskriterien) sowie Brand, Partnersuche auf dem Markt für Unternehmungen, S. 13 ff (im besonderen die Checkliste Partnersuche). Für diesen Beitrag vgl. Caytas, Mahari, Im Banne des Investment Banking, S. 56 f.

144 Kitching, Why do mergers miscarry?, S. 91.

145 Vgl. dazu Goldman Sachs, Internationale Mergers und Acquisitions, Exhibit 4 sowie Kitching, Why do mergers miscarry?, S. 99 f.

146 Siehe Rappaport, Creating shareholder value, S. 69 ff oder Pursche, Building better bids, S. 92.

147 Huemer, Unternehmensübernahmen - Mergers & Acquisitions, S. 229.

148 Der interessierte Leser findet Beiträge zu dieser Thematik u. a. von den beiden Arthur-Andersen-Partnern Allen, Hodgkinson, Buying a business, S. 39 ff.

149 Quellen: Zweig, Roe, Computer products: Implements of the craft, S. 151 ff sowie Leonard, Intermac, S. 497 f.

150 Vgl. Buzzell, Bringt vertikale Integration Vorteile?, S. 77.

151 Turnheim, Sanierungsstrategien, S. 44.

152 Quelle: Cooke, Mergers & acquisitions, S. 117.

153 Quelle: Guiniven, Fisher, Akquisitionen - Strategische oder finanzielle Ziele?, S. 13.

154 Huemer, Unternehmensübernahmen - Mergers & Acquisitions, S. 232. Vgl. auch Kreilkamp, Strategisches Management und Marketing, S. 448 ff.

155 Quelle: Henderson, The experience curve - reviewed, IV - the growth share matrix or the product portfolio. Matrix wurde mehrfach interpretiert; siehe u. a. Hedley, Strategy and the business portfolio, S. 10, Bruppacher, Unternehmensverkauf als strategischer Erfolgsfaktor, S. 273 f.

156 Siehe Salter, Weinhold, Diversification through acquisition, S. 70.

157 Huemer, Unternehmensübernahmen - Mergers & Acquisitions, S. 232.

158 Vgl. dazu ausführlich Kitching, Why acquisitions are abortive; gegensätzlich: Breene, Coley, Adding value through diversification, S. 66 f, Hamermesh et al., Strategies for low market share businesses und Woo, Cooper, Strategies of effective low share businesses (siehe dazu Kapitel »Der internationale Unternehmenskauf«, Abschnitt »Strategische Motive für den Unternehmenskauf«).

159 Siehe Porter, Wettbewerbsstrategie, S. 63 f sowie Porter, Wettbewerbsvorteile, S. 31 f.

160 Biggadike, The risky business of diversification.

161 Im Detail vgl. Vernon, International investment and international trade in the product cycle, S. 190 ff.

162 Im Detail siehe Salter, Weinhold, Diversification via acquisition: creating value, S. 167.

163 Ähnlich Farmbrough, Acquisitions - Failing to create value for acquiree shareholders, S. 46.

164 Sharpe, Portfolio theory and capital markets, S. 96.

165 Huemer, Unternehmensübernahmen - Mergers & Acquisitions, S. 228.

166 Manfred Moschner bei einem M & A-Seminar am 17. Juli 1989 in Sölden.

167 Vgl. Beisel, Klumpp, Der Unternehmenskauf, S. 22.

168 Siehe dazu Hauptfachausschuss des Instituts der Wirtschaftsprüfer in Deutschland eV, Grundsätze, S. 5.

169 Ausführliche Diskussion und weitere Beispiele vgl. Beisel, Klumpp, Der Unternehmenskauf, S. 23 f.

170 Im Detail siehe Moxter, Grundsätze ordnungsmässiger Unternehmensbewertung, S. 154.

171 Siehe u. a. Hodder, Riggs, Fallstricke bei der Bewertung riskanter Objekte, S. 63 f und S. 68 sowie Korber, Bewertung ganzer Unternehmen, S. 49.

172 Erich Schwarzbichler, Österreichische Länderbank/Stelle Sonderfinanzierungen, bei einem Seminar über Kapitalaufbringung für Unternehmenskäufe am 6.3.1990 im Wiener Marriott.

173 Vgl. Beisel, Klumpp, Der Unternehmenskauf, S. 29 f.

174 Siehe z. B. Rappaport, Discounted cash flow valuation, S. 167.

175 Menghetti, Unternehmensbewertung in Theorie und Praxis, S. 42.

176 So auch Moxter, Die Geschäftswertbilanzierung in der Rechtsprechung des Bundesfinanzhofes und nach EG-Bilanzrecht, S. 742 f.

177 Maximilian Gruber in einem Interview am 30.4.1990 in Wien.

178 Ähnliche Faktoren siehe Münstermann, Wert und Bewertung der Unternehmung, S. 139 sowie Zimmermann, Was kostet der Goodwill?, S. 39.

179 Vgl. Laderman et al., Goodwill is making a lot of people angry, S. 40 f.

180 Siehe Horngren, Sundem, Introduction to financial accounting, S. 561 ff.

181 Entnommen aus Barron´s dictionary of finance and investment terms, S. 295.

182 Ordinate: Zahlen in Prozenten. Quelle: Decker, Dienstleistungsbetriebe.

183 Siehe dazu Bressmer, Moser, Sertl, Vorbereitung und Abwicklung der Übernahme von Unternehmen, S. 153.

184 Für die mit dem Bewertungsverfahren mittels KGV verbundenen Probleme vgl. Cooke, Mergers & Acquisitions, S. 136 ff; vehemente Kritik äussern auch an mehreren Stellen die beiden M & A-Autoren Julian Mahari und Ivo Caytas; ausführliches Vier-Phasen-Schema der Bewertung mittels KGV mit Beispielen vgl. Allen, Hodgkinson, Buying a business, S. 59 ff.

185 Abszisse = Wachstumsrate des Gewinns je Aktie (% p. a.). Quelle: Bradley, Korn, Acquisition and corporate development, S. 145.

186 Vgl. Koutsoyiannis, Non-price decisions, S. 244 sowie Audretsch, Conglomerate mergers and the life-cycle hypothesis, S. 1 f. Der Leser wird - willens oder nicht -

im nächsten Kapitel eine andere Interpretation dieses Begriffes vorfinden (siehe Kapitel »Buyouts«, Abschnitt »Management Buyouts«).

187 Huemer, Unternehmensübernahmen - Mergers & Acquisitions, S. 121.

188 Vgl. Earl, Fisher, International mergers and acquisitions, S. 118 sowie Steiner, Mergers: Motives, effects, control, S. 103 ff.

189 Siehe Taqi, Acquisition strategy in Europe, S. 132.

190 Vgl. Stewart, Glassman, The motives and methods of corporate restructuring: Part II, S. 80 f.

191 Quelle: Paine Webber, Merger and aquisition data base, 1980-1984.

192 Siehe Buderi et al., The brakes go on in R & D, S. 23; für 1989 vgl. Pfäffle, Übernahmekosten bedrohen den technischen Vorsprung der USA, S. 16.

193 Quelle: Merrill Lynch, Chicago.

194 Beelitz, M & A in den USA - Der Prozess und die Player, S. 114.

195 Interviews mit Gerhard Killat, Geschäftsführer von Morgan Grenfell, am 16.5.1990 in Frankfurt sowie Albert Bürkler, stellvertretender Direktor der Bank Leu, am 21.5.1990 in Zürich.

196 Quelle: Allen, Hodgkinson, Buying a business, S. 69.

197 Vgl. Bär, Firmenübernahmen - deren Finanzierung und finanzielle Abwehr, S. 157.

198 Sämtliche dafür kompetente Interviewpartner äusserten - wie bereits erwähnt - diese Ansicht.

199 Die deutsche Literatur spricht in diesem Fall von Innenfinanzierung.

200 Da der Unternehmenserwerber mit dieser Finanzierungsmethode auch gleichzeitig unerwünschte Einflussnahmeversuche durch Interessenten an seinem Unternehmen abwehren kann, bewältigt er gleichzeitig zwei Probleme mit einer Finanzierungsform.

201 Siehe dazu Süchting, Finanzmanagement, S. 195, Wöhe, Bilstein, Gundzüge der Unternehmensfinanzierung, S. 261 ff sowie Moser, Topritzhofer, Investition und Finanzierung, S. 75 f.

202 Vgl. Bürkler, Die Finanzierung von Firmenakquisitionen, S. 62.

203 Detaillierte Auseinandersetzung mit der Kostenkalkulation beim Barkauf siehe Brealey, Myers, Principles of corporate finance, S. 667

204 Bei dieser Form der Aussenfinanzierung ist der Kapitalgeber nach seiner Einzahlung an der Gesellschaft beteiligt. Zu den Rechtsquellen in der BRD vgl. für die ordentliche Kapitalerhöhung §§ 182-191 AktG, für die bedingte Kapitalerhöhung §§ 192-201 AktG und für das genehmigte Kapital §§ 202-206 AktG.

205 Der Ausschluss des Bezugsrechts bedarf in der BRD einer Dreiviertelmehrheit des bei der Beschlussfassung vertretenen Grundkapitals (siehe § 186 Abs 3 und 4 AktG).

206 Vgl. Bär, Firmenübernahmen - deren Finanzierung und finanzielle Abwehr, S. 158 f.

207 Zur Finanzierung einer Kapitalerhöhung siehe Caytas, Mahari, Im Banne des Investment Banking, S. 149.

208 Siehe dazu Bressmer, Moser, Sertl, Vorbereitung und Abwicklung der Übernahme von Unternehmen, S. 161.

209 Neue Zürcher Zeitung, 24.9.1987.

210 Ähnlich Robertson, Golden rules of M & A-financing, S. 230.

211 Nachteile des Aktientausches dokumentieren auch Slusser, Riggs, Payment modes and acquisition currencies, S. 206 f.

212 Zu dieser Problematik findet der Leser auch Gedanken von Ernst Reichmayr, Vorstandsmitglied der CA Investment Banking AG. Vgl. hiezu Börsen-Kurier, Kredit kontra Aktie, S. 3.

213 Caytas, Mahari, Im Banne des Investment Banking, S. 150.

214 Caytas, Mahari, Im Banne des Investment Banking, S. 118.

215 Manfred Philipp in einem Interview am 18.5.1990 in Wien.

216 Zur wohl ausführlichsten Diskussion zur erwähnten Problematik siehe unter »Das türkische Aktionärs-Gambit« sowie »Das chinesische Management-Gambit« in Caytas, Mahari, Im Banne des Investment Banking, S. 127 ff.

217 Weitere Richtlinien zur Preisverhandlung des erfahrenen Juristen siehe James Freund, Merger negotiations, S. 196 ff.

218 Siehe dazu Brealey, Myers, Principles of corporate finance, S. 671 f. Interpretationen, Beispiele und Abbildungen vgl. Kogler, Mergers & acquisitions in the USA, S. 5 ff.

219 Die deutsche Judikatur spricht in diesem Zusammenhang von Verschmelzung durch Aufnahme (vgl. §§ 340-352 c AktG).

220 In der BRD nennt man diese Form der Fusion Verschmelzung durch Neubildung (vgl. § 353 AktG).

221 Ähnlich Janser, Verhandlungsstrategie und Kaufvertragsgestaltung, S. 93.

222 Vehement kritisiert wurde der LOI zum Beispiel von Paul Achleitner, Executive Director von Goldman Sachs, anlässlich eines M & A-Seminars am 12.5.1990 in Wien (zur Kritik siehe unten).

223 Zum Letter of Intent in den USA siehe Molod, Forms and paperwork, S. 261 ff; für die BRD und die Schweiz vgl. Moschner, Huppmann, Kauf und Verkauf von Unternehmen, S. 25 sowie Janser, Verhandlungsstrategie und Kaufvertragsgestaltung, S. 94.

224 Siehe dazu Moschner, Huppmann, Kauf und Verkauf von Unternehmen, S. 22 ff. Für Schweizer Recht vgl. Janser, Verhandlungsstrategie und Kaufvertragsgestaltung, S. 98 ff.

225 Goldsmith, The hostile takeover, S. 189.

226 International Herald Tribune, US ruling aides states´efforts to curb takeovers, S. 11.

227 Vgl. Bird, Cammann, Shark Repellant - Unerwünschte Übernahme- und Beteiligungsversuche, S. 324.

228 Zu den ersten beiden Transaktionen siehe Handelsblatt, 16.11.1987 bzw. Handelsblatt 30.6.1988.

229 Vgl. Economist, New chart for the fleet, S. 78 sowie Economist, The wasteful games of America´s corporate raiders, S. 67.

230 Siehe dazu Fortune, What we learned from the great merger frenzy, S. 70

231 Vgl. Barron´s dictionary of finance and investment terms, S. 431.

232 Vgl. dazu Boesky, Merger mania, S. 78.

233 Ted Greenberg und Ralph Carlton anlässlich eines Interviews am 30.5.1990 bzw. am 14.6.1990 in New York.

234 Der Leser möge Verständnis für die im M & A-Geschäft oftmals unübersetzbaren Begriffe zeigen. Über den verlorenen Kampf wider die Anglisierung im Investment Banking haben andere schon berichtet. Dennoch findet man auch in Deutschland leicht zugängliche Schriftstücke über mögliche Synonyme.

235 Barron´s dictionary of finance and investment terms, S. 313.

236 Zur Praxis des Proxy Fight siehe Engel, Boyd, How to buy stocks, S. 6 ff. Zur Übernahme von Crown Zellerbach durch Sir J. Goldsmith vgl. Fortune, What´s next for the raiders?, S. 23.

237 Vgl. dazu Kogler, Mergers & acquisitions in the USA, S. 48 f.

238 Thomas Suppanz, Vice President bei Oppenheimer, in einem Gespräch am 30.5.1990 in New York.

239 Spätestens Smolensk jedoch sollte dieser Strategie ein jähes Ende bereiten. Selbst Rudolf Augstein, Herausgeber des Nachrichtenmagazins Der Spiegel, schreibt zum fünfzigsten Jahrestag des 22. Juni: Dieser aufgrund der serbischen Offiziers-kamarilla »verschobene Krieg ... war der erste geplante Blitzkrieg«. Zitat aus Augstein, Der grosse Alexanderzug, S. 146.

240 Beide Zitate siehe Caytas, Mahari, Im Banne des Investment Banking, S. 128 f.

241 Der interessierte Leser findet eine ausgezeichnete Dokumentation dieses Beispiels in Boesky, Merger mania, S. 81 ff.

242 Im Detail vgl. Boesky, Merger mania, S. 84.

243 Kogler, Mergers & acquisitions in the USA, S. 54.

244 Ausführliche Dokumentation dieses Beispiels siehe Boesky, Merger mania, S. 90 ff.

245 Vgl. dazu International Herald Tribune, Boesky inquiry said to widen to takeover blocs, S. 11, Barron´s dictionary of finance and investment terms, S. 472 f, Caytas, Mahari, Im Banne des Investment Banking, S. 168, Beelitz, M & A in den USA - Der Prozess und die Player, S. 117, Boesky, Merger mania, S. 90 sowie Jensen, Takeovers: Their causes and consequences, S. 44.

246 Vgl. § 20 Abs 1 AktG sowie § 23 Abs 1 GWG. Zur Interpretation siehe u. a. Preschany, Schäfer, Der Geregelte Markt - Kapitalmarktoffensive für den Mittelstand?, S. 154.

247 Zur Systematik des Piggybacking siehe Frantz, Mr. Diamond - Der Insider-Skandal von Wall Street, S. 96 ff.

248 Ähnlich Fortune, Have US-takeovers gone too far?, S. 14.

249 Quelle: Business Week, The raiders, S. 75.

250 Näheres in Saul, Hostile takeovers: What should be done?, S. 20.

251 Vgl. Nathan, Taking out takeover insurance, S. 459.

252 Zur angeführten Strategie siehe Boesky, Merger mania, S. 93 ff.

253 Quelle: Conference Board, New York.

254 Finanz und Wirtschaft, 29.6.1991, S. 21.

255 Caytas, Mahari, Im Banne des Investment Banking, S. 230.

256 Siehe dazu insbesondere City Code on Takeovers and Mergers (rules 28, 29) sowie Accountants reports on profit forecasts (Institute of Chartered Accountants).

257 Dixons titulierte diesen Chart mit der Frage What Will Happen to Currys´ Share Price, if You Fail to Accept Dixons´ Offer? Quelle: Financial Times, 22.11.1984.

258 Fortgeschriebene Anschaffungs- bzw. Herstellungskosten = Anschaffungs- bzw. Herstellungskosten vermindert um planmässige Abschreibungen. Zur Rechtslage siehe insbesondere Heinhold, Grundfragen der Bilanzierung, S. 129 f.

259 Für weitere britische Spezialitäten - vor allem die des City Code - vgl. Cooke, Mergers & acquisitions, S. 234.

260 Unter »Heiteres Reservenraten« in Caytas, Mahari, Im Banne des Investment Banking, S. 229.

261 Quelle: Merrill Lynch, Chicago.

262 Behrens, Merkel, Mergers & Acquisitions, S. 64.

263 Siehe dazu Cooke, Mergers & acquisitions, S. 237.

264 Quelle: International Herald Tribune, Personal investing, S. 11.

265 Über die Rolle des OFT siehe Crabbe, Fending off unwelcome attentions, S. 86 sowie Keller, Homo Oeconomicus vs. Homo Psycho-Politicus beim Kauf/Verkauf von Unternehmungen, S. 259 f.

266 Jacobs, Strategische Akquisitionen - Von der Vision zur erfolgreichen Durchführung, S. 227 f.

267 Vgl. Boesky, Merger mania, S. 121.

268 Siehe dazu Lipton, Lesser, Defending against corporate takeovers.

269 Vgl. Fortune, Crook of the year, S. 48 f. Weiterführende Berichterstattung siehe Business Week, Who´ll be the next to fall?, S. 20 ff sowie International Herald Tribune, Ex-trader for Kidder pleads guilty, S. 1.

270 Beispiel behandelt in Herzel, Schmidt, Shareholders can benefit from sale of crown jewels, S. 33 sowie Cooke, Mergers & acquisitions, S. 238.

271 Vgl. z. B. Stewart, Glassmann, The motives and methods of corporate restructuring: Part II, S. 80 oder Huemer, Unternehmensübernahmen - Mergers & Acquisitions, S. 161.

272 Dazu Sikora, Defensive tactics, S. 467 oder Jensen, Takeovers: Folklore and science, S. 119.

273 Amerikanische Jura-Studenten können sich nur zu gut an den bereits legendären Fall Dogde vs. Ford Motor Co. erinnern. Zur erwähnten Rechtsproblematik vgl. Hoeber et al., Contemporary business law, S. 984 ff und S. 1039 ff.

274 Ähnlich International Herald Tribune, The balloning of corporate debt, S. 7 und S. 11.

275 Siehe Bird, Cammann, Shark Repellant - Unerwünschte Übernahme- und Beteiligungsversuche, S. 338, Kogler, Mergers & acquisitions in the USA, S. 69 f oder Boesky, Merger mania, S. 127. Zum Spin-off als strategische Alternative siehe Schipper, Smith, The corporate spin-off phenomenon, S. 437.

276 Entnommen aus Siegwart, Mahari, Caytas, Rumpf, Unternehmen als Ware?, S. 18.

277 Dass diese Strategie im Land der unbegrenzten Möglichkeiten auch zu Zwecken der optimalen Veranlagung Verwendung findet - so kaufte Coca-Cola ab 1987 über 10,6 % der im Umlauf befindlichen 377 Mio. Aktien zurück -, zeigt anschaulich Kühhas, Der Coca-Cola-Trick: Kaufe eigene Aktien!, S. 136 f. Zum folgenden Beispiel vgl.

Jensen, Takeovers: Folklore and science, S. 116 sowie Boesky, Merger mania, S. 126 f.

278 Für eine detaillierte Behandlung dieser Rechtsfrage vor allem in Hinblick steuerlicher Gesichtspunkte siehe Cooke, Glynn, Taxation implications of companies purchasing their own shares.

279 Siehe Johnson, Merger defence in the UK, S. 40.

280 Zu den schweizerischen Besonderheiten der Vinkulierung siehe vor allem Caytas, Mahari, Im Banne des Investment Banking, S. 240 und S. 265 ff.

281 Quelle: Schweizerischer Bankverein, Handbuch der Schweizer Aktien.

282 Zur Besonderheit der Schweizer Partizipationsscheine siehe Caytas, Mahari, Im Banne des Investment Banking, S. 238.

283 Siehe dazu Section 8.06 des Model Business Corporations Act. Für eine ausführliche Interpretation vgl. Hoeber et al., Contemporary business law, S. 1034.

284 Vgl. Nathan, Taking out takeover insurance, S. 459 f sowie Kogler, Mergers & acquisitions in the USA, S. 60 f.

285 Ted Greenberg am 30.5.1990.

286 Vgl. DeAngelo, Rice, Antitakeover charter amendments and stockholder wealth.

287 Siehe Bird, Cammann, Shark Repellant - Unerwünschte Übernahme- und Beteiligungsversuche, S. 334.

288 Vgl. Frankfurter Allgemeine Zeitung, 30.12.1988.

289 Caytas, Mahari, Im Banne des Investment Banking, S. 237. Doch wissen die Autoren inzwischen längst über Platinum Parachutes zu berichten.

290 Weitere Details siehe Cooke, Mergers & acquisitions, S. 240 f.

291 Siehe z. B. White, Pulling the golden parachute ripcord, S. 335 f.

292 Jensen, Takeovers: Folklore and science, S. 118.

293 Vaughn Blake anlässlich eines Interviews am 14.6.1990.

294 David Rochester, Financial Strategy Group, in einem Gespräch am 31.5.1990 in Washington D. C.

295 Vgl. Caytas, Mahari, Im Banne des Investment Banking, S. 242.

296 Siehe u. a. International Herald Tribune, SEC warns on poison pill defense, S. 9, Fortune, What´s next for the raiders?, S. 22.

297 Ralph Carlton in einem Interview am 14.6.1990.

298 Siehe Cooke, Mergers & acquisitions, S. 242 f.

299 Vgl. Johnson, Merger defence in the UK, S. 40.

300 Bezüglich vertraglicher Poison Pills in Lizenzverträgen, Joint Ventures und Kooperationsabkommen sowie Poison Pills in der Organisationsstruktur siehe Caytas, Mahari, Im Banne des Investment Banking, S. 243 und S. 244. Zitat unter »Die klassische Poison Pill« auf S. 243.

301 Bird, Cammann, Shark Repellant - Unerwünschte Übernahme- und Beteiligungsversuche, S. 338 f.

302 Beispiel aus Bär, Firmenübernahmen - deren Finanzierung und finanzielle Abwehr, S. 162 f.

303 Jensen, Takeovers: Folklore and science, S. 110.

304 Unter »Pac Man Strategy« in Barrons´s dictionary of finance and investment terms, S. 281.

305 Ähnlich Nathan, Taking out takeover insurance, S. 464.

306 Diese im Gründungsjahr der Pac Man Strategy stattgefundene Übernahmeschlacht wurde bereits mehrfach dokumentiert. Für diesen Beitrag vgl. Herzel, Schmidt, SEC is probing double pac-man takeover defense, S. 27, McAnally, The Bendix-Martin Marietta takeover and stockholder returns, Jauch, Glueck, Business policy and strategic management, S. 253, Cooke, Mergers & acquisitions, S. 239 f sowie Wall Street Journal, The four horsemen, S. 1.

307 Lee Iacocca und Felix Rohatyn zitiert in Jensen, Takeovers: Folklore and science, S. 109.

308 Zur Definition siehe Treichl, Leveraged Buyouts und ESOPs aus amerikanischer Sicht, S. 24. Für eine Personenbeschreibung von Kelso vgl. Schuchert, The art of the ESOP-LBO, S. 94 f.

309 Vgl. dazu Business Week, ESOPs: Revolution or ripoff?, S. 61.

310 Quelle: Caytas, Mahari, Im Banne des Investment Banking, S. 248.

311 Der Ökonom John Kenneth Galbraith sieht diese berühmt gewordene Formulierung schon eher im Zusammenhang mit Herbert Spencer, über den im folgenden noch zu sprechen sein wird. Vgl. Galbraith, Die Entmythologisierung der Wirtschaft, S. 148.

312 Zur missverständlichen deutschen Übersetzung und deren verheerenden Folgen siehe den sachlichen Beitrag von Ditfurth, Wir sind nicht nur von dieser Welt, S. 115 ff.

313 Spencer, Einleitung in das Studium der Soziologie, S. 263 f.

314 Spencer, Social statics, S. 413 (deutsch zitiert nach Kardiner, Preble, Wegbereiter der modernen Anthropologie, S. 51).

315 Gänzlich anderer Meinung ist hier der Verhaltensforscher und Laureat Konrad Lorenz; siehe im besonderen Lorenz, Über die Wahrheit der Abstammungslehre, S. 18.

316 Galbraith, Die Entmythologisierung der Wirtschaft, S. 150.

Buyouts

317 Siehe Moschner, Leveraged Buyout, S. 170 ff.

318 Vgl. Behrens, Merkel, Mergers & Acquisitions, S. 123.

319 Siehe u. a. Greve, Management buyouts and LBOs, S. 355.

320 Bezüglich der Inflationsrate als Rahmenbedingung für den LBO siehe Crawford, A management guide to leveraged buyouts, S. 2. Mehrfach zitiert findet man Terrence Greves erläuternde Begründung für den Grenzsteuersatz auf Kapitalgewinne als Rahmenbedingung; vgl. hiezu Greve Management buyouts und LBOs, S. 348. Zur Praxis der Mindestreservenpolitik der Federal Reserve siehe Samuelson, Nordhaus, Economics, S. 236 ff.

321 Rudolf Stahl, ABD Securities, anlässlich eines Interviews am 30.5.1990 in New York. Diesen Zusammenhang verdeutlichen auch Abb. 3-01 sowie Abb. 3-09 bzw. Abb. 3-10.

322 Inflationsrate gemessen an der jährlichen Veränderung des Consumer Price Index (CPI), Short-Term Rate gemessen an Zinssätzen für Kredite mit einer Laufzeit von 4-6 Monaten (31.12. des jeweiligen Jahres). Quelle: Federal Reserve, Washington D. C.

323 Im Detail vgl. Diamond, Leveraged buyouts, S. 7.

324 Siehe Oborne, Gearing up for takeovers, S. 27.

325 Vgl. Melcher, Storming a british blue chip, S. 13. Zum Fortgang der Transaktion siehe auch Melcher et al., Now no european company is safe, S. 14 ff.

326 Auch andere versuchten sich schon in der Beschreibung der diffizilen BAT-Transaktion, so z. B. die M & A-Autoren Rolf Behrens und Reiner Merkel; den Kern der Sache jedoch verfehlten sie weit. Obiges Zitat aus Melcher, Storming a british blue chip, S. 13.

327 Behrens, Merkel, Mergers & Acquisitions, S. 44.

328 Für die mathematische Rechtfertigung des Leverageeffekts siehe Spremann, Investition und Finanzierung, S. 281 ff. Anschauliche Beispiele in Weston, Brigham, Essentials of managerial finance, S. 290 ff.

329 Natürlich kann eine Gruppenteilung auch anhand der potentiellen Verkäufer vorgenommen werden; z. B. Privately Held Firms, Divestitures und Publicly Held Firms. Siehe dazu den ausgezeichneten Beitrag von Anderson, Defining the game board, S. 13. Zur Rechtfertigung der von mir verwendeten Klassifizierung siehe u. a. Caytas, Mahari, Im Banne des Investment Banking, S. 213 ff.

330 Weitere Anforderungen siehe Veltins, Leveraged buyout - eine amerikanische Variante des Unternehmenskaufs, S. 3.

331 Vgl. Weston Brigham, Essentials of managerial finance, S. 92 ff und S. 412 ff, Slusser, Riggs, Payment modes and acquisition currencies, S. 203 bzw. Huemer, Unternehmensübernahmen - Mergers & Acquisitions, S. 181 f.

332 Siehe Diamond, Leveraged buyouts, S. 45 f.

333 Die angelsächsische Literatur spricht in diesem Zusammenhang von Horizontal Financing Layers on the Postacquisition Liability Side of the Target Company's Balance Sheet. Vgl. dazu u. a. Dabney, Asset-based financing, S. 394 ff.

334 Quelle: u. a. Greve, Management buyouts and LBOs, S. 349.

335 Ähnlich Achleitner, Vom Manager zum Unternehmer - Amerikanischer Modetrend oder Leitbild für Europa, S. 99.

336 Zitiert in Hite, Owers, The restructuring of corporate America: An overview, S. 426.

337 In der LBO-Literatur wird die Finanzierung durch zukünftige Cash-Flow-Ströme besicherte Darlehen auch als (Unsecured) Cash Flow Leveraged Buyout bezeichnet.

338 Quelle: Diamond, Leveraged buyouts, S. 50.

339 Huemer, Unternehmensübernahmen - Mergers & Acquisitions, S. 184.

340 Zur Besicherung siehe Reed, The art of M & A: A merger & acquisition buyout guide, S. 87 sowie die Ausführungen später in diesem Abschnitt. Zu den Kapitalkosten vgl. Caytas, Mahari, Im Banne des Investment Banking, S. 207 sowie Reed, The art of M & A: A merger & acquisition buyout guide, S. 116.

341 Siehe u. a. Pichler, Finanzierungsmöglichkeiten in Österreich, S. 2.

342 Vgl. Dahm, Aggressive Übernahmen in Sicht, S. 36, Lakonishok, Leveraged buyouts, S. 10 sowie Reed, The art of M & A: A merger & acquisition buyout guide, S. 186.

343 Siehe Michel, Shaked, The complete guide to a successful leveraged buyout, S. 245.

344 Reed, The art of M & A: A merger & acquisition buyout guide, S. 98.

345 Vgl. Crawford, A management guide to leveraged buyouts, S. 49.

346 Siehe z. B. Lakonishok, Leveraged buyouts, S. 11, Diamond, Leveraged buyouts, S. 47 oder Huemer, Unternehmensübernahmen - Mergers & Acquisitions, S. 184.

347 Z. B. Rudolf Stahl, ABD Securities, New York (Interview am 30.5.1990), David Rochester, Financial Strategy Group, Washington D. C. (Interview am 31.5.1990), Catherine Kozlow, Capital Resources Inc., Washington D. C. (Interview am 31.5.1990), Jake Driedger, Royal Bank of Canada, Toronto (Interview am 4.6.1990) sowie Susan Monteith, Wood Gundy, Toronto (Interview am 5.6.1990).

348 S & P definiert Anleihen der BBB-Qualität wie folgt: Angemessene Fähigkeit zur Zahlung von Zinsen und Tilgung. Ungünstige wirtschaftliche Bedingungen oder sich ändernde Verhältnisse führen wahrscheinlich zu schwächerer Fähigkeit des Zins- und Tilgungsdienstes. Vgl. dazu Vogel, Finanzmarktanalyse, S. 21.

349 Quelle: Fleuriet, Mergers and acquisitions, S. 12.

350 Siehe dazu Seiler, Schickedanz, Hebelwirkungen auf Kredit, S. 59, Brancato, Leveraged buyouts and the pot of the gold, S. 104, Caytas, Mahari, Im Banne des Investment Banking, S. 208 sowie Reed, The art of M & A: A merger & acquisition buyout guide, S. 162 f.

351 Auch bundesstaatliche Pensionsfonds, zum Beispiel der Iowa state pension fund, erfreuen sich gerne zweistelliger Renditen. Im Detail vgl. Economist, Taking the strain of America's leverage, S. 81. Die Geburtsstunde industrieller Pensionsfonds war 1950, als der damalige Präsident von GM, Charles Wilson, der United Automobile Workers Union zum Zwecke der Altersvorsorge die Einrichtung eines Pension Fund für die Mitarbeiter von General Motors vorschlug. Heute gibt es in den USA über 50000 Pensionsfonds, die über ein geschätztes Anlagevermögen von ca. 300 Mrd. $ verfügen.

352 Huemer, Unternehmensübernahmen - Mergers & Acquisitions, S. 199.

353 Siehe Canning, Seeking financing: The role of the venture capitalist, S. 76.

354 Vgl. Dahm, Aggressive Übernahmen in Sicht, S. 36 sowie Lakonishok, Leveraged buyouts, S. 11

355 Vgl. z. B. Caytas, Mahari, Im Banne des Investment Banking, S. 209.

356 Huemer, Unternehmensübernahmen - Mergers & Acquisitions, S. 154 f.

357 Betrachtungszeitraum: 1980-1985, n. a. = not available. Quelle: Jensen, Warner, The distribution of power among corporate managers, shareholders and directors.

358 Im Detail siehe Canning, Seeking financing: The role of the venture capitalist, S. 87.

359 Rudolf Stahl anlässlich eines Gespräches am 30.5.1990 in New York.

360 Section 101 des Uniform Limited Partnership Act.

361 Huemer, Unternehmensübernahmen - Mergers & Acquisitions, S. 193.

362 Hoeber, Contemporary business law, S. 917.

363 Im Detail vgl. Caronia, Seeking financing: The unsecured leveraged buyout, S. 63 bzw. Reed, The art of M & A: A merger & acquisition buyout guide, S. 166 f.

364 Siehe dazu Bressmer, Moser, Sertl, Vorbereitung und Abwicklung der Übernahme von Unternehmen, S. 169 ff.

365 Analyse in Wall Street Report, Goldesel gesucht: Woher stammen die Gewinne beim Leveraged Buyout?, S. 11.

366 3i Investors in Industry Plc., die von der Bank von England und grossen britischen Banken getragen wird, hat sich bisher an 750 MBOs beteiligt und hält insgesamt Minderheitsbeteiligungen an über 4000 Firmen. Zitat in Batchelor, Taking action to cut free, S. 1.

367 Umfrage unter 11 amerikanischen und kanadischen Investment Bankern im Mai und Juni 1990 bzw. im Juni und Juli 1991.

368 Vgl. z. B. Weston, Brigham, Essentials of managerial finance, S. 534 ff oder Reed, The art of M & A: A merger & acquisition buyout guide, S. 87.

369 Diamond, Leveraged buyouts, S. 51.

370 Medianwerte für 1989 und 1990 bzw. durchschnittlicher Medianwert für 1989-1990.

371 Für die USA repräsentative Studie durchgeführt von Leonard Caronia, Vice President der First National Bank of Chicago. Quelle: Caronia, Seeking financing: The unsecured leveraged buyout, S. 63.

372 0,72 Mio. DM ÷ 2 = 0,36 Mio. DM x 5 = 1,8 Mio. DM.

373 4,7 Mio. DM plus 0,5 Mio. DM zusätzliche Aktiva = 5,2 Mio. DM minus 2,8 Mio. DM konventionelles Darlehen minus 1,8 Mio. DM nachrangiges Darlehen minus 0,1 Mio. DM Eigenkapital = 0,5 Mio. DM.

374 1 Mio. DM Gewinn minus 0,28 Mio. DM Zinsaufwendungen für konventionelles Darlehen minus 0,36 Mio. DM Zinsaufwendungen für nachrangiges Darlehen = 0,36 Mio. DM x 9 = 3,24 Mio. DM.

375 3,24 Mio. DM Wert des Targets nach 4 Jahren minus 2,531 Mio. DM Wert des Eigenkapitals instutioneller Investoren = 0,709 Mio. DM. Der Einfachheit halber wurde bei diesem Beispiel angenommen, dass einerseits die Sponsoren keine Eigenkapitalstellung im Rahmen des Mezzanine Financing einnehmen und andererseits sämtliche Ausleihungen erst nach Ablauf der Laufzeit zurückgezahlt werden. Zum Beispiel siehe Allen, Hodgkinson, Buying a business, S. 83 ff.

376 Gesamtkapitalisierung = Summe Fremdkapital plus Summe Eigenkapital, Debt/Equity-Ratio = Verschuldungsgrad = Verhältnis von Fremdkapital zu Eigenkapital. Quelle: New York Times, 3.7.1984, S. D 6 (Auszug, geringfügig modifiziert).

377 Quellen: Goldman Sachs, New York, Thompson, Trends in management buyouts, S. 11 sowie Länderbank, Mergers & acquisitions, S. 3.

378 Quellen: Goldman Sachs, New York, Dobrzynski, There is still life in the old LBO, S. 45, Thompson, Trends in management buyouts, S. 11 sowie Länderbank, Mergers & acquisitions, S. 3.

379 Je mehr als 1 Mrd. $.

380 Quellen: Venture Economics Inc., Buyouts, 11.1.1989, Doyle, Ammidon, The anatomy of a leveraged buyout: Profile, process, capitalization, and implications, S. 6

f, Kaletsky, Financial danger is the essence (Auszug), Behrens, Merkel, Mergers & Acquisitions, S. 24 f sowie Lang, Fusionen und Übernahmen weltweit, S. 8.

381 Greenwald, Where is the limit?, S. 40. Zur Chronologie der Ereignisse siehe auch Beelitz, M & A in den USA - Der Prozess und die Player, S. 121 ff.

382 Siehe Littich, Arten und Erscheinungsformen der Mezzanin-Finanzierung, S. 2.

383 Behrens, Merkel, Mergers & Acquisitions, S. 43.

384 Siehe dazu im besonderen Bressmer, Moser, Sertl, Vorbereitung und Abwicklung der Übernahme von Unternehmen, S. 130 ff und S. 163 f.

385 Quelle: Diamond, Leveraged buyouts, S. 3.

386 Diskussion sowie Graphik vgl. Greenwald, Where is the limit?, S. 44.

387 Siehe dazu Behrens, Merkel, Mergers & Acquisitions, S. 41.

388 Vgl. Speck, Übernahmen in den USA, Europa, Japan: 3 Kontinente - 3 Philosophien, S. 241.

389 Quelle: Lowenstein, Junk gets junkier, and they may explain bonds´ current ills.

390 Quelle: Huemer, Unternehmensübernahmen - Mergers & Acquisitions, S. 202.

391 George Roberts in Crawford, A management guide to leveraged buyouts, S. 12.

392 Franco Modigliani zitiert in Brancato, Leveraged buyouts and the pot of the gold, S. 207.

393 Naisbitt, Megatrends, S. 184.

394 Zitat aus Crawford, A management guide to leveraged buyouts, S. 12.

395 ± = Vor- und Nachteile. Lerbinger, Unternehmensakquisition durch Leveraged Buyout, S. 140 f.

396 Im Detail vgl. Moschner, Leveraged Buyout, S. 174 f.

397 Am 10.5.1990 in Wien.

398 Siehe Moschner, ESOP-LBO, S. 311.

399 Vgl. auch Thompson, Trends in management buyouts, S. 13.

400 Siehe Odgers, Employee share ownership - its time has come, S. 57.

401 Dazu Emich, Mitarbeiterbeteiligung: Ich, das Unternehmen, S. 70.

402 Günter Grehl in einem Interview am 15.5.1990 in Frankfurt.

403 Vgl. Schuchert, The art of the ESOP-LBO, S. 96.

404 Im Detail siehe Moschner, ESOP-LBO, S. 312. Ausführliche Beschreibung auch in Gilbert, Financing the leveraged buyout through the acquired assets, S. 12 f.

405 Detaillierte Analyse vgl. u. a. Euromoney, Management buyouts, S. 61 ff.

406 Andrew Horsfield, Westdeutsche Landesbank, bei einem Interview am 9.5.1990 in Wien.

407 Siehe Loughhead, Zuhören lernen - und zuhören, um zu lernen, S. 77 f.

408 Vgl. dazu insbesondere auch Odgers, Employee share ownership - its time has come, S. 58 f.

409 Dazu Moschner, Management Buyout III - Verbreitung und Bedeutung, S. 72.

410 Moschner, Management Buyout I, S. 1108. Weitergehende Argumentation siehe z. B. Thompson, Trends in management buyouts, S. 5.

411 Z. B. Behrens, Merkel, Mergers & Acquisitions, S. 72.

412 Vgl. Schwarzbichler, Mergers & Acquisitions, S. 16.

413 Näheres über die Finanzierung dieser Transaktion siehe in Behrens, Merkel, Mergers & Acquisitions, S. 126 f.

414 Im Detail siehe Moschner, Management Buyout I, S. 1108.
415 Knight, Privatisierung in Grossbritannien, S. 106.
416 Im Detail siehe Kühhas, Privatisierungen: Das Golden-Share-Prinzip, S. 122 sowie Oberleitner, Rechtliche Probleme der Reprivatisierung, S. 3.
417 Unter Hybrids definieren manche Autor gemischtwirtschaftliche Unternehmen. Siehe dazu z. B. Abromeit, Privatisierung in Grossbritannien - ihre Ziele, ihre Ergebnisse, S. 111 oder Schneider, Schmatzer, Privatisierung in Grossbritannien: Eine Fallstudie, S. 124.
418 Quellen: HM Treasury, Privatization in the United Kingdom, Benkhoff, Privatisierungen in Europa I/Grossbritannien, Der Unternehmer, 5/1985, S. 17 sowie Der Standard, 14.11.1989, S. 19.
419 Financial Times, 16.9.1987.
420 Verglichen wird die prozentuelle Veränderung zwischen dem Tag der Emission und dem 22.3.1988.
421 Keith Meadows, Vorstandsdirektor von DPCE - eines der ersten britischen MBO-Targets, zitiert in Anslow, Faster growth for buyout managers.
422 Zitiert in Wright, Coyne, Management buyouts, 3.
423 Vgl. Moschner, Management Buyout I, S. 1110.
424 Adam Lessing, Vorstandsdirektor der GZ-Investitionsberatung AG, in einem Interview am 10.5.1990 in Wien.
425 Stichprobe = 2806 MBOs, also ca. 89 % aller durchgeführten Management Buyouts.
426 Quelle: O'Neill, Sellars, Putting the deal together, S. 96.
427 Longstreth, Fairness of management buyouts needs evaluation, S. 15.
428 Stein, Going private is unethical, S. 65.
429 Zur dargestellten Problematik vgl. Jensen, Eclipse of the public corporation, S. 71, Kaplan, Sources of value in management buyouts, S. 99 sowie Huemer, Unternehmensübernahmen - Mergers & Acquisitions, S. 216.
430 Weiteres Konfliktpotential siehe Wright, Coyne, Management buyouts, S. 14 f.
431 Ein von Erich Schwarzbichler im Rahmen eines M & A-Seminars am 6.3.1990 in Wien präsentierter Anforderungskatalog.
432 T. Boone Pickens, Gründer der texanischen Mesa Petroleum, zitiert in Law, Ein Unternehmen ist mehr als sein Börsenwert, S. 113.
433 Moschner nennt diese Form der Beteiligung Ratchets. Vgl. dazu Moschner, Management Buyout II - Beteiligte und Strategien, S. 1222.
434 Siehe Schwarzbichler, Mergers & Acquisitions, S. 97 ff.
435 Quelle: Centre for Management Buyout Research, Nottingham.
436 Quelle: Wright, Coyne, Management buyouts, S. 34.
437 Vgl. Moschner, Management Buyout II - Beteiligte und Strategien, S. 1222.
438 Quelle: Centre for Management Buyout Research, Nottingham.
439 Quelle: Centre for Management Buyout Research, Nottingham.
440 Günter Grehl in einem Interview am 15.5.1990 in Frankfurt.
441 Vgl. Behrens, Merkel, Mergers & Acquisitions, S. 117 f und S. 131.
442 Ähnlich Müller, Übernahmefinanzierung, S. 175.

443 Albert Bürkler, stellvertretender Direktor der Bank Leu, über die Sinnhaftigkeit des nachrangigen Fremdkapitals (Interview am 21.5.1990 in Zürich).

444 Das Jahresergebnis nach Kreditzinsen wurde bereits mit Steuerersparnis saldiert. Quelle: Schwarzbichler, Mergers & Acquisitions, S. 110 f.

445 Quelle: Centre for Management Buyout Research, Nottingham.

446 Quellen: MMG Patricof Group, London sowie Centre for Management Buyout Research, Nottingham.

447 Rangordnung nach Anzahl der Deals; laut Centre for Management Buyout Research, Nottingham.

448 Quellen: Ploner, Manager kaufen ihre Firma, S. 58, Euromoney, Management buyouts, S. 129 f sowie Moschner, Management Buyout III - Verbreitung und Bedeutung, S. 75.

449 Quelle: Centre for Management Buyout Research, Nottingham.

450 Quelle: Centre for Management Buyout Research, Nottingham.

451 Thomas Matzen, Geschäftsführer der Henry Schroder Unternehmensberatung Hamburg, bei einer MBO-Tagung im Mai 1989 im Wiener Intercontinental.

452 Quelle: Schano, Management Buyout: Sein eigener Herr, S. 100.

453 Details in Wright, The MBO-industry in Britain, S. 10 ff.

454 Vgl. Moschner, Management Buyout II - Beteiligte und Strategien, S. 1224.

Junk Bonds & Insider Trading

455 Näheres in Eckhardt, In the moody´s, S. 77.

456 Caytas, Mahari, Im Banne des Investment Banking, S. 189.

457 Vgl. Hector, Junk after Milken, S. 79 ff.

458 Edward Altman, Professor für Finanzierungsfragen an der New York University und wohl bekanntester Autor der umfangreichen Junk-Bond-Literatur spricht in diesem Zusammenhang von Fast-buck Corporate Raiders.

459 Siehe Littich, Arten und Erscheinungsformen der Mezzanin-Finanzierung, S. 5, Fridson, Jones, Wal, The anatomy of the high yield debt market: 1988 update, S. 14 f, Huemer, Unternehmensübernahmen - Mergers & Acquisitions, S. 190 f sowie Köppl, Geld richtig anlegen, S. 351.

460 Umfrage unter 11 amerikanischen und kanadischen Investment Bankern im Mai und Juni 1990, ob das rapide Wachstum der Junk-Bond-Emissionen Wurzel oder Funktion des LBO-Marktes war.

461 Herman, Lowenstein, The efficiency effects of hostile takeovers, S. 216.

462 Siehe Brancato, Leveraged buyouts and the pot of the gold, S. 24.

463 Vgl. Brooks, Mezzanine financing - the development of a high yield security market in Europe, S. 66 f.

464 Melcher, Having a perfectly dreadful time in London, S. 19.

465 Details siehe Standard & Poor´s Corp., Corporate downgrades set record. Ähnliche Ergebnisse bietet auch Moody´s Inc., Rating changes and debt offerings.

466 Standard & Poor´s Corp., Standard & Poor´s Bond Guide, S. 10.

467 Betrachtungszeitpunkt Mitte Mai 1987. Quelle: Mulhare, Junk bond market's resiliency.

468 Moody's Investor Service, Moody's Bond Record, S. 1.

469 Quellen: Oppenheimer, New York sowie Altman, The anatomy of the high-yield debt market, S. 2.

470 Ursprünglich niedrig eingestufte Anleihen können eine Höherbewertung bis in den Investment-Grade-Bereich erfahren. Solche Bonds werden als Rising Stars oder High Yield Bonds bezeichnet. Nur jene Anleihen, die vom Investment-Grade in den Sub-Investment-Grade-Bereich heruntergestuft werden, bezeichnet man als Fallen Angels oder Junk Bonds. Im übrigen habe ich aus verständlichen Gründen auf diese lediglich von Drexel Burnham verwendete Terminologiedifferenzierung verzichtet. Zur erwähnten Studie siehe im Detail Altman, Nammacher, Investing in junk bonds, S. 31 ff.

471 Quelle: Altman, Nammacher, Investing in junk bonds, S. 30.

472 Näheres in Ollard, There are still gold nuggets in junk, S. 100.

473 Vgl. Altman, The anatomy of the high-yield debt market.

474 Daten zur Verfügung gestellt von Oppenheimer, New York.

475 Über die Spezifika des jüngsten Emissionsaufschwunges siehe Stahl, High Yield oder Junk? Der US-Markt für hochverzinsliche und risikoreiche Unternehmungsanleihen, S. 1070.

476 Daten zur Verfügung gestellt von Oppenheimer, New York bzw. Goldman Sachs, New York.

477 Joseph Bencivenga, Research Director bei Salomon Brothers, spricht in einem Interview mit Leah Spiro von 8 % bis November 1990; vgl. Spiro, For junk, the nightmare is far from over, S. 78. Daten zur Verfügung gestellt von Goldman Sachs, New York bzw. Oppenheimer, New York.

478 Telefonische Umfrage unter 11 amerikanischen und kanadischen Investment Bankern im Juni und Juli 1991.

479 MBS = Mortgage-backed Securities, ABS = Asset-backed Securities. Quelle: Goldman Sachs, New York.

480 Quellen: Goldman Sachs, New York, Oppenheimer, New York, Altman, The anatomy of the high-yield debt market sowie Farrell, Melcher, Grover, Why junkbond investors are losing sleep, S. 47.

481 Vgl. Caytas, Mahari, Im Banne des Investment Banking, S. 192 f.

482 Nach Huemer ermitteln traditionelle Studien die Ausfallraten aus diesem Quotienten. Siehe Huemer, Unternehmensübernahmen - Mergers & Acquisitions, S. 107.

483 Quellen: Standard & Poor's Corp., Standard & Poor's Bond Guide und Moody's Investor Service, Moody's Bond Record (jeweils jährliche Juliausgaben).

484 Im Detail vgl. First Boston Corp., High yield handbook.

485 Zum Fall Texaco siehe Schuster, Hohes Risiko - hohe Rendite, S. 2 sowie Altman, Measuring corporate bond mortality.

486 Section 1104 und Section 1107 des Bankruptcy Reform Act of 1978 (as amended in 1984). Für eine ausführliche Interpretation des Chapter 11 siehe Hoeber et al., Contemporary business law, S. 634 ff.

487 Quelle: Altman, Measuring corporate bond mortality.

488 Caytas, Mahari, Im Banne des Investment Banking, S. 193.

489 Huemer, Unternehmensübernahmen - Mergers & Acquisitions, S. 110. Das Mortalitätsraten-Konzept von Edward Altman trägt diesen Unzulänglichkeiten Rechnung; eine weitergehende Behandlung der Frage würde aber den Rahmen dieser Arbeit sprengen.

490 Vgl. Der Standard, 13.2.1991, S. 18.

491 Quellen: Standard & Poor´s Corp., Standard & Poor´s Bond Guide und Moody´s Investor Service, Moody´s Bond Record, Altman, Measuring corporate bond mortality sowie eigene Berechnungen: Da der Durschnittswert der Default-Raten in den Jahren 1985-1988 - wie oben angegeben - 3,1 % und die Default-Raten der Jahre 1985-1987 1,68 %, 3,39 % bzw. 5,12 % betrugen, erhält man für 1988 eine Rate von 2,21 %.

492 Die drei letztgenannten Portfolios beziehen sich auf die bereits erwähnten S & P´s-Kategorien. Quelle: Altman, Nammacher, Investing in junk bonds, S. 28.

493 Für das Jahr 1986 siehe Details in Farrell, Melcher, Grover, Why junk-bond investors are losing sleep, S. 47, für den Zeitraum 1988 bis 1989 vgl. Light, Nathans, Corporate America wants out from under its junk pile, S. 45.

494 Quelle: Stahl, High Yield oder Junk? Der US-Markt für hochverzinsliche und risikoreiche Unternehmungsanleihen, S. 1072.

495 Entnommen aus Jensen, Takeovers: Their causes and consequences, S. 37.

496 Vgl. Altman, Measuring corporate bond mortality.

497 Quellen: Altman, The anatomy of the high-yield debt market sowie Drexel Burnham Lambert Inc., 1987.

498 Quelle: Investment Dealers´ Digest, 7.1.1991, S. 24.

499 Anzahl der Emissionen von 1978 bis 1985; NR = nonrated sector. Quelle: Altman, Nammacher, Investing in junk bonds, S. 48 (Auszug).

500 Quelle: Caytas, Mahari, Im Banne des Investment Banking, S. 195.

501 Quelle: Goldman Sachs, New York.

502 Anlässlich eines Interviews am 5.6.1990 in Toronto.

503 Siehe Ernst, Sind Junk Bonds nur noch Ramsch?, S. 23.

504 Quellen: Dobrzynski, The glory days of mergers & acquisitions are over, S. 52 sowie Merrill Lynch, Chicago. Finanztheoretisch müsste nach den bereits im Jahre 1958 von Franco Modigliani und Merton Miller (Nobelpreisträger für Wirtschaftswissenschaften 1985 bzw. 1990) veröffentlichten Studien der Wert einer Firma von ihrer jeweiligen Kapitalstruktur unabhängig sein. Investoren würden schon deshalb kein Aufgeld für eine Aufstockung des Firmenkapitals durch Fremdmittel zu zahlen bereit sein, da sie stets ihre eigenen Anteile durch aufgenommene Kredite aufstocken könnten. Vgl. Modigliani, Miller, The costs of capital, corporate finance and the theory of investment, S. 261 ff.

505 Quelle: International Herald Tribune, Personal investing, S. 11.

506 Auch diese Gesetzesgrundlage konnte erst aufgrund einer umfangreichen und klärenden Gerichtspraxis zu den zahlreichen unbestimmten Rechtsbegriffen effektiv eingesetzt werden. Interpretationen des Supreme Court waren z. B.: »... insiders by their actions should maximize stockholders wealth ... a personal gain based on inside information implies a loss to the stockholders ... insiders have a duty to dis-

close or abstain from trading based on the relationship of trust and confidence between them and the stockholders.« Im Detail siehe Bloch, Inside investment banking, S. 184 ff.

507 Siehe dazu die ausgezeichnete Levine-Biographie von Douglas Frantz, Mr. Diamond - Der Insider-Skandal von Wall Street.

508 Jake Driedger, Vice President der Royal Bank of Canada, bei einem Interview am 4.6.1990 in Toronto.

509 Denke ich an meine Ausbildungszeit in den USA zurück, so verbleibt mir als Erinnerung an diesen Kurs lediglich das Gelächter der Studenten.

510 Felix Rohatyn in der New York Review of Books, 12.3.1987.

511 Ivan Boesky hat nach eigenen Angaben 1986 5,3 Mio. $ an Drexel Burnham Lambert geleistet und damit die Investmentbank dafür entlohnt, dass sie seine Aktienpakete verschiedener Unternehmen im eigenen Namen »parkte«, um über den wahren Eigentümer hinwegzutäuschen.

512 Zur Geschichte Michael Milkens siehe Rudnitsky et al., A one-man revolution, S. 34 ff, Galen, Welles, A verdict that Mike Milken hopes is no warm-up, S. 22, weiters Grubelnik, Aufstieg und Fall des Michael Milken, S. 86 ff, Cash Flow, Fünfhundert Jahre Haft, S. 68, Igler, Der gefallene Engel, S. 93 ff sowie Der Standard, Der tiefe Fall des Junk-Bond-Königs, S. 21. Zum Urteilsspruch siehe Pfäffle, Zehn Jahre Haft für Michael Milken, S. 19, Galen, Welles, Milken is taking the fall for a decade of greed, S. 26 sowie Roberts, Milken´s sentence will serve as a deterrent, S. 7.

513 Edwin Wydler in einem Interview am 21.5.1990 in Zürich.

514 Quelle: Drexel Burnham Lambert Inc., 1989.

515 Siehe Finanz und Wirtschaft, US-Brokerindustrie in der Krise, S. 1, Pfäffle, Drexels Wall-Street-Imperium zerfällt, S.19, Der Standard, 16.2.1990, S. 24 sowie Behrens, Merkel, Mergers & Acquisitions, S. 20 und S. 52.

516 Edwin Wydler, Nordfinanz Bank Zürich, Ende Februar 1990 im Schweizer Fernsehen DRS. Nach Schweizer Recht wäre diese Handlung ab sechs Monate vor dem Konkurs unzulässig (Albert Bürkler, stellvertretender Direktor der Bank Leu, in einem Interview am 21.5.1990 in Zürich).

517 Nähere Einzelheiten vgl. Finanz und Wirtschaft, Fairplay in London, S. 13, Tettamanti, Takeover: Ein kulturelles, staatspolitisches, wirtschaftliches und rechtliches Problem aus der Sicht eines Unternehmers, S. 103 sowie Caytas, Mahari, Im Banne des Investment Banking, S. 87 f.

518 Zum Panel on Takeovers and Mergers siehe unter »Erwerb eigener Aktien« Kapitel »Der internationale Unternehmenskauf«, Abschnitt »Attacken, Offert- und Abwehrstrategien«. Quelle: Stock Exchange, London.

519 Siehe Frankfurter Wertpapierbörse, Insider-Regeln, S. 4 f.

520 Peter Schulze in einem Interview am 16.5.1990 in Frankfurt.

521 Caytas, Mahari, Im Banne des Investment Banking, S. 88.

522 Zu den Rechtsfragen liegt ein umfassendes Werk von Niklaus Schmid, Schweizer Spezialist in Wirtschaftsstrafsachen, vor. Siehe dazu Schmid, Schweizerisches Insider-Strafrecht. Einen Kurzeinstieg in die Insider-Problematik vermittelt auch eine von Peter Forstmoser verfasste und von der Bank Vontobel herausgegebene Bro-

schüre - vgl. Forstmoser, Das neue schweizerische Insider-Recht. Zum nachfolgenden Beitrag siehe Schuppli, Jaeggi, Es wird kein Insider-Kontrollapparat aufgebaut, S. 13.

523 Siehe u. a. Die Presse, Auch London involviert, S. 10 sowie Der Standard, Erster Schweizer Insiderfall könnte auf London und BRD übergreifen, S. 13.

524 Albert Bürkler in einem Gespräch am 21.5.1990 in Zürich.

525 Samuelson, Nordhaus, Economics, S. 253.

Going Public

526 Händel, Die Finanzierung von Eigenkapital in der Bundesrepublik Deutschland, S. 40.

527 Quellen: Deutsche Bundesbank, Frankfurt sowie Händel, Die Finanzierung von Eigenkapital in der Bundesrepublik Deutschland, S. 62.

528 Angaben für 1988 (BRD) und 1985 (USA, Grossbritannien). Quellen: Wilhelm, Manager unter Druck, S. 112 sowie Händel, Die Finanzierung von Eigenkapital in der Bundesrepublik Deutschland, S. 66.

529 Quellen: Aktienforum, Wien sowie Arbeitskreis Aktie e. V., Düsseldorf.

530 Siehe u. a. EffectInvest Bank, Going Public für Wachstumsunternehmen - Ein Leitfaden zur Börseneinführung für Unternehmen, S.18 ff, weiters Edelmann, Der Gang von Unternehmen an die Börse: Innovative Unternehmensfinanzierung über den Kapitalmarkt, S. 3 ff.

531 EffectInvest Bank, Going Public für Wachstumsunternehmen - Ein Leitfaden zur Börseneinführung für Unternehmen, S. 20.

532 Michael Briem, Vorstandsdirektor der EffectInvest Bank AG, anlässlich eines Interviews am 3.5.1990 in Wien. Im übrigen wurde dieser Tatbestand in Kapitel »Buyouts«, Abschnitt »Leveraged Buyouts« schon hinreichend dokumentiert.

533 Cutik, Going Public in der Bundesrepublik Deutschand, S. 75 f.

534 In einem Interview am 2.5.1990 in Wien.

535 Präsentiert von Gerhard Edelmann, LB-Capital Markets, bei einem Vortrag über Going Public am 6.3.1990 in Wien.

536 Vgl. Spillmann, Die Buyout-Barone machen Kasse, S. 25.

537 Privat veranlagte Aktien aus Neuemissionen und Kapitalerhöhungen zum Kurswert (= Initial Public Offerings and Secondary Offerings). Quellen: Fédération Internationale des Bourses de Valeurs, Paris sowie Arbeitskreis Aktie e. V., Düsseldorf.

538 Marktkapitalisierung jeweils zum 31.12., n. v. = nicht verfügbar. Quelle: Edelmann, Der Gang von Unternehmen an die Börse: Innovative Unternehmensfinanzierung über den Kapitalmarkt, S. 21 f.

539 Zum Beispiel Cutik, Going Public in der Bundesrepublik Deutschland, S. 74 oder Blättchen, Die Börseneinführung als spezieller Fall des Unternehmensverkaufs, S. 304.

540 Briem, Going Public für Wachstumsunternehmen, S. 6.

541 Siehe §§ 13-32 (Prospektinhalt im allgemeinen) und §§ 33-42 (Prospektinhalt in Sonderfällen) der Börsenzulassungsverordnung. Nachzulesen in Frankfurter Wertpapierbörse, Börsenzulassungsverordnung, S. 11 ff sowie S. 26 ff.

542 Vgl. EffectInvest Bank, Going Public für Wachstumsunternehmen - Ein Leitfaden zur Börseneinführung für Unternehmen, S. 35.

543 Die verschiedenen Interessenlagen werden in der Literatur mehrfach dokumentiert. Siehe z. B. Cutik, Going Public in der Bundesrepublik Deutschland, S. 78 f.

544 Gerhard Edelmann, LB-Capital Markets, bei einem Vortrag über Going Public am 6.3.1990 im Wiener Marriott.

545 Quelle: Fleuriet, Kienast, Comment et à quel prix vendre son entreprise, S. 96.

546 Abszisse in beliebigen Zeiteinheiten. Quelle: Briem, Going Public für Wachstumsunternehmen, S. 19.

547 Einzelne Verfahren vgl. EffectInvest Bank, Going Public für Wachstumsunternehmen - Ein Leitfaden zur Börseneinführung für Unternehmen, S. 45.

548 Blättchen, Die Börseneinführung als spezieller Fall des Unternehmensverkaufs, S. 314.

549 Siehe Cutik, Going Public in der Bundesrepublik Deutschland, S. 77.

550 Insgesamt entfielen vom Placierungserlös deutscher Unternehmen der Jahre 1983-1987 66 % auf Umplacierungen zwischen Alt- und Neuaktionären und 34 % auf Kapitalerhöhungen. Vgl. Herdt, Padberg, Walther, Handbuch der Neuemissionen, S. 88.

551 Quelle: Blättchen, Die Börseneinführung als spezieller Fall des Unternehmensverkaufs, S. 316 f (Auszug).

6.2. Literatur

In das Verzeichnis wurden nur solche Titel aufgenommen, die auch im Text Verwendung gefunden haben.

ABROMEIT, Privatisierung in Grossbritannien - ihre Ziele, ihre Ergebnisse, in: Gemeinwirtschaft, Band 1, Wien, 1987.

ACHLEITNER, Vom Manager zum Unternehmer - Amerikanischer Modetrend oder Leitbild für Europa, in: Eschenbach, Österreichischer Controllertag 1988, Wien, 1988.

ALLEN, HODGKINSON, Buying a business, London, 1987.

ALTMAN, The anatomy of the high-yield debt market, Morgan Stanley, 4/1987.

ALTMAN, Measuring corporate bond mortality, in: Journal of Finance, 9/1989.

ALTMAN, NAMMACHER, Investing in junk bonds, New York, 1987.

ANDERSON, Defining the game board, in: Diamond, Leveraged buyouts, Homewood, Illinois, 1985.

ANDREWS, ROOK, Merging for profit, Grossbritannien, 1978.

ANSLOW, Faster growth for buyout managers, in: Your Business, 7/1984.

ANSOFF ET AL., Does planning pay? The effect of acquisitions in American firms, in: Long Range Planning, 12/1970.

AUDRETSCH, Conglomerate mergers and the life-cycle hypothesis, Berlin, 1986.

AUGSTEIN, Der grosse Alexanderzug, in: Der Spiegel, 10.6.1991.

BACHINGER ET AL., Grundriss der österreichischen Sozial- und Wirtschaftsgeschichte von 1848 bis zur Gegenwart, Wien, 1989.

BÄR, Firmenübernahmen - deren Finanzierung und finanzielle Abwehr, in: Siegwart et al., Meilensteine im Management, Band 1, Stuttgart, 1990.

BARRON´S dictionary of finance and investment terms, Barron´s Educational Series Inc., New York, 1987.

BATCHELOR, Taking action to cut free, in: Financial Times, 14.10.1987.

BEELITZ, M & A in den USA - Der Prozess und die Player, in: Siegwart et al., Meilensteine im Management, Band 1, Stuttgart, 1990.

BEHRENS, MERKEL, Mergers & Acquisitions, Stuttgart, 1990.

BEISEL, KLUMPP, Der Unternehmenskauf, München, 1985.

BENKHOFF, Privatisierungen in Europa I/Grossbritannien, in: Handelsblatt, 23.3.1988.

BERGHOF, Corporate structure as a mechanism of control: A comparision of financial systems, Harvard Law School, 1988.

BEROLZHEIMER, The financial and emotional sides of selling your company, in: Harvard Business Review, 1-2/1980.

BIGGADIKE, The risky business of diversification, in: Harvard Business Review, 5-6/1979.

BIRD, CAMMANN, Shark Repellant - Unerwünschte Übernahme- und Beteiligungsversuche, in: Siegwart et al., Meilensteine im Management, Band 1, Stuttgart, 1990.

BLÄTTCHEN, Die Börseneinführung als spezieller Fall des Unternehmensverkaufs, in: Siegwart et al., Meilensteine im Management, Band 1, Stuttgart, 1990.

BLOCH, Inside investment banking, Homewood, Illinois, 1989.

BOESCH, Weltgeschichte vom Beginn des 18. Jahrhunderts bis 1914, Zürich, 1980.

BOESKY, Merger mania, New York, 1985.

BÖRSEN-KURIER, Kredit kontra Aktie, 22.6.1989.

BRADLEY, KORN, Acquisitionand corporate development, Toronto, 1982.

BRANCATO, Leveraged buyouts and the pot of the gold, Washington D. C., 1989.

BRAND, Partnersuche auf dem Markt für Unternehmungen, in: Brand, Kauf und Verkauf von Unternehmen, Zürich, 1986.

BREALEY, MYERS, Principles of corporate finance, New York, 1981.

BREENE, COLEY, Adding value through diversification, in: McKinsey Quaterly, 4/1984.

BRESS, Tough new kid on the block, in: Forbes, 2.10.1989.

BRESSMER, MOSER, SERTL, Vorbereitung und Abwicklung der Übernahme von Unternehmen, Stuttgart, 1989.

BRIEM, Going Public für Wachstumsunternehmen, Post Graduate Services, Wien, 1990.

BROOKS, Mezzanine financing - the development of a high yield security market in Europe, in: Bühler et al., Investment Banking, Wien, 1989.

BRUPPACHER, Unternehmensverkauf als strategischer Erfolgsfaktor, in: Siegwart et al., Meilensteine im Management, Band 1, Stuttgart, 1990.

BUDERI ET AL., The brakes go on in R & D, in: Business Week, 1.7.1991.

BURGHAGEN, Investment-Banking im Europa der neunziger Jahre, in: Bühler et al., Investment Banking, Wien, 1989.

BÜRKLER, Die Finanzierung von Firmenakquisitionen, in: Brand, Kauf und Verkauf von Unternehmen, Zürich, 1986.

BUSINESS MONITOR, MQ7.

BUSINESS WEEK, The raiders, 4.3.1985.

BUSINESS WEEK, ESOPs: Revolution or ripoff?, 15.4.1985.

BUSINESS WEEK, Who'll be the next to fall?, 1.12.1986.

BUZZELL, Bringt vertikale Integration Vorteile?, in: Harvard Manager, Produktion, Band 1.

BUZZELL, GALE, The PIMS principles, New York, 1987.

CANNING, Seeking financing: The role of the venture capitalist, in: Diamond, Leveraged buyouts, Homewood, Illinois, 1985.

CARONIA, Seeking financing: The unsecured leveraged buyout, in: Diamond, Leveraged buyouts, Homewood, Illinois, 1985.

CASH FLOW, Fünfhundert Jahre Haft, 5/1989.

CAYTAS, MAHARI, Im Banne des Investment Banking, Stuttgart, 1988.

COLEY, REINTON, The hunt for value, in: McKinsey Quaterly, 1/1988.

COOKE, Mergers & acquisitions, Oxford, 1988.

COOKE, International mergers & acquisitions, Oxford, 1988.

COOKE, GLYNN, Taxation implications of companies purchasing their own shares, in: Accounting and Business Research, 5/1983.

CORNELL, SHAPIRO, Financing corporate growth, in: Journal of Applied Corporate Finance, 3/1988.

CRABBE, Fending off unwelcome attentions, in: Euromoney, 2/1989.

CRAIG, Geschichte Europas 1815-1980, München, 1984.

CRAWFORD, A management guide to leveraged buyouts, New York, 1987.

CUTIK, Going Public in der Bundesrepublik Deutschand, in: Swoboda et al., Aktienemissionen, Wien, 1988.

DABNEY, Asset-based financing, in: Rock, Mergers & acquisitions handbook, New York, 1987.

DAHM, Aggressive Übernahmen in Sicht, in: Frankfurter Allgemeine Zeitung, 23.5.1989.

DAL MOLIN, Sicherung der Synergie nach Übernahme von Unternehmen, in: Brand, Kauf und Verkauf von Unternehmen, Zürich, 1986.

DEANGELO, RICE, Antitakeover charter amendments and stockholder wealth, in: Journal of Financial Economics, 11/1983.

DECKER, Dienstleistungsbetriebe, in: Grochla, Handwörterbuch der Betriebswirtschaft.

DER STANDARD, Der tiefe Fall des Junk-Bond-Königs, 31.3.1989.

DER STANDARD, Erster Schweizer Insiderfall könnte auf London und BRD übergreifen, 6.7.1989.

DER STANDARD, 14.11.1989.

DER STANDARD, 16.2.1990.

DER STANDARD, 13.2.1991.

DER UNTERNEHMER, 5/1985.

DIAMOND, Leveraged buyouts, Homewood, Illinois, 1985.

DIE PRESSE, Auch London involviert, 6.7.1989.

DITFURTH, Wir sind nicht nur von dieser Welt, München, 1990.

DOBRZYNSKI, There is still life in the old LBO, in: Business Week, 21.1.1991.

DOBRZYNSKI, The glory days of mergers & acquisitions are over, in: Business Week, 28.1.1991.

DOYLE, AMMIDON, The anatomy of a leveraged buyout: Profile, process, capitalization, and implications, Salomon Brothers, 1/1989.

DREXEL BURNHAM LAMBERT INC., 1987, 1989.

DUNST, Portfolio-Management: Konzeption für die strategische Unternehmensplanung, Berlin, 1983.

DWYER, GARNER, Finding more than a finder, in: Rock, Mergers & acquisitions handbook, New York, 1987.

EARL, FISHER, International mergers and acquisitions, Euromoney Publication, London, 1986.

ECKHARDT, In the moody's, in: Option, 6/1991.

ECONOMIST, New chart for the fleet, 20.4.1985.

ECONOMIST, The wasteful games of America's corporate raiders, 1.6.1985.

ECONOMIST, Taking the strain of America's leverage, 5.11.1988.

EDELMANN, Der Gang von Unternehmen an die Börse: Innovative Unternehmensfinanzierung über den Kapitalmarkt, Österreichische Akademie für Führungskräfte, Graz, 1990.

EFFECTINVEST BANK, Going Public für Wachstumsunternehmen - Ein Leitfaden zur Börseneinführung für Unternehmen, EffectInvest Bank AG, Wien, 1989.

EMICH, Mitarbeiterbeteiligung: Ich, das Unternehmen, in: Cash Flow, 4/1989.

EMMERICH, KRONZUCKER, Das amerikanische Jahrhundert, Düsseldorf, 1989.

ENGEL, BOYD, How to buy stocks, New York, 1983.

ERNST, Sind Junk Bonds nur noch Ramsch?, in: Finanz und Wirtschaft, 17.2.1990.

EUROMONEY, 2/1986.

EUROMONEY, Management buyouts, Euromoney Publication, London, 1988.

FARMBROUGH, Acquisitions - Failing to create value for acquiree shareholders, in: Acquisitions Monthly.

FARRELL, MELCHER, GROVER, Why junk-bond investors are losing sleep, in: Business Week, 13.10.1986.

FEDERAL TRADE COMMISSION, Statistical report on mergers and acquisitions, 1977.

FEUCHTMÜLLER, Investment-Banking - Neue Herausforderungen für die neunziger Jahre, in: Bühler et al., Investment Banking, Wien, 1989.

FINANCIAL TIMES, 22.11.1984.

FINANCIAL TIMES, 16.9.1987.

FINANZ UND WIRTSCHAFT, US-Brokerindustrie in der Krise, 7.3.1990.

FINANZ UND WIRTSCHAFT, Fairplay in London, 24.4.1991.

FINANZ UND WIRTSCHAFT, 11.5.1991.

FINANZ UND WIRTSCHAFT, 29.6.1991.

FIRST BOSTON CORP., High yield handbook, New York, 1988.

FLEURIET, Mergers and acquisitions, HEC, Paris, 1989.

FLEURIET, KIENAST, Comment et à quel prix vendre son entreprise, in: Usine Nouvelle, 1987.

FORSTMOSER, Das neue schweizerische Insider-Recht, Bank J. Vontobel, Zürich, 1988.

FORTUNE, What we learned from the great merger frenzy, 24.4.1973.

FORTUNE, Have US-takeovers gone too far?, 27.5.1985.

FORTUNE, What's next for the raiders?, 11.11.1985.

FORTUNE, Crook of the year, 5.1.1987.

FORTUNE, Top 50, 1986-1989 (jeweilige Jänner- bzw. Februarausgabe).

FRANKFURTER ALLGEMEINE ZEITUNG, 30.12.1988.

FRANKFURTER WERTPAPIERBÖRSE, Insider-Regeln, Frankfurt, 1989.

FRANKFURTER WERTPAPIERBÖRSE, Börsenzulassungsverordnung, Frankfurt, 1990.

FRANTZ, Mr. Diamond - Der Insider-Skandal von Wall Street, München, 1988.

FREUND, Merger negotiations, in: Rock, Mergers & acquisitions handbook, New York, 1987.

FRIDSON, JONES, WAL, The anatomy of the high yield debt market: 1988 update, Morgan Stanley, 2/1989.

FUCHS, Übernahme von Unternehmen als ein Instrument praktischer Unternehmenspolitik, in: Siegwart et al., Meilensteine im Management, Band 1, Stuttgart, 1990.

GALBRAITH, Die Entmythologisierung der Wirtschaft, München, 1990.

GALEN, WELLES, A verdict that Mike Milken hopes is no warm-up, in: Business Week, 14.8.1989.

GALEN, WELLES, Milken is taking the fall for a decade of greed, in: Business Week, 10.12.1990.

GÄLWEILER, Strategische Unternehmensführung, Frankfurt, 1987.

GENEEN, Manager müssen managen, Landsberg am Lech, 1985.

GILBERT, Financing the leveraged buyout through the acquired assets, in: Harvard Business Review, 7-8/1978.

GOLDMAN SACHS, Internationale Mergers und Acquisitions, 1990.

GOLDSMITH, The hostile takeover, in: Wall Street Journal, 11.2.1985.

GREENWALD, Where is the limit?, in: Time, 5.12.1988.

GREVE, Management buyouts and LBOs, in: Rock, Mergers & acquisitions handbook, New York, 1987.

GRUBELNIK, Aufstieg undFall des Michael Milken, in: Cash Flow, 11/1988.

GUINIVEN, FISHER, Akquisitionen - Strategische oder finanzielle Ziele?, in: Harvard Manager, 1/1987.

GUMPERT, Selling your company - additional perspectives, in: Harvard Business Review, 5-6/1980.

HAMERMESH ET AL., Strategies for low market share businesses, in: Harvard Business Review, 5-6/1978.

HÄNDEL, Die Finanzierung von Eigenkapital in der Bundesrepublik Deutschland, in: Swoboda et al., Aktienemissionen, Wien, 1988.

HANDELSBLATT, 16.11.1987.

HANDELSBLATT, 30.6.1988.

HANDELSBLATT, 29.12.1989.

HAUPTFACHAUSSCHUSS DES INSTITUTS DER WIRTSCHAFTS PRÜFER IN DEUTSCHLAND EV, Grundsätze, HFA, 2/1983.

HAYES, The transformation of investment banking, in: Harvard Business Review, 1-2/1979.

HAYES, SPENCE, MARKS, Competition in the investment banking industry, Harvard University Press, Cambridge, Massachusetts, 1983.

HAZEN, Venture-capital financing, in: Williamson, Investment Banking Handbook, New York, 1988.

HECTOR, Junk after Milken, in: Fortune, 6.11.1989.

HEDLEY, Strategy and the business portfolio, in: Long Range Planning, 2/1977.

HEINHOLD, Grundfragen der Bilanzierung, München, 1987.

HENDERSON, The experience curve - reviewed, IV - the growth share matrix or the product portfolio, The Boston Consulting Group Inc., 1973.

HENDERSON, Die Erfahrungskurve in der Unternehmensstrategie, Frankfurt, 1984.

HERDT, PADBERG, WALTHER, Handbuch der Neuemissionen.

HERMAN, LOWENSTEIN, The efficiency effects of hostile takeovers, in: Coffee, Lowenstein, Rose-Ackerman, Knights, raiders & targets: The impact of the hostile takeover, Oxford, 1988.

HERZ, Broker and finder agreements, in: Rock, Mergers & acquisitions handbook, New York, 1987.

HERZEL, SCHMIDT, SEC is probing double pac-man takeover defense, in: Legal Times, 18.4.1983.

HERZEL, SCHMIDT, Shareholders can benefit from sale of crown jewels, in: Legal Times, 24.10.1983.

HIMMELFREUNDPOINTNER, Die Yuppies von Wien, in: Trend, 4/1988.

HIRZEL ET AL., Das Management von Synergien, Frankfurt, 1989.

HITE, OWERS, The restructuring of corporate America: An overview, in: Stern, Chew, The revolution in corporate finance, New York, 1986.

HM TREASURY, Privatization in the United Kingdom, London, 1987.

HODDER, RIGGS, Fallstricke bei der Bewertung riskanter Objekte, in: Harvard Manager, Investition und Finanzierung, Band 1.

HOEBER ET AL., Contemporary business law, New York, 1986.

HORNGREN, SUNDEM, Introduction to financial accounting, London, 1990.

HOVERS, Wachstum durch Firmenkauf und Zusammenschluss, München, 1973.

HUEMER, Unternehmensübernahmen - Mergers & Acquisitions, Wirtschaftsuniversität Wien, 1990.

IGLER, Der gefallene Engel, in: Cash Flow, 4/1990.

INSTITUTIONAL INVESTOR, 3/1986.

INSTITUTIONAL INVESTOR, 4/1991.

INTERNATIONAL HERALD TRIBUNE, Personal investing, 11.11.1985.

INTERNATIONAL HERALD TRIBUNE, SEC warns on poison pill defense, 30.10.1986.

INTERNATIONAL HERALD TRIBUNE, Boesky inquiry said to widen to takeover blocs, 11.11.1986.

INTERNATIONAL HERALD TRIBUNE, The balloning of corporate debt, 12.1.1987.

INTERNATIONAL HERALD TRIBUNE, Ex-trader for Kidder pleads guilty, 14.2.1987.

INTERNATIONAL HERALD TRIBUNE, US ruling aides states'efforts to curb takeovers, 23.4.1987.

INVESTMENT DEALERS' DIGEST, 7.1.1991.

JACOBS, Strategische Akquisitionen - Von der Vision zur erfolgreichen Durchführung, in: Siegwart et al., Meilensteine im Management, Band 1, Stuttgart, 1990.

JANSER, Verhandlungsstrategie und Kaufvertragsgestaltung, in: Brand, Kauf und Verkauf von Unternehmen, Zürich, 1986.

JAUCH, GLUECK, Business policy and strategic management, New York, 1988.

JENSEN, Takeovers: Folklore and science, in: Harvard Business Review, 11-12/1984.

JENSEN, Takeovers: Their causes and consequences, in: The Journal of Economic Perspectives, 4/1988.

JENSEN, Eclipse of the public corporation, in: Harvard Business Review, 9-10/1989.

JENSEN, WARNER, The distribution of power among corporate managers, shareholders and directors, in: Journal of Financial Economics, 20/1988.

JOHANNSEN, MÜLLER, Mit 14 Milliarden Dollar im Minus, in: Cash Flow, 3/1990.

JOHNSON, Merger defence in the UK, in: Euromoney Corporate Finance, 7/1985.

KALETSKY, Financial danger is the essence, in: Financial Times, 28.9.1988.

KAPLAN, Sources of value in management buyouts, in: Amihud, Leveraged management buyouts, New York, 1989.

KARDINER, PREBLE, Wegbereiter der modernen Anthropologie, Frankfurt, 1974.

KASTNER, Grundriss des österreichischen Gesellschaftsrechts, Wien, 1983.

KELLER, Homo Oeconomicus vs. Homo Psycho-Politicus beim Kauf/Verkauf von Unternehmungen, in: Siegwart et al., Meilensteine im Management, Band 1, Stuttgart, 1990.

KENNEDY, Aufstieg und Fall der grossen Mächte, Frankfurt, 1989.

KITCHING, Why do mergers miscarry?, in: Harvard Business Review, 11-12/1967.

KITCHING, Winning and losing with European acquisitions, in: Harvard Business Review, 3/1974.

KITCHING, Why acquisitions are abortive, in: Management Today, 11/1974.

KITCHING, Track record in transborder takeover, in: Acquisitions Monthly, 2/1988.

KNIGHT, Privatisierung in Grossbritannien, in: Swoboda et al., Aktienemissionen, Wien, 1988.

KOEPP, For sale: America, in: Time, 14.9.1987.

KOGLER, Mergers & acquisitions in the USA, Wirtschaftsuniversität Wien, 1987.

KONZELMANN, Öl - Schicksal der Menschheit?, Stuttgart, 1976.

KÖPPL, Geld richtig anlegen, Wien, 1989.

KORBER, Bewertung ganzer Unternehmen, Servicebetriebe der Wirtschaftsuniversität Wien, 1988.

KOUTSOYIANNIS, Non-price decisions, London, 1982.

KRÄUTLI, Beratung und Vermittlung beim Kauf und Verkauf von Unternehmen, in: Brand, Kauf und Verkauf von Unternehmen, Zürich, 1986.

KREILKAMP, Strategisches Management und Marketing, Berlin, 1987.

KRÜGER, Die Banken in Amerika, in: Zeitschrift für das gesamte Kreditwesen, 14/1987.

KÜHHAS, Der Coca-Cola-Trick: Kaufe eigene Aktien!, in: Gewinn, 5/1988.

KÜHHAS, Privatisierungen: Das Golden-Share-Prinzip, in: Gewinn, 12/1988.

LADERMAN ET AL., Goodwill is making a lot of people angry, in: Business Week, 31.7.1989.

LAHODYNSKY, EG-Minister beschlossen Banken-Liberalisierung, in: Die Presse, 21.6.1989.

LAKONISHOK, Leveraged buyouts, Cornell University, New York, 1987.

LAMPARTER, Je grösser, desto träger, in: Management Wissen, 1/1989.

LÄNDERBANK, Mergers & acquisitions, Wien, 1990.

LANG, Fusionen und Übernahmen weltweit, in: Arbeiterkammer Wien, Fusionen und Übernahmen, Wien, 1989.

LAW, Ein Unternehmen ist mehr als sein Börsenwert, in: Harvard Manager, Investition und Finanzierung, Band 1.

LEONARD, Intermac, in: Rock, Mergers & acquisitions handbook, New York, 1987.

LERBINGER, Unternehmensakquisition durch Leveraged Buyout, in: Die Bank, 3/1986.

LIGHT, NATHANS, Corporate America wants out from under its junk pile, in: Business Week, 21.8.1989.

LIPPMANN, Analyse der Stärken und Schwächen von Unternehmen, in: Brand, Kauf und Verkauf von Unternehmen, Zürich, 1986.

LIPTON, LESSER, Defending against corporate takeovers, New York, 1982.

LISS, Fundamentals to count, Salomon Brothers Inc., 30.4.1984.

LISS, The issue of capital adequacy, Salomon Brothers Inc., 10.4.1987.

LITTICH, Arten und Erscheinungsformen der Mezzanin-Finanzierung, Girozentrale und Bank der österreichischen Sparkassen, Wien, 1989.

LONGSTRETH, Fairness of management buyouts needs evaluation, in: Legal Times, 16.10.1983.

LOON, Buyout Kings, in: Fortune, 4.7.1988.

LORANGE, KOTLARCHUK, SINGH, Corporate acquisitions: A strategic perspective, in: Rock, Mergers & acquisitions handbook, New York, 1987.

LORENZ, Über die Wahrheit der Abstammungslehre, in: Naturwissenschaft und Medizin, 1/1964.

LOUGHHEAD, Zuhören lernen - und zuhören, um zu lernen, in: Schüssel, Mitarbeiterbeteiligung, Wien, 1988.

LOWENSTEIN, Junk gets junkier, and they may explain bonds' current ills, in: Wall Street Journal, 3.11.1989.

M & A-ALMANAC & INDEX, 1988.

MAUCHER, Akquisitionen als Bestandteil einer globalen Marketing-Strategie eines multinationalen Unternehmens, in: Siegwart et al., Meilensteine im Management, Band 1, Stuttgart, 1990.

MCANALLY, The Bendix-Martin Marietta takeover and stockholder returns, Massachusetts Institute of Technology, 1983.

MELCHER, Storming a british blue chip, in: Business Week, 24.7.1989.

MELCHER ET AL., Now no european company is safe, in: Business Week, 31.7.1989.

MELCHER, Having a perfectly dreadful time in London, in: Business Week, 22.7.1991.

MENGHETTI, Unternehmensbewertung in Theorie und Praxis, in: Brand, Kauf und Verkauf von Unternehmen, Zürich, 1986.

MERRILL LYNCH, Mergerstat Review, 1984.

MICHEL, SHAKED, The complete guide to a successful leveraged buyout, Homewood, 1988.

MODIGLIANI, MILLER, The costs of capital, corporate finance and the theory of investment, in: American Economic Review, 6/1958.

MÖLLER, Der Erfolg von Unternehmenszusammenschlüssen, empirische Untersuchung, München, 1983.

MOLOD, Forms and paperwork, in: Rock, Mergers & acquisitions handbook, New York, 1987.

MOODY'S INC., Rating changes and debt offerings, Moody's Bond Survey, 27.1.1986.

MOODY'S INVESTOR SERVICE, Moody's Bond Record, 1/1984.

MORGAN GRENFELL, Global mergers and acquisitions handbook, London, 1989.

MORGAN GRENFELL, Leitfaden zum Unternehmensverkauf, Berlin, 1989.

MOSCHNER, Mergers and acquisitions I, in: Österreichisches Bankarchiv, 6/1988.

MOSCHNER, Mergers and aquisitions II, in: Österreichisches Bankarchiv, 7/1988.

MOSCHNER, Organisatorische Eingliederung des M & A-Geschäfts in Österreich, in: Österreichisches Bankarchiv, 9/1988.

MOSCHNER, Management Buyout I, in: Österreichisches Bankarchiv, 11/1988.

MOSCHNER, Management Buyout II - Beteiligte und Strategien, in: Österreichisches Bankarchiv, 12/1988.

MOSCHNER, Management Buyout III - Verbreitung und Bedeutung, in: Österreichisches Bankarchiv, 1/1989.

MOSCHNER, Leveraged Buyout, in: Österreichisches Bankarchiv, 2/1989.

MOSCHNER, ESOP-LBO, in: Österreichisches Bankarchiv, 3/1989.

MOSCHNER, Huppmann, Kauf und Verkauf von Unternehmen, Österreichische Akademie für Führungskräfte, Graz, 1989.

MOSER, Topritzhofer, Investition und Finanzierung, Servicebetriebe der Wirtschaftsuniversität Wien, 1988.

MOXTER, Die Geschäftswertbilanzierung in der Rechtsprechung des Bundesfinanzhofes und nach EG-Bilanzrecht, in: Der Betriebsberater, 1979.

MOXTER, Grundsätze ordnungsmässiger Unternehmensbewertung, Frankfurt, 1983.

MULHARE, Junk bond market's resiliency, in: Standard & Poor's Credit Review, 15.6.1987.

MÜLLER, Übernahmefinanzierung, in: Siegwart et al., Meilensteine im Management, Band 1, Stuttgart, 1990.

MÜNSTERMANN, Wert und Bewertung der Unternehmung, Wiesbaden, 1966.

MUZIK, Monopoly um Europa, in: Goldener Trend, 11/1990.

NAISBITT, Megatrends, München, 1982.

NAKLADAL, Wall Street in Vienna, in: Profil, 29.5.1989.

NATHAN, Taking out takeover insurance, in: Rock, Mergers & acquisitions handbook, New York, 1987.

NESTLE, Jahresbericht 1989, Vevey, 1990.

NEUE ZÜRCHER ZEITUNG, 11.8.1987.

NEUE ZÜRCHER ZEITUNG, 24.9.1987.

NEW YORK TIMES, 19.3.1984.

NEW YORK TIMES, 3.7.1984.

OBERLEITNER, Rechtliche Probleme der Reprivatisierung, Wirtschaftsuniversität Wien, 1986.

OBORNE, Gearing up for takeovers, in: Acquisitions Monthly, 11/1988.

ODGERS, Employee share ownership - its time has come, in: Acquisitions Monthly, 9/1988.

OLENZAK, RUDDOCK, The internal aquisition team, in: Rock, Mergers & acquisitions handbook, New York, 1987.

OLLARD, There are still gold nuggets in junk, in: Euromoney, 2/1987.

O'NEILL, SELLARS, Putting the deal together, in: Euromoney, Management buyouts, Euromoney Publication, London, 1988.

PAINE WEBBER, Merger and aquisition data base, 1980-1984.

PETERSON, A Wall Street perspective of restructuring: An analysis of the past; some directions for the future, The Business Council Spring Meeting, 5/1989.

PFÄFFLE, Übernahmekosten bedrohen den technischen Vorsprung der USA, in: Der Standard, 29.1.1990.

PFÄFFLE, Drexels Wall Street-Imperium zerfällt, in: Der Standard, 15.2.1990.

PFÄFFLE, Zehn Jahre Haft für Michael Milken, in: Der Standard, 22.11.1990.

PICHLER, Finanzierungsmöglichkeiten in Österreich, in: Chase Manhattan Bank, Management Buyouts in Österreich, Wien, 1989.

PLANNING & RESEARCH SYSTEMS, The M & A-handbook: West Germany, London, 1987.

PLESSOW, Je grösser - desto effizienter? Auch die zunehmenden Management Buyouts sprechen deutlich dagegen, in: Siegwart et al., Meilensteine im Management, Band 1, Stuttgart, 1990.

PLONER, Manager kaufen ihre Firma, in: Gewinn, 10/1988.

PORTER, Wettbewerbsstrategie, Frankfurt, 1983.

PORTER, Wettbewerbsvorteile, Frankfurt, 1986.

PRAIS, The evolution of giant firms in Britain, Cambridge University Press, Cambridge, 1981.

PRESCHANY, SCHÄFER, Der Geregelte Markt - Kapitalmarktoffensive für den Mittelstand?, in: Siegwart et al., Meilensteine im Management, Band 1, Stuttgart, 1990.

PURSCHE, Building better bids, in: McKinsey Quaterly, 2/1989.

RAPPAPORT, Creating shareholder value, New York, 1986.

RAPPAPORT, Discounted cash flow valuation, in: Rock, Mergers & acquisitions handbook, New York, 1987.

REED, The art of M & A: A merger & acquisition buyout guide, Homewood, 1989.

REITZNER, Fusionskontrolle - ein Instrument der Wirtschaftspolitik, in: Wirtschaft und Gesellschaft, 3/1989.

ROBERTS, Milken's sentence will serve as a deterrent, in: Business Week, 17.12.1990.

ROBERTSON, Golden rules of M & A-financing, in: Rock, Mergers & acquisitions handbook, New York, 1987.

RUBEL, Guide to selling a business, Wellesley Hills, 1977.

RUDNITSKY ET AL., A one-man revolution, in: Forbes, 25.8.1986.

RUMELT, Strategy, structure, and economic performance, Harvard University, Boston, 1974.

RUMELT, Diversification - Strategy and performance, in: Strategic Management Journal, 3/1982.

SALTER, WEINHOLD, Diversification via acquisition: creating value, in: Harvard Business Review, 7-8/1978.

SALTER, WEINHOLD, Diversification through acquisition, New York, 1979.

SALTER, WEINHOLD, Choosing compatible acquisitions, in: Harvard Business Review, 1-2/1981.

SAMUELSON, NORDHAUS, Economics, New York, 1989.

SAUL, Hostile takeovers: What should be done?, in: Harvard Business Review, 9-10/1985.

SCHANO, Management Buyout: Sein eigener Herr, in: Trend Extra, 12/1988.

SCHERER, Industrial market structure and economic performance, 1980.

SCHERER ET AL., The economics of multi-plant operation: An international comparisons study, Harvard University Press, Cambridge, Massachusetts, 1975.

SCHIPPER, SMITH, The corporate spin-off phenomenon, in: Stern, Chew, The revolution in corporate finance, New York, 1986.

SCHMID, Schweizerisches Insider-Strafrecht, Bern, 1988.

SCHNEIDER-GÄDICKE, Zukunft des Investment Banking in der Bundesrepublik Deutschland, in: Bernd Rudolph, Kapitalmarktanalyse, Frankfurt, 1987.

SCHNEIDER, SCHMATZER, Privatisierung in Grossbritannien: Eine Fallstudie, in: Schneider, Hofreither, Privatisierung und Deregulierung in Westeuropa, Wien, 1990.

SCHRÖDER, Europa 1992 - Eine unternehmerische Herausforderung, in: Siegwart et al., Meilensteine im Management, Band 1, Stuttgart, 1990.

SCHUCHERT, The art of the ESOP-LBO, in: Diamond, Leveraged buyouts, Homewood, Illinois, 1985.

SCHUMPETER, Depressions, in: The Economics of the recovery program, New York, 1934.

SCHUPPLI, JAEGGI, Es wirdkein Insider-Kontrollapparat aufgebaut, in: Finanz und Wirtschaft, 12.11.1988.

SCHUSTER, Hohes Risiko - hohe Rendite, in: Die Presse, 2.6.1989.

SCHWARZBICHLER, Mergers & Acquisitions, Österreichische Akademie für Führungskräfte, Graz, 1990.

SCHWEIZERISCHER BANKVEREIN, Handbuch der Schweizer Aktien.

SEC, The securities industry in 1981, Washington D. C., 1982.

SEILER, SCHICKEDANZ, Hebelwirkungen auf Kredit, in: Option, 12/1988.

SHARPE, Portfolio theory and capital markets, New York, 1970.

SHEELINE, Do not be afraid of the big, bad market, in: Fortune, 9.4.1990.

SHELTON, The role of strategic business fits in creating gains to acquisitions, Harvard University, Boston, 1985.

SIEGWART, MAHARI, CAYTAS, RUMPF, Unternehmen als Ware?, in: Siegwart et al., Meilensteine im Management, Band 1, Stuttgart, 1990.

SIGERIST, Vernetzung der Finanzplätze, in: Bilanz, 7/1987.

SIGLOCH, Fusion als Wachstumsalternative, München, 1971.

SIKORA, Defensive tactics, in: Rock, Mergers & acquisitions handbook, New York, 1987.

SINGH ET AL., Corporate acquisition strategies and economic performance, in: Strategic Management Journal, 8/1987.

SLUSSER, RIGGS, Payment modes and acquisition currencies, in: Rock, Mergers & acquisitions handbook, New York, 1987.

SMITH, An inquiry into the nature and causes of wealth of nations, Oxford, 1976.

SPECK, Übernahmen in den USA, Europa, Japan: 3 Kontinente - 3 Philosophien, in: Siegwart et al., Meilensteine im Management, Band 1, Stuttgart, 1990.

SPENCER, Einleitung in das Studium der Soziologie, Leipzig, 1875.

SPENCER, Social statics, New York, 1865.

SPILLMANN, Die Buyout-Barone machen Kasse, in: Finanz und Wirtschaft, 29.6.1991.

SPIRO, For junk, the nightmare is far from over, in: Business Week, 31.12.1990.

SPREMANN, Investition und Finanzierung, München, 1990.

STAHL, High Yield oder Junk? Der US-Markt für hochverzinsliche und risikoreiche Unternehmungsanleihen, in: Österreichisches Bankarchiv, 11/1988.

STANDARD & POOR'S CORP., Standard & Poor's Bond Guide, Juli 1985.

STANDARD & POOR'S CORP., Corporate downgrades set record, Standard & Poor's Credit Week, 16.1.1986.

STECKMEISTER, Die gegenwärtige Zusammenschlusswelle in den USA und ihre Ursachen, in: Wirtschaft und Wettbewerb, 5/1986.

STEIN, Going private is unethical, in: Fortune, 11/1985.

STEINER, Mergers: Motives, effects, control, Ann Arbor, 1975.

STEWART, GLASSMAN, The motives and methods of corporate restructuring: Part II, in: Journal of Applied Corporate Finance, 3/1988.

SÜCHTING, Finanzmanagement, Wiesbaden, 1984.

TAQI, Acquisition strategy in Europe, Genf, 1987.

TETTAMANTI, Takeover: Ein kulturelles, staatspolitisches, wirtschaftliches und rechtliches Problem aus der Sicht eines Unternehmers, in: Siegwart et al., Meilensteine im Management, Band 1, Stuttgart, 1990.

THACKRAY, The commercial bank changelings, in: Euromoney, 6/1985.

THACKRAY, The catchy rhythm of the one-man bank, in: Euromoney, 5/1986.

THE NEW YORK REVIEW OF BOOKS, 12.3.1987.

THOMPSON, Trends in management buyouts, in: Euromoney, Management buyouts, Euromoney Publication, London, 1988.

TREICHL, Leveraged Buyouts und ESOPs aus amerikanischer Sicht, in: Schüssel, Mitarbeiterbeteiligung, Wien, 1988.

TURNHEIM, Sanierungsstrategien, Wien, 1988.

VELTINS, Leveraged buyout - eine amerikanische Variante des Unternehmenskaufs, in: Blick durch die Wirtschaft, 13.12.1986.

VENTURE ECONOMICS INC., Buyouts, 11.1.1989.

VERNON, International investment and international trade in the product cycle, in: Quaterly Journal of Economics, 80/1966.

VOGEL, Finanzmarktanalyse, Servicebetriebe der Wirtschaftsuniversität Wien, 1985.

WALL STREET JOURNAL, The four horsemen, 24.9.1982.

WALL STREET REPORT, Goldesel gesucht: Woher stammen die Gewinne beim Leveraged Buyout?, 20.2.1989.

WESTON, The payoff in mergers and acquisitions, in: Rock, Mergers & acquisitions handbook, New York, 1987.

WESTON, BRIGHAM, Essentials of managerial finance, Chicago, 1990.

WHITE, Pulling the golden parachute ripcord, in: Rock, Mergers & acquisitions New York, 1987.

WILHELM, Manager unter Druck, in: Manager Magazin, 5/1991.

WILLIAMSON, The vertical integration of production: Market failure considerations, in: The American Economic Review, 5/1971.

WÖHE, BILSTEIN, Gundzüge der Unternehmensfinanzierung, München, 1986.

WOO, COOPER, Strategies of effective low share businesses, in: Strategic Management Journal, 2/1981.

WRIGHT, The MBO-industry in Britain, in: Euromoney, Management buyouts, Seminar Transcripts, London, 1987.

WRIGHT, COYNE, Management buyouts, London, 1985.

ZIMMERMANN, Was kostet der Goodwill?, in: Finanz und Wirtschaft, 22.10.1988.

ZWEIG, ROE, Computer products: Implements of the craft, in: Rock, Mergers & acquisitions handbook, New York, 1987.

6.3. Abbildungen

6.4. Glossarium

AGIO Prämie, die bei Bezug von Wertpapieren über den Nominalwert hinaus zu entrichten ist. Eine negative Differenz wird als Disagio umschrieben.

AKQUISITION Erwerb eines Unternehmens im allgemeinen. Eingliederung eines gekauften Unternehmens als Tochtergesellschaft im besonderen.

ARBITRAGE Billiger Ankauf von Waren, Wertschriften oder Rechten und meist gleichzeitiger Weiterverkauf zu höherem Preis. Findet als Strategie auf allen organisierten Märkten rege Anwendung. Teilweise extrem kurzfristig orientiertes Vorgehen, das wegen des hohen Kapitalumschlages mit minimalen Margen beträchtliche Gewinne erzielt. Ausnutzung lokaler oder internationaler Kursunterschiede gleicher Werte. Im Zusammenhang mit M & A-Transaktionen spielen Arbitrageure vor allem bei öffentlichen Übernahmeofferten eine entscheidende Rolle, da sie nach Bekanntgabe einer Offerte unter Einschätzung der Erfolgsaussichten erhebliche Aktienpositionen von Einzelaktionären erwerben, die sie dann en bloc dem Erwerber anbieten.

ASSET-BACKED DEALS Asset-backed sind typischerweise all jene Transaktionen, bei denen die (oft unterbewerteten) Aktiva des Übernahmeobjektes die einzige Sicherheit der Finanzierung darstellen.

ASSET STRIPPING Liquidation von Aktiva eines Unternehmens. In letzter Zeit häufig als Synonym für die Aufsplitterung eines Konzerns mit anschliessendem Verkauf in einzelnen Stücken verwendet. Dabei ist oftmals mehr zu erwarten als durch Verkauf der Ganzheit. In dieser Bewertung des Marktes kommt ganz offensichtlich eine negative Synergie zum Ausdruck.

AUSSENFINANZIERUNG Kreditfinanzierung oder Einlagen- bzw. Beteiligungsfinanzierung, also Mittelzufuhr von aussen.

BAD WILL Abzug bei der Bewertung problembeladener Unternehmen, der gegenwärtige und zukünftige Probleme als negative Erfolgsfaktoren diskontiert.

BEZUGSRECHT Anspruch des Aktionärs auf Beibehaltung seiner proportionalen Beteiligung durch Zeichnung neuer Aktien im Zuge einer Kapitalerhöhung in einem von der Hauptversammlung festgelegten Verhältnis. Da der für die Altaktionäre geltende Ausgabepreis der Aktien meist unter dem Börsenkurs liegt, hat das Bezugsrecht einen Vermögenswert, der u. a. davon abhängt, ob alte und neue Aktien völlig gleichgestellt sind.

BOOK VALUE Buchwert einer Aktie bzw. von Unternehmensaktiva. Der Betrag weicht erfahrungsgemäss vom Marktwert zum Teil erheblich ab.

CASH FLOW Zentraler Indikator für die Ertragskraft. Definiert als Gewinn plus nicht liquiditätswirksamer Aufwand minus nicht liquiditätswirksamer Ertrag.

CHAIRMAN OF THE BOARD Verwaltungsrats- bzw. Aufsichtsratsvorsitzender. Personalunion mit dem Chief Executive Officer (CEO) ist aktienrechtlich zulässig.

CHAPTER 11 Kapitel 11 des US-Bankruptcy Code. Jener Abschnitt der bundesrechtlichen Insolvenzordnung, der umfangreiche Vorschriften über Restrukturierung und Reorganisation konkursreifer Unternehmen und über den richterlich genehmigten und überwachten Schulderlass enthält.

CHINESE WALLS Ein von Investmentbanken entwickeltes internes Kontrollsystem, das den Missbrauch von Insider-Informationen und Interessenkonflikten verhindern soll.

CLOSING Abschluss einer Transaktion, bei dem zu einem festgesetzten Zeitpunkt Zug um Zug die Verpflichtungen gegenseitig erfüllt werden.

COLLATERAL Pfandsicherheit zur Gewährleistung einer Schuld.

COMMON STOCK Stammaktie.

CONVERTIBLE BOND Wandelobligation, bei der der Gläubiger unter bestimmten Bedingungen seine Forderungen gegen Anteile (Aktien oder Partizipationsscheine) des Schuldners umtauschen kann. Diese Obligationen weisen meist eine niedrigere Verzinsung als normale Anleihen auf. Eine Wandelprämie, die bei Ausübung des Wandelrechts zu bezahlen ist, trägt den erwarteteten Kurssteigerungen der Aktie nach Ausgabe der Wandelobligation Rechnung.

CORPORATE FINANCE Unternehmensfinanzierung im weiteren Sinn. Sämtliche Massnahmen im Zusammenhang mit der Kapitalbeschaffung, dem Kapitaleinsatz und der Kapitalrückzahlung einer Gesellschaft.

CORPORATE RESTRUCTURING Im Zuge der meisten M & A-Transaktionen unweigerlich folgende Umstrukturierung des erworbenen Objekts. Kostensenkung, Personalabbau, Umgruppierungen, Sanierungsmassnahmen und Verkauf unterbewerteter oder leicht liquidierbarer Aktiva stehen im Vordergrund. Im Anschluss an diese Primärmassnahmen sind dann langfristige Umorientierungen erforderlich, vor allem bei Implementierung einer neuen Führungsstruktur, im Forschungs- und Entwicklungsbereich, bei der Erschliessung neuer Produkte und Märkte sowie bei der Rekrutierung und Förderung qualifizierten Personals.

CREEPING TENDER Spezielle Übernahmestrategie, bei der der Aggressor versucht, an der Börse oder in privaten Transaktionen so viele Aktien wie möglich zu erwerben, bevor er sein öffentliches Kaufangebot an die Aktionäre bekannt gibt.

CROWN JEWELS Stellen meist die interessantesten, d. h. die am meisten unterbewerteten Aktiva der Gesellschaft, insbesondere des Targets, dar.

DEPOTSTIMMEN Bekanntlich sind an europäischen wie auch an amerikanischen Generalversammlungen einerseits Bankiers und institutionelle Investoren, die routiniert und professionell anderer Leute Geldanlagen repräsentieren, und andererseits stimmschwache Querulanten nebst einigen hungrigen Touristen anwesend. Vor diesem Hintergrund spiegelt sich eine suboptimale Rentabilität der meisten Publikumsgesellschaften, da mangels Zeit und Interesse Depotkunden ihre Stimmrechte meistens automatisch auf Vordrucken an ihre Bank abtreten. Mit dieser Manövriermasse wird nun nicht nur Kurs- und Marktpflege betrieben, sondern leider vor allem den Anträgen der Verwaltung gefolgt.

DIRECTOR Verwaltungsrats- bzw. Aufsichtsratsmitglied. Das US-System ähnelt eher der schweizerischen als der deutschen Lösung, da gleichzeitiger Einsitz in Aufsichtsratsgremium und Geschäftsleitung zulässig und verbreitet ist. Verwirrend ist die Tatsache, dass in britischen Verhältnissen der Managing Director - im Gegensatz zum sonstigen Director - ein Mitglied des Vorstandes oder der Geschäftsleitung bezeichnet.

DISKRETIONSERKLÄRUNG Aus der M & A-Vertragspraxis nicht wegzudenkende Klausel, die die Vertraulichkeit von Verhandlungen und Vertragsinhalten schützt. Soweit zulässig oft durch Konventionalstrafen bzw. betriebswirtschaftlich gleich wirkende Mechanismen gesichert.

DUE DILIGENCE Primär juristisches Verfahren der Abklärung unter Anwendung der erforderlichen bzw. gesetzlich oder von der Gerichtspraxis vorgeschriebenen Sorgfaltsstandards. Hauptsächliche Anwendungsbereiche sind vor allem Emissionsprospekte sowie die Erstellung derart vollständiger Dokumentation, dass die prozessuale Behauptung der Fahrlässigkeit, von welcher Seite auch immer, nicht erhoben werden kann. In den USA sind Due Diligence Meetings aufgrund der geltenden SEC-Bestimmungen verpflichtender Bestandteil des Underwriting-Prozesses.

EIGENFINANZIERUNG Finanzierung durch Beteiligungsfinanzierung (Zufuhr von Mitteln an die Gesellschaft durch die bisherigen

Anteilsinhaber oder neue Investoren von Eigenkapital) und Selbstfinanzierung (Zurückbehaltung erzielter Gewinne).

EIGENFINANZIERUNGSGRAD Anteil der eigenen Mittel am Gesamtkapital.

EMISSIONSKONSORTIUM Zusammenschluss von Banken bei Effektenemissionen. Zu unterscheiden sind Übernahmekonsortien (Underwriters), die die gesamte Emission übernehmen und placieren oder in den eigenen Bestand übernehmen, und Placierungskonsortien, welche die Effekten auf Kommissionsbasis übernehmen und zu placieren versuchen.

EQUITY Auf der Passivseite der Bilanz stehender Saldo aus Aktiven minus Fremdkapital, zusammengesetzt aus Aktienkapital, Reserven und Gewinnvortrag; mit anderen Worten haftendes Eigenkapital.

ERTRAGSWERT Summe der auf einen bestimmten Stichtag diskontierten zukünftigen Ertragsüberschüsse.

ESOP Employee Stock Ownership Plan, ein Programm zur kapitalmässigen Beteiligung von Mitarbeitern des Unternehmens. Das US-Recht schreibt im Employment Retirement Income Security Act (ERISA) eine Vielzahl von Auflagen zum Schutz der Mitarbeiterinteressen vor. Der ESOP wird oft dazu verwendet, während einer feindlichen Übernahmeofferte Aktien des Targets zu erwerben, was in den USA rechtlich zulässig ist.

ESOP-LBO Der fremdfinanzierte Kauf eines Unternehmens durch die Gesamtheit oder doch zumindest durch den Grossteil seiner Mitarbeiter.

EXIT Abschichtung der Eigenmittelinvestoren zu einem dem Substanzwert Rechnung tragenden Preis. Dies wird meist über eine Börsenplacierung erreicht, kann aber auch ein Weiterverkauf an Dritte oder ein Rückkauf der Anteile durch die Manager sein. Der Ausstieg erfolgt im allgemeinen in einem Zeitraum von drei bis acht Jahren nach Durchführung der Übernahme.

FALLEN ANGELS Besondere Kategorie von Junk Bonds. Dabei handelt es sich um festverzinsliche Wertpapiere, die ursprünglich zu den Investment Grade Papieren gehörten, aber später wegen finanzieller Schwierigkeiten des Schuldners herabgestuft wurden.

FREIER CASH FLOW Reingewinn plus nicht liquiditätswirksamer Aufwand minus nicht liquiditätswirksamer Ertrag minus Anlageinvestitionen minus Veränderungen Nettoumlaufvermögen.

FREMDFINANZIERUNG Zuführung von Fremdkapital durch Bildung von Rückstellungen oder Darlehensaufnahme.

GENUSSSCHEINE Wertpapiere, die Rechte verschiedener Art, zum Beispiel Anspruch auf einen Anteil am Reingewinn oder am Liquidationserlös des Emittenten verbriefen. Nicht stimmberechtigt, typischerweise nennwertlos. Häufig als Entschädigungsinstrument bei einem Forderungserlass im Zuge einer Sanierung eingesetzt.

GLASS-STEAGALL ACT Mit diesem Bundesgesetz wurde im Jahre 1933 in den USA das Trennbankensystem eingeführt, das heisst die Bankaktivitäten Depositengeschäft und Darlehensvergabe (Kreditbanken) durften nicht mehr von demselben Institut, welche für das Wertpapiergeschäft zuständig ist (Investmentbank), durchgeführt werden.

GOING PUBLIC Publikumsöffnung einer bis dahin nicht börsennotierten Gesellschaft. Börsenkotierung einer Gesellschaft zwecks breiterer Streuung des Anteilsbesitzes.

GOLDEN PARACHUTE Gewährleistung sehr lukrativer Abgangsentschädigungen für oberste Führungskräfte für den Fall, dass ihre Gesellschaft übernommen wird und sie infolgedessen freiwillig oder unfreiwillig ihre Position aufgeben.

GOODWILL Immaterieller Firmenwert (Bekanntheit und Vertrauen bei Geschäftspartnern, Behörden, etc.). Es kann durchaus auch das Gegenteil, einen regelrechten Bad Will geben. Beides ist für die Bewertung nur bei Fortführung des Unternehmens von Belang.

GREENMAIL Rückkauf eigener Aktien durch das Target von einem Raider zu einem überhöhten Spezialpreis, Zug um Zug gegen dessen vertragliche Verpflichtung, seine Übernahmeofferte zurückzuziehen.

HIGH YIELD BONDS Offizielle Bezeichnung für Junk Bonds.

HOSTILE TENDER OFFER Feindliche Übernahmeofferte, bei dem ein Raider an die Aktionäre des Übernahmeobjektes herantritt, ohne das Einverständnis des Managements dieser Gesellschaft zu besitzen.

INHABERAKTIE Auf den Überbringer lautende Aktie, deren Übertragung keinen Eintrag im Aktienbuch voraussetzt und durch einfache physische Übergabe rechtsgültig wird.

INNENFINANZIERUNG Kapital stammt durch Selbstfinanzierung, Umschichtungsfinanzierung oder Rückstellungsfinanzierung aus dem betrieblichen Umsatzprozess.

INSIDER TRADING Marktoperation von Personen, die Zugang zu essentieller, nicht öffentlich zugänglicher Information über Verhältnisse des gegenständlichen Unternehmens besitzen. Begründet zivil- und strafrechtliche Verfolgungsansprüche der geschädigten übrigen Marktteilnehmer sowie des Staates für den Fall, dass die Ausnutzung dieser Informationen für die Transaktion überwiegend kausal ist, wissentlich geschieht und in irgendeiner Weise den Missbrauch einer Vertrauensstellung impliziert.

INSIDER TRADING SANCTIONS ACT Seit 1984 kann die amerikanische Wertpapier- und Börsenaufsichtsbehörde SEC nicht nur den bei Insider-Geschäften erzielten Kursgewinn, sondern zusätzlich das Dreifache dieses Betrages als Busse verlangen.

INTANGIBLES Immaterialgüter, wie Rechte, Patente, Lizenzen, Marken, Goodwill, Kundenbeziehungen.

JUNK BONDS Drittklassige Obligationen, bei denen Zins- und Kapitalrückzahlung unter Umständen zweifelhaft ist und denen deshalb von den massgeblichen Rating-Agenturen die Klassifikation als Investment Quality Paper versagt bleibt. Da diese Titel als hoch spekulativ gelten, liegen die Zinssätze markant höher als bei Wertpapieren mit hoher Bonität.

KAPITALERHÖHUNG Finanzierung der Gesellschaft durch Erhöhung des Aktienkapitals. Die Hauptversammlung legt das Bezugsrecht der Altaktionäre fest oder schliesst es aus. Möglich ist neben einer Bareinlage und der Einbringung von Sachwerten auch die blosse nominelle Kapitalerhöhung durch Ausgabe von Gratisaktien, wobei Reserven in Aktienkapital umgewandelt werden.

KAPITALHERABSETZUNG Entweder es werden liquide Mittel oder andere Vermögenswerte an die Aktionäre nicht als Dividende, sondern gegen Einzug alter Aktien und Ausgabe neuer mit niedrigerem Nennwert, ausgeschüttet; oder es wird durch denselben Aktientausch lediglich eingetretenen Substanzverlust Rechnung getragen (sog. Kapitalschnitt).

KOTIERUNG Zulassung eines Wertpapieres zum Börsenhandel mit täglicher Auflistung der Kurse.

LETTER OF INTENT Typischerweise unverbindlich formulierte Absichtserklärung über ein für den Markt oder auch nur den Transaktionspartner relevantes künftiges Vorgehen.

LEVERAGED BUYOUT Erwerb einer Gesellschaft, dessen Ergebnis ein besonders hoher Verschuldungsgrad ist. Der Kauf erfolgt im wesentlichen fast ohne Eigenmittel, die Aktiva des oft unterbewerteten Übernahmeobjektes dienen als primäre Sicherheit. Typische Methode für den Erwerb von Aktienmehrheiten durch das in aller Regel kapitalschwache Management.

LEVERAGED ESOP Ein ESOP, der Fremdmittel zum Erwerb von Wertschriften verwendet.

LIQUIDATIONSWERT Aktivüberschuss nach Veräusserung sämlicher Unternehmensaktiva und Begleichung aller Verbindlichkeiten sowie der Liquidationskosten und Steuerlasten.

MANAGEMENT BUYOUT Leveraged Buyout, in dem als Käufer das bisherige Management des Targets auftritt.

MERCHANT BANK Britische Bezeichnung für eine Bank, die sich nicht auf Ausleihungen, sondern Finanzdienstleistungen wie Beratung und Koordination von Mergers & Acquisitions, Fremdwährungsgeschäfte, Portfoliomanagement, Factoring, Emissionsgeschäfte und ähnliches spezialisiert.

MERGER Fusion von Unternehmen dergestalt, dass das Übernahmeobjekt seine Rechtspersönlichkeit verliert und vom Übernehmer mit Aktiven und Passiven absorbiert wird, oder durch Integration beider Gesellschaften auf demselben Weg in eine neue Obergesellschaft, diesmal unter doppelten Identitätsverlust.

MEZZANINE FINANCING Zwischenfinanzierung, oder beim Leveraged Buyout die Finanzierung mit nachrangigem Fremdkapital, das sich gewissermassen in einer »Sandwichposition« zwischen konventionellem Fremdkapital und Eigenkapital befindet.

NAMENSAKTIE Auf den Namen einer natürlichen oder juristischen Person lautende Aktie, deren Eigentümer im Aktienbuch der Gesellschaft als Aktionär registriert ist.

NENNWERT Bei Obligationen die Forderungssumme, bei Aktien der Anteil am nominellen Grundkapital.

PAC MAN Eine Defensivstrategie, bei der das ursprüngliche Target seinerseits versucht, den Raider zu übernehmen.

PARKEN VON AKTIENPAKETEN Vertrauensvolle Placierung von Mehrheitspaketen in freundlich gesinnte Hände. Vorzubehalten bleibt, dass Loyalität ein kurzfristig veränderlicher Zustand sein kann. Zudem verlangt das »Parkhaus« für die Dienstleistung einer willfährigen langfristigen Beteiligung oft substantielle Gebühren.

PARTIARISCHES DARLEHEN Darlehen, bei dem der Gläubiger anstelle von Zinsen einen bestimmten Anteil vom Gewinn oder

Umsatz erhält. Das partiarische Darlehen ähnelt der stillen Gesellschaft, wobei Gläubiger und Schuldner aber nicht zu einer echten Gesellschaft zusammengeschlossen sind. Da die Parteien den Vertrag beliebig gestalten und auch Überwachungsrechte des Gläubigers vereinbaren können, ist die Abgrenzung im Einzelfall oft schwierig.

PARTIZIPATIONSSCHEIN Wie die stimmrechtslose Aktie ist der PS für den Anleger Risikokapital, gibt aber seinem Besitzer nicht oder nur sehr beschränkt Anrecht auf die Repräsentanz seiner Interessen. Die Auslieferung der Investoreninteressen an die Verwaltung ist in dieser Konstruktion der Gewinnbeteiligung ohne Mitbestimmung praktisch unbegrenzt.

P/E-RATIO Kurs/Gewinn-Verhältnis (Aktienkurs ÷ Erträge der letzten zwölf Monate).

POISON PILL Ein komplexes Paket von Bezugs- oder anderen Rechten, die im Falle einer Übernahme automatisch und ohne weitere rechtliche Einflussmöglichkeit entweder bestimmten, dem bisherigen Board nahestehenden Kreisen exorbitante Vorteile verschaffen, oder diesen Leuten Wandelrechte auf Aktien des Erwerbers zu einem symbolischen Preis einräumen.

PREFERRED STOCK Vorzugsaktie.

PRESENT VALUE Gegenwartswert. Wert eines zukünftigen Ertrages bzw. Realisationsbetrages, um den geeigneten Kalkulationszinsfuss diskontiert.

PRESIDENT Vorsitzender der Geschäftsleitung bzw. des Vorstandes. Trägt bevorzugt den Titel Chief Executive Officer (CEO).

PROXY BATTLE Kampf zwischen Verwaltungsrat und dissidenten Aktionären um die Einräumung von Vollmachten über die Ausübung der Stimmrechte der neutralen Aktionäre.

Q-RATIO Verhältnis zwischen Marktwert des Aktienkapitals eines Unternehmens und den Wiederbeschaffungskosten der den Aktiva zugrundeliegenden Vermögenswerte.

QUORUM Statutarische Anforderungen an eine qualifizierte Mehrheit, die über den gesetzlichen Voraussetzungen liegt. Ein Quorum wird gerne in den Statuten verankert, um zentrale Entscheide nicht von einfachen Zufallsmehrheiten abhängig zu machen. Dabei kann nicht nur auf die Zahl der vertretenen Stimmen abgestellt werden, sondern auch eine Mindestrepräsentation der insgesamt umlaufenden Aktien verlangt werden, was unter Umständen die Abstimmung zu den betreffenden Tagesordnungspunkten zunichte macht.

RAIDER Mittelalterlicher Begriff für einen friedlichen Burgen stürmenden Raubritter. Diese dramatische Bezeichnung trifft heute jeden, der im Weg einer feindlichen Übernahmeofferte eine Gesellschaft gegen den Willen ihres etablierten Managements zu übernehmen trachtet.

RATING Beurteilung der Fähigkeit eines Unternehmens, der termingerechten Erfüllung seiner Zins-und Tilgungsverpflichtungen nachzukommen. Es geht also um die Frage, wie hoch das Risiko ist, dass Zahlungen nicht rechtzeitig eintreffen, und wie sich das zu den übrigen Zahlungsverpflichtungen des Unternehmens verhält. Die Rating-Agenturen messen die Fähigkeit von Bond-Emittenten, Cash zu generieren. Ein zweites Kriterium ist die Flexibilität, auf Unsicherheiten zu reagieren, womit die Fähigkeit des Managements gemeint ist, auch in einem schwierigen konjunkturellen Umfeld mit Erfolg zu arbeiten. Je höher die Wertschöpfungskraft eines Emittenten ist, desto besser wird in der Regel seine Bonitätsbeurteilung sein.

RETAINER Vorauszahlung bei einem Erfolgshonorar, die jedoch nicht zurückbezahlt werden muss, wenn der Abschluss nicht zustande kommt.

SATURDAY NIGHT SPECIAL Übernahmeangebote werden vom Raider bevorzugt nach Börsenschluss, am Wochende, verlautbart, da das Management in dieser Zeit kaum Gegenmassnahmen treffen kann.

Montag morgens schlägt die Nachricht dann bereits voll auf die Eröffnungskurse durch.

SCORCHED EARTH POLICY Verteidigungsstrategie der »verbrannten Erde«, bei der das Target einen beträchtlichen Anteil seiner Aktiva liquidiert, unter Umständen regelrecht verschleudert.

SECURITIES AND EXCHANGE COMMISSION (SEC) Dem US-Bundesjustizministerium unterstellte Börsenaufsichts- und Ermittlungsbehörde mit Hauptsitz in Washington D. C.

SELF-TENDER Angebot zum Rückkauf eigener Aktien durch die Gesellschaft, um - vielleicht auch bloss temporär - die Zahl der im Umlauf befindlichen Anteilsrechte unter die absolute Mehrheit, ein Quorum oder ein bedrohlich erscheinendes Minderheitspaket zu drücken, und somit den Manövrierraum des Raiders einzuschränken.

SENIOR DEBT Konventionelles, d. h. nicht nachrangiges Fremdkapital, entweder in Form eines Kreditrahmens oder eines Obligationstitels. Besichert oder unbesichert, aber jedenfalls im Insolvenzfall gegenüber allen anderen nicht pfandgesicherten und nicht gesetzlich privilegierten Forderungen vorrangig.

SHARK REPELLENT Statutarische oder reglementarische Bestimmungen, die unerwünschte Übernahmeangebote unattraktiv machen sollen.

SITTING-ON-A-GOLD-MINE HYPOTHESIS Kaufverhandlungen resultieren in ungeahnter Vielfalt in wahrheitsgetreue und weniger den Fakten entsprechenden Informationen, die ihrerseits zu einem Kursanstieg der Aktien der an der Börse notierenden Gesellschaft führen. Dieser Kursanstieg ist auf die Vermutung der Anteilseigentümer und der potentiellen Aktionäre zurückzuführen, dass der Unternehmenserwerber über Informationen bezüglich des »wahren« Wertes des Übernahmeobjektes verfügen muss, welcher - so die Vermutung der Aktionäre - höher ist als der derzeitige. Somit wird der Markt die »unterbewertete« Aktie neuerlich evaluieren.

SPIN-OFF Veräusserung eines Unternehmensteils ungeachtet der Rechtsform, die die einer juristischen unselbständigen Abteilung oder auch einer selbständigen Tochtergesellschaft sein kann.

SPONSOR Beim Leveraged Buyout jene Institution, die bei der Strukturierung, Verhandlung und Finanzierung der Transaktion federführend ist und nicht selten auch noch nach dem Closing gewisse Überwachungs- und Kontrollfunktionen über die Einhaltung des Geschäftsplans wahrnimmt.

STAGGERED BOARD Verteilung der Amtsdauer der Mitglieder eines Verwaltungsrates in solcher Weise, dass Wiederwahlen in zeitlich breit gestaffelten Intervallen anfallen. Dies macht den Versuch eines Raiders, sofort mit Erwerb der Mehrheit Kontrolle über den Board zu erlangen, zunichte.

STILLE RESERVEN Im Gegensatz zu den in der Bilanz ausgewiesenen offenen Reserven sind stille Reserven (Differenz zwischen Wiederbeschaffungskosten minus Abschreibung und Buchwert laut Bilanz) für den Aussenstehenden nicht erkennbar bzw. nur sehr ungenau abzuschätzen. Sie ergeben sich vor allem aus zulässigen übermässigen Abschreibungen, die nicht der tatsächlichen Reduktion des Marktwertes der Aktiva entsprechen. Bei den Passivposten entstehen stille Reserven aus zu hoch dotierten Rückstellungen oder aus dem Sinken der Kurse bei Fremdwährungsverbindlichkeiten.

SYNERGIE Zusammenwirken von Unternehmen im Sinne einer potenzierten Wirkung: Wenn zwei Unternehmen gegenseitig Vorteile aus den Erfahrungen des anderen ziehen können, so ergibt sich ein neues Ganzes, das mehr ist als die Summe seiner Teile. Aus der Vermeidung von Doppelspurigkeiten und gegenseiter Ergänzung im Konzern können sodann fruchtbare Potentiale freigesetzt werden.

TARGET Gesellschaft, die Zielobjekt einer Übernahmeofferte ist. Im allgemeinen Sprachgebrauch wird es sich dabei eher um eine feindliche Übernahmeofferte handeln.

TENDER OFFER Förmliches Angebot, alle oder einen Teil der Aktien einer börsennotierten Gesellschaft zu den darin festgelegten Konditionen zu erwerben.

TURNAROUND Das Verfahren schliesst in der Regel Sanierungsbemühungen nach einer schweren Unternehmenskrise ein und bezweckt durch radikale Kostensenkungen, strategische Neuorientierung sowie personelle Massnahmen binnen kurzer Zeit den Unternehmenswert aggressiv zu steigern und die Weichen für ein langfristiges Wachstum zu stellen.

VENTURE CAPITAL Investitionen in junge, noch nicht oder kaum profitable Unternehmen. Die Anlage ist überdurchschnittlich risikobehaftet, jedoch vielversprechend. Sie erfolgt in der Regel über eine Venture-Capital-Gesellschaft oder einen Fonds. Die Venture-Capital-Gesellschaft erwirbt direkt Aktien junger Unternehmen oder gewährt Wandeldarlehen. Im Vordergrund stehen Unternehmen mit überdurchschnittlichem Wachstumspotential.

VINKULIERUNG Ermächtigung in den Statuten einer Aktiengesellschaft, Namensaktionäre den Eintrag im Aktienbuch und damit die Anerkennung ihres Stimmrechts ohne weitere Begründung zu verweigern (nach schweizerischer Rechtsnorm).

WHITE KNIGHT Ein dem Management des Targets erwünschter Übernehmer, der die Gesellschaft anstelle des feindlichen Käufers erwirbt.

6.5. Gedanken über den Kapitalmarkt

Was genau sind und mit was befassen sich Investment Banker? Salopp ausgedrückt ist der gnadenlose Imperativ der Investment Banker, möglichst weltweit neue Geldquellen zu erschliessen und alte zu pflegen.
REINER MERKEL

The political issue of the 1990s is going to be the foreign invasion of the US.
PAUL KRUGMAN

Wer ein Unternehmen selbst aufbaut, ähnelt dem Mann, der einen Massanzug in Auftrag gibt. M & A dagegen entsprechen in vielem der Selbstbedienung im Konfektionsgeschäft.
JULIAN MAHARI

Der Zyniker kennt den Preis von allem, aber nicht den Wert.
OSCAR WILDE

Im Leben gibt es zwei Epochen, da der Mensch nicht spekulieren soll: Wenn er sich's nicht leisten kann und wenn er sich's leisten kann.
MARK TWAIN

The most common mistake is selecting the wrong company and being unable to manage it.
ALLEN HAMILTON

Value, like beauty, is often in the eye of the beholder.
JUDSON REIS

In real life no one has a crystal ball to read the future. All evaluations of capital and all investment decisions, resting as they do on estimates of future earnings, must necessarily be guesses - accurate guesses based on much thought and information in some cases, wild guesses in other cases, but in every case uncertain guesses.
PAUL. A.SAMUELSON

Vor der Idee des Aktientausches sollte man wohl in einer Schweigeminute des Respekts verharren, denn sie ermöglicht nichts weniger als den Kauf unbegrenzter Werte für nichts als ein Stück Papier, ein Papier übrigens, auf das niemals wieder eine obligatorische Rückzahlung fällig wird.
JULIAN MAHARI

The problem in the negotiating process is that the seller knows what's being sold, but the buyer isn't quite sure what's being bought.
JAMES C. FREUND

In a negotiation you are not trying to beat the seller. You are only trying to beat rival buyers.
MIKE ALLEN

The takeover frenzy of the 1980s has dramatically reshaped the way corporate America does business. To Wall Street watchers, it seemed as if the game of Monopoly had suddenly come to life ... Only this game was real, with real companies, real money, real people.
ALAN GREENSPAN

Greed is all right, by the way. I want you to know that. I think greed is healthy. You can be greedy and still feel good about yourself.
IVAN F. BOESKY

Lassen Sie mich salomonisch sagen, dass jede Entwicklung ihre guten und schlechten Seiten hat, dass aber bei einer gut funktionierenden Volkswirtschaft unterstellt werden kann, dass Wirtschaftsgüter letztlich immer in den Händen derjenigen bleiben werden, die mit ihnen den höchsten Ertrag zu ihrem eigenen Wohl wie auch dem der Aktionäre und der Volkswirtschaft erbringen werden.
FRANK F. BEELITZ

Aktionäre sind dumm und frech: Dumm, weil sie Unternehmen ihr Geld geben; frech, weil sie auch noch Dividenden verlangen.
HERMANN JOSEF ABS

Ganz fraglos ist der Aktienkurs keine Marionette der Geschäftsleitung, er ist nie vollständig unter deren Kontrolle.
JULIAN MAHARI UND IVO CAYTAS

The directors of joint-stock companies, however, being the managers of other people's money rather than of their own, it cannot well be expected that they would watch over it with the same anxious vigilance with which the partners in a copartnery frequently watch over their own.
ADAM SMITH

The extent to which a firm uses financial leverage has two important implications: First, by raising funds through debt, the owners can maintain control of the firm with a limited investment; second, if the firm earns more on investments financed with borrowed funds than it pays in interest, the return on the owners' capital is magnified.
FRED WESTON

The financial market place is no different from a shopping mall: If you go to the right shop you can probably find what you need, but finding that shop can be frustrating experience.
STEPHEN C. DIAMOND

How much of the common equity will a venture capitalist require to provide leveraged buyout financing? It has said that it is easier to determine how many peanuts an elephant can eat.
JOHN A. CANNING, JR.

The more leveraged buyouts and takeovers today, the more bankruptcies tomorrow.
JOHN SHAD

Many of the early phase of managers had completed the deal only to be told some time later than they had conducted a management buyout.
MICHAEL WRIGHT

Der offizielle Name High Yield Bonds spricht delikat von Hochertragsanleihen, während ausserhalb der beteiligten Emissionshäuser doch jedermann den populären und vielsagenden anderen Ausdruck verwendet.
JULIAN MAHARI UND IVO CAYTAS

Don't govern your life by what's legal or illegal, govern it by what's right or wrong.
ROSS PEROT

Insider-Delikte gefährden das Vertrauen in den Markt, weil das Prinzip der Chancengleichheit verletzt wird.
CHRISTIAN WEBER

Wenn es gelingen soll, die Eigentumsstruktur einer Unternehmung durch Going Public zu verbreitern, und aus Kreditnehmern Emittenten zu machen, dann hat der Erfolg dieser Strategie einen funktionierenden Markt für Aktien sowie fest- und variabel verzinsliche Wertpapiere zur Voraussetzung.
WOLFGANG FEUCHTMÜLLER

Der Name des Unternehmens muss bekanntgemacht, die Aktie profiliert werden. Dabei ist darauf zu achten, dass die Publizität keine Einmalveranstaltung bleibt, kein Feuerwerk, das abbrennt, dann aber Dunkelheit über der Landschaft zurücklässt.
ULRICH CUTIK

Weitere Gabler-Bücher zum Thema „Finanzierung"

F. Wilhelm Christians
Finanzierungshandbuch
2. Aufl. 1988, 856 Seiten,
gebunden DM 248,–
ISBN 3-409-99642-7

Erhard Glogowski/
Manfred Münch
Neue Finanzdienstleistungen
Bankenmärkte im Wandel
2. Aufl. 1990, 428 Seiten,
gebunden DM 128,–
ISBN 3-409-24102-7

Axel Gösche
Mergers & Acquisitions
1991, ca. 300 Seiten,
gebunden ca. DM 98,–
ISBN 3-409-13648-7

Lars Hansen
Junk Bonds
1991, 176 Seiten,
gebunden DM 98,–
ISBN 3-409-14130-8

Erwin Kreim
Zukunftsorientierte Kreditentscheidung
1988, 180 Seiten,
gebunden DM 68,–
ISBN 3-409-14003-4

Paul Lerbinger
Zins- und Währungsswaps
1988, 176 Seiten,
gebunden DM 89,–
ISBN 3-409-14903-1

Joerg Peters
Swap-Finanzierung
Grundlagen, Varianten, Risiken
1990, 252 Seiten,
Broschur DM 89,–
ISBN 3-409-14025-5

Stefan Schwenkedel
Management Buy out
1991, 270 Seiten,
gebunden, DM 98,–
ISBN 3-409-14129-4

Jörn F. Voigt
Unternehmensbewertung und Potentialanalyse
1990, 195 Seiten,
Broschur DM 48,–
ISBN 3-409-18701-4

Zu beziehen über den Buchhandel oder den Verlag.

Stand der Angaben und Preise: 1.11.1991
Änderungen vorbehalten.